老子

厚農

장자와 함께 하는

老子

노자

도덕경

道德經

장자와 함께 하는 ____ 노자 老子

도덕경
道德經

김정탁 지음

성균관대학교
출 판 부

들어가는 말

—

   필자는 2년 전쯤 『장자』 역(譯)·주(注)·해(解)·소(疎)를 끝내고서 이를 책으로 펴낸 바 있다. 내편, 외편, 잡편을 모두 다루었기에 방대한 작업인 셈이다. 책의 출판 시기가 마침 필자의 정년과 겹쳤던 탓인지 학교를 떠난 후로는 장자는 물론이고, 도가와 관련된 책은 더 이상 펴내지 않겠다고 마음속으로 다짐했다. 『장자』 역·주·해·소 작업을 진행하느라 지친 탓도 있지만 이 분야 전공자들의 영역을 괜스레 침범하는 것 같아서였다. 그러면서도 마음 한 편에 늘 걸렸던 문제가 있었다. 『장자』 역·주·해·소를 펴낼 때 『도덕경』 내용을 적지아니 인용했는데 그 인용이 제대로 이루어졌는지 필자에게 늘 부담으로 작용했다. 이런 부담이 『도덕경』 역(譯)·해(解)·소(疎)의 출판으로 이어졌다고 본다.

   시중에 이미 많은 『도덕경』 해설서가 있는 게 사실이다. 이런 상황에서 해설서를 새로이 쓰는 건 여간 부담스러운 일이 아니다. 그런데도 감히 책으로 펴내겠다고 마음을 먹은 건 기존 해설서들에 어떤 일관된 주제와 논리를 찾기 힘들어서이다. 『도덕경』은 『논어』나 『맹자』와 달리 저자에 의해서 직접 기획된 책이다. 그래서 『도덕경』은 '노자 왈'로 시작하지 않는다. '왈'이란 표현이 있으면 스승의 가르침 중에 중요한 내용들을 제자들이 기록해 편수한 것이기에 전체적으로 체계성을 결여하게 마련이다. 게다가 오랫동안 『도덕경』의 현행본으로 쓰인 왕필본은 왕필(王弼)이 직접 기획 편집한 것이기에 『논어』나 『맹자』와 달리 나름대로 체계성을 갖춘다.

필자는 『도덕경』 해석에서 일관된 주제와 논리를 담기 위해 많은 애를 썼다. 먼저 주제와 관련해서는 도(道)를 중심으로 해석을 펼쳤다. 그래서 총 81장으로 구성된 『도덕경』 내용을 천도(天道), 인도(人道), 치도(治道)와 관련시켜 해석함으로써 주제의 일관성을 유지했다. 만약 필자처럼 주제의 일관성을 유지하지 않으면 『도덕경』 내용을 단편적으로 이해하기 쉽다. 특히 흥미롭거나 잘 알려진 경우 중심으로 해석할 때 이런 경향이 더욱 두드러지게 나타난다. 이럴 경우 『도덕경』 내용을 잘못 해석 인용함으로써 노자의 생각이 아니라 자신의 생각을 『도덕경』 경구를 통해 피력하는 일이 자주 생겨난다. 이는 『도덕경』을 통해서 노자의 생각을 밝히는 게 아니라 자신의 생각을 『도덕경』을 통해서 밝히는 일이다.

또 논리 전개와 관련해서는 최대한 각 장을 기승전결 내지는 서론-본론-결론과 같은 틀을 유지하면서 해석하고자 시도했다. 왜냐하면 『도덕경』의 각 장들은 대부분 앞에서 문제를 제기한 후 뒤에서 문제를 해결하는 방식을 취하고 있어서이다. 아니면 앞에서 관심을 끌 만한 내용을 제시한 후 뒤에서 왜 그런지를 밝히는 구조를 지녀서이다. 이런 논리적 흐름을 발견하지 못한 채 그냥 해석하고 넘어가면 각 장마다 어떤 체계성이나 내용의 일관성을 유지하기가 힘들다. 그런데 보다 중요한 사실은 이런 논리적 흐름을 무시한 채 해석하는 경우 각 장마다 논리적 연결은 물론이고, 각 장의 앞과 뒤가 내용적으로 서로 모순되는 사태까지 벌어진다.

독자들은 『도덕경』 해석 편에 본격적으로 들어가기에 앞서 세 개의 글을 만나게 된다. 첫 번째 글은 『도덕경』을 어째서 읽어야 하는 지를 밝히는 필자의 주장을 담는다. 잘 알다시피 『도덕경』은 2천5백 년 전에 쓰인 글이다. 이런 오래된 글을 어째서 지금 읽어야 하는지에 대해 독자들은 크게 궁금해 할 수 있다. 필자는 그 이유를 우리의 꿈을 멋지고 그러면서 즐겁고 자연스럽게 구현하고 싶은 데서 찾았다.

두 번째 글은 『도덕경』을 보다 쉽고 그리고 제대로 읽는 방법을 안내한다. 동아시아사상은 크게 천도, 인도, 치도로 구성된다. 서양학문이 자연과학, 인문과학, 사회과학으로 구성된 것처럼 말이다. 노자는 동아시아의 이런 전통적 학문관을 쫓아서 『도덕경』을 천도, 인도, 치도에 따라 서술하고 있다. 이런 구분에 입각해서 『도덕경』을 읽으면 이해가 훨씬 쉬워진다. 그리고 이것이 『도덕경』의 내용을 제대로 파악하는 길이다. 그리고 이렇게 읽어야 『도덕경』이 신비한 주술서가 아니라 본격적인 철학서임을 비로소 깨닫는다.

세 번째 글은 커뮤니케이션 학자가 어째서 『도덕경』에 관심을 갖는지에 대해 이유를 밝히는 내용이다. 필자는 『장자』 역·주·해·소를 집필할 때 똑같은 질문을 이미 여러 차례 받은 바 있다. 잘 알다시피 동아시아사상은 대부분 유불선으로 구성되는데 유불선사상은 동아시아인의 마음 속에 개별적으로 위치하지 않고 서로 혼재되어 존재한다. 그런데 혼재된 것 중에 동아시아인의 마음속에 가장 크게 공유되는 게 바로 커뮤니케이션이다. 예를 들어 불가는 색수상행식(色受想行識)이라는 커뮤니케이션을 통해서 해탈(解脫)에 대해 말하고, 유가는 커뮤니케이션과 관련된 이순(耳順)을 통해서 완성된 인간의 모습을 보여주고, 노자는 '道可道非常道'를 통해서 커뮤니케이션 수단인 언어의 한계에 대해 본격적으로 논한다. 유불선사상에 대한 동아시아인의 이런 태도가 필자로 하여금『장자』해석은 물론이고, 『도덕경』해석에까지 이르게 한 요인이 되었다고 본다.

　독자들은 해석 편에 본격적으로 들어가기에 앞서 세 글을 미리 읽으면『도덕경』내용을 전반적으로 이해하는 데 큰 도움이 될 것이다. 그리고『도덕경』해석을 하는 데 여러 학자들의 글을 참조했음을 밝힌다. 이 중에서 필자에게 큰 도움을 준 해설서를 꼽으라면 박세당(朴世堂)의 노자, 남회근(南懷瑾)의『노자타설』, 박승희(朴昇熙)의『노자 도덕경』이 아닐까 싶다. 박세당은 숙종 때 조선인 최초로 노자를 완역 해석한 분이고, 남회근은 오늘날 중국에서 가장 인정받는 도가연구가 중 한 사람이다. 그리고 박승희의『노자 도덕경』은 필자가 한문을 번역하는 데 적절한 도움이 되었다.

　이 책의 역·주·해·소를 위해서 진고응(陳鼓應)의『노자주역급평개(老子註譯及評介)』판본을 사용했다. 아울러 한자 해석을 위해서『교학대한한사전(教學大漢韓辭典)』에 나와 있는 내용을 주로 참조했다. 끝으로『장자』역·주·해·소에 이어 이 책의 출판을 기꺼이 맡아준 성균관대학교 출판부에 감사드린다.

2021년 3월
성북동 자택에서

꿈을 멋지고 즐겁고 자연스럽게 구현하고 싶은가?
그러면 『도덕경』을 읽어라

———

『노자』는 상·하 두 편, 그리고 총 81장으로 구성된다. 상편 37장은 도(道)를 말하고, 하편 44장은 덕(德)을 말해 도경(道經)과 덕경(德經)으로 각기 불린다. 그러나 이런 구분이 내용과 반드시 일치하는 건 아니다. 하여간 우리는 이 양자를 합쳐서 『도덕경』이라고 부른다. 일반적으로 도는 우주자연의 원리인 반면 덕은 이 도가 개별 사물과 사람에게 구현된 모습이다. 따라서 「도경」이 도의 본체나 근본인 체(體)에 대한 언급이라면 「덕경」은 도에 입각해서 살아가는 모습인 용(用)에 대한 언급이라고 말할 수 있다.

『노자』가 도와 덕으로 나뉘어져 서술된 건 한(漢)나라 때부터인 듯싶다. 그리고 『노자』를 도·덕·경 세 글자로 통칭해 부르게 된 건 당(唐)나라 때부터라고 본다. 일반적으로 경(經)이라고 하면 책의 격을 높이는 작업이다. 그래서 성경(聖經)이라고 하고, 불경(佛經)이라고 한다. 그렇다면 누가 『노자』를 경으로 높였을까? 현재까지 알려진 바로는 노장사상에 심취한 당 현종(玄宗)이라는 설이 유력하다. 현종은 『도덕경』뿐 아니라 『장자』도 『남화진경(南華眞經)』으로 높인 바 있다.

그런데 『노자』에서 상·하 두 편의 구별이 어째서 생겨났는지, 또 81장의 배열이 어째서 그런지와 관련해 의문 나는 게 한두 가지가 아니다. 또 『노자』는 같은 도가 계열의 책인데도 『장자』와 달리 그 구성이 치밀하지 못하다는 느낌을 받는다. 물론 각 장은 나름대로 논리적인 전개를 보여도 각 장끼리의 연결이 자연스럽지 못해 전체적으로 구성이 산만하다. 그래서 노자가 직접 쓴 글인지 여부도 여전히 의문 속에 있다.

의문시 되는 건 이뿐만이 아니다. 노자가 과연 실존했던 인물인가? 또 실존했다고 해도 『도덕경』이 노자가 직접 집필한 글인가? 또 직접 집필했다고 해도 현재 통용되는 왕필본(王弼本) 『노자』와 그 내용에서 어느 정도의 차이를 보일까? 이에 대해서 우리는 어떤 정확한 대답을 할 수 없다. 그만큼 베일 속에 가리어진 내용들이 많아서이다. 그러니 이런 의문을 풀기 위한 실마리를 찾기 위해서라도 우리는 노자에 대해 지금까지 언급된 내용들을 한번쯤 검토할 필요가 있다.

노자에 대한 첫 번째 공식적인 언급은 사마천의 『사기』에 등장한다. 사마천은 노자보다 불과 5백년 후에 살았던 사람이므로 사마천의 기록은 어느 정도 신빙성을 지닌다고 본다. 『사기』 「노자한비열전(老子韓非列傳)」에 등장하는 노자에 대한 언급은 다음과 같다.

> "노자는 초나라 고현(苦縣)의 려향(厲鄕) 곡인리(曲仁里) 사람이다. 성은 이(李)이고, 자는 담(聃)인데 주(周)나라 수장실의 사관을 지냈다… 그가 함곡관(函谷關)에 이르렀을 때 관령 윤희(尹喜)가 말했다. '장차 은거하려고 하십니까? 저에게 글을 남겨 주십시오.' 이에 노자는 상편과 하편을 저술해 주었으니 이것이 도덕에 관해 쓴 글 5천자이다."

이에 대해 『신선전(神仙傳)』은 보다 구체적으로 말한다.

어느 날 함곡관을 지키던 관원이 새벽에 일어나니까 동쪽 본토로부터 보라색 기운이 서쪽 변경을 향해서 왔다. 그것을 본 관원은 오늘 틀림없이 성인이 관문을 지나갈 거라고 단정해 그에게 도를 구하겠다고 마음을 먹었다. 과연 수염과 머리가 온통 하얀 노인이 푸른 소를 타고 느릿느릿 함곡관으로 다가왔다. 관원이 관첩을 내놓으라고 독촉했는데 그 노인이 내놓지 못하자 관원은 이내 본색을 드러냈다. 관첩이 없으면 법에 의거해 관문을 통과할 수 없는데 관문을 통과하고 싶으면 도를 전해야 한다. 노인은 하는 수없이 억지로 글을 써주고 관문을 통과할 수 있었다.

당시 함곡관 관원이었던 윤희는 5천자에 달하는 노자의 글을 얻은 뒤 자신도 도를 깨달았다. 그래서 관직을 팽개치고, 심지어 임무 교대도 하지 않은 채 머리에 관을 쓰고 그대로 떠났다. 윤희도 노인처럼 마지막이 어떠했는지 알 수 없을 정도로 사라져버린 셈이다. 이렇게 해서 도교(道敎)가 중국에 전해졌다고 한다. 구체적으로 노자에서 관윤자(關尹子, 함곡관 관리 윤희)로 전해지고, 다시 후대로 전해져 호자(壺子), 열자(列子), 장자(莊子)로 이어졌다. 이런 경로로 전해지다가 당 왕조에 이르러 마침내 국교로 인정받자 『노자』가 도교 삼경의 으뜸 경전이 되었다.

당 왕조 때 『노자』가 이렇게 높이 받들어진 건 노자 이름이 이이(李耳)였기 때문이라는 설이 있다. 같은 이(李)씨 성이었던 당 왕조에서 그를 추숭해 현종 때 와서 『노자』를 『도덕경』으로 격을 높였다는 설이다. 그렇더라도 도가사상은 동아시아사회에 일찌감치 뿌리를 내려 이를 떠받드는 사람이 많았다. 그러니 유가보다 훨씬 오래 전부터 유행한 셈이다. 이는 고대 동아시아인들이 유가의 유위(有爲)적인 완결성보다는 도가의 무위(無爲)적인 자연스러움을 선호한 탓이라고 본다.

그래서인지 중국 최초의 국가인 은(殷)나라 탕왕 때 이윤(伊尹)과 부열(傳說), 또 주(周)나라 개국 공신이었던 강태공(姜太公)도 도가를 추종했던 인물들이다. 그리고 춘추시대 병법으로 이름을 날렸던 손무(孫武)의 군사철학도 도가에서 유래한다. 특히 그가 쓴 병법 중에 열세 편은 도가사상을 잘 반영한다. 게다가 손무는 오(吳) 왕 합려(闔閭)를 도와 강대국 초(楚)를 격파하고 나아가 다른 제후국까지 제패함으로써 일의 성취라는 측면에서 도가사상의 뛰어남을 잘 보여주었다.

범려(范蠡)는 월(越) 왕 구천(句踐)을 도와 나라를 되찾게 했는데 이 때 동원된 전략이 도가사상에 입각해 있다고 한다. 그뿐만이 아니다. 구천이 나라를 되찾은 후 범려는 구천으로부터 논공행상에서 높은 관직을 얻을 수 있었음에도 서시(西施)를 데리고서 일엽편주를 탄 채 태호(太湖)로 유유히 사라졌다. 이 일도 그의 도가적 판단에서 비롯된다고 본다. 이는 "공을 이루고 명성을 얻으면 물러가는 게 하늘의 도이다(功成名遂身退 天之道也)"라는 도가적 가치를 몸소 실천한 일이다.

도가가 중국 역사상 처음으로 큰 영향력을 발휘했던 시기는 한(漢)나라 창업 때이다. 고조 유방(劉邦)은 진시황의 엄격한 법치(法治)로 피폐해진 백성의 마음을 달래고자 다시 통일된 중국을 도가의 무위사상으로 정사를 펼쳤다. 이 때 가장 큰 공적을 세웠던 장량(張良)과 진평(陳平)도 도가를 익혔던 인물이다. 또 문경지치(文景之治)의 태평성세도 황로(黃老)의 도가를 치도 원리로 삼았기에 가능했다고 본다. 특히 문제의 모친은 도가의 청정무위(淸淨無爲) 노선을 좋아해 문제와 경제의 통치에 큰 영향을 미쳤다. 이런 가정환경과 시대조류의 영향으로 한나라 초기에 도가사상이 활발했다고 본다. 참고로 삼국시대에 유비(劉備)를 도

왔던 제갈량(諸葛亮)도 도가에 속하는 인물이다.

도가사상은 중국 그 후 역사에서 보다 광범위하게 펼쳐졌다. 당 태종의 정관지치(貞觀之治)는 물론이고, 당 현종에서 명(明) 황제에 이르기까지 이들이 초기에 나라를 일으키는 데 활용했던 사상이 한결같이 도가사상이다. 심지어 만주족은 불과 4천 명을 이끌고 산해관(山海關)을 넘어서 청(淸) 제국을 세움으로써 4억 인구의 중화민족을 통치했는데 이것이 가능했던 것도 도가사상을 채택했기 때문이라고 한다. 이들은 『손자병법』을 비롯한 병법서를 활용하지 않고, 오히려 『노자』를 연구해 정치, 경제, 교육, 군사, 사회 등 각 방면에 도가사상을 활용했다. 특히 강희제(康熙帝), 옹정제(雍正帝), 건륭제(乾隆帝)는 도가사상을 통치분야에 잘 활용해서 150년이라는 긴 성세를 누릴 수 있었다.

이처럼 수천 년의 중국역사를 멀리서부터 조망하면 모든 왕조가 전성기에 정사를 처리하는 데 한 가지 공통된 비결을 발견할 수 있다. 그것은 밖으로는 유술(儒術)을 드러내 보여도 안으로는 황로(黃老)를 활용했다는 사실이다. 한·당(漢.唐)에서부터 송(宋)·원(元)·명(明)·청(淸)에 이르기까지 각 왕조의 창건 시기에 이런 경향이 특히 심했다. 그래서 각 왕조가 겉으로 표방한 원칙은 공맹사상 내지는 유가문화였어도 왕조에 내재된 실질적 원리는 황로(黃老), 즉 도가사상이었다. 그러니 왕조의 대외적 명분은 유가에서 찾아도 왕조의 대내적 원리는 도가에서 찾은 셈이다.

『노자』는 총 5천 자에 불과하기에 텍스트가 시적 언어처럼 간략하다. 그렇지만 많은 뜻을 함축하고 있어 한 글자 한 글자가 다의적 관념을 지닌 단어이고, 한 구절 한 구절이 심오하고 중요한 뜻을 내포한 글이다. 그런데도 세상사람들은 유가는 젊어서 활동하는 시기에 요구되는 철학이라고 떠받드는 반면 도가는 노인이 되어서 활동을 멈춘 은퇴 이후에나 필요한 철학이라고 폄하한다. 심지어 유가를 가리켜선 '낮의 철학'으로 현실에 자리매김하려는 반면 도가를 가리켜선 '밤의 철학'으로 격하해 현실에서 끌어내리려는 풍조마저 있다.

물론 이런 구분은 도식적이다. 앞서 중국 역사를 전체적으로 조망해 보았지만 과거에는 전혀 그렇지 않았다. 그런데도 이런 도식적 구분이 깊이 뿌리를 내리고 있어 유감이다. 그렇지만 산업사회를 지배했던 조직의 논리보다는 개인의 창의성이 보다 더 요구되는 앞으로의 시대에선 도가가 오히려 존중 받을 거라고 예상한다. 도가사상이 강조하는 내용을 익혀서 성공한 사람들을 주위에서 자주 발견할 수 있어서이다. 이런 경향은 서구 선진국가에서 더욱 두드러지게 나타나고 있다. 그래서 노자의 가르침은 지금 우리가 아는 것과는 달리 보다 현실적이고 실용적인 철학으로 빠르게 자리를 잡아가고 있다.

나아가 도가사상은 일을 성취하는 데 촘촘하거나 빡빡한 작동원리를 대신해 여유와 즐김으로 이루어질 수 있는 가능성을 활짝 열어준다. 일의 완전무결함보다는 원만함을 늘 우선시하기 때문이다. 자연이 항상성(恒常性, homeotasis)을 유지할 수 있는 것도 바로 이 때문이다. 도가사상이 무위자연(無爲自然)을 최우선의 원리로 삼는 것도 같은 맥락이다. 게다가 무위자연의 원리를 적용하면 일의 부작용도 최소화할 수 있다. 오늘날 정신공황에서부터 환경파괴에 이르기까지 일의 부작용이 심각하다는 점을 감안하면 도가의 부작용 최소화 전략은 특별한 경쟁력을 지닌다고 본다. 이에 노자의 가르침을 두고 우리의 꿈을 가장 멋지고 즐겁고, 또 자연스럽게 구현할 수 있는 철학이라고 감히 말하고자 한다.

천도(天道), 인도(人道), 치도(治道)로 구성된 『도덕경』

—

하고 많은 이름 중에서 노자가 쓴 책을 두고 '도덕(道德)'이라고 명명했을까? 게다가 도와 덕은 동아시아사상을 대표하는 개념이지 않은가. 그러니 노자 책을 '도덕경'이라고 명명하면 이는 엄청난 특혜임에 틀림없다. 도덕이라는 보통명사 개념을 노자가 독점하는 결과가 되기 때문이다. 따지고 보면 공자, 맹자, 순자 심지어 장자도 도덕에 따라 자신의 철학을 개진했던 사람들이다. 그러니 동아시아사상가라면 누구든지 자신의 책을 '도덕경'이라고 이름 붙일 수 있다. 그런데 도와 덕이 어째서 동아시아사상을 관통하는 핵심어로 자리 잡게 된 것일까?

도가 우주자연의 궁극적 실체 내지 근본 원리라면 덕은 개별 사물과 사람에게 구현된 도의 모습이다. 그런데 도의 내용을 두고 유가와 도가 사이에 차이가 있는 건 그렇다손 치더라도 노자와 장자 사이에도 도의 내용에 서로 차이가 있다. 노자가 도의 궁극적 실체를 강조한다면 장자는 도의 근본 원리에 비중을 두어서이다. 그래서 노자의 도가 관념적 차원의 도라면 장자의 도는 실제적 차원의 도라고 할 수 있다. 더구나 장자는 도의 원리를 무위(無爲)에 따라 작동하는 우주자연의 움직임으로 파악한다. 반면 도의 궁극적 실체를 강조하는 노자의 입장은 『도덕경』

첫 장에서부터 시작된다. 유명한 '도가도비상도(道可道非常道)'로 운을 떼는 글이 이 점을 강조한다.

참고로 서양사상은 사물의 궁극적 실체를 강조하는 경향이 강하다. 그런 탓인지 서양철학은 출발에서부터 궁극적 실체를 파악하는데 힘을 쏟는다. 플라톤의 이데아론도 그 중 하나가 아닐까. 그래서 아름다움조차 이데아가 있어서 비너스의 팔등신을 두고 아름다움의 이데아라고 말한다. 중세에선 이데아가 신(神)으로 바뀌었다. 그래서 인간은 물론이고 우주자연의 모든 걸 아우르고 주무르는 전지전능한 존재로 신을 등장시켰다. 그러니 신이 사람은 물론이고 사물의 이데아가 된 셈이다. 근대에선 이데아가 인간이성으로 대체되면서 지금 우리는 이성에 입각한 유토피아를 그리고 있다. 자본주의 체제든 공산주의체제든 간에 모두 이성에 입각한 일종의 유토피아이다. 물론 전제군주제를 대신한 법치주의도 이성에 따른 유토피아에 해당한다.

한편 덕(德)은 사람과 사물 안에서 도가 구현될 때 얻어지는 힘이다. 우리는 이를 덕성이라고 말한다. 그런데 덕성의 내용을 두고서도 도가와 유가 사이에는 차이가 있다. 도가는 자연스런 덕성, 즉 타고난 본성을 강조하는데 비해 유가는 인위적으로 구현된 덕성, 즉 인의예지(仁義禮智)에 따른 덕성을 강조한다. 이런 차이가 유가와 도가를 구분하는 중요한 잣대이다. 그런데 이 중에서 누구의 주장이 옳을까? 즉 도가의 타고난 본성이 덕의 참 모습일까, 아니면 유가의 꾸며진 본성이 덕의 참 모습일까? 이에 대한 적절한 답을 구하려면 도(道), 즉 길이 어떻게 생겨났는지를 우선 살펴보아야 한다.

그런데 길에는 두 종류가 있다. 하나는 사람들이 다니면서 '저절로 생겨난' 길이고, 다른 하나는 토목 공사 등을 통해서 '만들어진' 길이다. 예를 들어 오솔길이 저절로 생겨난 길이라면 차가 다니는 길은 토목 공사를 통해서 만들어진 길이다. 그런데 차도는 오로지 목적지에 빨리 도달하기 위해서 인위적으로 설계된 길이다. 반면 오솔길은 구불구불해도 걸리는 시간과 목적지에 이르는 신체의 힘듦을 가장 이상적으로 조합해 자연스럽게 형성된 길이다. 과거에는 모든 길이 오솔길의 원리에 의해서 만들어졌다. 길의 이런 성격으로 말미암아 옛날에 도를 깨달은 사람은 자신의 깨달음을 두고서 걸어 다니는 길에 비유했다. 물론 깨달은 바를 물에 비유하면 '수덕경(水德經)'도 얼마든지 가능하다.

진·한(晉·漢) 시대 이전까지 도가와 유가는 모두 도(道)를 자신들이 추구하는 진리로 표방했다. 또 도는 동아시아사상을 대표하는 개념으로 인생철학, 정치철학, 사회철학, 군사철학을 모두 포괄할 정도로 보편성을 지니기도 했다. 그래서 도의 개념을 두고 의견이 엇갈린 적이 없었다. 그런데 시간이 흐르면서 도의 개념을 두고 도가와 유가 사이에 차이가 생겨났다. 무엇보다 도가의 도 개념은 자연스러움에 기초한다. 이에 장자는 '도행지이성(道行之而成)', 즉 길은 사람들이 다니다보니까 저절로 생겨난다고 말한다. 그런데 유가의 도 개념은 여기서부터 떨어져 나와 인위적으로 방향을 바꾸었다. 그 결과 오솔길이 커져서 신작로가 된 셈이다.

그래서 오솔길이 무위(無爲)가 지닌 힘으로 만들어진 길이라면 신작로는 무위에 더해 유위(有爲)의 힘까지 보태져서 만들어진 길이다. 그런데 자연만이 이 무위의 힘을 발휘한다. 무위란 하지 않는 게 아니라 자연이 하는 것처럼 하고자 하는 바가 없이 이루어지는 방법이다. 이에 반해 유위란 하고자 하는 바가 있어서 이루어지는 방법이다. 그런데 유위를 행하는 유일한 존재가 인간이기에 인위(人爲)란 말이 생겨났다. 이런 인위가 지나치면 작위(作爲)로까지 변한다. 도의 개념뿐 아니라 덕의 개

넘에서도 마찬가지 원리가 작용한다. 그래서 도가의 덕은 자연의 변화처럼 살아가는 것을 이상으로 삼거나 물의 흐름처럼 살아가는 것을 이상으로 삼는다. 반면 유가의 덕은 여기에 더해서 인의예지에 따라 살아가는 것을 이상으로 삼는다.

이처럼 무위에 따라 움직이는 자연의 원리가 도가에서 말하는 도의 성격이고, 자연처럼 드러나지 않고 소박한 모양을 지니는 게 도가에서 주장하는 덕의 참 모습이다. 이를 가리켜서 도가는 현덕(玄德), 즉 드러나지 않는 덕이라고 말한다. 실제로 훌륭한 덕을 지닌 사람은 자신의 덕을 잘 드러내어 보이지 않는다. 도가는 이런 사람을 가리켜서 참된 덕을 지닌 사람이라고 말한다. 반면 낮은 덕을 지닌 사람은 덕을 잃지 않으려고 애쓴다. 그러니 노자와 장자는 인의예지 따위의 덕을 잃지 않으려고 애쓰는 사람들을 보면 진실로 덕이 없다고 말한다.

동아시아인은 이런 도와 덕을 오랫동안 궁구해 왔고, 또 이것이 동아시아학문을 형성했다고 본다. 그래서 도의 원리를 밝히고, 그리고 밝혀낸 도를 체득함으로써 덕의 단계에 이르는 게 동아시아학문이 궁극적으로 목표하는 바다. 그리고 천도(天道), 인도(人道), 치도(治道)는 그것의 구체적인 방향에 해당한다. 그래서 천도에 따라 우주자연의 원리를 파악하고, 인도에 따라 인간이 가야할 길을 제시하고, 치도에 따라 가정과 세상을 다스리는 길을 밝힌다. 이런 구분은 서구에서 이루어지는 자연과학, 인문과학, 사회과학의 구분과 비교된다. 즉 천도가 자연과학이라면 인도는 인문과학 그리고 치도는 사회과학쯤에 해당한다고 말할 수 있다.

이런 학문관을 두고서 동아시아와 서구 사이에 차이가 있다. 먼저 동아시아의 천도가 다루는 범위가 우주자연을 모두 망라할 정도로 무제한적이라면 서구의 자연과학이 취급하는 범위는 이에 비해 매우 제한적이다. 서구의 자연과학은 객관성과 명료성을 중요시한 나머지 밝힐수 없거나 밝혀지지 않는 건 학문의 범위에서 배제하기 때문이다. 이에반해 동아시아의 천도는 객관성과 명료성보다는 큰 원리를 밝히는데초점을 두므로 그 범위에서 어떤 제한이 없다. 또 서구의 인문과학과 사회과학이 현실을 기술하고, 이에 입각해서 미래를 예측하는 차원이라면동아시아의 인도와 치도는 인간과 사회가 가야 할 길, 즉 당위론적 성격에 보다 많은 비중을 둔다.

또 서구의 자연과학, 인문과학, 사회과학은 서로 독립적으로 발달되어서 그 연결성이 부족한 반면 동아시아의 천도, 인도, 치도는 서로 긴밀히 연결되어 있다. 그래서 인도와 치도는 홀로 존재하지 않고 반드시천도에 입각해서 펼쳐진다. 그리고 치도는 인도에 기반해서도 펼쳐진다. 그러니 모든 학문은 천도를 중심으로 펼쳐진다고 해도 과언이 아니다. 천도에 대한 이런 강조는 동아시아인의 마음속에 하늘(天)의 의미가얼마나 깊게 자리하고 있는지에 대한 설명으로 충분하다고 본다.

『도덕경』은 동아시아의 여타 고전들처럼 그 내용을 이해하기 쉽지 않다. 『장자』와 더불어 가장 어려운 책으로 평가된다. 또 어떤 면에선 『도덕경』이 『장자』보다 더 어려운 측면이 있다. 표면상으로는 『장자』가 어려워 보여도 『장자』의 전체 설계도를 파악하고 나면 그 어려움이 술술풀린다. 반면 『도덕경』은 겉으로 쉬워 보여도 들어갈수록 내용이 어려워진다. 그래서 『장자』는 울고 들어가 웃으면서 나온다면 『도덕경』은웃으면서 들어가 울고 나오기 십상이다. 『도덕경』의 해설서가 동아시아여타 고전들에 비해 훨씬 많다는 것도 이를 뒷받침하는 증거이다. 그만큼 『도덕경』 해석이 까다롭다.

물론『도덕경』이 아무리 까다로워도 이를 푸는 데 중요한 단서가 있다. 그것은『도덕경』의 내용을 크게 천도, 인도, 치도로 구분해 살펴보는 일이다. 우연의 일치일지 모르지만『도덕경』1장은 천도에 대해, 2장은 인도에 대해, 3장은 치도에 대해 각각 다룬다.

　그런데 각 장은 천도, 인도, 치도의 전체적인 윤곽을 그리는 데 중요한 역할을 담당한다. 더구나 1장, 2장, 3장의 내용이 매우 난해해 학자들마다 해석을 달리하는 경우가 많다. 따라서 이 장들을 천도, 인도, 치도의 차원에서 각각 파악하면 해석이 훨씬 부드럽고 깔끔해진다. 그러면『도덕경』나머지 장들은 1장, 2장, 3장의 부연설명에 불과하므로 해석의 방향이 보다 분명해진다.『도덕경』해석에서 천도, 인도, 치도의 구분이 이만큼이나 중요하다.

커뮤니케이션학자가 어째서 도덕경을?
– 음식에 인공감미료를 뿌리면 몸이 상하지만
말에 인공감미료를 섞으면 마음이 상한다 –

———

　전통적으로 동아시아인의 사고와 의식을 지배하는 건 유불선사상이다. 이것들이 하나로 혼재되어서 동아시아인의 마음속에 오랫동안 자리해 왔다. 그런데 관련 학자들은 유불선사상을 개별적으로 연구하는 데 익숙하다. 그런 탓인지 이들 사상의 공통된 성격을 밝히는 데는 매우 소홀하다. 이런 식으로 유불선사상을 독립적으로 구분해서 파악하는 경우 이들 사상 간의 차이점만 부각시킨 채 동아시아인의 마음속에 유불선사상이 하나로 어우러져 있다는 사실을 간과하기 쉽다. 커뮤니케이션에 대한 태도에서는 특히 그러하다. 유불선사상은 커뮤니케이션을 동일한 관점에서 똑같이 강조하는데 관련 학자들은 이를 제대로 파악하지 못해 안타까울 뿐이다.

　먼저 유가를 예로 들어보자. 『논어』에는 커뮤니케이션 수단인 언어와 관련된 내용들이 곳곳에 자주 등장한다. "듣기 좋게 꾸민 말과 보기 좋게 꾸민 얼굴빛에는 어짊이 드물다."[1], "교묘한 말은 시비를 어지럽게

———

1)　巧言令色, 鮮矣仁！(『논어』「학이」, 「양화」)

해서 도덕을 무너뜨린다."[2], "듣기 좋게 꾸민 말, 보기 좋게 꾸민 얼굴빛, 지나친 공손함에 대해 좌구명이 부끄럽게 여겼듯이 나도 부끄럽게 여긴다."[3], "군자는 말만 듣고 사람을 기용하지 않고, 사람이 좋지 않다고 해서 그 사람의 말까지 버리지 않는다."[4], "교묘하게 잘하는 말이 나라를 망치는 것을 미워한다."[5] 등이 그러하다. 이에 공자는 "말이란 그 뜻을 전달하면 그뿐이다."[6]라는 입장을 취한다. 이런 입장은 언어를 무조건 신뢰하지 않는 데서 비롯된다.

불가는 유가에 비해 커뮤니케이션 수단인 오관에 대해 더욱 부정적이다. 대승불교를 대표하는 경전은 『금강경(金剛經)』이다. 이 책의 내용이 너무나 훌륭해 불가를 대표하는 스님들이 이를 압축 요약해서 주문을 만들었다. 이렇게 만들어진 주문 가운데 가장 널리 알려진 게 현장(玄奘)의 「마하반야바라밀다심경(摩訶般若波羅蜜多心經)」이다. 그런데 이 심경에서 핵심 구절을 꼽으라면 단연 "색은 곧 공이요, 공은 곧 색인데 수·상·행·식도 이와 마찬가지이다.[7]가 될 것이다. 이 말은 색(色)과 마찬가지로 수(受)·상(想)·행(行)·식(識)도 곧 공이고, 또 공은 곧 수·상·행·식이라는 내용이다.

그런데 색·수·상·행·식은 인간커뮤니케이션을 설명하는 데 가장 체계적인 틀에 해당한다. 어째서 그러한가? 색이 커뮤니케이션 하는 대

---

2) 巧言亂德. (『논어』「위령공」)

3) 巧言令色 足恭 左丘明恥之 丘亦恥之. (『논어』「공야장」)

4) 君子不以言擧人 不以人廢言. (『논어』「위령공」)

5) 惡利口之覆邦家者. (『논어』「양화」)

6) 辭 達而已矣！(『논어』「위령공」)

7) 色則是空 空則是色 受想行識 亦不如是. (『반야바라밀다심경』)

상이라면 '수'는 우리의 오관에 비친 모습이고, '상'은 그 모습에서 생겨난 이미지이고, '행'은 그 이미지에서 비롯된 우리의 태도 및 행동이고, '식'은 그 태도와 행동을 통해서 굳어진 우리의 인식이기 때문이다. 커뮤니케이션을 연구하는 필자도 색·수·상·행·식만큼이나 더 좋은 커뮤니케이션 틀을 여태 발견하지 못했다. 그만큼 색·수·상·행·식은 인간커뮤니케이션의 동적 및 정적 측면을 모두 아우르는 훌륭한 틀에 해당한다. 참고로 인간커뮤니케이션의 동적 측면이 언어라는 상징이 지닌 풍부한 의미작용이라면 정적 측면은 공(空)의 상태를 통해 이르는 해탈의 단계가 아닐까 싶다.

노자도 언어에 대해 매우 조심스런 태도를 지닌다. 그래서인지 『도덕경』을 "도를 도라고 말하면 늘 그러한 도가 아니고, 대상에 이름을 붙이면 늘 그러한 이름이 아니다."[8]라고 시작한다. 이는 실제 도의 의미와 이를 표시하는 언어의 관계가 반드시 일치하지 않는다는 말이다. 이를 대상의 실제 의미인 기의(記意, signified)와 이 의미를 표시하는 기표(記表, signifier)로 설명하면 '기의=기표'의 관계는 이루어질 수 없고, '기의≒기표'의 관계에서 그칠 뿐이라는 말이다. 따라서 노자는 커뮤니케이션에 있어 언어에 대한 절대적 신뢰는 위험하다는 입장이다. 흥미롭게도 노자의 이런 주장은 오늘날 서양철학에서 언어철학의 핵심을 관통하는 사안일 만큼 매우 중요한 주제에 속한다.

그런데도 우리는 언어에 대해 절대적 신뢰를 보이면서 커뮤니케이션을 하려고 든다. 정치인도 그런 사람 중에 하나이다. 정치인은 자신의 행위가 말을 통해 주로 이루어지므로 어느 정도 불가피한 측면이 있

---

8) 道可道非常道 名可名非常名. (『도덕경』 1장)

다. 링컨의 게티즈버그 연설처럼 유권자에게 큰 감동을 주는 경우 언어에 대한 절대적 신뢰는 오히려 긍정적으로 작용한다. 반면 법조인은 말로 시시비비를 일일이 가려야 하기에 그의 말에서 감동을 찾기란 좀처럼 힘들다. 실제로 법조인은 시시비비를 보다 정확히 가리기 위해서 의미를 쓸데없이 구분하거나 불필요할 정도로 논리를 꼼꼼히 챙긴다. 그렇다면 종교인과 지식인의 말은 어떠할까? 정치인의 감동보다는 법조인의 시시비비 쪽에 가까이 가 있지 않을까 하는 걱정이 앞선다.

말에 대한 절대적인 신뢰는 질박하고 담백한 언어보다는 정제되고 세련된 언어의 형태로 나타나기 쉽다. 그래서 대상을 지시하는 언어의 개념이 정확하고, 논리가 정연하고, 문법도 꼭 들어맞아야 한다. 노자는 이런 언어를 가리켜서 넓은 의미의 미언(美言), 즉 아름다운 말이라고 정의한다. 그래서인지 노자는 "신뢰가 가는 말은 아름답지 않고, 아름다운 말은 신뢰가 가지 않는다."[9]라는 구절로 『도덕경』의 마지막을 장식한다. 그러니 노자는 『도덕경』 첫 장을 언어문제로 시작해서 마지막 장도 언어문제로 끝내는 셈이다. 그만큼 노자는 언어 및 언어를 통해서 이루어지는 커뮤니케이션을 자신의 중요한 담론으로 삼는다.

노자가 언급한 아름다운 말이란 결국 인공감미료를 많이 뿌린 언어라고 본다. 이런 언어는 아름답게 빛날 수밖에 없다. 마치 음식에 인공감미료를 뿌리면 음식 맛을 더하는 것처럼 말이다. 그런데 음식에 인공감미료를 많이 뿌리면 몸이 상하지만 언어에 인공감미료를 많이 섞으면 마음이 상한다. 그러니 음식에 인공감미료를 뿌리는 일보다 언어에 인공감미료를 뿌리는 일이 훨씬 더 위험하다. 그렇다면 언어에 인공

---

9) 信言不美 美言不信. (『도덕경』 81장)

감미료를 뿌리지 않고 효과적으로 커뮤니케이션을 이루는 방법은 없을까? 장자는『장자』「제물론」에서 큰 말(大言)과 작은 말(小言)의 비교를 통해서 그 해법을 제시한 바 있다.

장자에 따르면 노자의 미언(美言), 즉 아름다운 말은 작은 말에 속한다. 반면 질박하고 담백한 말은 큰 말에 속한다. 장자는 우리들에게 작은 말보다는 큰 말의 사용을 권한다. 이것이 가능하려면 작은 앎(小知)보다 큰 앎(大知)에 익숙해져야 한다. 그렇다면 큰 앎이란 무엇인가?

장자에 따르면 대붕처럼 하늘 높이 올라가 거기서 아래를 내려다보면 땅위의 모든 것들이 잘 구분되지 않고 서로 비슷비슷하게 보일 때 경험하는 앎이다. 이에 비해 매미와 어린 비둘기처럼 낮게 날아서 아래를 내려다보면 땅위의 모든 것들이 일일이 구분되어서 보일 때 경험하는 게 작은 앎이다. 그런데 작은 앎에 익숙한 사람은 작은 말을 사용하고, 큰 앎에 익숙한 사람은 큰 말을 사용한다. 장자는 이런 내용을 첫 장인 「소요유」에서부터 밝힌다.

이처럼 유불선 사상은 공히 언어 및 언어를 통해 이루어지는 커뮤니케이션에 대해 동일한 관점에서 똑같이 중요하게 다룬다. 이는 커뮤니케이션의 문제가 유불선 사상을 관통하는 주제라는 점을 분명히 말해준다. 필자가 볼 때도 유불선 사상의 이런 커뮤니케이션관이 동아시아인의 마음속에 혼재되어서 위치한다고 본다. 따라서 커뮤니케이션을 연구하는 학자로서 유불선 사상에 대해 관심을 갖는 건 지극히 당연한 일이다. 그리고 유불선 사상을 이런 식으로 접근할 때 동아시아인의 사고와 의식에 대해 보다 체계적으로 연구할 수 있다고 본다.

차례

—

1장

도(道)를 도라고 하면 늘 그런 도가 아니고,

이름(名)을 이름이라고 하면 늘 그런 이름이 아니다.

무(無)는 천지의 시작을 말하고, 유(有)는 만물의 어미를 말한다.

그래서 늘 무(無)로 만물의 오묘함을 보고자 하고,

유(有)로 만물의 명료함을 보고자 한다.

이 둘, 즉 무(無)와 유(有)는 같은 데서 나왔지만 이름을 달리하므로

이런 같은 걸 두고 현(玄)이라고 말한다.

현하고 또 현하니 많은 오묘함이 깃든 문(衆妙之門)이다.

道可道非常道., 名可名非常名.

無名天地之始., 有名萬物之母.

故常無欲以觀其妙., 常有欲以觀其徼.

此兩者同出而異名, 同謂之玄.

玄之又玄, 衆妙之門.

非常[상규에 맞지 않음]   妙(묘할 묘)   徼(가장자리 요)   玄(심오할 현, 신묘함)   玄之又玄
[도가 유원(幽遠)해서 헤아릴 수 없음]

도(道)를 도라고 하면(可道) 늘 그런 도(常道)가 아니고(非),

이름(名)을 이름이라고 하면(可名), 늘 그런 이름(常名)이 아니다(非).

무(無)는 천지의 시작(天地之始)을 말하고(名),

유(有)는 만물의 어미(萬物之母)를 말한다(名).

그래서(故) 늘(常) 무로(無~以) (만물의) 오묘함(妙)을 보고자 하고(欲~觀),

늘(常) 유로(有~以) 만물의 명료함(徼)을 보고자 한다(欲~觀).

이(此) 둘(兩者)은 같은(同) 데서 나왔지만(出~而) 이름(名)을 달리하므로(異)

이런 같은(同) 걸 두고 현(玄)이라고 말한다(謂).

현하고(玄) 또(又) 현하니(玄) 많은(衆) 오묘함(妙)이 깃든 문(門)이다.

도(道)를 도라고 하면 늘 그런 도가 아니다

———

『도덕경』 1장은 '도가도비상도(道可道非常道)'로 시작하는 유명한 문장이다. '道可道非常道'는 '도를 도라고 하면 늘 그런 도가 아니다'라는 내용이다. 그런데 글의 시작치고는 왠지 생뚱맞다. 그런데도 노자는 이 내용을 『도덕경』을 시작하는 글로 삼았으니 어째서인가? 더구나 1장은 천도(天道), 즉 우주자연의 원리를 밝히는 장일 텐데 이 내용과는 크게 관련이 없어 보인다.

그렇다면 이 내용은 사람들의 관심을 끌기 위한 일종의 충격요법으로 제시되었을까? 물론 그런 측면이 있다. 글의 흐름상으로 보면 그렇다는 느낌을 더욱 받는다. 노자는 '道可道非常道'를 먼저 제시한 뒤 이어서 유(有) 무(無)의 관계를 통해서 도(道)가 무엇인지를 밝히고 있어서이다. 그렇다면 1장은 귀납의 논리로 구성되었을까? '道可道非常道'가 결론이고 그리고 뒤이어 등장하는 유와 무의 내용이 본론이라고 보아져서이다. 실제로 사람들의 관심을 끌기 위해서 귀납의 논리가 동원되는 경우가 종종 있다. 특히 결론으로 제시된 내용이 충격적일수록 글 쓰는 사람은 귀납 논리의 유혹으로부터 벗어나기 힘들다. 그런 점에서 1장은 귀납의 논리를 동원할 만한 충분한 조건을 지닌다고 본다.

그런데 '道可道非常道'는 글의 형식상 1장의 결론이 될 수 없다. 1장의 결론은 마지막 문장인 '玄之又玄, 衆妙之門'이 되어야 마땅하다. 즉 '(도는) 현하고 또 현하니 많은 오묘함이 깃든 문이다'가 결론이고, 이런 결론을 이끌어내기 위해서 유와 무의 관계에 대한 설명이 본론으로 제시되었다고 본다. 이렇게 되면 논리가 연역적으로 구성되면서 앞뒤의 내용이 자연스럽게 연결된다. 그렇다면 '道可道非常道', 즉 '도를 도라고 하면 늘 그런 도가 아니다'라는 글이 맨 앞에 있으니까 혹 서론의 역할을 담당할까? 그런데 '道可道非常道'는 본론인 유와 무의 관계와 그리고 결론인 '현하고 또 현하니 많은 오묘함이 깃든' 도의 모습과 내용상으로 그다지 관련이 없어 보인다. 따라서 '道可道非常道'는 서론으로서 역할도 담당할 수 없다.

노자는 어째서 '道可道非常道'를 1장의 첫 문장으로 삼았을까? 필자의 견해로는 우리의 관심을 끌기 위한 노자의 색다른 시도라고 본다. 그렇더라도 1장의 다른 내용들과 연결을 자연스레 이루어야 마땅하지 않은가? 오로지 관심을 끌기 위해서 주제와 관련이 없는 내용을 막무가내로 글의 첫머리로 삼을 수는 없지 않는가. 그렇다면 '道可道非常道'는 '유와 무의 관계 - 玄之又玄 衆妙之門'으로 이어지는 큰 줄기의 논리 안에는 포함되지 않더라도 여기서부터 뻗어 나온 작은 줄기의 논리 안에는 포함된다고 본다. 그 작은 줄기가 언어철학과 관련한 내용이라고 보는데 그 내용이 충격적이라서 노자는 '道可道非常道'를 1장의 첫머리로 사용했다고 본다. 말하자면 1장의 제목으로 삼은 셈이다. 그렇다면 1장은 연역의 논리가 아니라 오히려 귀납의 논리로 구성된 셈이다.

천도의 원리, 즉 우주자연의 원리가 어떤 것이기에 노자는 귀납의 논리를 통해서 '도를 도라고 하면 늘 그런 도가 아니다'라는 결론에 도달했을까? 노자는 우주자연의 원리를 무(無)와 유(有)의 관계에 따라 파악하고 있다. 이런 식의 접근은 음(陰)과 양(陽)의 관계에 입각해서 우주자연의 원리를 파악하는 동아시아의 전통적 접근법과 유사하다. 그러니 무와 유의 관계는 이 글을 이해하는 데 중요한 전제에 해당하는 셈이다.

**무(無)로 만물의 오묘함(妙)을 보고자 하고,
유(有)로 만물의 명료함(徼)을 보고자 한다.**

노자는 "무(無)는 천지의 시작을 말하고, 유(有)는 만물의 어미를 말한다."라고 하는데 이게 무슨 뜻일까? 천지가 시작될 때 어떤 생명체도 존재하지 않아서 노자는 이를 두고 '무'의 상태라고 말한다. 그런데 시간이 점차 흐르면서 온갖 생명체, 즉 만물이 세상에 등장함에 따라 천지는 '유'의 상태로 바뀐다. 참고로 동아시아전통사상은 우주자연을 지배하는 질서를 리(理)로, 그리고 그 리에 따라 생명체가 등장하는 것을 기(氣)의 응집이라고 말한다. 만물의 어미로서 유의 역할은 이렇게 해서 만들어진다. 그래서 무가 도(道)의 본체라면 유는 도의 작용이다. 그런데 이 내용은 이어지는 "늘 무(無)로 만물의 오묘함을 보고 싶어 하고, 유(有)로 만물의 명료함을 보고 싶어 한다."라는 글에 의해서 보완된다.

흔히 이어지는 글은 앞의 글의 보완이라고 하는데 여기선 언뜻 보아 이 점이 좀체로 이해되지 않는다. 그래서 "늘 무(無)로 만물의 오묘함을 보고자 하고, 유(有)로 만물의 명료함을 보고자 한다."라는 이어지는 글과 "무는 천지의 시작을 말하고, 유는 만물의 어미를 말한다"라는 앞의 글과 내용상 연결을 위해서 동아시아의 전통적인 우주관, 즉 천지(天地)가 어떻게 생겨났는지를 살펴볼 필요가 있다. 동아시아인은 천지, 즉 하늘과 땅이 혼돈(混沌)에서 비롯된다고 믿는다. 혼돈은 생명이 분화되지 않은 원초적인 상태를 뜻한다. 그것은 우리가 어머니 자궁에 있었을 때의 모습이자 세상이 시작되었을 때의 모습이자 우주가 막 생겨났을 때의 모습이기도 하다. 그래서 혼돈은 『구약성서』 창세기에서 말하는 빛이 있기 이전의 이른바 '흑암(黑暗)' 상태라고도 할 수 있다.

그런데 빛이 있어야 분별이 생겨나고 거기서부터 의미분화(division of

meaning)도 이루어진다. 그러니 흑암 단계에서 어떤 분별이 생겨난다는 건 도저히 상상할 수 없다. 이처럼 분별이 생겨나지 않으므로 도는 무색(無色)·무성(無聲)·무형(無形)의 형태를 띠게 마련이다. 장자도 이와 비슷한 생각을 피력한 바 있다. 장자에 따르면 도란 오관으로 파악할 수 없다. 만약 오관으로 파악된다면 이미 도가 아니다. 이는 도가 형체를 갖고 있지 않아서이다. 물론 도는 만물에 대해서 형체를 제공한다. 그렇지만 도는 자신이 형체가 없다는 걸 알기에 도에 대해 우리가 이름 붙이는 일이 쉽지가 않다.

한편 혼돈에선 모든 생명체가 드러나지 않는 소위 가능태로 있기 때문에 늘 혼재된 상태로 머문다. 서양에선 이런 혼돈을 가리켜서 카오스(chaos)라고 말하는데 혼돈과는 의미상에서 적지 않은 차이가 있다. 카오스의 반대 개념은 질서를 뜻하는 코스모스(cosmos)이다. 그래서 카오스에선 질서와 반대되는 혼란의 의미가 크다. 반면 혼돈은 모든 게 혼재되더라도 온갖 생명체가 가능태로 모여 있는 그야말로 생명의 보고이다. 이런 생명의 보고이기에 혼돈에 대해서 오묘하다(妙)는 표현이 가능하다. 이에 우리는 혼돈의 상태인 무(無)로 만물의 오묘함을 보고 싶어한다라고 말한다.

그런데 가능태라도 시간이 흐르면 서서히 모습을 드러내게 마련이다. 예를 들어 혼돈의 상태로 있는 생명의 보고는 먼저 동물과 식물로 구분된다. 그리고 시간이 더 흐르면 동물은 뭍에 사는 동물과 물에 사는 동물로 구분되고, 또 뭍에 사는 동물은 발이 있는 동물과 발이 없는 동물로 구분된다. 시간이 더 흐르면 발이 있는 동물은 네 발 달린 동물과 그렇지 않은 동물로 구분되고, 또 네 발 달린 동물은 인간과 인간 아닌 동물로 구분된다. 이런 과정을 통해서 인간의 모습은 혼돈의 상태로 있는 생명의 보고에서부터 시작해 보다 구체화된다. 이것이 '생명분화(division of life)'의 작용인데 만물에 명료함(徼)이 드러나는 과정이기도 하다.

그런데 요(徼)를 만물의 명료함으로 이해하는 데는 설명이 좀 필요하다. 기존의 『도덕경』 해석서들도 이 부분 해석에서 모두가 제각각이다. 먼저 자전을 찾아보면 요(徼)를 가장자리로 풀이한다. 그렇다면 가장자리와 명료함 사이에는 어떤 관련성이 있을까? 얼핏 보아선 어떤 관련성도 없어 보인다. 그렇지만 아래의 그림처럼 한 점을 중심으로 해서 커져나가는 원을 그려보면 서로 연결되어 있음을 알 수 있다.

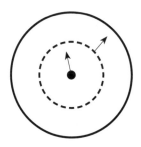

여기서 한 가운데 까만 점(●)이 모든 생명체가 가능태로 있는 혼돈의 점이다. 그래서 오묘하다(妙)고 말할 수 있다. 이 까만 점이 시간이 흐르면서 점점 더 커져 조그만 원(○)으로 바뀌고, 시간이 더 흐르면서 조그만 원이 점점 더 커져 큰 원으로 바뀐다. 이런 식으로 원이 점점 더 커지다 보면 원의 가장자리 선은 이에 비례해서 늘어나게 마련이다. 이런 과정을 통해서 생명체는 가능태로부터 점차 벗어나 보다 명료한(徼) 모습을 띠게 되며 결국에는 이름까지 갖는다. 그러니 원의 가장자리는 생명체가 가장 명료한 모습을 띠는 현재의 지점이기도 하다. 그리고 큰 원의 가장자리 선을 따라서 온갖 생명체의 이름들이 붙여진다.

이어서 『도덕경』 1장은 "무(無)와 유(有)는 같은 데서 나왔지만 이름을 달리하므로 이런 같은 걸 두고 현(玄)이라고 말한다."라고 규정한다. 그런데 노자는 무와 유가 이름을 서로 달리해도 같은 데서 나왔다는 것을 두고 어째서 현이라고 규정할까? 노자의 이런 주장을 이해하려면 다시 한번 점(●)을 중심으로 해서 커져나간 원(○)의 그림을 참고할 필요가 있다.

여기서 점(●)은 무(無)의 상태를, 원(○)은 유(有)의 상태를 각각 뜻한다. 어째서 그러한가? 먼저 천지가 처음 시작할 때는 점의 모습을 한다. 실제로 천지가 처음 시작할 때는 만물이 자신들의 모습을 드러내지 않아 작은 점안에 모두 모여서 가능태로 혼재되어 위치한다. 이 상태에서 만물은 자신의 모습을 스스로 드러내는 법이 없다. 그러니 만물은 있지 않는 것처럼 보이므로 노자는 이런 상태를 두고 무(無)라고 규정한다.

그런데 시간이 점점 더 흘러서 점이 원으로 바뀌면 만물은 보다 구체적인 모습을 띤다. 예를 들어 아주 먼 옛날의 침팬지가 지금은 사람과 원숭이로 나뉘어져 뚜렷하게 구분되는 것처럼 말이다. 이런 구분은 원이 점점 더 커져 원의 가장자리가 크게 늘어남으로써 가능하다. 즉 늘어난 원의 가장자리에 사물이 보다 더 구체적인 모습, 즉 명료한(徼) 모습을 띠면서 위치하기에 가능하다. 그 결과 사물의 종류는 천지간에 당연히 늘어나게 마련이다. 이런 과정이 만물의 어미와 같은 역할에 해당하므로 노자는 이를 두고 유(有)라고 규정한다.

그렇다면 만물은 점(●) 안에 가능태로 있어서 오묘한 상태로 있든지 아니면 원(○)의 가장자리에 있어서 명료한 상태로 있든지 그 모습만 달리할 뿐 실제로는 같다. 즉 시간을 한없이 거슬러 올라가면 만물이 점 안에 모두 속하지만 반대로 시간이 한없이 흐르면 만물은 원의 가장자리에 제각각 위치한다. 그러니 시간의 흐름에서 오는 위치상의 변화일 뿐 그 근원은 점(●)이라는 데서 똑같이 출발한다. 노자는 이를 두고 "무와 유는 같은 데서 나왔지만 이름을 달리한다."라고 말한다.

무(無)와 유(有)는 같은 데서 나왔지만
이름을 달리해 현(玄)이라고 말한다.

　노자는 무와 유가 이름을 서로 달리해도 사실상 같은데서 나왔기에 이런 같음을 두고 현(玄)으로 규정한다. 노자는 무와 유가 같다는 걸 두고 어째서 현으로 규정할까? 관련 학자들은 대부분 현을 검다 내지는 가물거리다로 풀어서 해석한다. 그렇지만 현을 풀어쓰지 않고 그대로 사용하는 게 노자의 의도에 더 부합한다. 노자는 도와 마찬가지로 현을 여기서 보통명사 개념이 아닌 고유명사 개념으로 사용해서이다. 따라서 도(道)를 따로 해석하지 않듯이 현도 따로 풀어쓰지 않는 게 타당하다.

　무와 유가 같다는 것을 두고 현으로 규정한 노자의 의도를 정확히 파악하려면 『천자문』의 시작부인 '천지현황(天地玄黃)', 즉 '하늘 천 따 지 가물 현 누를 황'의 내용을 검토할 필요가 있다. '천지현황'은 하늘은 현(玄)하고 땅은 황(黃)하다는 말이다. 그런데 하늘은 어째서 현하고 땅은 어째서 황할까? 우리가 하늘을 쳐다보면 어째서 현한지가 풀린다. 동서남북 어느 쪽이든 하늘이 똑같이 푸르러 그 경계와 구분을 찾기 힘들어서이다. 이를 두고 가물가물하다고 말하는데 하늘이 그만큼 그윽한 탓이다. 이것이 현의 상태이다. 물론 밤이 되면 경계와 구분이 더욱 모호해지므로 이 때문에 현의 의미가 '검을 현'으로까지 확장된다. 반면 땅에선 모든 것들이 환히 드러나게 마련이다. 그래서 산과 구릉, 강과 천, 늪과 호수 등이 우리 눈에 의해서 확연히 구분된다. 동아시아인은 이런 상태를 두고 누렇다고 여겨서 땅을 황하다고 규정했다. 그래서 천지의 원리, 즉 동아시아판 자연과학의 원리는 현과 황의 대비에서부터 출발하는 셈이다.

　그렇지만 노자는 황(黃)보다는 현(玄)에 더 큰 방점을 둔다. 그래서 자신을 '드러내는' 땅(地)보다는 자신을 '감추는' 하늘(天)을 보다 이상적인 상태로 규정한다. 그러니 노자는 무와 유의 관계도 땅처럼 구분되는 '황'의 속성을 지닌다고 보지 않고 하늘처럼 구분되지 않는 '현'의 속성을 지닌다고 본다. 이것이 노자가 무와 유의 같음을 두고 현으로 규정하는 이유이다.

이제 노자는 우주자연의 원리가 너무나 현하다고 여겨서 "현하고, 또 현하다"라고 새삼스레 강조한다. 그러면서 이를 두고 중묘지문(衆妙之門), 즉 많은 오묘함이 깃든 문이라고 규정한다. 여기서 우리는 '많은 오묘함'보다는 '문'에 초점을 두고 해석해야 '많음 오묘함'이 무엇을 뜻하는지 제대로 밝힐 수 있다. 만약 '문' 대신 '많은 오묘함'에 강조를 두고서 해석하면 이 단어가 외재적으로 지시하는 범위를 끝내 넘어서지 못한다. 그 결과 자칫 해석이 왜곡될 수 있다.

그렇다면 노자는 현을 설명하기 위해서 어째서 문(門)의 개념을 도입했을까? 한번 문과 반대되는 역할을 수행하는 벽(壁)을 생각해보자. 벽은 공간을 이쪽과 저쪽으로 구분한다. 반면 문은 벽의 이쪽과 저쪽을 서로 통하도록 만든다. 그래서 문에선 이쪽과 저쪽의 구분이 없다. 늘 이쪽도 될 수 있고 저쪽도 될 수 있다. 그렇다면 문의 공간에선 무와 유의 구분이 생겨날 수 없다. 그래서 문은 무도 될 수 있고 유도 될 수 있는 자유로운 공간이다. 따라서 벽에 의해서 이쪽과 저쪽이 고정된다고 해도 문은 이쪽도 되고 저쪽도 되는 교집합의 공간이 된다.

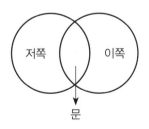

물리학에서도 이런 문(門)의 개념이 있다. 빨강, 노랑, 파랑이라는 빛의 삼원색이 그러하다. 삼원색이 위로 올라가면 삼각형의 정점이 되면서 흰색이 된다. 반대로 삼원색이 아래로 좁혀지면 아무런 색이 없는 검정색이 된다. 그런데 꼭대기의 흰색이나 밑바닥의 검정색은 실제로 존재하지 않고 이론적으로만 가능하다. 그리고 실제로 존재하는 건 회색뿐이다. 그 회색은 꼭대기에 올라갈수록 흰색에 가까운 회색이 되고, 밑바닥에 내려갈수록 검정색에 가까운 회색이 된다. 여기서 회색이 되는게 문이 하는 역할이다. 벽에 의해 흰색과 검정색으로 구분된 색을 문은 다시 회색으로 연결시킨다. 그러니 문은 흰색과 검정색의 교집합의 역할을 수행하는 셈이다.

문과 같은 교집합의 공간이 있다는 사실은 언어철학과 관련해 우리에게 중요한 점을 시사한다. 우리는 지금까지 언어가 모든 것을 정확히 표현한다고 믿어 의심치 않아 왔다. 그래서 언어에 대해 한없는 신뢰를 보여 온 게 사실이다. 이런 신뢰는 무엇보다 언어가 모든 걸 객관적이고 명료하게 표현할 수 있다는 믿음에서 비롯된다. 예를 들어 마음속에서 그리는 '최고의 아름다운 여인'을 '비너스'로 규정하는 경우 '최고의 아름다운 여인'이라는 기의(記意, signified)와 '비너스'라는 기표(記表, signifier)가 정확히 일치한다고 믿는다. 이는 기의와 기표의 관계를 '기의≒기표'가 아니라 '기의=기표'로 파악하기에 가능한 일이다. 서구철학은 이런 믿음 하에서 자신의 관점을 오랫동안 유지해 온 게 사실이다.

언어에 대한 이런 태도는 일상언어에서보다는 법(法)에서 보다 분명히 드러난다. 그래서 동일한 범죄(기의)에 대해서 다른 형법(기표)을 적용해선 안 된다. 만약 적용하는 형법이 달라지면 형량이 달라지는 경우가 발생한다. 예를 들어 형법 1조를 적용하면 징역 10년형인데 반해 형법 2조를 적용하면 징역 1년형에 처해지는 경우가 발생한다. 따라서 법에선 '의미의 상호배타성(inter-exclusiveness)'이 엄격히 적용될 수밖에 없다. 이것이 법학의 핵심작업에 해당한다. 그래서 법학은 벽(壁)이 하는 역할처럼 범죄의 의미를 이쪽(형법 1조)과 저쪽(형법 2조)으로 확연히 구분하는 역할을 수행한다.

그런데 세상사는 꼭 그렇지가 않다. 문(門)이 하는 역할처럼 의미가 배타적이지 않고 서로 중복되는 경우가 많다. 그래서 이쪽의 의미도 담겨지고 저쪽의 의미도 담겨지게 마련이다. 예를 들어 선악(善惡), 미추(美醜), 호불호(好不好)도 그 안에서 반대되는 의미가 정확히 구분되지 않고 서로 공존하는 영역이 분명히 있다. 그래서 선이면서 동시에 악인 경우가 얼마든지 생겨난다. 더욱이 선과 악은 상대적 가치에 의해서 결정될 뿐이지 절대적 가치에 의해서 결정되지 않는다. 그렇다면 모든 사람은 정도의 차이일 뿐 선과 악을 모두 지닌다고 말할 수 있다. 그러니 '기의=기표'의 관계는 사실상 불가능하고 '기의≒기표'의 관계만 성립할 뿐이다.

노자는 이를 두고 "도(道)를 도라고 하면 늘 그런 도가 아니고, 이름(名)을 이름이라고 하면, 즉 적합한 이름이라도 늘 그런 이름이 아니다."라고 표현한다. 즉 도라고 정확히 표현해도 도를 표현하는 게 아닐 때가 분명히 생겨난다. 마치 '비상문'이 문이긴 해도 특별할 때 사용하는 문인 것처럼 '비상도'도 도이긴 해도 도가 아닐 때가 간혹 생겨날 수 있다. 그래서 노자는 '비상도(非常道)', 즉 '늘 그러한 도가 아니다'라는 표현을 사용한 것이다.

"도를 도라고 하면 늘 그런 도가 아니다"는
1장의 서론이 아니라 결론이다.

이제『도덕경』1장이 논리적으로 어떻게 구성되었는지 한번 따져봐야 할 단계이다. 이런 식의 검토가 필요한 건 1장의 논리 전개를 이해하는 일이 그리 만만치 않아서이다. 1장은 크게 세 부분으로 구성된다. 첫번째는 "도를 도라고 하면 늘 그런 도가 아니고, 이름을 이름이라고 하면 늘 그런 이름이 아니다."라는 시작부이다. 두번째는 "무는 천지의 시작을 말하고, 유는 만물의 어미를 말한다. 그래서 늘 무로 만물의 오묘함을 보고 싶어하고, 유로 만물의 명료함을 보고 싶어한다."라는 중간부이다. 세번째는 "무와 유는 같은 데서 나왔지만 이름을 달리하므로 이런 같은 걸 두고 현이라고 말한다. 현하고 또 현하니 많은 오묘함이 깃든 문이다"라는 마지막부이다.

여기서 중간부와 마지막부는 논리적으로 자연스럽게 연결되는데 반해 시작부와 중간부는 논리적으로 연결이 매끄럽지 못하다. 중간부와 마지막부는 어째서 논리적으로 자연스럽게 연결될까? 무와 유의 관계에 대해서 논한(중간부) 뒤, 무와 유는 이름을 달리해도 모두 같은 데서 나왔기에 이를 두고 '현'이라고(마지막부) 말하고 있어서이다. 또 마지막부에선 유무의 관계를 현하고 또 현하니 많은 오묘함이 깃든 문이라고 규정하면서 '현'의 의미를 '문'으로 확장해 설명해서이다.

반면 시작부와 중간부는 어째서 논리적으로 연결이 매끄럽지 못할까? 도를 도라고 하면 늘 그런 도가 아니고, 이름을 이름이라고 하면 늘 그런 이름이 아니라고 상도(常道) 및 상명(常名)에 대해서 논한(시작부) 뒤 무(無)와 유(有)의 관계에 대한 언급(중간부)이 갑자기 튀어나와서이다. 만약 상도 및 상명에 대해 논하는 경우 이어지는 글에선 이와 관련된 내용이 뒤따라야 하는 게 마땅하다. 그런데도 상도 및 상명과는 전혀 관련이 없어 보이는 무와 유의 관계에 대한 서술이 글의 중간부를 채운다. 그러니 시작부와 중간부의 연결이 매끄럽지 않을 수밖에 없다.

그렇더라도 노자가 논리적인 연결을 무시한 채 이 글을 작성했다고 보지 않는다. 게다가 이 글은 『도덕경』의 시작을 알리는 매우 상징적인 내용이다. 그런 만큼 노자는 이 글의 완성도를 높이기 위해서 논리전개에 많은 신경을 썼다고 본다. 이런 점을 감안하면 표면적으로는 논리적 연결이 다소 빈약해도 심층적으로는 논리적 연결을 제대로 갖추어야 한다. 문제는 심층에 위치한 논리를 우리가 어떻게 찾아내느냐 하는 일이다. 1장 해석의 정확성은 이 점에 의해서 결정된다고 본다. 그러니 아무리 힘들어도 심층에 위치한 논리를 찾아내야 한다.

기존의 『도덕경』 해설서들은 이 부분 해석을 대부분 두루뭉술하게 넘어간다. 이런 태도는 시작부와 중간부를 잇는 논리적 연결 여부에 대해서 그다지 큰 고민을 하지 않은 채 대충 넘어간 탓이다. 앞서 필자가 1장 전반을 해석하면서 첫 문장에서부터 시작하지 않고 두 번째 문장에서부터 시작했던 것도 이런 고민의 한 단면을 보여주는 단서이다. 즉 "도를 도라고 하면 늘 그런 도가 아니고, 이름을 이름이라고 하면 늘 그런 이름이 아니다."로 시작하지 않고 "무는 천지의 시작을 말하고, 유는 만물의 어미를 말한다."로 시작한 게 그것이다.

그리고 앞서 이 글의 논리도 연역적이기보다는 귀납적으로 전개된다는 주장을 펼친 바 있다. 필자는 어째서 이런 주장을 펼쳤을까? 만약 논리가 연역적으로 전개된다면 마지막 문장인 '현하고 또 현하니 많은 오묘함이 깃든 문이다(玄之又玄 衆妙之門)'라는 게 1장의 결론이 되어야 마땅하다. 그러면 앞의 글들은 이런 결론을 이끌어내기 위한 전제에 해당한다. 이렇게 파악하면, 즉 연역적으로 파악하면 논리전개상에서 '道可道非常道'의 위상이 애매해진다. 바로 이 점이 1장을 귀납적 논리로 파악해야 하는 중요한 이유에 해당한다. 그렇다면 첫 문장이라도 '道可道非常道'를 결론으로 파악하고, 1장의 나머지 글들은 이런 결론을 이끌어내기 위한 전제로 삼아야 하는 게 마땅하지 않은가.

이런 관점에서 보면 첫 번째 전제가 현(玄)이고, 두 번째 전제가 문(門)이다. 노자는 무와 유가 이름을 달리해도 같은 데서 나온 걸 두고 현이라고 명명했다. 무와 유는 동전의 양면처럼 표면적으로는 구분되어도 사실상 같으므로 이를 현이라는 개념으로 밝혔다. 이에 필자는 『천자문』의 '천지현황'을 인용해서 현을 가물가물함으로 해석한 바 있다. 그러니 이름만 달리할 뿐 사실상 같다는 건 곧 가물가물한 상태를 의미한다. 나아가 벽에 의해서 공간이 이쪽저쪽으로 나뉜다고 해도 문에 의해서 이쪽저쪽으로 서로 통하게 되므로 문도 현과 같은 역할을 수행한다. 단지 차이가 있다면 현이 형용사라면 문이 명사라는 점뿐이다.

이제 노자는 무와 유가 이름만 달리할 뿐 같은 데서 나왔다는 전제하에서 "도를 도라고 하면 늘 그런 도가 아니고, 이름을 이름이라고 하면 늘 그런 이름이 아니다."라는 점에 대해서 말한다. 어째서일까? 무와 유의 관계가 가물가물한 현의 성격을 지니거나 아니면 공간의 구분이 사라지는 문의 역할을 수행하기 때문이다. 따라서 도를 도라고 하면 늘 그런 도라는 식으로 의미가 고정되지 않는다. 만약 도를 이렇게 말하면 이쪽 부분에 대한 설명이 부족하고, 또 저렇게 말하면 저쪽 부분에 대한 설명이 부족하다. 그러니 도를 언어로 표현하는 데 언어로서 한계가 분명히 있다. 그래서 도는 언어도단(言語道斷), 즉 언어로 이르지 못하는 경지에 위치한다.

이름도 마찬가지이다. 어떤 대상에 이름을 부여하면 늘 그런 이름이 아니다. 누군가를 아름답다고 말하면 추한 사람이 있어서이다. 그래서 아름다운 사람만 모여 있을 때는 사람들의 아름다움도 퇴색하게 마련이다. 그러니 "도를 도라고 하면 늘 그런 도가 아니고, 이름을 이름이라고 하면 늘 그런 이름이 아니다."라는 주장이 성립할 수 있다. 이는 '기의=기표'는 성립할 수 없고 '기의≒기표'의 관계만 성립할 수 있다는 말이다. 만약 무와 유의 관계가 황(黃)의 성격을 지니면 '기의=기표'의 관계만 성립한다. 그러면 도를 도라고 말하면 늘 그런 도라고 주장해야 마땅하다.[10] 이런 식의 해석은 귀납적 논리를 적용할 때 가능한데 이는 연역적 논리에 의해서 이루어지는 해석보다 더 타당하다.

언어는 의미를 냉동시키는 기제이다.

글의 본류로 다시 돌아가 보자. 노자는 어째서 '늘 그런 도(常道)가 아니라고(非)' 주장할까? 즉 도를 도라고 하면 어째서 의미가 2% 부족한 도라고 말할까? 이를 이해하려면 언어의 본질에 대해서 고민할 필요가 있다. 언어는 결국 의미를 가두는 작업을 수행한다. 그래서 의미를 언어로 바꾸는 작업은 일종의 '냉동과정(freezing process)'이라고 말할 수 있다. 우리가 물건을 냉동시키면 오래 보관할 수 있다. 그렇지만 물건의 본질은 상하게 마련이다. 예를 들어 막 잡은 생선을 얼리면 부패하지 않은 상태로 먼 곳의 식탁에 오를 수 있지만 생선의 자연스런 맛은 상하게 마련이다. 마찬가지로 언어를 사용하면 의미를 편하게 멀리 전달할 수 있지만 고유한 의미를 제대로 살릴 수 없다.

---

10) 혹자는 '도를 도라고 하면 도가 아니다'라고 해석하는데 이는 분명히 틀린 해석이다. 도의 의미와 이를 표현하는 언어가 서로 관련이 없다는 말인데 이는 '기의≠기표'로 표시되므로 언어 자체를 부정하는 꼴이 된다.

그래서 도(道)를 언어로 표현하면 98%가 아니라 70, 80%도 채우지 못하는 경우가 얼마든지 발생한다. 불가도 같은 입장이다. 중국 선불교의 교과서라 할 수 있는 『육조단경(六祖壇經)』의 핵심 개념인 불립문자(不立文字), 이심전심(以心傳心), 교외별전(敎外別傳)이 이를 단적으로 말해준다. 불립문자란 도는 문자로 전달될 수 없다는 내용이고, 이심전심이란 마음과 마음으로 의미가 통하는 방식이다. 이는 언어라는 기표를 배제한 채 의미인 기의만 직접 교환하는 방식이다. 교외별전도 부처의 가르침을 말과 글에 의지하지 않고 마음에서 마음으로 전하는 일이다. 그러니 불가도 노자와 마찬가지로 언어에 대해 회의적인 입장을 취하기는 매한가지이다.

오늘날 서구 언어철학을 대표하는 비트겐슈타인(L. Wittgenstein)도 지난 세기 이와 비슷한 주장을 펴서 유명해진 바 있다. 그는 처음에는 '말의 그림론'으로 서구 철학계의 주목을 받았지만 그 후 이를 폐기하고 '말의 쓰임론'으로 돌아섰다. 말의 그림론이 '기의=기표'의 입장에 서있다면 말의 쓰임론은 '기의≠기표'의 입장을 지지한다고 말할 수 있다. 그래서 비트겐슈타인은 그의 마지막 논문인 「논리-철학논고」의 첫 문장을 "(도의 경우처럼) 이야기할 수 없는 것에 관해 우리는 침묵해야 한다."라고 시작했다. 그렇다면 노자가 일찌감치 깨달은 언어관을 서구는 2천년이 지나서야 비로소 깨달은 게 아닌가!

이제 마지막 질문을 던져야 할 때다. 필자가 언어철학의 관점에서 『도덕경』 1장을 해석한 건 어째서일까? 필자는 유불선사상을 관통하는 열쇠가 커뮤니케이션에 있다는 주장을 오래전부터 펴왔다. 공자의 이순(耳順), 불가의 색즉시공 공즉시색(色卽示空 空卽示色), 노자의 언어도단, 장자의 제물(齊物)이 단적인 예다. 그런데 여기에 더 흥미로운 사실은 『도덕경』이 "미더운 말은 번지르르하지 않고, 번지르르한 말은 미덥지 않다(信言不美 美言不信)"라고 끝낸다는 점이다. 이 역시 언어에 대한 노자의 회의적인 태도를 그대로 반영한다. 따라서 『도덕경』은 언어관에서 출발해서 언어관으로 끝나는 셈이다. 그러니 『도덕경』 1장을 언어철학의 문제로 어찌 해석하지 않을 수 있겠는가!

세상사람 모두가 아름답다고 여기는(爲美) 것을
(나도) 아름답다고 아는데(知美) 이는 바람직하지 않다.
세상사람 모두가 착하다고 여기는(爲善) 것을
(나도) 착하다고 아는데(知善) 이는 좋지 않다.
본디부터 있음(有)과 없음(無)은 서로 생겨나고,
어려움(難)과 쉬움(易)은 서로 이루어지고,
길음(長)과 짧음(短)은 서로 견주어지고,
높음(高)과 낮음(下)은 서로 기울어지고,
인위적인 소리 음(音)과 자연적인 소리 성(聲)은 서로 조화를 이루고,
앞(前)과 뒤(後)는 서로 따른다.
이 때문에 성인은 무위로 일(無爲之事)을 처리하고,
말없는 행동으로 가르침(不言之敎)을 행한다.
(그러니) 성인은 만물을 자라나게 해도 이를 드러내어 말하지 않고,
만물을 낳아도 이를 소유하지 않고,
만물을 가꾸어도 거기에 의지하지 않고,
공을 이루고도 공에 머물지 않는다.
오로지 공에 머물지 아니함으로써 (그 공이 성인에게서) 떠나지 않는다.

天下皆知美之爲美 斯惡已.,

皆知善之爲善 斯不善已.

故有無相生, 難易相成, 長短相較, 高下相傾, 音聲相和,
前後相隨.

是以聖人 處無爲之事, 行不言之敎.

萬物作焉而不辭, 生而不有, 爲而不恃, 功成而不居.

夫唯不居, 是以不去.

斯(이 사) 惡(추할 오 → 바람직하지 않다) 善(착할 선, 좋을 선) 故(부사 고, 본디부터) 較(견줄
교) 傾(기울 경) 和(화합할 화) 隨(따를 수) 處(대처할 처 → 처리하다) 行(행할 행) 作(지을 작
→ 자라나게 하다) 辭(진술할 사 → 드러내어 말하다) 生(날 생, 태어나다) 有(있을 유, 소유하다)
爲(할 위 → 가꾸다) 恃(믿을 시, 믿고 의지하다) 居(머무를 거) 去(갈 거, 떠나가다)

세상사람(天下) 모두(皆)가 아름답다고(美) 여기는(爲) 것을
(나도) 아름답다고(美) 아는데(知) 이(斯)는 바람직하지 않다(惡已).
(세상사람) 모두(皆)가 착하다고(善) 여기는(爲) 것을
(나도) 착하다고(善) 아는데(知) 이(斯)는 좋지(善) 않다(不已).
본디부터(故) 있음(有)과 없음(無)은 서로(相) 생겨나고(生),
어려움(難)과 쉬움(易)은 서로(相) 이루어지고(成),
길음(長)과 짧음(短)은 서로(相) 견주어지고(較),
높음(高)과 낮음(下)은 서로(相) 기울어지고(傾),
인위적인 소리 음(音)과 자연적인 소리 성(聲)은 서로(相) 조화를 이루고(和),
앞(前)과 뒤(後)는 서로(相) 따른다(隨).
이 때문에(是以) 성인(聖人)은 무위(無爲)로 일(事)을 처리하고(處),
말없는 행동(不言)으로 가르침(敎)을 행한다(行).

(성인은) 만물(萬物)을 자라나게 해도(作~而)

(이를) 드러내어 말하지(辭) 않고(不),

(만물을) 낳아도(生而) (이를) 소유하지(有) 않고(不),

(만물을) 가꾸어도(爲而) (거기에) 의지하지(恃) 않고(不),

공(功)을 이루고도(成而) (공에) 머물지(居) 않는다(不).

오로지(唯) (공에) 머물지(居) 아니하므로써(不~是以)

(그 공이 성인에게서) 떠나지(去) 않는다(不).

세상사람 모두가 아름답다고 여기는 걸
나도 아름답다고 아는데 이는 바람직하지 않다

—

2장은 크게 세 부분으로 구성된다. 첫 번째 부분은 '天下皆知美之爲美 斯惡已., 皆知善之爲善 斯不善已.'인데 유위(有爲)에 따라 살아가는 사람의 모습에 대해서 말한다. 두 번째 부분은 '有無相生, 難易相成, 長短相較, 高下相傾, 音聲相和, 前後相隨.'인데 무위(無爲)에 뿌리를 두고 있는 우주자연 및 세상만사의 원리에 대해서 언급한다. 마지막 부분은 '是以聖人 處無爲之事, 行不言之敎.'로 시작하는 글인데 무위(無爲)에 따라 살아가는 성인의 모습을 보여준다. 그렇다면 2장의 구성은 왠지 산만하게 보인다. 2장은 천도(天道)의 원리를 밝힌 뒤 그 천도를 쫓아서 인도(人道)에 입각해 살아가는 성인의 모습을 보여준다. 그럼으로써 유위에 따라 살아가는 사람의 일그러진 모습도 함께 보여준다. 어째서 그런지 한번 살펴보자.

2장도 앞서 1장과 마찬가지로 서론에 해당하는 도입부 해석에서 어려움이 많다. 2장은 '天下皆知美之爲美 斯惡已'로 시작하는데 이 글이 무엇을 말하려는 건지 좀체 드러나지 않아서이다. 이어지는 '皆知善之爲善 斯不善已'의 의미도 쉽게 드러나지 않기는 매한가지이다. 물론 쉽게 드러나지 않는다고 이 부분을 어영부영 해석한 채 적당히 넘어가선 안 된다. 그렇게 했다가는 2장 전체 내용을 이해하는 데 큰 혼란만 양산된다. 그 결과 전체 해석이 엉뚱한 방향으로 들어서고 만다. 그래서 시간이 좀 걸리거나 노력을 들여서라도 해석을 명확히 하고 넘어갈 필요가 있다.

'아름답다고 여기는(爲美)' 주체
'아름다운 것으로 아는(知美)' 주체

2장의 도입부 해석에서 특별히 까다로운 곳은 앞 문장의 경우는 '知美之爲美'이고, 뒷 문장의 경우는 '知善之爲善'이다. 대부분의 『도덕경』 해설서들은 '知美之爲美'를 '아름답다고 하는 것을 아름답다고 안다' 쯤으로 해석하고, '知善之爲善'를 '착하다고 하는 것을 착하다고 안다' 쯤으로 해석한다. 잘못된 해석은 아니지만 이런 상태에선 무슨 의미인지 도무지 이해되지 않는다. 그래서 이 부분 해석에서 '아름답다고 여기는(爲美)' 주체와 '아름다운 것으로 아는(知美)' 주체를 구분해서 살펴볼 필요가 있다. 마찬가지로 '착하다고 여기는(爲善)' 주체와 '착하다고 아는(知善)' 주체를 구분해서 살펴볼 필요가 있다.

이에 따라 '아름답다고 여기는(爲美)' 주체 및 '착하다고 여기는(爲善)' 주체를 세상사람이라고 설정하고, '아름다운 것으로 아는' 주체 및 '착하다고 아는(知善)' 주체를 특정한 나 내지 특정한 개인으로 한정하고자 한다. 그러면 이해가 훨씬 쉬워진다. 물론 여기서 노자는 '爲美'와 '爲善'의 주체를 세상사람 모두(天下皆)라고 이미 언급한 바 있다. 그런 탓인지 몰라도 대부분의 해설서들은 '知美'와 '知善'의 주체도 똑같이 세상사람 모두라고 여기는 경우가 많다. 그런데 이런 식 해석은 2장 전체의 해석을 혼란스럽게 하는 데 결정적 요인으로 작용한다. 필자가 볼 때 '知美'와 '知善'의 주체는 세상사람 모두가 아니라 특정한 나 내지 개인으로 제한하는 게 마땅하다.

2장은 전제적으로 성인을 주제로 다룬다. 그래서 성인과 대비되는 보통사람을 등장시켜서 성인의 훌륭함을 돋보이게 할 필요가 있다. 노자가 첫 문장인 '天下皆知美之爲美'에서 첫 번째 주어를 '세상사람 모두

(天下皆)'라고 설정한 것도 이 때문이다. 그러니 두 번째 주어는 '내'가 되어야 마땅하다. 그렇다면 첫 문장은 "세상사람 모두가 아름답다고 여기는 것을 '나'도 아름답다고 알다."라고 해석되어야 한다. 마찬가지로 두 번째 문장인 '皆知善之爲善'도 "세상사람 모두가 착하다고 여기는 것을 '나'도 착하다고 알다."라고 해석되어야 한다. 이처럼 '爲美'와 '知美'의 주체를 '세상사람 모두'와 '특정한 나'로 서로 구분하지 않을 경우 2장 전체 해석에서 오류가 당연히 빚어진다.

다음으로 '天下皆知美之爲美'와 '斯惡已'의 관계 및 '皆知善之爲善'과 '斯不善已'의 관계에 대해 검토할 필요가 있다. 여기서도 해석의 오류가 많이 발견된다. 이 글에서 앞 문장과 뒷 문장의 관계를 정확히 풀 수 있는 단서는 뒷문장의 '斯惡已' 및 '斯不善已'에서 사(斯)를 어떻게 해석하느냐이다. 일반적으로 斯는 두 가지 의미를 지닌다. 즉 지시대명사로서의 '이 사'와 '~하면 곧'이라는 접속사로서의 의미이다. 그런데 斯를 지시대명사로 파악하면 '皆知美之爲美'는 '모두가 아름답다고 여기는 것을 아름답다고 아는데'로 해석된다. 이에 비해 '~하면 곧'이라는 접속사로 파악하면 '모두가 아름답다고 여기는 것을 아름답다고 알면'이라고 해석된다.

문법상으로는 두 가지 해석이 모두 가능하다. 그렇지만 이 글의 전체적인 맥락을 감안한다면 '알면(접속사)'보다는 '아는데(지시대명사)'로 해석하는 게 마땅하다. '알면'은 조건 내지 가정법이므로 실제 상황에선 '알지 못하다'라는 뉘앙스가 강하다. 반면 '아는데'는 알고 있는 상황이 실제 벌어지고 있음을 인정한다. 그런데 노자는 세상사람 모두가 아름답다고 여기는 것을 특정한 개인도 아름답다고 아는 상황이 실제로 벌어지는 사태에 대해 우려를 표명한다. 그러니 '皆知美之爲美'는 '모두가 아름답다고 여기는 것을 나도 아름답다고 아는데'로 해석되어야 마땅하다. 마찬가지로 '皆知善之爲善'는 '모두가 착하다고 여기는 것을 나도 착하다고 아는데'로 해석되어야 마땅하다.

아름답다고 여기는 것을 아름답다고 아는데
노자는 이를 바람직하지 않다고 본다.

여기서 斯가 지시대명사인 '아는데'로 해석되어야 하는 보다 중요한 이유가 있다. 지시대명사는 앞 문장을 전체로 묶어서 이것이라고 지시하는 역할을 수행한다. 그러니 '天下皆知美之爲美 斯惡已'에서 斯는 '天下皆知美之爲美', 즉 '세상사람 모두가 아름답다고 여기는 것을 나도 아름답다고 아는' 것 전체를 지시한다. 결코 아름다움(美)만 지시하는 게 아니다. 만약 아름다움만 지시한다면 '아름답다고 여기는(爲美)' 것을 지시하는 것인지 '아름답다고 아는(知美)' 것을 지시하는 것인지 그만 헷갈린다. 그런데도 대부분의 해석서들은 여기서 '爲美'와 '知美'를 구분하지 않고 적당히 해석하고 넘어간다. 이렇게 해석하는 순간 2장 전체의 논리적인 연결이 끊어져서 글 전체의 흐름이 무너진다.

따라서 노자는 '세상사람 모두가 아름답다고 여기는 것을 나도 아름답다고 아는' 것에 대해 추하다(惡)고 본다. 이는 '아름다움'만 추하다고 보는 것과 내용상에서 엄청난 차이를 보인다. 물론 논리적인 연결과 관련해서도 심각한 문제를 초래한다. 한편 여기서 악(惡)을 두고 '추하다'로 해석하는 건 지나친 듯싶다. '바람직하지 않다' 쯤으로 해석하는 게 타당하다. 그런데도 대부분의 해설서들이 '추하다'로 해석하는 건 앞 문장에 아름다움(美)이라는 단어가 있어서 이를 대칭적 의미로 파악해서이다.

여기서 美와 惡은 우연스런 동거일 뿐이다. 그러니 美를 의식해 惡을

'추하다'로 굳이 해석할 필요는 없다. 뒤 문장과의 관련성을 감안해서 '바람직하지 않다'로 해석하는 게 오히려 타당하다. 뒤 문장에서 '모두가 착하다고 여기는 것을 나도 착하다고 아는(皆知善之爲善)' 것에 대해서 노자는 不善이라고 말하지 않는가. 不善도 '착하지 않다'로 해석하는 것보다 '좋지 않다'로 해석하는 게 타당하다. 만약 '착하지 않다'로 해석하면 '모두가 착하다고 여기는 것을 착하다고 아는' 앞 문장과의 연결이 자연스럽지 못하다. '착하다'는 말이 계속 반복되어서이다. 한편 '좋지 않다'는 의미는 추하다기보다는 바람직스럽지 않다는 쪽에 가깝다. 그래서 앞 문장의 惡도 뒤 문장과의 자연스런 연결을 위해 '추하다'보다는 '바람직하지 않다'로 해석하는 게 타당하다.

지금까지의 내용을 한 번 정리해 보자. 먼저 세상사람 모두가 '아름답다고 여기는(爲美)' 것을 나도 '아름답다고 아는(知美)' 것에 대해 노자의 바람직하지 않다(惡)는 평가이다. 또 세상사람 모두가 '착하다고 여기는(爲善)' 것을 나도 '착하다고 아는(知善)' 것에 대해 노자의 좋지 않다(不善)는 평가이다. 이런 평가는 세상사람 모두가 말하는 아름다움(美)과 착함(善)이 추함(醜)과 악함(惡)과의 비교를 통해 이루어진다는 점을 인정하는 셈이다. 그러니 아름다움과 착함의 의미는 본래적인 게 아니라 추함과 악함과의 비교를 통해 상대적으로 결정될 뿐이다. 즉 절대적인 평가가 아니라 상대적인 평가에 의해 의미가 결정된다. 노자는 이것이 세상만사를 지배하는 이치라고 여긴다.

있음(有)과 없음(無)은 서로 생겨나고
어려움(難)과 쉬움(易)은 서로 이루어진다.

노자는 어째서 세상만사를 지배하는 이치가 절대적이 아니라 상대적이라고 파악할까? 이에 대해 노자는 2장의 본론에 해당하는 곳에서 다음과 같이 말한다. 노자는 "있음과 없음이 서로 생겨나고(有無相生), 어려움과 쉬움이 서로 이루어지고(難易相成), 길음과 짧음이 서로 견주어지고(長短相較), 높음과 낮음이 서로 기울어지고(高下相傾), 인위적인 소리 음과 자연적인 소리 성이 서로 조화를 이루고(音聲相和), 앞과 뒤가 서로 따른다(前後相隨)."라고 말한다. 이것이 노자가 파악하는 우주자연 및 세상만물을 지배하는 원리이다.

어째서 이것들이 우주자연 및 세상만물을 지배하는 원리일까? 있음(有)은 없음(無)이 있기에 비로소 가능하다. 그래서 있음과 없음은 서로 생겨나게 마련이다. 어려움(難)과 쉬움(易)은 절대적인 차이가 아니라 상대적인 차이에서 비롯된다. 그래서 어려움이 있기에 쉽다는 생각을 하고, 또 쉬움이 있기에 어렵다는 생각을 한다. 길다(長)는 것과 짧다(短)는 것도 절대적인 차이가 아니라 상대적인 차이에서 비롯된다. 무언가 길다고 느끼기에 무언가 짧다고 느낀다. 이처럼 길음과 짧음은 서로 견주어진다. 높음(高)과 낮음(下)도 뭔가를 높다고 보기에 뭔가를 낮다고 본다. 인위적인 소리인 음(音)과 자연적인 소리인 성(聲)이 조화를 이룬다. 앞(前)과 뒤(後)도 앞이 있어야 뒤가 있고, 뒤가 있어야 앞이 있다. 이처럼 앞과 뒤는 서로 따르게 마련이다.

따라서 있음/없음, 어려움/쉬움, 길음/짧음, 높음/낮음, 음/성, 앞/뒤는 절대적 기준으로 서로 비교될 수 없다. 이것들은 서로가 공존하는 우주자연이라는 공동체 안에 있기에 늘 상호의존적인 모습을 한다. 마찬가지로 우리들이 사는 세상도 추함이 있기에 아름다움이 존재하고, 악함이 있기에 선함이 있을 뿐이다. 따라서 아름다움과 추함이나 착함과 악함도 상대방의 존재근거가 되어 서로 공존한다는 입장에 서야 한다. 이것이 세상만사를 지배하는 이치이다. 그런데도 이처럼 하지 못하는 것은 세상사람 모두가 '아름답다고 여기는(爲美)' 것을 견강부회하듯 나도 '아름답다고 알기(知美)' 때문이다. 위미(爲美)가 결코 '참다운 아름다움(眞美)'이 아닌데도 말이다.

처무위지사(處無爲之事)
행불언지교(行不言之敎)

이제부터는 2장의 결론을 향해서 나아간다. 2장의 결론은 우주자연 및 세상만물의 원리에 따라 살아가는 성인(聖人)의 모습이다. 앞서 『도덕경』을 전반적으로 소개할 때 동아시아사상은 크게 천도(天道), 인도(人道), 치도(治道)로 구성된다고 말한 바 있다. 이를 통해서 볼 때 2장은 천도에 입각해 있는 인도를 소개한 뒤 성인의 모습을 통해서 이를 보여준다. 성인의 모습은 무위로 일을 처리하고, 말없는 행동으로 가르침을 행하는 모습이다. 이는 일을 처리하는 방식이나 가르침이나 모두 무위로 행하는 모습이다. 무위는 우리가 아는 것처럼 아무 것도 '하지 않는 게' 아니라 '하고자 함이 없이' 하는 것이다. 그래서 '하고자 함이 있어서' 하는 유위(有爲)와 매우 대조적이다.

그런데 성인은 어째서 만사를 무위로 처리할까? 그것은 세상만사의 이치가 절대적 가치가 아니라 상대적 가치에 의해 결정된다는 점을 잘 알아서이다. 그래서 성인은 일을 처리하는 데 완전함이나 완벽무결함 따위를 추구하지 않는다. 그 대신 일을 이루는 데 적당한 데서 그칠 줄 알기에 늘 만족해하며 살아간다. 성인의 이런 생각은 우주자연 및 세상만물을 지배하는 원리를 깨닫기에 가능하다. 그렇다면 우주자연 및 세상만물을 지배하는 원리는 무엇일까? 그것은 있음과 없음이 서로 생겨나고, 어려움과 쉬움이 서로 이루어지고, 길음과 짧음이 서로 견주어지고, 높음과 낮음이 서로 기울어지고, 음과 성이 서로 조화를 이루고, 앞과 뒤가 서로 따르는 원리이다.

반면 세상만사를 유위(有爲)로 처리하는 방식은 유와 무, 어려움과 쉬움, 김과 짧음 등을 구분해서 처리하는 방식이다. 불행히도 우리는 늘 유위로 일을 처리한다. 그래서 아름다움과 추함이 서로 연결되어 조화를 이룬다는 사실을 깨닫지 못하고 이를 구분해서 아름다움을 굳이 유위적으로 파악하려고 한다. 그런데 세상의 이런 자연스런 원리를 우리보다 더 깨닫지 못하는 부류가 있다. 그 중에 하나가 유가이다. 유가는 인의예지(仁義禮智)와 같은 인위적인 기준을 세워 놓고 이에 따라 인도(人道)를 구현하기 때문이다. 인의예지도 자연스러워야지 인위적이면 마음에서 우러나오는 게 아니라 남에게 보여주기 위한 인의예지에 불과할 뿐이다.

성인은 무위로 일을 처리하기에 가르침도 말없는 행동으로 나타난다. 이에 반해 '말 없는' 행동이 아니라 '말 있는' 행동으로 가르침을 추구하는 부류가 있다. 이 또한 유가이다. 『논어』의 첫 구절은 '학이시습지(學而時習之)', 즉 배우고 이를 늘 반복해서 익힌다는 건데 여기서도 '말 있는 행동'이 잘 나타난다. 배우거나 가르치려면 반드시 '말'이 매개되어야 하기 때문이다. 그런데 말 자체는 유위적인 성격을 지닌다. 말이란 표현하는 '실제'를 반영하는 게 아니라 오로지 사람들끼리의 '약속'에 따라 성립하기 때문이다. 표음문자는 표의문자에 비해서 특히 더 그러하다. 따라서 말을 사용하는 것 자체가 유위를 행하는 작업이다.

공을 이루고도 공에 머물지 않아(功成而不居)
성인에게서 공이 떠나가지 않는다

2장 결론의 마지막은 무위로 일을 처리하고, 말없는 행동으로 가르침을 행하는 성인의 모습을 보여준다. 그리고 성인의 이런 모습을 성인이 만물을 어떻게 다루느냐를 통해 보여준다. 먼저 만물을 자라나게 해도 성인은 이를 드러내어 말하지 않고, 만물을 낳고도 이를 소유하지 않고, 만물을 보살펴도 이에 의지하지 않는다. 이 세 가지 과정은 만물이 이루어지는 정도에 따라 성인의 모습을 보여주는 일이다. 그것은 첫 번째 자랑하지 않고, 두 번째 소유하지 않고, 세 번째 의지하지 않는 것이다. 이를 한마디로 표현하면 공을 이루고도 공에 머물지 않는 일이다. 이 글은 매우 체계적으로 구성되었기에 문장을 다음과 같이 풀어서 보면 이해가 훨씬 쉬워진다.

(萬物) 作焉而不辭:	(만물을) 作(자라게 하다)	而(그런데)	不辭(말하지 않다)
生而不有:	生(낳다)	而(그런데)	不有(소유하지 않다)
爲而不恃:	爲(가꾸다)	而(그런데)	不恃(의지하지 않다)

⇩

功成而不居	功成(공을 이루다)	而(그러나)	不居(머물지 않다)

여기서 한 가지 재미난 표현이 있다. 성인은 단지 공에 '머물지 아니함(不居)'으로써 그 공이 성인에게서 '떠나가지 않는다(不去)'라는 표현이다. 이에 따라 성인은 그 공을 영원히 간직할 수 있다. 머물지 않다(不居)와 떠나가지 않다(不去)는 것은 겉으로는 대립적인 의미이다. 머문다는 의미의 거(居)와 지나간다는 의미의 거(去)가 서로 반대되는 의미이기 때문이다. 그런데도 내용상에서는 실질적으로 같다. 즉 머물지 아니하기에(不居) 떠나가지 않는다(不去)가 의미상으로 서로 통하기 때문이다. 게다가 '머물다'의 거(居)와 '떠나가다'의 거(去)가 발음상으로 같다는 점도 우리들의 흥미를 더한다.

끝으로 성인은 성스러운(聖) 사람으로서 예수, 석가, 공자 등이 이에 속한다. 그런데 노자와 공자는 물론이고, 노자와 장자 사이에도 성인관에서 차이가 있다. 그렇다면 노자와 공자에게서 드러나는 성인관의 차이는 무엇일까? 공자는 성인을 군자(君子)로 일반화한다. 그래서 성스럽거나 하는 어떤 특정한 근거가 있는 게 아니라 여러 측면에서 일정한 조건을 갖추기만 하면 그를 군자(君子)라고 부른다. 이런 군자가 유가에서 곧 성인을 가리킨다. 이에 비해 노자는 공을 이루고도 머물지 않는 사람을 가리켜서 성인이라고 부른다.

그런데 장자는 공과 관련해선 성인보다 신인(神人) 쪽에 더 비중을 둔다. 장자는 「소요유」에서 성인을 무명(無名), 신인을 무공(無功), 지인(至人)을 무기(無己)를 행하는 사람이라고 말한다. 즉 성인은 세상에 이름(名)을 내세우는 걸 피하고, 신인은 세상에 공(功)이 드러나는 걸 꺼려하고, 지인은 자신을 드러내는 걸 피한다. 따라서 노자가 말하는 성인은 장자 입장에선 신인 쪽에 가깝다. 그렇지만 성인, 신인, 지인이 서로 통한다는 점을 감안하면 노자와 장자에게서 드러나는 성인관 내지 신인관의 차이는 그다지 중요하지 않다.

세상사람 모두가 아름답다고 여기는 걸

나도 아름답다고 아는데 이는 바람직하지 않다

3장

현명함(賢)을 숭상하지 않아야 백성이 다투지 않고,

구하기 힘든 재화(貨)를 귀하게 여기지 않아야

백성이 도둑질을 하지 않고,

할 수 있다는 자신감(可欲)을 드러내 보이지 않아야

백성의 마음이 어수선해지지 않는다.

이 때문에 성인의 다스림은

백성의 마음을 비우게 하면서 배를 채우고,

백성의 의지를 약하게 하면서 뼈를 튼튼히 한다.

(성인의 다스림은) 백성으로 하여금 늘 앎이 없도록(無知) 하고,

욕심이 없도록(無慾) 한다.

(성인의 다스림은) 지혜롭다는 사람들이

주제넘게 (뭔가) 하지 않도록 한다.

(성인의 다스림처럼) 하고자 함이 없음(無爲)을 행하면

다스려지지 않는 바가 없다.

不尙賢, 使民不爭.,

不貴難得之貨, 使民不爲盜.,

不見可欲, 使民心不亂.

是以聖人之治, 虛其心 實其腹., 弱其志 强其骨.

常使民無知無慾., 使夫智者不敢爲也.

爲無爲, 則無不治.

賢(어질 현, 덕행이 뛰어나거나 재능이 많음) 爭(다툴 쟁) 貴(귀할 귀) 難得[얻기 어려움. 難
(어려울 난)] 爲盜[도둑질. 盜(훔칠 도)] 欲(하고자할 욕) 亂(어지러울 난) 腹(배 복) 骨(뼈
골) 慾(욕심 욕) 敢(감히 감, 주제넘게, 함부로)

현명함(賢)을 숭상하지(尙) 않아야(不) 백성이(使~民) 다투지(爭) 않고(不),

구하기(得) 힘든(難) 재화(貨)를 귀하게 여기지(貴) 않아야(不)

백성이(使~民) 도둑질(盜)을 하지(爲) 않고(不),

할 수 있다는 자신감(可欲)을 드러내지(見) 않아야(不)

백성(民)의 마음이(使~心) 어수선하지(亂) 않는다(不).

이 때문에(是以) 성인(聖人)의 다스림(治)은

(백성의) 마음(心)을 비우지만(虛) 배(腹)를 채우고(實),

(백성의) 의지(志)를 약하게 하지만(弱) 뼈(骨)를 튼튼히 하고(强),

늘(常) 백성으로 하여금(使~民) 앎(知)이 없도록(無) 하고,

욕심(慾)이 없도록(無) 하고,

지혜롭다는 사람들이(使~智者) 주제넘게(敢) 하지(爲) 않도록 한다(不).

무위(無爲)를 행하면(爲~則) 다스려지지(不) 않는(治) 바가 없다(無).

하고자 함이 없음(無爲)을 행하면
다스려지지 않는 바가 없다

—

『도덕경』은 간결하면서 평범한 문체를 자랑한다. 글의 이런 특징은 『논어』나 『맹자』와 비교해서도 그러하지만 『장자』와 비교해선 더욱 그러하다. 이 때문에 누구든지 『도덕경』과 쉽게 마주할 수 있지만 막상 접하면 그 이해가 쉽지 않다는 걸 금 새 깨닫는다. 물론 대충 이해하려고 들면 『도덕경』에 이런 어려움이 있다는 걸 미처 깨닫지 못하고서 그냥 지나치고 만다. 그렇지만 정확한 이해를 위해서 조금이나마 애쓰면 그 이해가 그리 만만치 않다는 것을 실감한다.

『도덕경』을 제대로 이해하려면 텍스트 안에 숨어 있는 설계도를 반드시 찾아내야 한다. 그런데 숨어 있는 설계도 중 으뜸가는 건 『도덕경』 전체를 아우르는 설계도이다. 노자가 『도덕경』을 집필할 때 생각이 미치는 대로 자유롭게 진행했다고 보지 않는다. 나름 설계도를 갖고서 체계적으로 집필했다고 보아지는데 우리는 이런 흔적들을 곳곳에서 발견할 수 있다. 따라서 이런 설계도를 파악하지 않은 채 문장 해석에만 급급하면 『도덕경』 전체의 맥을 집어낼 수 없다. 게다가 앞뒤 내용도 서로 연결되지 않아 노자가 『도덕경』을 통해서 무슨 말을 하려는 건지 도무지 감을 잡을 수 없다. 따라서 『도덕경』의 설계도를 찾는 일이 무엇보다 중요하다.

1장, 2장, 3장은 도덕경 설계도의 밑그림이다

『도덕경』의 설계도를 찾는 데 가장 중요한 건 1장, 2장, 3장이 설계도의 밑그림이라는 사실이다. 이 세 장은 도(道)를 천도(天道), 인도(人道), 치도(治道)로 구분해서 서로 독립적으로 다룬다. 동아시아학문이 크게 천도, 인도, 치도로 구성된다는 점에 대해선 앞에서 이미 언급한 바 있다. 이에 노자는 천도, 인도, 치도를 구체적으로 설명하기에 앞서 이것들에 대해 포괄적으로 언급하는데 1장, 2장, 3장이 이런 포괄적인 설명을 담당한다. 그러니 1장, 2장, 3장은 『도덕경』의 개론 내지 서론에 해당한다. 그리고 4장부터는 이에 입각해서 천도, 인도, 치도를 구체적으로 다룬다. 그러므로 나머지 장들은 『도덕경』의 각론 내지 본론에 해당한다고 말할 수 있다.

따라서 1장, 2장, 3장의 내용을 정확히 파악하는 게 무엇보다 중요하다. 필자도 이 점에 유의해서 1장과 2장을 천도와 인도에 따라 각각 해석한 바 있고, 이제 3장을 치도에 입각해서 해석하고자 한다. 그런데 1장 및 2장과는 달리 3장이 치도를 다룬다는 사실이 좀체로 잘 드러나지 않는다. 그래서 3장이 치도를 다룬다는 사실에 대해 좀 더 확인할 필요가 있다. 그런데 이는 지도자의 하고 싶음(欲), 즉 욕망이 무엇인지를 통해 확인될 수 있다. 흔히 지도자에게서는 현명함을 높이려는 욕망, 재화를 소유하려는 욕망, 그리고 할 수 있다는 자신감의 욕망이 주로 발견된다. 이런 욕망들이 어째서 지도자에게 두드러지게 나타날까?

참고로 여기서 욕(欲)을 욕심으로 해석하는 건 분명 무리라고 본다. 만약 욕심으로 해석하려면 『도덕경』의 원문이 '욕(欲)'이 아니라 '욕(慾)'이 되어야 마땅하다. 그런데도 노자가 욕(慾) 대신 욕(欲)으로 표현한 건 나름 이유가 있어서라고 본다. 욕(慾)은 특별한 사람이 특정할 때 드러내는 부자연스러운 현상인 반면 욕(欲)은 모든 사람이 태어날 때부터 지니는 자연스러운 현상이다. 살기 위해서 먹어야 하는 식욕이나 종족 번식을 위해서 행하는 성욕이 대표적인 욕(欲)에 해당한다. 그런데 현명함을 높이는 일, 재화를 소유하는 일, 할 수 있다는 자신감을 두고서 노자가 욕(欲)으로 표현한 건 다소 의아스럽다. 어째서 그러할까? 혹시 이런 일들이 자연스러워서일까? 아니면 노자가 살았을 당시 이런 일들은 여전히 소박한 차원에 머물러서일까?

하여간 치도를 행하려면 무엇보다 지도자로서의 자질이 요구된다. 가장 먼저 요구되는 자질이 인품과 능력이 아닐 듯싶다. 그런데 인품은 어짊(仁)으로 나타나고, 능력은 재능(才)으로 나타난다. 그러니 지도자에게 요구되는 자질은 어짊과 재능으로 구체화된다. 그런데 동아시아인들이 받드는 현명함(賢)은 어짊과 능력의 의미를 동시에 지닌다. 현명함에는 덕행이 뛰어나다는 어짊과 사리에 밝다는 능력의 의미가 동시에 포함되어서다. 따라서 현명함을 숭상하는 욕망을 지녀야 지도자로서의 자질을 갖춘다. 유가가 특히 이런 입장을 지지한다.

또 현명함을 숭상하는 욕망을 지닌다 해도 이런 사람이 모두 지도자가 되는 건 아니다. 지도자란 공적 업무를 수행하기 위해서 자신을 희생할 줄 알아야 한다. 그러니 자기희생이 당연히 뒤따른다. 만약 이렇게 할 수 없다면 하는 일에 최소한의 동기부여가 제공되어야 마땅하다. 그런데도 동기부여가 제공되지 않는다면 지도자의 길은 꽃길이 아니라 가시밭길이 되고 만다. 세상에는 지도자의 자질을 갖춘 사람은 많아도 이 중에서 일부만 지도자의 길을 가는 건 이 때문이다. 그래서 이들이 가는 길이 꽃길이 되려면 반드시 보상이 뒤따라야 한다. 어쩌면 재화(貨)가 이런 역할을 효과적으로 담당한다. 그러니 현명함을 숭상하는 사람이라도 적절한 재화가 제공되어야 비로소 지도자의 길을 갈 수 있다.

물론 현명함을 숭상하는 사람이라도 재화의 획득만을 위해서 지도자의 길에 들어서지는 않는다. 심지어 이윤을 목표로 하는 회사의 책임자라도 재화의 획득만을 위해서 일을 수행하지 않는다. 하물며 공공의 목적을 위해서 헌신하는 지도자라면 더욱 더 그러하지 않겠는가. 그러니 재화에 더해 또 다른 유인책이 필요하다. 그 유인책이 명예가 아닐 듯싶다. 그렇다면 현명함을 숭상하는 사람은 재화와 명예를 동시에 확보할 수 있을 때 비로소 치도의 구현을 위해서 나선다. 어쩌면 현명함을 숭상하는 사람에게는 재화보다 명예가 더 매력적인 유인책이 될 수 있다. 『도덕경』은 이런 명예에 대한 욕망을 가욕(可欲), 즉 할 수 있다는 자신감으로 표현한다.

노자가 그리는 바람직한 지도자는
우리가 생각하는 지도자와 반대이다

따라서 지도자가 치도를 제대로 구현하려면 현명함을 숭상하는 욕망, 재화를 귀하게 여기는 욕망, 그리고 명예를 높이려는 욕망이라는 세 가지 욕망을 지녀야 한다. 그리고 지도자의 마음속에 이런 욕망들이 적당히 조화와 균형을 이루어야 자신이 구현하고자 애쓰는 다스림이 현실에서 제대로 구현될 수 있다. 이것이 일반적으로 생각하는 치도의 방식이다. 그런데 노자는 여기서 이런 치도의 방식을 깡그리 부정한다. 오히려 이것과는 반대로 가는 길, 즉 현명함을 숭상하지 않고, 재화를 귀하게 여기지 않고, 명예를 높이려는 욕망을 제거해야 현실에서 치도가 제대로 구현될 수 있다고 주장한다.

노자는 어째서 이런 주장을 펼칠까? 노자는 그 이유를 『도덕경』 3장을 시작하면서 밝힌다. 지도자가 현명함을 숭상하면 백성이 서로 다투고, 지도자가 구하기 힘든 재화를 귀하게 여기면 백성이 도둑질을 하고, 지도자가 할 수 있다는 자신감을 드러내 보이면 백성의 마음이 어수선해지기 때문이다. 그래서 "현명함을 숭상하지 않아야 백성이 다투지 않고(不尙賢 使民不爭)", "구하기 힘든 재화를 귀하게 여기지 않아야 백성이 도둑질을 하지 않고(不貴難得之貨 使民不爲盜)", "할 수 있다는 자신감을 드러내 보이지 않아야 백성의 마음이 어수선해 지지 않는다(不見可欲 使民心不亂)."라고 주장한다.

노자가 어째서 이런 주장을 펼치는지 곰곰 따져볼 필요가 있다. 먼저 지도자가 현명함을 숭상하면 어째서 백성이 서로 다툴까? 현명함은 앎을 통해서 주로 형성된다. 그리고 앎을 전문적으로 행하는 사람을 가리켜서 지자(知者), 또는 지식인이라고 높여 부른다. 지자 내지 지식인이 현명함에 보다 가까이 있다고 보아서이다. 물론 지자라고 펼치는 주장이 똑같은 게 아니다. 저마다 자신들의 주장이 옳다고 소리 높여 외치는 게 작금의 현실이지 않은가. 그래서 누가 정말로 진실을 말하는지 모른다. 노자가 살았던 춘추전국시대에 제자백가들이 서로 다툰 것도 바로 이 때문이다. 노자는 이런 현실을 목도했던 탓인지 지도자가 현명함을 숭상하는 경우 백성의 의견도 서로 갈라져서 다툰다고 보았다.

그러니 노자의 주장 속에는 지도자가 현명함을 적당히 숭상하면 괜찮지만 지나치게 숭상하면 안 된다는 생각이 깔려 있다. 현명함뿐만이 아니다. 유가가 강조하는 인의예지(仁義禮知)도 적당히 숭상하면 괜찮지만 지나치게 숭상하면 부작용이 크다고 본다. 실제로 현명함을 비롯해서 인의예지조차 원래는 원통자재 한 속성을 지닌다. 그런데도 유가는 인의예지에 혹 있을지 모르는 모난 데를 굳이 깎음으로써 이를 둥글게 하려고 애쓴다. 이 경우 모난 데를 더욱 크게 만들어서 원래의 모습보다 더 추하게 다듬는 꼴이 된다. 장자도 이와 비슷한 견해를 표명한 바 있다.

도(道)가 훤히 드러나면 도가 아니고,
말(辯)로 의미가 쉽게 구분되면 충분치 않고,

어짊(仁)이 상습화되면 두루 미치지 못하고,
청렴(廉)이 선명히 드러나면 신뢰를 받지 못하고,
용기(勇)가 용맹스러우면 진가를 잃는다.
이 다섯 가지(道·辯·仁·廉·勇)는 원통자재한 건데
모난 데를 깎아서 둥글게 하다보면 자칫 모(方)가 나기 싶다.[11]

노자가 경계하는 건
'난득지재(難得之材)'가 아니라 '난득지화(難得之貨)'이다.

지도자가 '구하기 힘든 재화(難得之貨)'를 귀하게 여기면 백성은 어째서 도둑질을 할까? 이는 당연한 사실이기에 따로 설명할 필요는 없다. 단지 여기서 유념해야 할 점은 노자가 귀하게 여기는 대상이 재(財)가 아니라 화(貨)라는 사실이다. 대부분의 주석서들은 화(貨)를 재물이라고 번역하고 마는데 이는 노자의 의도를 제대로 간파하지 못해서 생겨난 일이다. 재와 화는 소중하다는 점에선 같지만 그것이 지닌 상징성과 관련해선 크게 다르다. 결론부터 말하면 상징성이 낮으면 재이고, 상징성이 높으면 화이다. 그래서 대표적인 재가 쌀이라면 대표적인 화가 보석 쯤에 해당한다. 물론 화로 번역하면 의미전달이 제대로 되지 않아서 여기선 그냥 재화로 번역하고자 한다.

참고로 벼슬이 높아질수록 벼슬의 가치는 재에서 화로 바뀔 가능성이 크다. 낮은 벼슬이 높은 벼슬을 대신해서 일을 실질적으로 주도하는 경우 특히 그러하다. 예를 들어 조선시대에 가장 높았던 벼슬은 영의정인데 실권은 좌의정과 우의정에 있었다고 한다. 좌의정 산하에는 이조,

---

11) 道昭而不道, 言辯而不及, 仁常而不周, 廉淸而不信, 勇忮而不成. 五者刓而幾向方矣. (『장자』 내편 「제물론」)

병조, 예조가 있고, 우의정 산하에는 호조, 형조, 공조가 있었던 반면 영의정 산하에는 아무런 부서가 없어서이다. 그래서 특별한 경우가 아니면 우리가 생각하는 것처럼 영의정이 큰 힘을 발휘하지 못했다. 이럴 때 영의정은 화(貨)의 가치만 지닐 뿐이다. 또 이조의 경우 판서(정2품)가 책임자이지만 사헌부, 사간원, 홍문간의 청요직 인사라는 중요한 실권은 정랑(정5품)과 좌랑(정6품)이 가졌다. 이 때 정랑과 좌랑은 상대적으로 재(財)의 가치를 지닌다.

그래서 장자가 부정적으로 보는 건 재(財)가 아니라 화(貨)이다. 화는 오로지 사물에 대해 우리가 부여하는 의미 정도에 따라 가치가 결정되기 때문이다. 이런 의미부여에 따라 결정되는 사물의 가치란 실제가치가 아니라 상징가치일 뿐이다. 이런 상징가치는 단지 허상이다. 이 때문에 재와 화를 둘러싼 사람들의 욕망 사이에도 차이가 적지 않다. 만약 재가 어느 정도 쌓이면 사람들은 더 이상의 재를 필요로 하지 않는다. 반면 화는 그렇지 않다. 예를 들어 쌀만 해도 먹고 살 정도만 있으면 그것으로 충분하다고 본다. 오히려 쌀이 쌓이면 썩을까봐 걱정해야할 판이다. 반면 화는 많을수록 클수록 높을수록 더 선호하게 마련이다. 이처럼 화를 향한 사람의 욕망에선 그침이 없다. 그래서 금 1량보다 10량을 선호하게 되고, 낮은 지위보다 높은 지위를 부러워하게 된다.

이런 까닭에 노자는 지도자의 동기부여로 작용하는 화(貨)에 대해서 매우 못마땅해 한다. 백성이 화를 귀하게 여길수록 도둑질을 심하게 벌이기 때문이다. 실제로 도둑이 훔친 물건 중에는 재(財)보다 화(貨)가 많을 수밖에 없다. 화는 훔치기도 쉽지만 부피에 비해 값이 더 나가기 때문이다. 그렇다면 능력이 안 되는 사람이 높은 벼슬을 바라는 것도 일종의 도둑질에 속하는 게 아닌가. 게다가 화는 구하기도 쉽지 않다. 심지어 세상에서 화를 귀하게 여길수록 구하기가 더 어려워진다는 역설마저 성립할 수 있다. 따라서 지도자가 구하기 힘든 재화를 귀하게 여기지 않아야 백성도 도둑질을 멈춘다.

마지막으로 지도자가 할 수 있다는 자신감을 자주 드러내 보이면 백성의 마음이 어째서 어수선해질까? 그건 지도자가 할 수 있다는 자신감이 크면 클수록 일을 자꾸 만들어내기 때문이다. 그런데 일을 많이 만들수록 백성의 부담이 커지는 건 당연한 일이다. 이에 백성은 얼마나 세금을 더 많이 내야 할까, 얼마나 인력을 더 많이 제공해야 할까 등을 놓고서 걱정하므로 백성의 마음은 자연 어수선해질 수밖에 없다.

그렇다면 노자가 이상적으로 그리는 치도의 방식은 무엇일가? 그것은 백성의 마음을 비우고(虛基心) 대신 배를 채우는(實基腹) 방식이다. 또 백성의 의지를 약하게 하고(弱基志) 대신 백성의 뼈를 튼튼히 하는(强基骨) 방식이다. 노자가 제시하는 이런 방식이 구체적이라면 매우 구체적이지만 추상적이라면 매우 추상적이다. 그런데 어느 누구도 치도를 논할 때 이런 식의 주장을 펴지 않았기에 노자의 처방은 낯설게만 느껴진다. 그동안 우리는 배는 고파도 의지가 꺾여선 안 된다고 배워왔고, 이것이 우리의 상식으로 고정된 게 사실이다. 그런데도 지금 노자는 우리의 상식과는 반대되는 이야기를 꺼내고 있다.

어째서 그러할까? 노자의 주장은 다른 사람에 대한 지배력과 깊은 관련이 있다. 현명함을 숭상하면 다른 사람을 정신적으로 지배하지만 재화를 귀하게 여기면 다른 사람을 물질적으로 지배한다. 그러니 누군가를 지배하는 건 좋은 일이 아니다. 그렇지만 누군가를 지배할 수밖에 없는 상황에 처하면 최소한이 되는 게 바람직하다. 이 때문에 노자는 일찌감치 작은 나라를 이상적인 정치체제로 보았다. 이는 지도자와 백성 간에 최소한의 지배가 바람직하다고 보아서이다. 그러니 훌륭한 정치는 누군가를 지배하기 위해서 마음을 채우는 일이 아니라 백성의 마음(心)을 비우고, 배(腹)를 부르게 하는 일이다. 이런 정치는 지도자가 백성을 지배한다는 생각을 버릴 때 비로소 가능하다.

백성의 의지를 약하게 하면서 뼈를 튼튼히 하는 일도 마찬가지 방식으로 설명될 수 있다. 의지(志)라는 것도 할 수 있다는 자신감과 연결된다. 의지가 없으면 자신감도 생겨나지 않아서이다. 그런데 노자는 지도자가 할 수 있다는 자신감을 버려야 한다고 주장한다. 그러니 백성의 경우는 더 말할 나위 없다. 백성도 자신감을 드러내 보이면 지도자처럼 일을 자꾸 벌이게 되므로 노자가 볼 때 모두 쓸데없는 짓이다. 이런 쓸데없는 짓에 자신의 의지를 드러내기보다는 뼈(骨)를 강하게 하는 일, 즉 몸을 튼튼히 하는 일에 매진하는 게 삶을 오히려 행복하게 이끈다. 이런 게 오늘날 유행하는 소위 '소확행', 즉 소소하지만 확실한 행복이 아닐까 싶다.

현명함(賢)은 무지(無知)에 의해
재화(貨)는 무욕(無慾)에 의해
자신감(可欲)은 무감위(無敢爲)에 의해 지워져야

마지막으로 노자는 성인이 정사를 펼칠 때 그 방법론이 어떠해야 하는 지에 대해서 구체적으로 언급한다. 그것은 백성으로 하여금 늘 앎이 없도록 하고, 백성으로 하여금 욕심을 없도록 하는 일이다. 그리고 지혜롭다고 하는 사람들이 주제넘게 무언가를 하겠다고 나서지 않게 하는 일이다. 그런데 앎이 없도록 하는 무지(無知)는 3장 첫머리에 언급되었던 현명함(賢)을 숭상하는 욕망과 깊은 관련이 있다. 또 욕심을 없도록 하는 무욕(無慾)은 3장 첫머리의 재화(貨)를 귀하게 여기는 욕망과 밀접한 관련이 있다. 그리고 무언가를 감히 하지 않도록 하는 불감위(不敢

爲)는 3장 첫머리의 할 수 있다(可欲)는 자신감과 긴밀하게 관련이 있다. 그러니 노자가 그리는 바람직한 치도(治道)는 3장 첫머리에 이미 모두 언급되었던 셈이다.

한 가지 흥미로운 사실은 현명함(賢)을 숭상하는 욕망, 재화(貨)를 귀하게 여기는 욕망, 할 수 있다(可欲)는 자신감은 주로 감관 및 심관활동에서 비롯된다는 사실이다. 감관 및 심관활동을 하기 때문에 이런 욕망들이 우리에게서 생겨난다. 만약 감관 및 심관활동을 하지 않으면 우리에게서 이런 욕망들이 생겨날 리 만무하다. 이렇게 보면 노자가 말하는 이상적인 치도는 감관 및 심관활동과 관련이 깊다. 즉 이것들을 버려야 이상적인 치도가 비로소 가능하다. 그래서 마음을 비우고 의지를 약하게 하면서 대신 배를 채우고 뼈를 튼튼히 해야 한다. 이것은 곧 감관 및 심관활동을 죽이고 대신 생명활동을 충실히 하라는 주문이다. 이런 생명활동이 자연의 순리를 따르는 일이다.

따라서 감관 및 심관활동에 몰두하는 게 유위(有爲), 즉 하고자 함이 있는 가운데서 행하는 일이라면 생명활동에 충실히 하는 건 무위(無爲), 즉 하고자 함이 없는데도 이루어지는 일이다. 그런데 사람은 물론이고 온갖 동식물도 배불리 먹고 사는 게 모두 무위에 의해서 이루어지고 있지 않은가. 그러니 무위를 행하는데도 백성이 행복하다고 느끼면 이는 곧 하고자 함이 없음을 행하는데도 다스려지지 않는 바가 없음(爲無爲則無不治)을 이루는 작업이다. 이것이 노자가 이상적으로 그리는 치도(治道)의 방식이다. 이렇게 주장함으로써 누군가를 지배하는 데 무위(無爲)를 또다시 강조한다. 이것이 바로 무위이치(無爲而治)인데 3장의 주제이다.

4장

도가 텅 빈 채 작용해도 (그 안에 뭔가) 채우지 않겠지.

(또 도는) 깊고 깊어서 만물의 본원(萬物之宗)이겠지.

(도는 만물의 본원이기에) 만물이 지닌 날카로움(銳)을 꺾고,

만물이 지닌 어지러움(紛)을 푼다.

(그리고) 만물이 지닌 빛남(光)과 조화하고,

만물이 지닌 (보잘 것 없는) 티끌(塵)과 동거한다.

(또 도는) 텅 빈 채 조용해서 마치 있는 것 같겠지.

(그런데) 나는 (도가) 누구의 자식인지 모르지만

하늘(帝) 보다 앞섰다고 유추한다.

道沖而用之或不盈.

淵兮, 似萬物之宗.

挫其銳, 解其紛., 和其光, 同其塵.

湛兮, 似若存.

吾不知其誰之子, 象帝之先.

沖(빌 충) 或(어조사 혹) 盈(채울 영) 淵(깊을 연) 兮(어조사 혜) 似(같을 사) 宗(근본 종, 본원) 挫(꺾을 좌) 銳(날카로울 예) 解(풀 해) 紛(어지러울 분) 光(빛날 광, 빛남) 塵(티끌 진) 湛(편안할 잠 → 텅 비어 조용한 모습) 存(있을 존) 誰(누구 수, 어떤 사람) 先(먼저 선) 象(유추할 상)

도(道)는 텅 빈 채(沖~而) 작용해도(用) (뭔가) 채우지(盈) 않겠지(或~不).

(또 도는) 깊고 깊어서(淵兮) 만물의 본원(萬物之宗)이겠지(似).

(도는 만물의 본원이기에 만물이 지닌) 날카로움(銳)을 꺾고(挫),

(만물이 지닌) 어지러움(紛)을 푼다(解).

(그리고 만물이 지닌) 빛남(光)과 조화하고(和),

(만물이 지닌 보잘 것 없는) 티끌(塵)과 동거한다(同).

(또 도는) 텅 빈 채 조용해서(湛兮) 마치(若) 있는(存) 것 같겠지(似).

(그런데) 나(吾)는 (도가) 누구(誰)의 자식(子)인지 모르지만(不知)

하늘(帝) 보다 앞섰다고(先) 유추한다(象).

도가 텅 빈 채 작용해도 뭔가 채우지 않으며
만물의 본원이면서 마치 있는 것 같다

—

지금까지 도를 셋으로 구분해 설명했다. 1장에선 우주자연의 도인 천도(天道), 2장에선 인간이 가야 할 길인 인도(人道), 3장에선 공동체와 천하를 다스리는 치도(治道)에 대해서 각각 설명했다. 이제 4장에선 1장에서 포괄적으로 언급했던 천도에 대한 설명이 보다 구체적으로 이루어진다. 물론 천도에 대한 설명은 앞으로도 계속 이어진다. 천도에 대한 언급이 이처럼 자주 이루어지는 건 천도에 대한 정의가 어려워서이기도 하지만 그만큼 중요해서이다.

앞서 천도, 인도, 치도가 서로 유기적으로 잘 연결되어 있다고 말한 바 있다. 그래서 노자가 정말로 고심했던 건 천도에 입각해서 인도와 치도를 어떻게 구현할 수 있는지의 문제라고 본다. 이것이 노자로 하여금 『도덕경』을 쓰게 한 중요한 이유일 것이다. 천도는 도(道) 자체를 의미하므로 말로 설명하기가 힘들다. 그래서 1장이 "도를 도라고 말하면 늘 그러한 도가 아니다(道可道非常道)."라고 시작하지 않았던가. 그런데도 노자는 여기서 도를 세 가지 특징으로 구분해 설명하려고 시도한다.

도가 텅 빈 채 작용해도
도 안에 뭔가 채우지 않겠지

노자가 도의 첫 번째 특징으로 언급한 건 '도가 텅 빈 채 작용해도 도 안에 뭔가 채우지 않는다'라는 사실이다. 도가 텅 빈 채 있다는 점에 대해서 우리도 익히 잘 안다. 『도덕경』뿐 아니라 『장자』에서도 도가 텅 비었다는 점을 자주 언급하기 때문이다. 불가가 공(空)을 강조하는 것도 같은 맥락이다. 반면 유가는 비움보다 채움(滿)을 강조한다. 인의예지(仁義禮智)와 같은 덕목을 앞세우는 게 그 단적인 예다. 따라서 동아시아 사상을 도가와 유가라는 두 축으로 구분할 때 비움과 채움은 두 사상을 가르는 중요한 기준점이다.

먼저 도가 텅 빈 채 있는데도 어떻게 작용이 가능할까? 노자는 이를 위해서 곡(轂), 그릇(器), 방(室)의 개념을 빌려 설명한다. 노자에 따르면 곡, 그릇, 방은 모두 비어있지만 나름대로의 쓸모를 지닌다. 예를 들어 "삼십 개의 바퀴살이 하나의 곡으로 모이지만 거기가 텅 비어 있으므로 수레로서 쓸모가 있고, 찰흙을 빚어서 그릇을 만드는데 거기가 텅 비어 있으므로 그릇으로서 쓸모가 있고, 문과 창문을 내어 공간을 만드는데 거기가 텅 비어 있으므로 방으로서 쓸모가 있다."[12] 이처럼 텅 비어 있는데도 쓸모가 한없이 크다. 텅 빈 도의 작용이 바로 이러하다.

그 뿐만이 아니다. 도가 텅 빈 채 작용하는데도 여전히 힘을 발휘한다. 게다가 그 힘도 작지 않고 대단히 크다. 장자는 이 점에 대해서 추(樞)[13], 독(督)[14], 허실생백(虛室生白)[15]의 개념을 동원해 설명한다. 먼저 문의 지도리인 '추'가 텅 비어 있으므로 앞뒤로 움직일 수 있고, 등의 요추인 '독'도 텅 비어 있으므로 허리를 곧게 펼 수 있고, '허실생백'과 같은 마음도 텅 비어 있으므로 거기서 눈부신 빛이 생겨난다. 또 밤낮이 되

---

12) 三十輻共一轂 當其無 有車之用., 埴以爲器 當其無 有器之用., 鑿戶牖以爲室 當其無 有室之用. (『도덕경』 11장)

13) 『장자』 내편 「제물론」

14) 『장자』 내편 「양생주」

15) 『장자』 내편 「인간세」

풀이되거나 사계절이 차례로 등장하는 것도 도의 텅 빈 작용 때문이다.

또 도가 빈 채 작용하는데도 스스로에게 어떤 것도 채우려고 하지 않는다. 이는 도가 오로지 자연의 원리에 따라 작용해서이다. 그런데 이것이 어떻게 가능할까? 이와 관련해서 우리는 두 가지를 추측할 수 있다. 하나는 도가 텅 비어 있어도 끊임없이 저절로 채워나가기 때문이고, 다른 하나는 텅 비어 있어도 채울 필요가 없을 만큼 사용할 수 있는 량이 무궁무진해서이다. 노자는 두 가지 경우를 모두 받아들인다. 그러니 도를 아무리 사용해도 사용한 티가 전혀 나지 않아 도 안에 어떤 것도 채울 수 없을뿐더러 또 그럴 필요조차 없다.

여기서 중요한 점은 도의 이런 특징을 언급하는데 노자가 단정적으로 말하지 않는다는 사실이다. 노자는 '或'이란 어조사를 동원해 '도란 ~ 이겠지' 하고서 추측으로만 말할 뿐이다. 이는 노자가 겸손한 탓도 있지만 그보다는 도란 쉽게 표현할 수 없다는 노자의 의중을 보여주는 일이다. 노자는 『도덕경』 1장을 시작하면서 "도를 도라고 말하면 늘 그러한 도가 아니다."[16]라면서 도를 명료하고 객관적으로 설명할 수 없다는 점에 대해 이미 밝힌 바 있다. 노자는 여기서도 이런 자세를 계속 유지하므로 도에 대해서 단지 추측으로만 말할 뿐이다.

도는 깊고 깊어서 만물의 본원(萬物之宗)이겠지

도의 두 번째 특징은 '도는 깊고 깊어서 만물의 본원(萬物之宗)이겠지'라는 점이다. 여기서도 도의 특징을 단정적으로 말하지 않고 추측으로

---

16) 道可道非常道. (『도덕경』 1장)

일관한다. 도가 어째서 깊고 깊어서 만물의 본원이 될 수 있을까? 노자는 1장에서 만물의 근원을 무(無)와 유(有)로 구분해서 이미 설명한 바 있다. 여기서 무는 천지의 시작을 말하고 유는 만물의 어머니를 말한다. 그래서 무로 늘 만물의 오묘함을 보고, 유로 만물의 명료함을 보고자 한다. 물론 무와 유는 같은데서 나왔지만 이름을 달리하므로 이를 현(玄)이라고 규정한다. 이처럼 도는 깊고 깊어서 만물의 본원이 될 수 있다. 또 장자는 "도는 스스로가 모든 존재의 바탕이자 근본이다."[17]라면서 도가 만물의 본원이라는 점을 분명히 밝힌다.

그래서 도는 세상만물은 물론이고, 세상만사의 모든 측면과도 연결을 이룬다. 단지 강하게 연결되었느냐 약하게 연결되었느냐의 차이일 뿐이다. 그래서 도는 세상사의 날카로움(銳)을 꺾을 수 있는 무딘 면도 있는가 하면 세상사의 어지러움(紛)을 풀 수 있는 현명함도 함께 지닌다. 그 뿐만이 아니다. 도는 사물의 빛남(光)과 조화할 수 있는 유연함도 지닐 뿐 아니라 보잘 것 없는 사물의 티끌(塵)과도 동거할 수 있는 겸손함을 함께 지닌다. 이처럼 도는 사물의 모든 면과 관련을 맺고 있어서 사물이 지닌 어떤 면과도 소통할 수 있다.

그런데 '날카로움을 꺾고 어지러움을 풀고, 빛남과 조화하고 티끌과 동거한다'라는 건 구체적으로 무엇을 의미할까? 이 대목에서 해석가들의 입장이 제각각이다. 먼저 사물이 지닌 날카로움을 꺾고 사물이 지닌 어지러움을 푼다는 게 무슨 뜻일까? 사물이 잘 정돈되면 그 성격이 날카로워진다. 예를 들어 칼을 잘 다듬으면 예리해지는 것처럼 사람의 말도 논리정연해지면 매섭게 마련이다. 반면 사물이 잘 정돈되지 않으면

---

17)   夫道… 自本自根, 未有天地. (『장자』 내편 「대종사』)

사물의 성격도 흩뜨려져 어지러워진다. 그래서인지 흐리멍덩한 사람의 말은 좀 혼란스럽지 않은가?

이에 따라 사물이 날카로워지면 도가 이를 꺾고, 사물이 어지러워지면 도가 이를 풀어준다. 그럼으로써 도는 사물들 간에 평형을 유지한다. 예를 들어 더위가 오래가면 가을의 선선함으로 더위를 꺾고, 추위가 지속되면 봄의 따뜻함으로 추위를 풀어준다. 또 '학의 다리가 길어도 이를 자르지 않고, 오리 다리가 짧아도 이를 늘려주지 않는다'[18]라는 것도 같은 맥락이다. 이것이 자연스런 고름에 속하는 '균(鈞)'[19]인데 물리적이면서 강제적인 고름에 해당하는 '균(均)'과 비교된다.

또 사물의 빛남과 조화하고 사물의 티끌과 동거한다는 건 무슨 의미일까? 사물 중에는 눈부실 정도로 아름다운 것도 있지만 뭉그러져서 으깨진 진토처럼 보잘 것 없는 것도 있다. 사람들은 빛과 같은 엄청난 존재에 대해선 복종하거나 항거하는 두 마음을 동시에 지닌다. 복종하는 마음은 강한 존재에 기대어 뭔가 도움을 얻고자 하는 마음이라면 항거하는 마음은 강한 존재와의 대립을 통해 자신을 부각시키려는 마음이다. 노자는 두 마음을 모두 거부하고 강한 상대와의 조화를 으뜸으로 삼는다.

예를 들어 소나무처럼 버티다가 부러지는 운명에 처하지 말고, 대나무처럼 휘어져도 유연하게 대처해야 한다는 입장이다. 장자도 당랑거철(螳螂拒轍)[20], 즉 사마귀가 두 다리를 세우고 움직이는 수레를 막겠다는

---

18) 이에 대한 자세한 설명은 『장자』 외편 「변무」를 참조하길 바란다.
19) 균(鈞)에 대한 설명은 『장자』 내편 「제물론」 조삼모사(朝三暮四)편을 참조하길 바란다.
20) 『장자』 내편 「인간세」

일화를 통해 노자와 같은 입장에 있음을 보여준다. 또한 사물의 티끌처럼 보잘 것 없는 존재와 마주하면 한없이 겸손해지라는 게 노자의 입장이다.

도는 텅 빈 채 조용해서 마치 있는 것 같겠지

도의 세 번째 특징은 '도는 텅 빈 채 조용해서 마치 있는 것 같겠지'라는 점이다. 도는 텅 빈 채 조용해서 마치 없는 것처럼 보이지만 사실은 분명히 존재한다. 그래서 노자는 '마치 있는 것 같겠지'라고 하면서 도의 존재를 조심스럽게 인정한다. 그런데 도의 존재는 너무나 오래되었다. 얼마나 오래되었는지 감히 상상할 수 없다. 그래서 노자는 하느님(帝)보다 먼저 있었다고 단지 유추할 뿐이다.

여기서 '象'은 유추한다는 의미를 지닌다. 대부분의 해설서들은 '象帝'로 묶어서 하느님으로 해석하는데 이럴 경우 유추한다는 의미가 사라진다. 노자가 4장에서 '象'의 개념뿐 아니라 '惑'과 '似'의 개념을 동원한 것도 오로지 도를 단정적으로 말하지 않기 위해서이다. 박세당도 이점에 유의해서 4장을 해석한 바 있다.

5장

천지는 (사소한) 은혜를 베풀면서 기르지 않아
만물을 짚으로 만든 개처럼 여긴다.
성인도 (사소한) 은혜를 베풀면서 기르지 않아
백성을 짚으로 만든 개처럼 여긴다.
하늘과 땅 사이는 마치 풀무와 같다.
비어 있어도 다함이 없고, 움직일수록 점점 더 나온다.
말이 많으면 자주 곤경에 빠지므로
(풀무처럼) 가운데(中)를 지키는 것만 못하다.

天地不仁, 以萬物爲芻狗.

聖人不仁, 以百姓爲芻狗.

天地之間 其猶槖籥乎.

虛而不屈, 動而愈出.

多言數窮, 不如守中.

仁(기를 인, 은혜를 베풀어서 기르다) 芻狗[추구. 芻(꼴 추, 건초) 狗(개 구)] 槖籥[풀무. 槖
(풀무 탁) 籥(풀무 약)] 不屈[다하지 않음. 屈(다할 굴)] 愈(더욱 유, 점점 더) 多言數窮
[말이 많으면 자주 곤경에 빠짐. 數(자주 삭) 窮(곤궁할 궁)] 守(지킬 수) 中(가운데 중)

천지(天地)는 (사소한) 은혜를 베풀면서 기르지(仁) 않아(不)

만물을(以~萬物) 짚으로 만든 개(芻狗)처럼 여긴다(爲).

성인(聖人)도 (사소한) 은혜를 베풀면서 기르지(仁) 않아(不)

백성을(以~百姓) 짚으로 만든 개(芻狗)처럼 여긴다(爲).

하늘(天)과 땅(地) 사이(間)는 마치(猶) 풀무(槖籥)와 같다.

비어 있어도(虛~而) 다함(屈)이 없고(不),

움직일수록(動~而) 점점 더(愈) 나온다(出).

말(言)이 많으면(多) 자주(數) 곤경에 빠지므로(窮)

(풀무처럼) 가운데(中)를 지키는(守) 것만 못하다(不如).

말이 많으면 자주 곤경에 빠져서(多言數窮)
풀무처럼 가운데를 지키는 것만 못하다

4장에 이어서 천도에 대한 설명이 계속된다. 내용상으로 볼 때 5장은 앞부분과 뒷부분으로 구분된다. 앞부분은 천지와 성인이 은혜를 베풀면서 기르지 않아 만물과 백성을 함부로 대한다는 내용이고, 뒷부분은 하늘과 땅 사이가 풀무처럼 텅 비어 있지만 풀무에서 보듯이 비어 있어도 다함이 없고, 움직일수록 바람을 더 잘 만든다는 내용이다. 언뜻 보아 앞부분과 뒷부분이 내용적으로 서로 연결이 잘 되지 않는다. 그런데도 노자는 이 두 내용을 자연스럽게 연결하는데 이는 다언삭궁(多言數窮)의 개념을 통해서이다. 다언삭궁이란 말이 많으면 자주 곤경에 빠진다는 뜻이다. 이 개념을 통해서 글의 앞부분과 뒷부분이 내용적으로 어떻게 연결을 이루는지 한번 살펴보자.

천지는 사소한 은혜를 베풀면서 기르지 않아
만물을 짚으로 만든 개처럼 여긴다.

노자는 "천지(天地)는 은혜를 베풀면서 기르지 않다(不仁)."라고 주장하면서 5장을 시작한다. 여기서 필자는 인(仁)을 '어짊'보다는 '은혜를 베풀면서 기르다'라고 해석했는데 이는 참조한 자전의 해석에 따른 것이다. 물론 어짊으로 해석해도 큰 상관은 없다. 그렇지만 은혜를 베풀면서 기르다 쯤으로 해석하면 내용이 보다 구체적으로 드러나고, 또 이어지는 문장과도 내용적으로 자연스럽게 연결을 이룬다. 하여간 천지가 은혜를 베풀면서 기르지 않아 어질지 않다는 노자의 주장은 유가의 입장에선 매우 불편해 할 수 있는 말이다. 잘 알다시피 공자사상은 어짊

(仁)으로 대표된다.

물론 노자가 말하는 어짊과 공자가 말하는 어짊 사이에는 내용상으로 분명히 차이가 있다. 공자의 어짊은 측은지심(惻隱之心), 즉 불쌍한 사람을 안타깝게 여기는 마음이다. 예를 들어 우물에 빠진 어린애를 보면 당장 구출하기 위해서 달려가는 마음이다. 그런데 유가는 이런 어짊을 점차 의무로 강조한 탓인지 지금은 성격이 많이 바뀌어서 유위(有爲)적이 되고 말았다. 반면 노자가 말하는 어짊은 무위(無爲), 즉 하고자 함이 없음에 입각해 있다. 천지가 우리에게 베푸는 어짊이 바로 그러하다. 천지는 이런 어짊을 베풂으로써 자연에게 늘 조화를 선사하는데 이것이 큰 어짊(大仁)에 해당한다. 반면 소소한 어짊(小仁)은 불쌍한 사람처럼 특정인에게 베푸는 제한된 차원의 어짊이다.

천지가 만물에 대해 행하는 베풂을 한번 생각해 보자. 지구 한 편에선 폭풍우가 몰아쳐 물이 범람해서 홍수가 나는가 하면 다른 한편에선 가뭄이 심해져 물이 말라서 수많은 동식물들이 죽어간다. 게다가 강한 짐승이 약한 짐승을 잡아먹는 일도 다반사로 벌어진다. 유가는 이런 일을 두고 결코 어질다고 말하지 않는다. 이에 반해 노자는 이것이 천지가 자연에게 베푸는 참된 어짊이라고 말한다. 만약 이런 일들이 벌어지지 않으면 생태계가 유지될 수 없기 때문이다. 예를 들어 태풍이 불어야 산소가 바다 속까지 충분히 공급되어 심층에 사는 물고기가 생존할 수 있고, 커다란 먹이사슬이 존재해야 생태계 전체가 유지될 수 있다. 이것이 노자가 말하는 큰 어짊에 해당한다.

그래서 장자는 "대인불인(大仁不仁), 즉 큰 어짊은 어질지 않다."[21]라고 말한다. 어째서 그러한가? 큰 어짊은 소소한 어짊이 아니기 때문이다. 만약 우리가 소소한 어짊에까지 일일이 신경을 쓰다보면 큰 어짊에 대해서 자연 소홀해진다. 게다가 이런 소소한 어짊은 상습화될 수 있기에 진정성이 떨어진다. 심지어 누군가에게 소소한 어짊을 베풀면 거기에서 소외된 사람들은 불이익도 받을 수 있다. 소소한 어짊이 누구에게나 고루 베풀어지지 않아서이다. 따라서 큰 어짊은 천지가 모든 생명체에게 고루 베푸는 은혜처럼 특별히 누구를 위해서 은혜를 베풀지 않는다. 그러니 소소한 어짊에 익숙한 사람들은 큰 어짊을 두고 몰인정하다고 여길 수 있다.

천지가 만물에게 베푸는 이런 어짊을 두고 노자는 추구의 버려짐에 비유한다. 추구란 짚으로 만든 개인데 제사가 진행될 때는 소중히 받들어지지만 제사가 끝나면 그대로 내팽겨 처친다. 천지가 만물을 대하는 게 바로 이러하므로 노자는 천지가 어질지 못하다고 말한다. 그런데 천지의 이런 행동은 오로지 자연의 원리에 따른 것이다. 또 성인(聖人)도 자연의 원리를 따르기에 천지와 똑같이 행동한다. 그래서 성인이 백성에게 베푸는 어짊도 추구의 버려짐에 비유할 수 있다. 이는 성인이 백성을 큰 은혜로 기를 뿐이지 사소한 은혜로 기르지 않아서이다. 부모가 자식에게 베푸는 자비(慈悲)의 마음도 혹 이렇지 않을까? 자비심에는 부모의 사랑하는(慈) 마음도 있지만 자식에게 회초리를 대는 안타까운 마음(悲)도 함께 있어서이다.

하늘과 땅 사이는 풀무처럼 텅 비어있다

이제 화제를 천지의 마음에서 천지의 모습으로 바꿔보자. 천지, 즉 하늘과 땅 사이에는 엄청나게 큰 공간이 자리하고, 그 큰 공간에는 아무것

---

21) 『장자』 내편 「제물론」

도 없이 텅 빈 채로 있다. 노자는 이런 텅 빈 공간을 가리켜서 천지의 풀무(橐籥)라고 표현한다. 잘 알다시피 화력을 키우는 풀무는 가운데가 텅 비어있다. 그렇지만 텅 빔으로써 바람을 잘 만들어내고, 움직일수록 더 큰 바람을 만든다. 그럼으로써 풀무의 바람을 맞는 불은 활활 타게 마련이다. 풀무의 이런 위력을 두고 노자는 "비어 있어도 다함이 없고, 움직일수록 점점 더 나온다."라고 말한다. 그렇다면 천지의 풀무라면 그 바람의 작용이 과연 어떠할까? 그 작용이 천지간에 벌어지므로 그야말로 엄청날 것이다.

그런데 어찌 바람뿐이겠는가? 천지 사이의 모든 것들, 예를 들어 비, 눈, 구름의 작용도 엄청나기는 매한가지이다. 이것이 천지가 만물에게 베푸는 큰 어짊의 위력이다. 이런 큰 어짊으로 말미암아 천지간에 온갖 만물이 생겨나고, 또 자라난다. 만물의 이런 생겨남과 자라남은 풀무가 무위로 바람을 일으키는 것처럼 천지가 무위로 바람, 비, 눈, 구름 등을 만들어낸 결과이다. 풀무가 바람을 일으키든 천지가 만물을 만들거나 자라나게 하든 간에 이것들은 모두 가운데가 비어 있기에 가능하다. 이 정도로 비움의 힘은 엄청나다. 그렇다면 우리도 풀무처럼 자신의 마음을 비울 수 있다면 과연 어떠할까? 물론 상상할 수 없을 정도의 힘을 발휘할 것이다.

그런데도 가운데(中)를 비우려고 하지 않는 부류들이 있다. 대표적인 부류가 유가이다. 유가는 어짊을 두고 이러쿵저러쿵 말들이 많다. 학습을 통해 어짊을 배우거나 익히려고 하기 때문이 아닌가 싶다. 노자는 이런 행동을 두고 다언삭궁(多言數窮), 즉 말이 많으면 자주 곤경에 빠진다고 표현한다. 이런 행동으로선 가운데, 즉 우리의 마음을 비울 수 없다. 그래서 노자는 "말이 많으면 자주 곤경에 빠지므로 풀무처럼 가운데를 지키는 것만 못하다."라고 주장한다. 여기서 일부 해설서들은 중(中)

을 중심으로 번역하는데 잘못된 번역이다. 중심으로 번역하면 5장의 전체적인 흐름, 즉 하늘과 땅 사이가 풀무처럼 비었다는 것을 전제로 해서 펼쳐지는 논리와 전혀 연결을 이루지 못한다.

노자가 언급한 다언삭궁은 장자가 말하는 "도(道)·말(辯)·어짊(仁)·청(廉)·용맹(勇)은 원래 원통자재한 건데 모난 데를 깎아서 둥글게 하다 보면 자칫 모가 나기 쉽다."[22]라는 내용과 맥을 같이한다. 장자에 따르면 "도(道)가 훤히 드러나면 도가 아니고, 말(辯)로 의미가 쉽게 구분되면 충분치 않고, 어짊(仁)이 상습화되면 두루 미치지 못한다."[23] 따라서 말이 많으면 사리에 어긋난다. 그러니 말을 하지 않은 채 마음을 비우는 게 차라리 낫다. 성인은 자연의 원리를 따르기에 말을 하지 않아도 천지처럼 어짊을 묵묵히 실천한다. 그래서 어짊을 기르기 위해서 유가처럼 따로 학습할 필요가 없다. 오로지 타고난 자연의 어짊을 잘 양생하면 어짊은 저절로 길러지게 마련이다.

결론적으로 5장은 천도(天道)에 입각해서 인도(人道)의 방향을 제시한다. 즉 천지 사이는 풀무처럼 텅 비어 있어도 다함이 없고, 또 움직일수록 더 많이 생겨난다. 이것이 천도에 따른 어짊이다. 반면 유가는 어짊을 두고 말이 많아서 유위적인 성격을 띤다. 그래서 유가의 어짊은 천도와 역행할 수 있다. 반면 노자가 말하는 어짊은 풀무가 바람을 일으키는 것처럼 무위적인 성격을 띤다. 풀무의 가운데가 텅 비어 있기에 이런 무위가 가능하다. 그래서 노자의 어짊은 천도와 늘 함께 한다. 성인도 가운데, 즉 마음을 텅 비우기에 천지가 하는 것처럼 무위에 따른 어짊을

---

22) 五者刓而幾向方矣. (『장자』 내편 「제물론」)

23) 道昭而不道, 言辯而不及, 仁常而不周. (『장자』 내편 「제물론」)

행할 수 있다. 이것이 노자가 말하는 인도이다.

6장

골짜기의 신(谷神)은 죽지 않아

이를 일러 그윽한 암컷(玄牝)이라고 한다.

그윽한 암컷의 문을 일러 천지의 뿌리(天地根)라고 한다.

(천지의 뿌리는) 면면히 이어져 간신히 있는 것 같아도

그 작용이 그치지 않는다.

谷神不死, 是謂玄牝.
玄牝之門 是謂天地根.
綿綿若存, 用之不勤.

谷神[텅 비고 형체가 없으며 변화를 예측할 수 없고 영원히 없어지지 않는 도. 谷(기를 곡) 神(신 신)] 玄牝[도가에서 말하는 만물을 낳게 하는 본원. 곧 도를 의미. 玄(깊을 현 → 그윽함) 牝(암컷 빈)] 根(뿌리 근) 綿綿[길게 이어져 끊이지 않는 모양. 綿(이어질 면)] 存(있을 존, 존재하다) 用(쓸 용, 행하다 → 작용) 勤(다할 근 → 그치다)

골짜기의 신(谷神)은 죽지(死) 않아(不)
이(是)를 일러 그윽한 암컷(玄牝)이라고 말한다(謂).
그윽한 암컷(玄牝)의 문(門)을 일러 천지의 뿌리(天地根)라고 말한다(謂).
(천지의 뿌리는) 면면히 이어져(綿綿) (간신히) 있는(存) 것 같아도(若)
그 작용(用)이 그치지(勤) 않는다(不).

그윽한 암컷의 문(玄牝)을 일러
천지의 뿌리라고 한다

—

이 글은 노자의 독창적인 내용이 아니다. 이와 똑같은 내용의 글이 『열자』「천서(天瑞)」편에 등장해서이다. 물론 열자조차 자신의 글을『황제서(黃帝書)』에서 인용했다[24]고 밝히는데『황제서』는 지금까지 전해지지 않는다. 그렇지만 열자가 자신의 글을『황제서』에서 인용했다고 밝힌 점을 감안한다면 노자도 자신의 글을『황제서(黃帝書)』에서 인용했을 거라는 추측이 충분히 가능하다.

『도덕경』6장은 천도(天道)에 대해서 설명하는 내용이다. 그런데 노자는 천도를 직접적으로 설명하기보다는 천지의 뿌리(天地根)가 무엇인지를 통해서 천도를 설명한다. 앞서 4장과 5장에선 노자가 천도를 설명하면서 도의 비어 있음(沖)을 강조한 바 있다. 구체적으로 4장에선 도가 텅 빈 채 작용해도 도 안에 뭔가 채우지 않고, 또 텅 빈 채 조용해 마치 있는 것 같다고 말한다. 그리고 5장에선 하늘과 땅 사이는 풀무처럼 비어 있어도 다함이 없고, 움직일수록 점점 더 나온다고 말한다. 이처럼 노자는 도의 텅 비어있음을 연이어 강조한다. 그런데 6장에선 도의 비움이라는 존재양식을 넘어서 도의 작용에 대해서 언급한다.

노자는 도의 작용을 천지의 뿌리에 비유한다. 그래서 도의 작용이 천지의 뿌리처럼 모든 작용의 근원이라고 말한다. 천지의 뿌리가 만드는

---

24) 谷神不死 是謂玄牝. 玄牝之門 是謂天地根. 綿綿若存 用之不勤. (『열자』「천서(天瑞)」)

이런 작용을 가리켜서 노자는 곡신(谷神)과 현빈(玄牝)의 개념으로 설명한다. 곡신, 즉 골짜기의 신이란 아득하고 희미해서 형체가 없는 신을 뜻한다. 그런데 노자는 이런 곡신에 대해서 아득하고 희미할망정 죽지 않는다고 말한다. 그래서 곡신을 현빈, 즉 그윽한 암컷이라고 부른다. 암컷은 모성애를 지녀서인지 그윽한 면을 갖추게 마련이다. 그래서 성질이 거칠게 드러나는 수컷과는 분명히 다르다. 그럼으로써 암컷은 수컷보다 늘 우위에 있다. 『도덕경』 61장에서도 "천하의 암컷은 늘 고요함으로 수컷을 이겨도 그 고요함으로 아래에 거한다."[25]라면서 이와 비슷하게 설명한다.

흔히들 현(玄)을 현묘함으로 번역하는데 현묘함보다는 그윽함이 더 타당하다고 본다. 현묘함은 기이하다는 의미를 지니는 데 반해 그윽함은 깊어서 잘 헤아릴 수 없다는 뜻을 지니기 때문이다. 노자는 1장의 짧은 글에서 현이란 단어를 세 번씩 사용할 정도로 현에 대한 애착이 매우 강하다. 그래서 필자는 현을 노자사상을 대표하는 단어 중 하나라고 여긴다. 그러니 현을 따로 해석하지 않고 그대로 사용하는 게 바람직하다. 그렇지만 군이 번역하면 현묘함보다는 그윽함이 노자사상에 더 부합한다고 본다. 게다가 빈(牝)은 암컷을 뜻한다. 그렇다면 암컷을 형용하는 개념으로서 현묘함보다는 그윽함이 더 타당하지 않겠는가. 한편 빈은 골짜기라는 뜻이므로 곡신과 현빈은 사실상 같은 개념이다.

암컷은 새끼를 낳는다. 새끼를 밴 암컷으로선 새끼를 세상에 내보내기 위해서 문이 필요하다. 그 문이 바로 암컷의 생식기일 텐 데 노자는 이런 암컷의 생식기를 가리켜서 그윽한 암컷의 문(玄牝之門)에 비유한

---

25) 天下之牝 牝常以靜勝牡 以靜爲下. (『도덕경』 61장)

다. 나아가 노자는 이런 그윽한 암컷의 문을 일러 '천지의 뿌리(天地根)'라고 말한다. 따라서 천지의 뿌리는 그윽한 암컷의 문, 즉 여성의 생식기에 해당한다. 여성의 생식기는 골짜기의 신처럼 자신의 존재를 좀처럼 밖으로 드러내지 않는다. 그렇다고 죽는 일은 없다.

천지의 뿌리는 어째서 죽지 않을까? 노자에 따르며 천지의 뿌리는 면면히 이어져서 겨우 존재한다. 나무의 가느다란 잔뿌리를 연상하면 이런 생각이 충분히 가능하다. 그래서 천지의 뿌리도 죽을 것 같은데 절대로 죽지 않는다. 설령 천지의 뿌리가 죽더라도 천지의 줄기나 잎사귀보다 먼저 죽는 법이 없다. 뿌리의 작용도 마찬가지이다. 그래서 천지의 뿌리는 세상만물보다 먼저 지치지 않는다. 줄기와 잎사귀가 지쳐서 자신의 가지를 부러뜨리거나 낙엽을 만들거나 해도 뿌리는 늘 변함없이 작용한다. 천지의 뿌리도 마찬가지여서 그 작용을 멈추지 않는다. 곡신, 즉 골짜기의 신도 면면히 이어져서 간신히 존재하지만 어미의 역할에 대해 싫증내는 법이 없다. 그래서 골짜기의 신은 죽지 않는다.

열자와 노자는 공히 "골짜기의 신은 죽지 않아 이를 일러 그윽한 암컷이라고 말한다. 또 그윽한 암컷의 문을 일러 천지의 뿌리라고 말한다. 천지의 뿌리는 면면히 이어져서 간신히 있는 것 같지만 그 작용이 그치지 않는다."라고 말한다. 이런 전제하에서 열자는 "만물을 생존하게 하는 것은 생존하지 않고, 만물을 변화하게 하는 것은 변화하지 않는다. 그리고 저절로 생존하고 저절로 변화하며, 저절로 형체를 이루고 저절로 빛깔을 지니며, 저절로 알고 저절로 힘을 발휘하며, 저절로 없어지고 저절로 멈춘다."[26]라고 말한다. 열자는 모든 게 저절로 이루어진다는 점

---

26) 故生物者不生, 化物者不化. 自生自化, 自形自色, 自智自力, 自消自息. (『열자』「천서(天瑞)」)

을 이처럼 강조하면서 그 원인을 간신히 있는 것 같지만 작용이 지치지 않는 천지의 뿌리에서 찾는다. 열자의 이 글은 천지의 뿌리에 대한 이해를 높이기 위해 필자가 여기에 소개했을 뿐이다.

7장

하늘은 오래되었고 땅도 오래되었다.

천지가 오래될 수 있는 까닭은 스스로 살려고 하지 않아서이다.

그래서 (천지가 이토록) 오래될 수 있다.

이 때문에 (천지의 모습을 받드는) 성인은

자신을 뒤로 하는데도 자신이 남보다 앞서고,

자신을 버리는데도 자신을 보존한다.

(이는 성인에게) 사사로움(私)이 없어서가 아니겠는가?

그래서 (성인은) 사사로움을 (오히려) 이룰 수 있다.

天長地久.

天地所以能長且久者,. 以其不自生.

故能長生.

是以聖人後其身而身先., 外其身而身存.

非以其無私邪?

故能成其私.

長(오랠 장, 시간적으로 장구하다) 久(오랠 구, 오래 되다) 生(살 생) 後(뒤로할 후) 身(자기 신)
先(먼저 선, 남보다 앞서다) 外(버릴 외) 存(보전할 존) 私(사사 사, 사사로움)

하늘(天)은 오래되었고(長) 땅(地)도 오래되었다(久).

천지(天地)가 (이토록) 오래될 수(能~長久) 있는 까닭은(所以~者)

스스로(自) 살려고(生) 하지 않아서이다(以~不).

그래서(故) (천지가 이토록) 오래(長) 살 수(能~生) 있다.

이 때문에(是以) (천지의 모습을 받드는) 성인(聖人)은

자신(身)을 뒤로 하는데도(後~而) 자신(身)이 남보다 앞서고(先),

자신(身)을 버리는데도(外~而) 자신(身)을 보존한다(存).

(이는 성인에게) 사사로움(私)이 없어서가(以~無) 아니겠는가(非)?

그래서(故) (성인은 오히려) 사사로움(私)을 이룰 수(能~成) 있다.

성인은 사사로움(私)이 없어
오히려 사사로움을 이룰 수 있다

—

　이 글은 크게 두 부분으로 구성된다. 하나는 천지의 모습에 관한 전반부의 내용이고, 다른 하나는 천지의 모습에 따라 살아가는 성인의 모습에 관한 후반부의 내용이다. 먼저 천지의 모습을 설명하는 전반부의 내용에 대해 살펴보자. 노자에 따르면 천지는 오래되었는데 이는 천지가 '부자생(不自生)'한 탓이다. 여기서 '부자생'을 어떻게 해석하느냐가 7장 해석에서 관건이다. 그런데 관련학자들마다 이에 대한 해석이 서로 다르다. 대표적인 것 몇 개만 소개하면 '스스로 살려고 하지 않는다', '스스로 낳지 않는다', '스스로 보살피지 않는다', '자신을 살리려고 하지 않는다' 등이다. 모두 일리는 있지만 필자는 남회근의 해석을 쫓아 '스스로(自) 살려고(生) 하지 않는다(不)'로 해석하고자 한다.

　필자가 남회근의 해석을 따르는 건 두 가지 이유에서이다. 첫째는 '스스로 살려고 하지 않는다'라는 게 천지본연의 모습과 가장 일치해서이다. 천지는 저절로 생겨나서 저절로 이루어지므로 억지로 살아가지 않고, 또 그럴 필요조차 없다. 둘째는 전반부 천지의 모습과 후반부 성인의 모습이 내용상으로 서로 모순되지 않도록 하기 위해서이다. 즉 천지가 '스스로 살려고 하지 않는' 모습이 되어야 '자신을 뒤로 해도 남보다 앞서고, 자신을 버려도 자신을 보존한다'라는 성인의 무위무욕(無爲無欲)한 모습과 자연스럽게 연결을 이루어서이다. 만약 나머지 다른 해석들을 택하는 경우 성인의 이런 무위무욕한 모습과의 연결이 어쩐지 어색해진다.

성인(聖人)은 천지의 모습, 즉 '스스로 살려고 하지 않는' 모습을 받들면서 살아가는 사람이다. 그래서 성인은 자신을 남보다 늘 뒤에 있게 하고, 또 필요할 때는 자신을 과감히 버릴 줄도 안다. 그런데도 결과는 반대로 나타난다. 그래서 자신을 뒤로 해도 남들보다 늘 앞서고, 자신을 버려도 자신을 늘 보존한다. 이에 성인은 천지가 오래된 것처럼 자신도 오래도록 살아갈 수 있다. 그런데 성인에게서 이런 일이 어떻게 가능할까? 그것은 성인이 무위무욕(無爲無欲)한 삶을 살아가기 때문이다. 즉 하고자 하는 마음도 없고(無爲), 하고 싶은 마음도 없이(無欲) 살아가기 때문이다. 물론 '스스로 살려고 하지 않는' 천지의 모습도 무위무욕한 삶에 해당한다.

그렇다면 이런 무위무욕한 삶이 어째서 성인에게만 가능할까? 그것은 성인이 사사로운(私) 마음을 버렸기 때문이다. 천지도 사사로운 마음을 버렸기에 오래도록 살 수 있다. 그렇다면 천지의 사사로움이란 무엇일까? 그것은 '스스로 살려고 하는 마음'이다. 그렇다면 성인에게서 사사로움은 무엇일까? 그것은 남보다 앞서기 위해 자신을 앞에 내세우고, 자신을 보존하기 위해 자신을 버리지 못하는 일이다. 그런데 이것들은 보통사람들이 흔히 행하는 모습이다. 이 때문에 보통사람들은 사사로움을 위한다고 하지만 끝내 사사로움에 이르지 못한다. 반면 성인은 사사로움을 버리는데도 저절로 사사로움에 이른다. 이것이 성인이 인도(人道)에 이르는 방법이다. 물론 성인의 이런 식 인도의 구현은 천지의 모습이라는 천도(天道)를 따르기에 가능하다.

8장

최고의 선(上善)은 물과 같다.

물은 만물을 충분히 이롭게 하는데도 만물과 다투지 않고,

많은 사람들이 싫어하는 (낮은) 곳에 머문다.

그래서 (물은) 도에 가깝다.

(물과 같은 덕을 지닌 사람의) 머물음은 지세(地)에 알맞고,

(그의) 마음은 연못(淵)의 고요함에 알맞고,

(그가 사람과) 함께 함은 어짊(仁)에 알맞고,

(그의) 말은 신의(信)에 알맞고,

(그가) 정사를 펼치면 (저절로) 다스려짐(治)에 알맞고,

(그가) 일을 벌이면 능숙함(能)에 알맞고,

(그가) 움직이면 때(時)에 알맞다.

(그는) 오로지 다투지 않는다. 그래서 허물이 없다.

上善[1]若水.

水善[2]利萬物而不爭, 處衆人之所惡., 故幾於道.

居善[3]地, 心善淵, 與善仁, 言善信, 正善治, 事善能,

動善時.

夫唯不爭., 故無尤.

上善[1] [최고의 선. 善(선 선, 이치를 따르고 도에 맞는 완전무결한 선)] 善[2](잘 선 → 충분히) 利
(이로울 리) 爭(다툴 쟁) 處(머물 처) 衆人[뭇 사람. 衆(무리 중)] 惡(꺼릴 오, 싫어하다) 幾
(거의 기) 居(머무를 거) 善[3](잘 선, 알맞게) 地(땅 지 → 지세) 淵(못 연) 與(더불어 여. ~함께)
正(다스릴 정, 정사를 펼치다) 能(능할 능, 잘하다) 唯(오직 유) 尤(허물 우)

최고의 선(上善)은 물(水)과 같다(若).

물(水)은 만물(萬物)을 충분히(善) 이롭게 하는데도(利~而)

만물과 다투지(爭) 않고(不),

많은 사람(衆人)이 싫어하는(惡) (낮은) 곳(所)에 머문다(處).

그래서(故) (물은) 도에(於~道) 가깝다(幾).

(물과 같은 덕을 지닌 사람의) 머물음(居)은 지세(地)에 알맞고(善),

(그의) 마음(心)은 연못(淵)의 고요함에 알맞고(善),

(그가 사람과) 함께(與) 함은 어짊(仁)에 알맞고(善),

(그의) 말(言)은 신의(信)에 알맞고(善),

(그가) 정사를 펼치면(正) (저절로) 다스려짐(治)에 알맞고(善),

(그가) 일을 벌이면(事) 능숙함(能)에 알맞고(善),

(그가) 움직이면(動) 때(時)에 알맞다(善).

(그는) 오로지(唯) 다투지(爭) 않는다(不). 그래서(故) 허물(尤)이 없다(無).

최고의 선(上善)은 물과 같다

상선약수(上善若水), 즉 최고의 선은 물과 같다는 말은 우리들의 귀에 매우 익숙하다. 이 말이 8장에 등장한다. 동아시아의 다른 고전들에서도 물과 비교하는 내용을 자주 발견할 수 있다.[27] 그만큼 물의 성격에 진실된 면이 많다. 그런데 상선약수 편 해석에 막상 들어가면 해설서마다 차이가 나 매우 당혹스럽다. 먼저 상선(上善)은 최고의 '선'일까 아니면 최고의 '덕'일까? 최고의 선으로 해석하는 게 맞지만 최고의 덕도 틀린 해석은 아니다. 덕이란 자연의 원리에 부합하는 일반적인 모습에 해당하는데 사람에게 적용될 때 특별히 선이라고 말한다. 그러니 선이라고 할 때는 사람에게만 적용되는 덕의 모습이다.

그런데 최고의 선은 어째서 물과 같을까? 노자는 세 가지 이유를 들어서 설명한다. 첫째로 물은 만물을 충분히 이롭게 하고, 둘째로 만물과 서로 다투지 않고, 셋째로 많은 사람들이 싫어하는 낮은 곳에 늘 머물기 때문이다. 먼저 물은 어째서 만물을 충분히 이롭게 할까? 물이 없으면 만물이 자라날 수 없다. 어쩌면 모든 만물은 물과 함께 살아간다고 해도 과언이 아니다. 그만큼 물은 만물에게 꼭 필요한 존재이다. 그런데도 물은 본디 유약한 성질을 지녀서 다른 것과 다투는 일이 없고 늘 순응하면서 살아간다. 그래서 물이 흐르는 도중에 돌과 부딪쳐도 다투지 않은

---

27) 『손자병법』의 「허실」편을 보면 "물의 흐름은 높은 곳을 피하고 낮은 곳으로 나아간다. 병(兵)의 형세도 강압적이면 피하고 부드러우면 받아들인다(水之行避高而趨下 兵之形避實而擊虛)", "물은 언제나 지세에 따라 흐름의 형세가 정해지고, 병도 적의 형세에 따라 승리가 정해진다(水因地而制流 兵因敵而制勝)"가 나온다.

채 스스로 알아서 자신의 흐름을 바꾼다.

또 물은 많은 사람들이 싫어하는 곳에 머문다. 물은 늘 높은 곳에서 낮은 곳으로 흐르기에 궁극에는 가장 낮은 곳에 위치한다. 이에 비해 보통사람들은 낮은 곳보다 높은 곳을 선호해서 늘 높은 곳에 있기를 바란다. 이는 상대방을 낮춰 보려는 데 익숙한 탓이다. 그러면서 자신의 우월감을 뽐내려고 든다. 반면 물은 낮은 곳일수록 더 많이 모여든다. 결국에는 바다로 흘러들어서 자신의 존재를 바다의 큰 물 속에 묻어버리고 만다. 노자는 이런 세 가지 이유를 들어서 물이 자연의 원리를 쫓아 작용하는 도에 가깝다고 말한다.

『도덕경(道德經)』이 아니라
『수덕경(水德經)』도 가능하다

그렇다면 '도덕(道德)' 대신에 '수덕(水德)'이란 개념도 충분히 가능하다. 어째서 그러한가? 도(道)는 원래 걸어 다니는 길을 지칭했다. 그러다가 뭔가 깨친 사람이 자신의 깨달은 바를 길에 비유함으로써 이것이 철학적 개념으로 확장되었다. 그런데 원래의 길은 똑바르지 않고 구불구불하다. 산과 강과 같은 자연의 장애물을 피하다보면 저절로 그렇게 된다. 이런 구불구불한 길이라도 목적지에 가장 빠르고 편안하게 간다는 두 가지 목적을 동시에 충족한다. 그렇다고 이 길은 누가 의도적으로 만든 유위(有爲)의 길이 아니다. 사람들이 다니다보니까 자연스럽게 생긴 무위(無爲)의 길이다. 길의 이런 특징으로 옛날에 큰 깨침을 얻은 사람은 자신의 깨달은 바를 길에 비유했을 뿐이다. 혹 깨달은 바를 물에 비유했다면 수덕이란 개념도 충분히 가능하다.

노자는 물의 이런 세 가지 특징에 따라 천도(天道)를 언급한다. 이제부터 천도를 쫓아서 사람이 가야할 길, 즉 인도(人道)에 대해서 말한다. 그리고 노자는 성인의 모습을 통해서 그 인도를 보여준다. 첫째로 지세 (地)에 알맞게 머무르는 성인의 모습을 통해서이다. 성인은 자연지리, 즉 풍수지리에 따라 자신의 살 곳을 정한다. 한 예로 양(陽)이 자연스럽게 조성된 주거지라면 경(京)은 인공적으로 조성된 주거지이다. 이것이 한양(漢陽)이 북경(北京)이나 동경(東京)과 다른 점이다. 풍수는 배산임수(背山臨水)가 기본이므로 양은 물이 자연스럽게 잘 빠지는 거주지이다. 반면 경은 토목공사 등을 통해서 인공적으로 물이 잘 빠지게끔 조성된 거주지이다. 그래서 양이 무위(無爲)에 따른 거주지라면 경은 유위(有爲)에 따른 거주지이다. 성인은 무위에 따라 형성된 양을 주거지로 선호한다.

둘째로 연못(淵)의 고요함에 알맞게 머무는 성인의 마음가짐을 통해서이다. 이는 성인의 마음이 연못처럼 깊고, 또 연못의 표면처럼 잔잔해서 고요하다는 말이다. 셋째로 다른 사람과 함께 할 때 어짊(仁)에 알맞게 처신하는 성인의 모습을 통해서이다. 여기서 말하는 어짊은 유가가 말하는 어짊과는 다소 차이가 있다. 유가가 말하는 어짊은 인의예지(仁義禮智)처럼 인위적인 속성을 지닌다면 노자가 말하는 어짊은 자연스러운 속성을 지닌다. 이런 어짊은 사람이 태어날 때부터 자신의 마음에 지니는 어짊이다. 그래서 유가처럼 학습을 통해 얻어지는 어짊과는 다르다. 성인은 이런 자연스런 어짊을 늘 몸에 지니면서 다른 사람과 상대한다.

넷째로 신의(信)에 알맞게 부합하는 성인의 말을 통해서이다. 성인은 스스로 행동으로 옮길 수 없는 말은 아예 꺼내지 않는다. 그만큼 말을 하는 데 신중하다. 다섯째로 다스림(治)에 알맞게 부합하는 성인의 정사를 통해서이다. 이 대목은 언뜻 이해되지 않는다. 그런데 치(治)를 인위적인 다스림이 아니라 자연스런 다스림으로 파악하면 이해가 쉽게 가능하다. 우리가 아는 다스림은 주로 유위(有爲)에 따른 다스림이다. 이런 다스림 중에 으뜸가는 게 법치(法治)이다. 사실 법치는 예치(禮治)와 비교할 때 훨씬 더 유위에 입각해 있다. 이에 비해 아버지가 자식에게 행하는 종류의 다스림은 어쩌면 가장 자연스럽다. 이런 다스림이 바로 무위(無爲)에 따른 다스림이다. 성인은 자신의 정사를 펼치는 데 이런 다스림을 추구한다.

여섯째로 능숙함(能)에 알맞게 부합하는 성인의 일처리 방식을 통해서이다. 성인은 우리가 아는 것처럼 일 처리에서도 결코 무능하지 않다. 그런데도 무능하다고 여기는 건 전문가와 비교하기 때문이다. 세부적인 일을 처리하는 데는 전문가가 능숙한 게 사실이다. 그렇지만 전문가는 일의 전체적인 면을 파악하지 못한다. 반면 성인은 작업의 큰 그림을 훤히 꿰뚫고 있어 자신의 힘을 적절히 조절할 줄 안다. 그럼으로써 일의 추진력을 높이고, 또 일처리 과정에서 생겨나는 부작용도 최소화할 수 있다. 이 점이 성인이 지닌 진정한 경쟁력이다. 오늘날 사회가 복잡해지고, 또 위험요인이 증가하면서 이런 부작용을 사전에 방지할 수 있는 능력이 더욱 요구된다. 그러니 과거보다 지금에 있어 성인의 경쟁력이 더욱 빛을 발하게 마련이다.

마지막으로 때(時)에 알맞게 부합하는 성인의 움직임을 통해서이다. 성인은 아무 때나 움직이지 않고, '적시(適時)', 즉 'just-in-time'을 알고서 움직인다. 그래서 성인은 아무리 중요한 일이라도 백성이 가장 바쁜 농번기 때 공사를 벌이거나 군사를 일으키지 않는다. 또 일을 추진할 때는 모든 준비가 제대로 갖추어져 있을 때 나서지 마음 내키는 대로 아무 때나 나서지 않는다. 성인의 이런 모습은 오늘날에도 여전히 유효하다. 사람들은 자신의 일이 잘 이루어지려면 운(運)이 따라야 한다고 믿는다. 그런데 이것은 '적시'의 다른 표현일 뿐이다. 그러니 아무 때나 움직이지 않고 때에 맞춰 움직이는 건 일의 성사를 위해 매우 중요하다.

  그런데 성인이 이렇게 살아갈 수 있는 건 오로지 만물과 다투지 않아서이다. 마치 물이 그러한 것처럼 말이다. 풍수지리에 따른 주거지(地)의 선택은 땅과 다투지 않기 위해서이다. 마음가짐이 연못(淵)처럼 고요한 건 사람들과 다투지 않기 위해서이다. 자연스런 어짊(仁)을 따르는건 자연의 덕과 다투지 않기 위해서이다. 말을 조심스럽게 하는 건 지키지(信) 못할 행동으로 다른 사람과 부딪치지 않기 위해서이다. 자연스런다스림(治)을 펼치는 건 백성과 다투지 않기 위해서이다. 일을 능숙하게(能) 처리하는 건 사람과 다투지 않기 위해서이다. 움직일 때 때(時) 중시하는 것도 마찬가지이다. 이 때문에 성인에게선 허물이 생겨나지 않는다. 이것이 천도(天道)를 쫓아서 인도(人道)를 실천하는 성인의 참 모습이다.

최고의 선(上善)은 물과 같다

9장

(뭔가를) 쌓아 가득 차면 (중간에) 멈추는 것만 못하다.

(뭔가를) 두드려 날카로워지면 오래 보존하지 못한다.

금은보화가 집에 가득 차도 그것을 지킬 수 없다.

부유하고 높은 자리에 있어 교만하면 스스로에게 허물을 남긴다.

(그러니) 공을 이루면 물러나는 게 하늘의 도이다.

持而盈之, 不如其已.,
揣而銳之, 不可長保.
金玉萬堂, 莫之能守.,
富貴而驕, 自遺其咎.
功遂身退, 天之道.

―――――

持(쌓을 지) 盈(찰 영, 가득 차다) 如(같을 여) 已(그칠 이 → 멈추다) 揣(때릴 추, 두드리다) 銳
(날카로울 예) 保(보존할 보, 보전하다) 金玉萬堂[금과 옥이 집에 가득 참. 재산이 많음을
의미] 驕(교만할 교) 遺(잃을 유) 咎(허물 구) 遂(이룰 수) 退(물러날 퇴)

―――――

(뭔가를) 쌓아(持~而) 가득 차면(盈) (중간에) 그치는(已) 것만 못하다(不如).
(뭔가) 두드려(揣~而) 날카로우면(銳) 오래(長) 보존할 수(可~保) 없다(不).
금은보화(金玉)가 집에 가득 차도(萬堂) 그것을 지킬 수(能~守) 없다(莫).
부유하고(富) 높은 자리에 있어(貴~而) 교만하면(驕)
스스로에게(自) 허물(咎)을 남긴다(遺).
(그러니) 공(功)을 이루면(遂) 물러나는(退) 게 하늘(天)의 도(道)이다.

공을 이루면 물러나는 게
하늘의 도(天道)이다

—

이 글의 주제는 '공을 이루면 물러나라는' 것이다. 이와 관련한 내용은 2장에서 이미 언급된 바 있다. '성인은 공을 이루고도 공에 머물지 않는다(功成而不居)'가 그것이다. 성인이 이런 자세를 보일 수 있는 건 천도(天道)에 따라 살아가기 때문이다. 그렇다면 2장은 이와 관련한 천도에 대해 뭐라고 말할까? '만물을 자라나게 해도 이를 드러내어 말하지 않고, 만물을 낳아도 이를 소유하지 않고, 만물을 가꾸어도 거기에 기대지 않는다'라고 말한다. 성인은 이런 천도에 따라 살아간다. 그런데 '공을 이루면 물러나라'는 건 9장의 주제이자 결론이다. 그러니 이것도 곧 천도(天道)를 의미한다. 그렇다면 9장은 2장과 마찬가지로 천도를 쫓아서 살아가는 성인의 인도(人道)에 대해 말한다.

9장에서 제시하는 천도란 구체적으로 무엇일까? 노자는 이에 대해 두 가지로 구분해서 설명한다. 하나는 무언가를 쌓아서 가득 차면 중간에 쌓는 일을 멈추는 것만 못하다는 것이고, 다른 하나는 무언가를 두드려서 날카로워지면 오래 보존할 수 없다는 것이다. 이것들은 알 듯 하면서도 무슨 말인지 확실히 잡히지 않는다. 이것들이 무슨 의미인지 한번 살펴보자.

먼저 쌓아서 가득 차면 중간에 멈추는 것만 못하다는 게 어째서 천도를 말하는지에 대해 알아보자. 이를 위해 물리학의 '메타 피직스(meta-physics)' 개념을 한 번 생각해보자. 물리학은 대표적인 자연과학으로 천도와 관련이 깊다. '메타 피직스'란 물리학에서 '초 물리' 또는 '초 안정'

이란 의미이다. 유리잔에 물을 부어서 가득 차면 물이 넘치기 직전의 상태가 된다. 이 상태가 물리적으로 가장 안정된 상태일지 모르지만 실제로는 안정적이지 못하다. 외부에서 충격이 가해지면 표면장력이 쉽게 깨져서이다. 따라서 안정이란 측면에서 볼 때 물이 가득 찬 상태는 물이 덜 찬 상태보다 훨씬 안정적이지 못하다. 그러니 실질적인 물의 안정을 위해서라면 유리잔에 물이 가득 차도록 하는 일을 도중에 멈추어야 한다. 이것이 쌓아서 가득 차면 중간에 멈추는 것만 못하다는 게 천도임을 말해주는 좋은 예가 아닐까.

또 두드려서 날카로워지면 오래 보존할 수 없다는 게 어째서 천도에 해당할까? 사람들은 뭔가 다듬어야 좋다고 여긴다. 물론 맞는 말이다. 칼도 무디어지면 사물을 제대로 자르지 못해 칼의 효용이 크게 떨어진다. 그렇다고 칼날을 예리하게 다듬기 위해서 계속 두드리다 보면 칼날 자체가 약해져 결국에는 칼날에 금이 가고 만다. 그런데 어디 칼뿐인가. 사물의 모양을 예쁘게 하기 위해 지나치게 다듬다보면 본체 자체를 망가뜨려 오히려 사용할 수 없게 된다. 그래서 적당히 두드려야 칼이 예리해지고, 적당히 다듬어야 사물의 모양이 예뻐진다. 이것도 천도를 말해주는 내용이다.

이런 천도를 헤아려보면 우리가 어떻게 살아가야 하는지 쉽게 결정이 된다. 그러면 금은보화 따위에 욕심낼 필요가 없다. 금은보화가 설령 집에 가득 찰 정도로 많이 쌓여도 언제까지 계속해서 유지할 수 없기에 많은 금은보화를 끝내 지켜내지 못한다. 아무리 부자라도 삼대를 넘기지 못한다는 시중의 말이 이를 잘 대변해 주지 않는가. 또 부유하고 높은 자리를 부러워할 필요가 없다. 만약에 부유하고 높은 자리에 있을 경우 교만해지기 쉽고, 또 교만해지면 스스로에게 허물을 남기기 때문이다. 물론 이렇게 말할 수 있는 건 오로지 천도에 따른 것이다. 즉 쌓아서 가득 차면 중간에 멈추는 것만 못하고, 또 두드려서 날카로워지면 오래 보존할 수 없다는 천도에 따른 것이다.

결론적으로 노자는 공을 이루면 물러나는 게 바람직하다고 말한다. 이것이 노자가 말하는 인도(人道), 즉 인간으로서 도리이다. 한 예를 들어보자. 유방(劉邦)이 한(漢)나라를 건국했을 때 한신(韓信)은 여전히 권력 주변을 머뭇거리다가 죽은 반면 장량(張良)은 술사답게 산으로 몸을 숨겨서 오래도록 살 수 있었다. 장량이 이렇게 할 수 있었던 건 혹시 노자의 이런 가르침을 따랐던 게 아닐까? 장량은 본디 도가적 삶을 살아왔으므로 이런 생각에까지 미쳤을 거라고 본다.

공을 이루면 물러나는 게
하늘의 도(天道)이다

10장

혼(營)과 백(魄)을 실어서 하나로 껴안아

(서로) 분리되지 않게 할 수 있을까?

기(氣)를 순수하게 해서 (몸이) 부드러움에 이르러

갓난아이가 될 수 있을까?

마음(玄覽)을 깨끗이 닦아서 (마음의) 병을 없앨 수 있을까?

백성을 사랑하고 나라를 다스리는 데 앎을 없앨 수 있을까?

오관(天門)을 열고 닫는 데 암컷을 위할 수 있을까?

명백히 깨달아 사방으로 막힘이 없도록 하는 데

하고자 함이 없도록(無爲) 할 수 있을까?

(성인은) 만물을 낳고 기르는 데 있어

만물이 생겨나도 이를 소유하지 않고,

만물을 보살펴도 거기에 의지하지 않고,

만물을 자라나게 해도 이를 주관하지 않는다.

이를 일컬어 현덕(玄德), 즉 깊고 그윽한 덕이라고 한다.

載營魄抱一 能無離乎?
專氣致柔 能嬰兒乎?
滌除玄覽 能無疵乎?
愛民治國 能無知乎?
天門開闔 能爲雌乎?
明白四達 能無爲乎?
生之畜之., 生而不有, 爲而不恃, 長而不宰.
是謂玄德.

載(실을 재) 營魄[혼백. 營(혼백 영, 영혼. 넋) 魄(넋 백)] 抱(안을 포, 껴안다) 離(떠날 리, 떨어지다) 專(전일 전, 섞이지 않아 순수하다) 致(이를 치) 柔(부드러울 유) 嬰兒[영아, 즉 갓난아기. 嬰(어린아이 영)] 滌(씻을 척) 除(깨끗할 제) 玄覽[사물을 깊이 꿰뚫어 봄. 즉 玄(심오할 현) 覽(볼 람, 두루 보다)] 疵(병 자) 開(열 개) 闔(닫을 합) 雌(암컷 자) 明白[헤아려 깨달음. 이해함. 明(깨달을 명) 白(분명할 백)] 四達[사방으로 통함. 達(통달할 달)] 畜(기를 휵, 보살피다) 恃(믿을 시, 의지하다) 宰(주관할 재, 맡아 다스리다)

혼(營)과 백(魄)을 실어서(載) 하나로(一) 껴안아(抱)
(서로) 분리되지(離) 않게 할 수(能~無) 있을까?
기(氣)를 순수하게(專) 해서 (몸이) 부드러움(柔)에 이르러(致)
갓난아이(嬰兒)가 될 수(能) 있을까?
마음(玄覽)을 깨끗이(除) 닦아서(滌)
(마음의) 병(疵)을 없앨(無) 수(能) 있을까?
백성(民)을 사랑하고(愛) 나라(國)를 다스리는 데(治)
앎(知)을 없앨(無) 수(能) 있을까?

오관(天門)을 열고(開) 닫는 데(闔) 암컷(雌)을 위할 수(能~爲) 있을까?
명백히 깨달아(明白) 사방으로 막힘이 없도록(四達) 하는 데
무위(無爲)로 할 수 있을까?
(성인은) 만물을 낳고(生) 기르는 데(畜) 있어
만물이 생겨나도(生~而) (이를) 소유하지(有) 않고(不),
(만물을) 보살펴도(爲~而) 거기에 의지하지(恃) 않고(不),
(만물을) 자라나게 해도(長~而) (이를) 주관하지(宰) 않는다(不).
이(是)를 일컬어 현덕(玄德), 즉 깊고 그윽한 덕이라고 말한다(謂).

무위자연에 따른 성인의 그윽한 덕(玄德)

—

이 장은 현덕(玄德)에 대해서 언급한다. 현덕은 노자사상을 압축한 개념이라고 할 수 있다. 게다가 현(玄)은 『도덕경』 1장에 세 번이나 언급될 정도로 노자사상을 대표하는 개념이기도 하다. 또 현은 명사인 도(道)의 개념을 형용사로 보다 구체화한 개념에 해당한다. 이런 내용은 1장에서 이미 설명된 바 있다. 현은 흔히 가물가물하다로 해석되는데 그건 경계와 구분이 모호해져 희미해졌다는 의미이다. 수평선도 그 중 하나이다. 수평선을 바라보면 하늘과 바다의 경계가 모호해 어디가 하늘이고, 어디가 땅인지 그만 헷갈린다. 그래서 현은 그윽하다는 의미로까지 확장될 수 있다. 그리고 덕(德)은 더 말할 나위 없이 노장사상을 대표하는 개념에 해당한다. 『도덕경』에서 도와 덕이 늘 함께 하는 게 그 단적인 예다.

그러면 현덕의 상태에 있는 사람은 어떤 사람인가? 바로 성인이다. 그래서 우리는 성인을 통해 현덕의 내용을 알 수 있다. 이와 관련해서 노자는 성인의 모습에 대해 여기서 다음과 같이 설명한다. "만물을 낳고 기르는데 만물이 생겨나도 이를 소유하지 않고, 만물을 보살펴도 거기에 의지하지 않고, 만물을 자라나게 해도 이를 주관하지 않는다(生之畜之 生而不有 爲而不恃 長而不宰)."가 그것이다. 이와 같은 내용은 2장에서 이미 언급된 바 있다. "만물을 자라나게 해도 이를 드러내어 말하지 않고, 만물을 낳아도 이를 소유하지 않고, 만물을 가꾸어도 거기에 의지하지 않고, 공을 이루어도 공에 머물지 않는다."[28]가 그것이다. 이처럼 현

---

28) 萬物作焉而不辭 生而不有 爲而不恃 功成而不居. (『도덕경』 2장」)

덕은 공(功)을 드러내지 않는 성인을 통해 파악된다.

현덕(玄德)에 이르려면
6개 사항을 점검해야 한다

노자는 현덕에 이르기 위해 점검해야할 사항들에 대해 열거한다. 흥미로운 사실은 점검해야 할 사항이 모두 여섯 개인데 이것들이 여기서 총망라되면서 동시에 체계적으로 구성되었다는 점이다. 여섯 개의 점검사항을 구체적으로 열거하면 다음과 같다. 첫째 죽어서도 혼백(營魄)을 실었는지 여부, 둘째 기(氣)의 순수함 여부, 셋째 마음(玄覽)의 깨끗함 여부, 넷째 백성에 대한 사랑(愛)과 자연스런 다스림(治)의 여부, 다섯째 암컷의 성질을 위한 오관(天門)의 사용 여부, 여섯째 명백히 깨닫는지(明白) 여부이다. 이것들을 제대로 하느냐에 따라 현덕을 갖출 수 있는지 여부가 결정된다. 마치 국어, 영어, 수학이 있는 것처럼 현덕에 이르기 위해선 이런 사항들을 반드시 이수해야 한다.

첫째로 혼(營)과 백(魄)을 실어서 하나로 껴안아 이것들이 분리되지 않도록 할 수 있는지 여부에 대해 알아보자. 우리가 살아있을 때는 몸과 정신이 하나로 붙어 있다는 것을 쉽게 확인할 수 있다. 그런데 죽으면 몸은 백이 되고 정신은 혼이 된다고 하는데 이는 우리가 확인할 수 없는 수준이다. 그럼에도 불구하고 노자는 죽어서 혼과 백이 분리되지 않고 하나로 있는지를 통해 성인인지 여부가 결정된다고 말한다. 이럼으로써 성인은 현덕을 '정신'에 지닌다. 물론 성인이 죽어서 혼과 백이 서로 분리되지 않는다 해도 이런 점은 오늘을 살아가는 우리들에게 잘 이해되지 않는다. 그러니 노자의 말을 그대로 믿을 수밖에 없지 않은가.

둘째로 기(氣)를 순수하게 해서 몸이 부드러움에 이르러 갓난아이처럼 될 수 있는지 여부에 대해 알아보자. 노자는 지극한 덕에 이른 모습을 곧잘 갓난아이에 비유한다. 노자는 어째서 갓난아이에 비유할까? 갓난아이는 기를 순수하게 해 몸이 최대한 부드러움에 이르기 때문이다. 노자는 강함보다 부드러움을 늘 강조한다. 그래서 "사람이 살아 있으면 부드럽지만 죽으면 뻣뻣해진다. 만물 초목도 살아 있으면 유연하지만 죽으면 딱딱해진다. 그러므로 뻣뻣한 건 죽은 무리이고, 부드러운 건 산 무리이다."[29]라고 말한다. 성인도 이처럼 기를 순수하게 해서 몸의 부드러움이 갓난아이처럼 될 수 있다. 이럼으로써 성인은 현덕을 '몸'에 지닌다.

셋째로 마음(玄覽)을 깨끗이 닦아서 마음의 병(疵)을 없앨 수 있는지 여부에 대해 알아보자. 여기서 현람(玄覽)의 람(覽) 해석과 관련해 문제가 많다. '覽'은 '두루 본다'는 의미인데 그러면 여기서 마음의 의미를 찾기 힘들다. 그런데 『도덕경』 원문의 람(覽)을 감(鑑)으로 바꾸면 '鑑'이 곧 거울에 해당하므로 여기서 마음의 의미가 찾아진다. 그러면 마음의 의미를 담기 위해선 부득이 '覽'을 '鑑'으로 대체할 수밖에 없다. 또 자(疵)를 '흠'으로 해석하는 데도 문제가 많다. 람(覽)을 쫓아 거울로 번역하면 '疵'를 흠으로 해석한다 해도 상관이 없다. 그렇지만 감(鑑)을 쫓아 마음으로 이해하면 '마음의 흠을 없애다'로 해석되므로 해석상 뭔가 어색하다. 그래서 필자는 참고한 자전의 용례에 따라 '疵'를 '병'으로 해석하고자 한다. 그래서 이 문장을 '성인은 마음을 깨끗이 닦아서 마음의 병을 없애다'라고 해석하려고 한다. 이럼으로써 성인은 '마음'에 현덕을 지닌다.

---

29) 人之生也柔弱 其死也堅强. 萬物草木之生也柔脆 其死也枯槁. 故堅强者死之徒 柔弱者生之徒. (『도덕경』 76장)

넷째로 백성을 사랑하고 나라를 다스리는 데 앎을 없앨(無知) 수 있는지 여부에 대해 알아보자. 노장사상은 유가와 달리 앎(知)에 대해 매우 부정적인 태도를 지닌다. 공자는 '배우고 이를 늘 반복해 익히니까 즐겁지 아니한가'라고 하면서 『논어』를 시작한다. 배움을 강조하는 공자의 이런 주장은 당시로선 매우 파격적이다. 춘추(春秋)시대 이전만 해도 우주자연의 원리와 세상의 이치는 '인위적으로' 배우는 게 아니라 '자연스럽게' 깨닫는 일에 속한다. 그래서 노자는 "학문을 끊으면 근심이 없다."[30]라고 주장한다. 장자도 "세상사람들이 말하는 지극한 앎은 큰 도둑을 위해서 재물을 모아주는 게 아닌가."[31], 또 "총명함을 끊고 앎을 버리면 천하가 크게 잘 다스려진다."[32], 심지어 "군주가 읽는 책은 옛사람의 찌꺼기."[33]라고 말한다. 이런 맥락에서 보면 노자는 백성을 사랑하고 나라를 다스리는 데 굳이 앎을 필요로 하지 않는다. 이럼으로써 성인은 현덕을 자신의 '생각'에 지닌다.

다섯째로 오관(天門)을 열고 닫는 데 암컷(雌)의 성질을 위할 수 있는지 여부에 대해 알아보자. 여기서도 해석상에 두 가지 어려움에 봉착한다. 이 어려움은 천문(天門)과 암컷(雌)을 어떻게 해석해야 하는지와 관련이 있다. 대부분은 천문을 하늘의 문으로 직역하고 만다. 그런데 이렇게 해석하면 하늘의 문의 의미가 매우 추상적이 되어 무슨 뜻인지 확실치가 않다. 한편 천문을 외부와 접촉하면서 세상과 관계를 맺는 감각기관쯤으로 해석하면 의미가 보다 구체적으로 드러난다. 그래서 '天門'을 감각기관으로 해석하고자 한다. 이런 식의 해석은 『장자』에서도 마찬가

---

30) 絶學無憂. (『도덕경』 20장)

31) 世俗之所謂至知者, 有不爲大盜積者乎. (『장자』 외편 「거협」)

32) 絶聖棄知而天下大治. (『장자』 외편 「재유」)

33) 然則君之所讀者, 故人之糟魄已夫! (『장자』 외편 「천도」)

지이다. 『장자』에 "마음을 바로 잡지 않으면 세상과 통하는 감각기관(天門)이 열리지 않는다."[34)라는 글이 있다. 여기서 '천문'은 '세상과 통하는 감각기관'으로 해석되므로 여기서도 이를 따르는 게 타당하다.

여기서 위자(爲雌)는 필자가 인용한 『도덕경』 판본에 따르면 무자(無雌)로 되어 있다. '無雌'는 『도덕경』이 후대에 전해지면서 생겨난 잘못된 기록으로 보인다. 만약 '無雌'로 파악하면 '암컷을 없앤다'로 해석되는데 이는 노자의 기본 입장과 배치된다. 노자는 수컷보다 암컷을 늘 앞세우지 않았던가. 따라서 '암컷을 없앤다'가 아니라 '암컷을 위해서'가 되어야 마땅하다. 그러니 무(無)는 당연히 위(爲)로 바뀌어져야 한다. 아마도 글의 앞뒤로 無離, 無疵, 無知, 無爲로 '無'의 개념이 계속 이어지다보니까 후대에 전해지는 과정에서 '爲雌'를 '無雌'로 착각했다고 보인다.

참고로 『왕필본』에는 '無'이지만 『백서을본』에는 '爲'이다. 또 『백서갑본』은 이 부분이 유실되어 확인할 수 없다. 박세당에 따르면 『도덕진경구의(道德眞經口義)』나 『노자품절(老子品節)』 이외에는 모두 '爲'로 쓰여 있다고 한다. 하여간 오관을 사용하는데 암컷을 위하는 건 돋보기를 들여다보면서 사물을 꼼꼼히 파악하는 게 아니라 대충대충 파악한다는 뜻이다. 즉 드러나는 황(黃)이 아니라 그윽한 현(玄)으로 사물을 이해한다는 의미이다. 이럼으로써 성인은 현덕을 자신의 '오관'에 지닌다.

마지막으로 명백히 깨달아 사방으로 막힘이 없도록 하는 데 하고자 함이 없도록(無爲) 할 수 있는지 여부에 대해 알아보자. 이런 생각은 비

---

34) 其心以爲不然者, 天門不開矣. (『장자』 외편 「천운」)

단 노자만의 생각이 아니다. 유가도 성인이 되려면 명백히 깨달아야 한다는 걸 강조한다. 물론 노자와 유가가 똑같은 주장을 펼친다 해도 깨달음의 상태에 이르는 방법에선 분명 차이가 있다. 유가는 하고자 함이 있는 유위(有爲)를 강조하는 반면 노자는 하고자 함이 없는 무위(無爲)를 옹호한다. 흔히들 '무위'를 가리켜 '하지 않는' 것쯤으로 해석하는데 이는 잘못된 해석이다. '무위'란 하지 않는 게 아니라 '하되 하고자 함이 없는' 것이다. 그러니 명백히 깨달아야 하지만 이것이 무위로 이루어지는 게 무엇보다 중요하다. 이럼으로써 성인은 현덕을 자신의 '깨달음'에 지닌다.

무위자연에 따른 성인의 그윽한 덕(玄德)

11장

서른 개 바퀴살이 하나의 곡(轂)에 모이는데

그 곳이 비어 있어 수레로서 쓰임이 있다.

찰흙을 빚어서 그릇을 만드는데

그곳이 비어 있어 그릇으로서 쓰임이 있다.

문과 창문을 뚫어서 방을 만드는데

그곳이 비어 있어 방으로서 쓰임이 있다.

그러므로 유로 이로움(爲利)이 되고, 무로 쓰임(爲用)이 된다.

三十輻共一轂 當其無., 有車之用.

埏埴以爲器 當其無., 有器之用.

鑿戶牖以爲室 當其無., 有室之用.

故有之以爲利., 無之以爲用.

輻(바퀴살통 폭, 바퀴살) 共(향할 공, 향하다 → 모이다) 轂(한데모아통괄할 곡) 當(그 당, 어조를
고르는 역할) 車(수레 거) 埏(흙이길 선, 빚다) 埴(찰흙 식) 鑿(구멍뚫을 착) 戶牖[문과 창문.
戶(지게 호) 牖(창 유)] 室(집 실, 방) 利(이로울 리) 用(쓸 용)

서른 개(三十) 바퀴살(輻)이 하나(一)의 곡(轂)에 모이는데(共)

(그 곳이) 비어 있어(無) 수레(車)로서 쓰임(用)이 있다(有).

찰흙(埴)을 빚어서(埏) 그릇을(以~器) 만드는데(爲)

(그곳이) 비어 있어(無) (그릇으로서) 쓰임(用)이 있다(有).

문(戶)과 창문(牖)을 뚫어서(鑿) 방을(以~室) 만드는데(爲)

(그곳이) 비어 있어(無) (방으로서) 쓰임(用)이 있다(有).

고로 유로(有~以) 이로움이 되고(爲~利), 무로(無~以) 쓰임이 된다(爲~用).

유(有)로 이로움(利)이 되고
무(無)로 쓰임(用)이 된다

—

이 글의 주제는 '유(有)로 이로움이 되고 무(無)로 쓰임이 된다.'이다. 무슨 말인지 언뜻 이해가 되지 않는다. 그렇지만 이 장의 맨앞에 제시된 글에서 우리는 해석의 실마리를 찾을 수 있다. 노자는 11장을 시작하면서 수레바퀴의 쓰임과 그릇의 쓰임 그리고 방의 쓰임에 대해서 각각 말한다. 먼저 수레바퀴의 쓰임(用)은 곡(轂)이 비어있어 가능하다. 이것이 무(無), 즉 비어있는 공간으로서 쓰임새이다. 그렇더라도 곡이 비어있기만 하면 그 쓰임이 제대로 이루어지지 못한다. 빈 공간에 무언가 채워져야 이로움(利)이 생겨날 수 있다. 그래서 비어 있는 곡에 서른 개 바퀴살이 모여들어서 빈 공간을 채울 때 이로움이 비로소 만들어진다. 이를 두고 노자는 유(有), 즉 채워진 공간의 이로움이라고 말한다.

그릇과 방의 경우도 이런 식의 설명이 가능하다. 그릇의 쓰임도 그릇 안이 텅 비어있어 가능하다. 이것이 비어있는(無) 공간으로서 쓰임새이다. 그렇지만 비어있기만 하면 그 쓰임이 제대로 이루어지지 못한다. 찰흙을 빚어서 만든 그릇에 음식이 담겨져야 비로소 쓰임이 생겨날 수 있다. 그래서 빈 공간이라도 무언가 채워져야(有) 그릇의 이로움이 만들어진다. 마찬가지로 방의 쓰임도 텅 비어있어 가능하다. 이것이 비어있는 (無) 공간으로서 쓰임새이다. 그렇지만 비어있기만 하면 그 쓰임이 제대로 이루어지지 못한다. 문과 창문을 뚫어서 만든 방에 사람이 거주해야 쓰임이 비로소 생겨난다. 이것이 빈 공간이라도 채워져야(有) 생겨나는 방의 이로움이다.

이제서야 유(有)로 이로움(利)이 되고, 무(無)로 쓰임(用)이 된다는 말의 의미가 보다 분명해진다. 즉 무로 쓰임이 되는 건 공간이 비어져야 그 쓰임새가 만들어지고, 유로 이로움이 되는 건 비어진 공간에 무언가 채워져야 그 이로움이 생겨난다는 말이다. 따라서 무와 유, 즉 비움과 채움이 함께 이루어져야 공간을 제대로 활용할 수 있다. 이는 장자가 강조하는 무용지용(無用之用)과 장자가 소홀히 여기는 유용지용(有用之用)을 모두 수용하는 주장에 해당한다. 무용지용이란 '쓸모없음의 쓸모'이다. 이는 노자가 말하는 '무로 쓰임이 되는 것'과 같은 의미인데 장자가 환영하는 쓸모이다. 이에 반해 유용지용은 '쓸모있음의 쓸모'이다. 이는 노자가 말하는 '유로 쓰임이 되는 것'과 같은 의미인데 장자가 기피하는 쓸모이다.

장자는 내편 첫 편인 「소요유(逍遙遊)」를 마감하면서 무용지용에 대해 다음과 같이 말한다.

"지금 자네는 그 큰 나무를 놓고서 쓸모없다고 걱정하는데 어째서 그 나무를 무하유의 마을(無何有之鄕), 즉 아무 것도 없어 정신을 수고롭게 할 일이 없는 마을이나 한없이 넓어 끝이 없는 들판(廣莫之野)에 심어놓고 하고자 함이 없는 무위(無爲)의 마음으로 나무 곁을 방황(彷徨), 즉 하릴 없이 돌아다니거나 나무 밑에 엎드려 자면서 소요(逍遙), 즉 유유자적하면서 거니는 게 어떠한가. 그러면 도끼에 일찍 베어질 리 없고, 누가 해치는 일도 없으니 쓸모있는 바가 없는 게 어찌 힘든 걱정거리가 되겠는가!"[35]

---

35) 今子有大樹, 患其無用, 何不樹之於無何有之鄕, 廣莫之野, 彷徨乎無爲其側, 逍遙乎寢臥其下. 不夭斤斧, 物無害者, 無所可用, 安所困苦哉! (『장자』 내편 「소요유」)

장자는 무위(無爲), 즉 하고자 함이 없는 마음으로 나무 주위를 하릴없이 돌아다니거나(彷徨) 유유자적하면서 거닐기(逍遙) 위해서 나무의 '쓸모없음의 쓸모'를 강조한다. 반면 보통사람들이 생각하는 나무의 쓸모는 재목감으로서 쓸모이다. 이것이 유용지용(有用之用), 즉 '쓸모있음의 쓸모'이다. 우리는 쓸모있음의 쓸모에 대해선 익숙하다. 노자가 말하는 '유로 이로움이 되는 건' 장자에게 '쓸모있음의 쓸모'에 해당한다. 그래서 노자는 장자와 다르게 무용지용뿐 아니라 유용지용까지 포용한다.

유(有)로 이로움(利)이 되고

무(無)로 쓰임(用)이 된다

12장

오색(五色), 즉 온갖 색은 사람의 눈을 멀게 하고,

오음(五音), 즉 온갖 소리는 사람의 귀를 멀게 하고,

오미(五味), 즉 온갖 맛은 사람의 입을 마비시킨다.

말 타고 빨리 달리면서 사냥하는 건 사람의 마음을 발광케 하고,

얻기 어려운 재화는 사람의 행실을 그르친다.

이 때문에 성인은 배를 채울 뿐 눈요기에 힘쓰지 않는다.

그러므로 저것(감관활동)을 버리고, 이것(생명활동)을 취한다.

五色令人目盲.,

五音令人耳聾.,

五味令人口爽.,

馳騁田獵令人心發狂.,

難得之貨令人行妨.

是以聖人爲腹不爲目.

故去彼取此.

令(하여금 령, ~로 하여금 ~하게 하다) 目(눈 목) 盲(눈멀 맹) 耳(귀 이) 聾(귀먹을 롱) 口爽
[맛의 감각을 상실하다 → 맛을 마비시키다. 口(입 구) 爽(망가질 상)] 馳騁[말을 몰아
빨리 달림. 馳(달릴 치) 騁(달릴 빙)] 田獵[사냥. 田(사냥 전) 獵(사냥할 렵)] 心(마음 심)
發狂[미친 증세가 나타남. 發(나타낼 발) 狂(미칠 광)] 行(행실 행, 행위) 妨(해칠 방) 去(버
릴 거) 彼(저 피) 取(거두어들일 취) 此(이 차)

오색(五色), 즉 온갖 색은 사람(令人)의 눈(目)을 멀게(盲) 하고,
오음(五音), 즉 온갖 소리는 사람(令人)의 귀(耳)를 멀게(聾) 하고,
오미(五味), 즉 온갖 맛은 사람(令人)의 입(口)을 마비시킨다(爽).
말 타고 빨리 달리면서 사냥하는(馳騁田獵) 건
사람(令人)의 마음(心)을 발광케(發狂) 하고,
얻기(得) 어려운(難) 재화(貨)는 사람(令人)의 행실(行)을 그르친다(妨).
이 때문에(是以) 성인(聖人)은 배를 채울(爲腹) 뿐
눈요기(爲目)에 힘쓰지 않는다(不).
그러므로(故) 저것(彼)을 버리고(去), 이것(此)을 취한다(取).

성인은 감각활동을 버리고
생명활동을 취한다

—

이 글은 성인(聖人)이 인도(人道)를 어떻게 실천하는 지와 관련한 내용이다. 노자는 이 글에서 저것을 버리고 이것을 취하는 게 성인의 인도라고 결론을 짓는다. 따라서 '버리는 이것'과 '취하는 저것'이 무엇인지가 이 글을 이해하는 데 핵심 사항이다. 물론 '버리는 이것'과 '취하는 저것'에 대한 해석은 해석자마다 서로 다르다. 그런데 필자가 볼 때 이장을 마무리하는 문장, 즉 "성인은 배를 채울 뿐 눈요기에 힘쓰지 않는다."라는 데서 해석의 실마리가 찾아진다고 본다. 이 글에 따르면 '버리는 저것'은 눈요기이고, '취하는 이것'은 배를 채우는 일이다. 따라서 눈요기는 감각과 관련되고, 배를 채우는 것은 생명과 관련된다. 이를 보다 체계적으로 파악하면 저것은 감각활동이고, 이것은 생명활동이다.

노자는 어째서 성인은 감관활동을 버리고 생명활동을 취한다고 주장할까? 노자에 따르면 감관활동이 지나치면 타고난 본성을 잃어 망가질 수 있어서이다. 예를 들어 오색(五色), 즉 청(靑), 황(黃), 적(赤), 백(白), 흑(黑)의 온갖 색을 다 밝히면 사람의 눈은 멀게 된다. 여기서 오색을 다섯 가지 색으로 직역하는 경우가 많은데 이는 타당하지 않다. 어째서 타당하지 않은지를 이해하려면 동아시아인의 사고를 오랫동안 지배해 왔던 오행설(五行說)을 한번 살펴볼 필요가 있다. 동아시아인은 천지만물을 다섯 가지로 구분하는 데 익숙하다. 날짜는 목, 화, 토, 금, 수의 오행(五行), 방향은 동, 서, 남, 북과 중앙의 오방(五方), 몸은 간, 폐, 심장, 비장, 신장의 오장(五臟) 등이 그러하다.

이처럼 다섯 가지로 구분하는 건 자연의 본성을 가능한 적게 허물면서 동시에 대상을 가능한 효과적으로 구분하기 위해서이다. 서양의 경우처럼 색깔을 가능한 많이 구분해서 빨간색, 분홍색, 주홍색, 보라색까지 일일이 구별하면 대상의 모습이 보다 명료해지고 구체적이 된다. 그렇지만 이 경우 자연의 본성은 필연적으로 깨지고 만다. 따라서 오행은 자연의 본성을 최대한 유지하면서 대상에 대한 효과적인 구분을 동시에 고려한 최적의 선택이다. 그런데도 노자는 다섯 가지 색을 모두 밝히는 데 대해 매우 꺼려 한다. 이는 오로지 자연의 본성이 깨질까봐 걱정한 탓이다. 만약 누군가가 다섯으로 구분된 색을 모두 밝히는 경우 자연의 본성을 깨뜨려 자신의 눈이 결국 멀게 된다. 이에 따라 오색은 온갖 색을 넘어서 도에 넘치는 화려한 색이란 의미로까지 확장되어야 한다.

색깔뿐만 아니다. 소리도 마찬가지이다. 그래서 오음(五音), 즉 궁(宮), 상(商), 각(角), 치(徵), 우(羽)의 소리를 모두 밝히면 사람의 귀도 멀게 된다. 여기서도 온갖 소리란 도에 넘치는 요란한 소리를 뜻한다. 이 소리는 자연의 소리와 가장 멀어진 상태의 소리이다. 맛도 마찬가지이다. 오미(五味), 즉 신(辛, 매운맛), 산(酸, 신맛), 함(鹹, 짠맛), 고(苦, 쓴맛) 감(甘, 단맛)의 온갖 맛이 섞인 음식은 사람의 입을 마비시킨다. 여기서도 온갖 맛이란 유위적으로 만들어낸 강한 맛으로 자연의 맛과 가장 멀어진 상태의 맛이다.

장자도 노자와 똑같은 견해를 지닌다. 장자에 따르면 타고난 본성을 잃는 데는 다섯 가지가 있는데 그것이 오색(五色), 오성(五聲), 오취(五臭), 오미(五味) 그리고 취사(趣舍)이다. "첫째로 말하길 오색은 눈을 어지럽혀 눈을 밝게 하지 못해서이다. 둘째로 말하길 오성이 귀를 어지럽혀 귀를 밝게 하지 못해서이다. 셋째로 말하길 오취가 코를 길들여 냄새를 맡지 못하게 하고 머리를 무겁게 해서이다. 넷째로 말하길 오미가 입을 탁하게 해 맛을 잃게 해서이다. 다섯째로 말하길 취사, 즉 좋은 건 취하고 싫은 건 버려 타고난 본성을 일탈케 해서이다."[36] 장자는 여기에 냄새를 추가해 노자와 약간의 차이를 보이지만 기본 입장은 서로가 같다.

그런데 노자는 장자와 달리 심관작용에 대해 보다 구체적으로 언급한다. 장자는 좋은 건 취하고 싫은 건 버리는 취사를 심관작용의 예로 막연히 제시한다. 반면 노자는 "말을 몰고 빨리 달리면서 사냥하는 건 사람의 마음을 발광케 하고, 얻기 어려운 재화(貨)는 사람의 행실을 그르친다."라는 식으로 구체적인 예까지 제시한다. 먼저 말을 몰고 빨리 달리면서 사냥하는 일이란 어떤 것일까? 오늘날로 치면 멋진 스포츠카를 몰고 애인과 함께 고속도로를 맘껏 질주하는 행동이 아닐까. 그러니 이런 식의 행동이 사람의 마음을 발광케 하는 건 충분히 이해할만 하다.

또 얻기 어려운 재화는 귀한 보석이나 황금 등을 말한다. 사실 귀한 보석이나 황금은 화(貨)일 뿐 재(財)가 아니다. '재'는 기본적으로 실물가치에 입각해 있지만 '화'는 실물가치보다는 상징가치에 의해 보다 더 좌우된다. 실물가치는 자본, 노동, 토지(원료)의 투입에 따라 적정가치가 결정되는 반면 상징가치는 사람들이 오로지 소중하다고 여기는 데서 생겨난다. 따라서 황금을 돌로 여기는 사람에게는 상징가치가 도저히 생겨날 수 없다. 만약 세상사람들이 이런 식으로 상징가치를 거부하면 인간의 탐욕도 이와 비례해 크게 줄어들 것이다.

참고로 '재'의 실물가치와 '화'의 상징가치는 한자에서도 잘 나타난다. 두 글자에는 '조개 패(貝)'가 공통적으로 포함된다. 그런데 '貝'는 옛

---

36) 且夫失性有五., 一曰五色亂目, 使目不明., 二曰五聲亂耳, 使耳不聰., 三曰五臭薰鼻,
困憋中顙., 四曰五味濁口, 使口厲爽., 五曰趣舍滑心, 使性飛揚. (『장자』 외편 「천지」)

날에 매우 소중히 여겼던 물건이다. 한족(漢族)문화가 바다로부터 멀리 떨어진 내륙에서부터 시작해서이다. 여기서 '財'의 글자는 재(才)가 포함되어 실물을 의미한다면 '貨'의 글자에는 화(化)가 포함되어 실물에 준할 뿐 실물이 될 수 없음을 의미한다. 따라서 노자가 유독 '화'만 지목해 사람의 행실을 그르친다고 말한 점에 대해서 크게 주목할 필요가 있다. '財'는 열심히 일한 결과물인 반면 '貨'는 오로지 인간의 탐욕이 빚어낸 결과물이어서이다. 그래서 노자는 인간의 욕심이 빚어낸 '貨'만 문제를 삼는다.

노자에 따르면 오색(五色), 오음(五音), 오미(五味), 치빙전렵(馳騁田獵), 난득지화(難得之貨)의 다섯 가지는 모두 생명(生)을 해치는 주범이다. 따라서 성인은 이 다섯 가지를 버려야 한다. 여기서 오색, 오음, 오미를 밝히는 일이 감관작용이라면 치빙전렵과 난득지화는 의미작용, 즉 심관작용과 관련이 있다. 그러니 다섯 가지 행동은 결국 감관활동 및 심관활동을 의미한다. 참고로 인간커뮤니케이션은 감관 및 심관이 함께 작용해서 이루어진다. 왜냐하면 감관을 통해서 외부 대상을 수용하고, 또 수용된 대상을 의미작용, 즉 심관작용을 통해서 특정한 의미를 만들어내기 때문이다. 하여간 성인이 기피해야 하는 건 오색, 오음, 오미와 같은 일종의 과잉기표로 이루어지는 커뮤니케이션이다.

과잉기표란 지나치게 과도한 표현을 뜻한다. 우리가 커뮤니케이션을 할 때 과잉기표를 사용하면 음식물에 인공감미료를 섞는 효과를 기대할 수 있다. 그 결과 커뮤니케이션은 맛깔나게 마련이다. 이것이 오색, 오음, 오미를 모두 밝힐 때 생겨나는 효과이기도 하다. 그렇지만 음식물에 인공감미료를 너무 많이 섞으면 우리 몸이 상하듯이 커뮤니케이션을 하는 데 오색, 오음, 오미를 너무 밝히면 우리 마음이 상할 수 있다. 반면 성인은 커뮤니케이션을 하는데 마음까지 상하는 법이 없다. 이것이 성인에게 가능한 건 오색, 오음, 오미와 같은 과잉기표를 밝히지 않아서이다.

반면 '취하는 이것'은 생명활동이다. 생명활동은 기본적으로 잘 먹고 잘 사는 일이다. 그러니 복잡하게 생각하고 따지는 일이 아니다. 이런 복잡한 일은 오히려 커뮤니케이션이 수행하는 셈이다. 사실 커뮤니케이션은 우리의 배를 배불리 하는 데 어떤 기여도 하지 못한다. 오히려 우리의 관념만 키워서 마음만 복잡하게 만든다. 그런데 마음이 복잡하면 온갖 욕망이 여기서 생겨난다. 명예욕, 지배욕, 재물욕 등은 이렇게 해서 생겨나는 게 아닌가. 그렇지만 개인 차원에서 잘 먹고 잘 살려면 무엇보다 몸을 튼튼히 해야 한다. 그래야 생산활동도 활발히 이룰 수 있다. 노자가 배를 튼튼히 한다는 건 바로 이런 의미이다.

성인은 감각활동을 버리고
생명활동을 취한다

13장

(사람들이) 총애(寵)를 받거나 모욕(辱)을 당하면

마치 놀라서 허둥거리고,

큰 환난(大患)을 만나면 마치 제 몸처럼 귀하게 여긴다.

총애를 받거나 모욕을 당하면 어째서 마치 놀라서 허둥거릴까?

총애는 (언젠가는) 낮은 데로 떨어진다.

(그래서) 총애를 받아도 마치 놀라서 허둥거리고,

총애를 잃어도 마치 놀라서 허둥거린다.

이것이 총애를 받거나 모욕을 당하면

마치 놀라서 허둥거린다는 말이다.

(사람들이) 큰 환난을 만나면 어째서 마치 제 몸처럼 귀하게 여길까?

내게 큰 환난이 있는 까닭은 내가 (귀한) 몸을 지녀서이다.

내가 (귀한) 몸을 지니지 않는데 내게 어째서 큰 환난이 있겠는가?

그래서 몸을 천하로 삼아서 귀하게(貴) 여겨야

그대에게 천하를 맡길 수 있다.

(또) 몸을 천하로 삼아서 소중히(愛) 여겨야

그대에게 천하를 맡길 수 있다.

寵辱若驚., 貴大患若[1]身.

何謂寵辱若驚?

寵爲下., 得之若驚, 失之若驚.

是謂寵辱若驚.

何謂貴大患若身?

吾所以有大患者 爲吾有身.

及吾無身 吾有何患.

故貴以身爲天下 若[2]可寄天下.,

愛以身爲天下 若可託天下.

寵(괼 총, 특별히 귀엽게 사랑을 받다 → 총애를 받다) 辱(욕될 욕, 모욕을 당하다) 若[1](같을 약, 마치 ~듯하다) 驚(놀랄 경, 놀라서 허둥거리다) 大患[큰 재앙. 큰 환난. 患(근심 환, 걱정)] 有身[내 몸이 있음. 身(몸 신)] 貴(귀히여길 귀) 爲(될 위) 下(내릴 하, 높은 곳에서 낮은 곳으로 떨어지다) 寄(맡길 기) 愛(사랑할 애, 소중히 여기다) 若[2](너 약)

총애(寵)를 받거나 모욕(辱)을 당하면 마치(若) 놀라서 허둥거리고(驚),

큰 환난(大患)을 만나면 마치(若) 제 몸(身)처럼 귀하게(貴) 여긴다.

총애(寵)를 받거나 모욕(辱)을 당하면

어째서(何) 마치(若) 놀라서 허둥거릴까(驚)?

총애(寵)는 (언젠가는) 낮은 데로(爲~下) 떨어진다.

(그래서) 총애를 받아도(得) 마치(若) 놀라서 허둥거리고(驚),

총애를 잃어도(失) 마치(若) 놀라서 허둥거린다(驚).

이것(是)이 총애(寵)를 받거나 모욕(辱)을 당하면

마치(若) 놀라서 허둥거린다는(驚) 말이다.

(사람이) 큰 환난(大患)을 만나면

어째서(何) 마치(若) 제 몸(身)처럼 귀하게(貴) 여길까?

내(吾)게 큰 환난(大患)이 있는(有) 까닭(所以)은

내가(吾) (귀한) 몸(身)을 지녀서이다(有).

내(吾)가 (귀한) 몸(身)을 지니지 않는데(無)

내(吾)게 어째서(何) (큰) 환난(患)이 있겠는가(有)?

그래서(故) 몸을(以~身) 천하(天下)로 삼아서(爲) 귀하게(貴) 여겨야

그대(若)에게 천하(天下)를 맡길 수(可~寄) 있다.

몸을(以~身) 천하(天下)로 삼아서(爲) 소중히(愛) 여겨야

그대에게 천하를 맡길 수(可~託) 있다.

몸을 천하로 삼아서 소중히 여겨야
그대에게 천하를 맡길 수 있다

—

이 글은 표면상으로는 서로 다른 내용이 함께 하는 것처럼 보인다. 하나는 총애(寵)를 받거나 모욕(辱)을 당하면 마치 놀라서 허둥거린다는 전반부의 내용이고, 다른 하나는 큰 환난(大患)을 만나면 내 몸처럼 귀하게 여긴다는 후반부의 내용이다. 즉 전반부에선 총애와 모욕에 대해서 놀라 허둥거린다는 내용을 다루고, 후반부에선 큰 환난에 대해서 귀하게 여긴다는 내용을 다룬다. 그러니 전반부와 후반부가 내용상으로 연결이 잘 되지 않는다. 따라서 전반부와 후반부 내용을 어떻게든 연결시켜야 하는 게 이 장을 해석하는 데 중요한 관건이다.

먼저 총애(寵)를 받거나 모욕(辱)을 당하면 사람들이 마치 놀라서 허둥거린다는 전반부의 내용에 대해 살펴보자. 이 내용은 좀체로 잘 이해되지 않는다. 누군가가 높은 사람으로부터 총애를 받으면 당연히 기뻐하게 마련이다. 또 누군가가 높은 사람으로부터 모욕을 당하면 당연히 수치스러워하게 마련이다. 그런데도 총애와 모욕에 대해서 기뻐하거나 수치스러워하지 않고 오히려 놀라서 허둥거린다니까 도무지 이해가 되지 않는다. 그러니 총애를 받거나 모욕을 당하면 놀라서 허둥거린다는 전반부의 내용에 대해 좀 더 알아보자.

보통사람들은 명리(名利), 즉 명성과 이해에 대해 매우 민감하게 반응한다. 그래서 사람들은 명리를 잃거나 얻는 데 지나칠 정도로 마음을 쏟는다. 그래서 높은 사람으로부터 총애를 받으면 마치 명리가 보장되는 것 같아 몸이 저절로 으쓱해진다. 반면 모욕을 당하면 마치 명리를 잃는 것 같아 몸이 저절로 움츠려든다. 그런데도 노자는 사람들이 총애를 받거나 모욕을 당하면 이와 상관없이 똑같이 놀라서 허둥거린다고 말한다.

물론 모욕을 당하면 명리를 잃을 수 있다는 생각이 들어 보통사람들은 놀라서 허둥거리게 마련이다. 그렇지만 총애를 받는데도 모욕을 당한 것처럼 똑같이 놀라서 허둥거리는 건 어째서일까? 누군가 총애를 받으면 분명 높은 자리에 오를 수 있지만 언젠가는 높은 자리에서 낮은 자리로 떨어지게 마련이다. 그러니 총애를 받아도 겉으로는 기뻐하지 말고 놀라서 허둥거리듯 처신해야 언젠가 닥치게 될 유쾌하지 않은 상황을 차분히 맞이할 수 있다. 이런 내용이라면 지극히 당연한 내용이므로 크게 새로울 게 없다. 그래서 노자다운 맛도 없다. 그런데도 노자가 이 내용을 앞에 둔 건 뒤이어 등장할 후반부의 내용을 강조하기 위해서라고 본다.

후반부의 내용, 즉 큰 환난(大患)을 만나면 내 몸처럼 귀하게 여긴다는 내용에선 노자다운 맛이 실제 느껴진다. 어째서일까? 사람들이 유쾌하지 않은 상황을 큰 환난이라고 다소 과장되게 받아들이면 나름 이유가 있을 터이다. 그것은 분명 자신의 몸을 소중하다고 여겨서가 아닐까? 만약에 자신의 몸을 소중히 여기지 않으면 실제로 큰 환난을 만나더라도 이를 큰 환난이라고 받아들이지 않을 것이다. 그 대신 총애를 받거나 모욕을 당할 때처럼 큰 환난에 대해서 놀라 허둥거릴 뿐이다. 그렇다면 총애와 모욕은 우리의 마음만 흔들 뿐 몸에는 상처를 내지 않는다. 반면 큰 환난은 우리의 몸에 직접 상처를 낸다. 실제로 큰 환난으로 죽어간 사람들이 그동안 얼마나 많았던가. 이 때문에 큰 환난을 만나면 사람들이 이를 두려워해 큰 환난을 내 몸처럼 귀하고 조심스럽게 다룬다.

여기까지는 인도(人道)에 관한 내용이다. 노자는 이런 인도에 기초해서 치도(治道)의 방향을 제시한다. 노자가 주장하는 치도는 '털 하나를 뽑아 온 천하가 이로워도 나는 그렇게 하지 않는다(拔一毛而利天下不爲).'라는 주장을 펴왔던 양주(楊朱)의 견해와 긴밀히 연결된다. 양주는 생명의 보존을 가장 중요시해 '본성을 온전히 하고 본성의 참됨을 보존해서 외물(外物)로 자신의 신체가 속박 되지 않아야 한다'는 점을 일관되게 강조해 왔다. 그 결과 외물을 가벼이 여기고 생명을 중시하는 '경물중생(輕物重生)'이라는 그의 생각이 극단적 개인주의로까지 오해받기도 했다. 그렇지만 양주는 이런 주장을 통해 자연의 순리대로 사는 것을 최우선시 했다는 점에서 노장사상과 긴밀히 연결된다.

이에 노자는 몸을 천하로 삼아 귀하게(貴) 여기는 사람에게 천하를 맡길 수 있다고 말한다. 천하를 제 몸처럼 귀하게 여기는 사람만이 늘 천하를 걱정하기 때문이다. 마찬가지로 몸을 천하로 삼아 소중히(愛) 여기는 사람에게 천하를 맡길 수 있다고 말한다. 천하를 제 몸처럼 소중히 여기는 사람만이 정말로 천하를 걱정하기 때문이다. 그렇다면 이와 반대되는 쪽에 있는 사람은 누구일까? 천하를 더 많이 차지하기 위해 영토 확장에만 골몰하는 군주가 아닐까. 이런 군주는 백성을 보살피는 데는 관심이 없다. 더 많은 영토를 확보하는 데만 혈안이 되어 백성을 전쟁터에 동원하는 데만 관심이 있다. 군주가 백성의 몸을 정말로 소중히 여긴다면 어째서 이런 생각을 할 수 있겠는가?

14장

(도를) 보려고 해도 보이지 않아 평평함(夷)이라고 말하고,

들으려고 해도 들리지 않아 고요함(希)이라고 말하고,

잡으려고 해도 잡히지 않아 은미함(微)이라고 말한다.

이 세 가지(夷, 希, 微)는 끝내 캐물을 수 없다.

그래서 (세 가지를) 합해 큰 하나(一)라고 여긴다.

(또 도의) 위라고 밝지 않고, (도의) 아래라고 어둡지 않다.

(게다가) 끊어지지 않고 끊임없이 지속되어 이름을 지을 수 없다.

(그리고) 모습이 없는(無物) 상태로 다시 돌아간다.

이를 일러 형상 없는 형상(無狀之狀)이라고 한다.

(이처럼) 모습 없는 형상(無物之象)을 홀황(恍惚),

즉 아련하고 어슴푸레하다고 말한다.

(그래서 도를) 맞이해도 앞모습이 보이지 않고,

따라가도 뒷모습이 보이지 않는다.

(이런) 옛날의 도를 잡고서 지금의 만물을 다스려야 한다.

(그런데 우리가) 옛날 도의 시초를 알 수 있다면

이를 도의 핵심(道紀)이라고 말한다.

視之不見名曰夷.,

聽之不聞名曰希.,

搏之不得名曰微.

此三者不可致詰., 故混而爲一.

其上不皦 其下不昧.

繩繩不可名.,

復歸於無物.

是謂無狀之狀.

無物之象 是謂惚恍.

迎之不見其首., 隨之不見其後.

執古之道, 以御今之有.

能知古始, 是謂道紀.

夷(평평할 이) 希(고요할 희) 搏(잡을 박) 得(얻을 득, 손에 넣다) 微(작을 미 → 은미함) 致(이를 치, 이르다 → 끝까지) 詰(힐문할 힐, 캐묻다) 混(합할 혼) 皦(밝을 교) 昧(어두울 매) 繩繩[끊어지지 아니하고 끊임없이 지속되는 모양. 繩(많을 민)] 復歸[다시 돌아감. 復(다시 부) 歸(되돌아갈 귀)] 無物[공의 경지. 즉 모습이 없는 경지] 無狀之狀[형상이 없으면서도 형상이 있음. 狀(형상 상)] 象(모양 상, 형상) 惚恍[분간할 수 없이 아련하고 어슴푸레한 모양. 恍(어슴푸레할 황) 惚(아련할 홍)] 迎(맞이할 영) 首(선두 수, 앞) 隨(따를 수) 執(집을 집) 御(다스릴 어) 紀(강령 기, 가장 중요한 부분 → 핵심)

(도를) 보려고(視) 해도 보이지(見) 않아(不) 평평함(夷)이라고 말하고(名曰),

들으려고(聽) 해도 들리지(聞) 않아(不) 고요함(希)이라고 말하고(名曰),

잡으려고(搏) 해도 잡히지(得) 않아(不) 은미함(微)이라고 말한다(名曰).

이(此) 세 가지(三者)는 끝내(致) 캐물을(詰) 수 없다(不可).

그래서(故) (세 가지를) 합해(混而) 큰 하나(一)라고 여긴다(爲).

(또 도의) 위(上)라고 밝지(皦) 않고(不), 아래(下)라고 어둡지(昧) 않다(不).

끊어지지 않고 끊임없이 지속되어(繩繩) 이름을 지을(名) 수 없다(不可).

(그리고) 모습이 없는 상태로(於~無物) 다시(復) 돌아간다(歸).

이(是)를 일러 형상 없는 형상(無狀之狀)이라고 말한다(謂).

(이처럼) 모습 없는 형상(無物之象)을 홀황(恍惚)이라고 말한다(謂).

(그래서 도를) 맞이해도(迎) 앞모습(首)이 보이지(見) 않고(不),

따라가도(隨) 뒷모습(後)이 보이지(見) 않는다(不).

(이런) 옛날(古)의 도(道)를 잡고서(執~以)

지금(今)의 만물(有)을 다스려야(御) 한다.

(그런데 우리가) 옛날(古) (도의) 시초(始)를 알 수(能~知) 있다면

이(是)를 도의 핵심(道紀)이라고 말한다(謂).

옛날 도의 시초가 도의 핵심(道紀)이다

—

이 글은 도(道)가 무엇인지에 대해서 본격적으로 논한다. 노자는 "도를 도라고 하면 늘 그러한 도가 아니다(道可道非常道)."라고 1장을 시작하면서 『도덕경』 첫머리를 도에 대한 정의로 장식한 바 있다. 1장의 이런 언급이 있은 후 처음으로 노자는 도가 무엇인지에 대해 14장에서 보다 구체적으로 다룬다. 여기서 노자는 도의 모습을 크게 두 부분으로 나누어서 설명한다. 하나는 도가 평평함, 고요함, 은미함이 합쳐져 큰 하나(一)라는 사실이고, 다른 하나는 도가 모습 없는 형상(無物之象)을 하고 있어 홀황(恍惚), 아련하고 어슴푸레하다는 사실이다. 그렇더라도 도의 핵심(道紀)은 지금의 도가 아니라 옛날의 도에 있으므로 노자는 이를 도의 시초라고 말한다.

도의 인식론적 모습: 큰 하나(一)

먼저 도의 첫 번째 모습에 대해서 알아보자. 노자에 따르면 "도를 보려고 해도 보이지 않아 평평함(夷)이라고 말하고, 들으려고 해도 들리지 않아 고요함(希)이라고 말하고, 잡으려고 해도 잡히지 않아 은미함(微)이라고 말한다." 그만큼 도는 너무나 평평해서 보이지 않고, 너무나 고요해서 들리지 않고, 너무나 은미해서 손에 잡히지 않는다. 그래서 도의 평평함, 고요함, 은미함은 사람들이 끝내 캐물을 수 없다. 이는 평평함, 고요함, 은미함으로 도가 표면에 드러나는 법이 없어서이다. 이에 노자는 평평함, 고요함, 미세함이 함께 합해진 모습을 큰 하나(一)라고 여긴다. 이 큰 하나가 노자가 말하는 도의 첫 번째 모습이다. 그런데 이 모습은 인식론적 차원에서 접근한 도의 특징이라고 말할 수 있다.

참고로 일부 해설서에선 미(微)를 무색(無色), 희(希)를 무성(無聲), 미(微)를 무형(無形)으로 해석하는데 다소 비약된 해석이라고 본다. 만약 무색, 무성, 무형으로 해석하면 도는 색도 없고, 소리도 없고, 모양도 없다고 파악하는 일이다. 그런데 『도덕경』의 다른 편들을 보면 이런 식으로 설명하지 않는다. 35장만 보더라도 도를 "보려고 해도 보이지 않고, 들으려고 해도 들리지 않는다."[37]라고 말한다. 여기서도 도가 평평하고 고요하고 은미해서 보이지 않고 들리지 않을 뿐이지 색과 소리 그 자체가 없는 게 아니라고 말한다.

또 장자의 도의 송가(頌歌)에 해당하는 『장자』「대종사」에서도 "도는 드러나는 작용이 있고, 존재하는 증거도 있지만 하고자 함이 없고, 형체도 없다. 도는 전할 수 있으나 받을 수 없고, 터득할 수 있으나 볼 수 없다."[38]라고 말한다. 물론 여기서 장자는 '도는 형체도 없고 볼 수 없다'라고 말한다. 그렇지만 장자가 말하는 형체 없음과 볼 수 없음은 문맥의 흐름상으로 볼 때 실제로 없다고 말하는 게 아니라 노자가 말하는 식으로 평평함, 고요함, 은미함 쪽에 보다 가깝다는 의미로 한 말이다.

여기서 한 가지 또 주목해야 할 점은 노자가 텍스트를 작성하는데 매우 세심한 데까지 신경을 썼다는 사실이다. 시청(視聽)과 견문(見聞)은 똑같이 보고 듣는 일이지만 의미상에선 차이가 있다. 시청은 능동적으로 꼼꼼히 보고 듣는 행동이라면 견문은 수동적으로 대충 보고 듣는 행동이다. 노자는 이 점을 구분해서 텍스트를 작성했다. 그래서 능동적으로 보고 듣는 시(視)와 청(聽)을 텍스트 앞에 둔 반면 수동적으로 보고

---

37) 視之不足見 聽之不足聞 用之不足既. (『도덕경』 35장)

38) 夫道, 有情有信, 無爲無形,, 可傳而不可受, 可得而不可見. (『장자』 내편 「대종사」)

듣는 견(見)과 문(聞)을 텍스트 뒤에 놓았다. 이런 식으로 텍스트를 구성해야, 즉 도를 꼼꼼히 보려고(視) 해도 대충으로 보이지(聽) 않아서 평평하다고 해야 노자가 말하려는 바가 정확히 전달된다.

도의 존재론적 모습: 모습 없는 형상(無物之象)

도의 두 번째 모습은 도가 모습 없는 형상(無物之象)을 한다는 사실이다. 이는 존재론적 차원에서 설명하는 도의 특징이라고 말할 수 있다. 이 점은 앞서 인식론적 도의 모습과는 서로 비교된다. 도는 모습 없는 형상을 하고 있어 홀황(恍惚), 즉 아련하고 어슴푸레할 뿐이다. 어째서 도는 아련하고 어슴푸레할까? 노자에 따르면 도의 위는 밝지 않고 도의 아래는 어둡지 않아서이다. 위는 밝아야 하는데 도의 위는 오히려 밝지 않다. 마찬가지로 아래는 어두워야 하는데 도의 아래는 오히려 어둡지 않다. 이럴 정도로 도의 모습은 밝음과 어두움을 초월하고 있어 오로지 아련하고 어슴푸레할 뿐이다.

또 도에 대해 이름을 붙일 수 없다. 일반적으로 사물에 이름을 붙이려면 사물의 의미를 폐쇄적으로 고립시켜 이를 개념으로 묶어야 가능하다. 이를 위해선 사물의 의미와 관련해서 반드시 구분이 이루어지거나 구간이 필히 정해져야 한다. 이에 비해 도는 의미가 끊어지지 않은 채 끊임없이 지속되므로 여기에 어떤 구분과 구간을 정할 수 없다. 그래서 도에 이름 붙이는 일은 불가능하다. 이제 도는 이름 없는 상태에서 모습 없는(無物) 상태로 다시 돌아간다. 이런 모습을 가리켜서 형상 없는 형상(無狀之狀)이라고 한다. 이처럼 모습 없는 형상(無物之象)을 두고 노자는 홀황(恍惚), 즉 아련하고 어슴푸레하다고 말한다.

홀황에 대해서는 21장에서 설명이 보다 구체적으로 이루어질 것이다. 거기서 "도는 사물을 오로지 아련하게(恍) 하거나 오로지 어슴푸레(惚) 하게 만든다. 아련하고 어슴푸레하구나! 그런데 그 안에 도의 형상이 있다. 어슴푸레하고 아련하구나! 그런데 그 안에 도의 실체가 있다."[39]라고 말한다. 모습이 없는 형상(無物之象)이란 게 바로 이러하다. 즉 아련하고 어슴푸레한 가운데 도의 형상이 있고, 어슴푸레하고 아련한 가운데 도의 실체가 있다. 이것이 사물에 미치는 도의 작용이다. 그래서 사물이 도를 맞이해도 도의 앞모습이 보이지 않고, 도를 따라가도 도의 뒷모습이 보이지 않는다. 이는 도의 작용이 사물에 영향을 미칠 때 사람들이 눈치 채지 못할 정도로 살며시 왔다가 살며시 떠난다는 의미이다. 그럴 정도로 도의 작용은 조용히 이루어진다.

그렇다면 오랜 옛날의 도를 갖고 지금의 사람들을 다스리면 어떠할까? 이에 대해 노자는 바람직하다고 말한다. 이 경우 옛날에 있었던 도의 시초, 즉 도의 본모습까지도 알 수 있다. 이것이 도기(道紀), 즉 도의 핵심이다. 따라서 도의 핵심은 지금의 도가 아니라 오랜 옛날의 도에 있다. 오랜 옛날의 도의 시초가 변하지 않은 채로 있는 도의 본래 모습이어서이다. 그렇다면 노자는 도의 핵심이 지금의 도가 아니라 옛날의 도에 있다고 주장하는 게 아닌가. 이 점이 매우 중요하다. 왜냐하면 노자는 우리가 지향해야 할 지점이 현재나 미래가 아니라 오히려 먼 옛날을 지향해야 할 지점으로 파악하기 때문이다. 이 점이 미래를 늘 유토피아로 그리는 지금 우리들의 생각과 크게 다르다.

---

39) 道之爲物 惟恍惟惚. 惚兮恍兮 其中有象. 恍兮惚兮 其中有物. (『도덕경』 21장)

도의 본 모습은 지금이 아니라 옛날에 있다

장자도 옛날의 모습을 이상적으로 여기는 데선 노자와 생각이 똑같다. 장자는 「제물론」에서 옛날 사람 중엔 앎(知)이 지극한 바가 있었다고 전제한 뒤 이런 지극한 앎에 이른 사람들을 차례로 소개하면서 노자와 생각을 함께 공유한다.

> "옛날 사람 중에는 앎이 지극한 바가 있다. 어째서 앎이 지극할까? 사물의 존재를 처음부터 의식하지 않아서이다. 그 앎이 너무나 지극하고 최고인지라 여기에 더 이상 보탤 게 없다. 그 다음으로 지극한 앎은 사물의 존재만 의식할 뿐 사물을 처음부터 이것/저것으로 구분하지 않는 앎이다. 그 다음으로 지극한 앎은 사물을 이것/저것으로 구분할 뿐 처음부터 옳음/그름으로 구분하지 않는 앎이다."[40]

이를 풀어서 설명하면 다음과 같다. 옛날 사람들 중에 앎이 가장 지극했던 사람은 미시유물(未始有物), 즉 사물의 존재를 의식하지 않는다. 이런 미시유물의 상태에 이른 사람의 앎은 너무나 지극하고 최고인지라 이런 앎에 어떤 걸 더 이상 보탤 게 없다. 그리고 그 다음으로 지극했던 앎을 지닌 사람은 사물의 존재만 의식했다. 그래서 그는 미시유봉(未始有封), 즉 사물을 이것/저것으로 구분하지 않는다. 어째서 사물을 이것/저것으로 구분하지 않을까? 미시유봉의 상태에 이른 사람은 저것은 이것으로, 이것은 저것으로 말미암아 생겨난다고 보아서이다.

---

40) 古之人, 其知有所至矣. 惡乎至? 有以爲未始有物者, 至矣, 盡矣, 不可以加矣. 其次, 以爲有物矣, 而未始有封也. 其次, 以爲有封焉, 而未始有是非也. (『장자』 내편 「제물론」)

그 다음으로 지극했던 앎을 지닌 사람은 사물을 이것/저것으로만 구분할 뿐 이것은 옳고 저것은 그르다는 식으로 구분하지 않는다. 이것이 미시유시비(未始有是非)의 상태에 이른 사람이다. 이런 상태는 '조삼모사' 우화에서 원숭이 주인을 통해 잘 나타난다. 원숭이 주인은 조삼모사(3+4)와 조사모삼(4+3)을 구분하지만 이 중에서 어느 게 옳고 어느 게 그르다는 식 판단을 하지 않는다. 반면 원숭이는 조삼모사(3+4)에 대해선 화를 내고, 조사모삼(4+3)에 대해선 기뻐서 날뛴다. 여기서 원숭이는 이것/저것의 구분을 넘어서 조사모삼(4+3)은 옳고 조삼모사(3+4)는 그르다는 식으로 판단한다.

장자는 이어서 "옳음/그름의 구분이 선명해지면 도(道)가 이지러져서 훼손되는 바다. 도가 이지러져서 훼손되면 그 때부터 좋고 싫음과 같은 편애가 생겨난다."[41]라고 말한다. 이것은 노자와 장자 모두가 꺼려하는 유위(有爲), 즉 하고자 함이 넘쳐나는 사태이다. 조삼모사 우화에서도 원숭이는 조삼모사(3+4)는 싫고, 조사모삼(4+3)은 좋다는 식으로 반응한다. 그럼으로써 원숭이는 사람들의 조롱거리가 된다. 원숭이가 이처럼 조롱거리로 전락한 건 구분하지 않거나 구분할 필요가 없는 것을 굳이 구분해서 벌어진 결과이다. 그러니 원숭이는 누구를 탓할 수 없다.

노자는 치도(治道)와 관련해서도 마찬가지 태도를 지닌다. 군주가 백성을 직분 상으로 구분하면(未始有是非) 좋은 정치를 펼 수 있다. 즉 군주는 다스리는 사람이고 백성은 다스림을 받는 사람 정도로 여겨서이다. 이런 다스림은 법과 제도처럼 강압적인 수단을 동원해서 펼치는 다스림과 크게 비교된다. 이것이 무위이치(有爲而治)와 유위이치(有爲而治)

---

41) 是非之彰也, 道之所以虧也. 道之所以虧, 愛之所以成. (『장자』 내편 「제물론」)

의 차이이기도 하다. 그런데 군주가 백성을 직분상으로 구분하지 않는 (未始有封) 단계의 다스림은 보다 더 바람직하다. 이 단계에 이르면 누가 다스리고 누가 다스리지 않는지조차 구분할 수 없다. 그만큼 군주와 백성 간의 간격이 사라져서이다. 물론 이 보다 더 바람직한 다스림은 군주가 백성의 존재를 아예 의식하지 않는(未始有物) 단계의 다스림이다. 이 단계가 바로 무위이치(無爲而治)의 핵심(道紀)에 해당한다. 이 때문에 노자는 무위이치의 핵심이 오랜 옛날 도의 시초에 있다고 말하는 것이다.

15장

옛날에 언행이 바른 선비(古之善爲士者)는

미묘(微妙)하고 현통(玄通)해서 그 깊이를 알 수 없다.

(깊이를) 알 수 없기에 억지로나마 그 모습을 그려보면 다음과 같다.

마치 겨울에 내를 건너는 것처럼 주저한다.

마치 사방을 경계하는 것처럼 망설인다.

마치 손님처럼 의젓하다.

마치 얼음이 녹으려고 할 때처럼 (조각조각) 흩어져 있다.

마치 통나무처럼 도탑다.

마치 계곡처럼 비어있다.

마치 흐린 물처럼 뒤섞여있다.

(그런데) 누가 흐린 물을 고요하게 해 천천히 맑게 할 수 있을까?

누가 안정된 것을 움직여 천천히 자라나게 할 수 있을까?

이런 도를 지닌 사람(保此道者)은 (스스로) 채우려고 하지 않는다.

오로지 채우려고 하지 않기에 자신이 닳아 해어져도 새롭게 이룬다.

古之善爲士者 微妙玄通深不可識.

夫唯不可識 故强爲之容.

豫兮若冬涉川., 猶兮若畏四隣., 儼兮其若客.,

渙兮若氷之將釋., 敦兮其若樸., 曠兮其若谷.,

混兮其若濁.

孰能濁以靜之徐淸., 孰能安以動之徐生?

保此道者 不欲盈.

夫唯不盈., 故能蔽而新成.

善士[언행이 바른 선비. 善(좋을 선) 士(선비 사)] 微(작을 미) 妙(묘할 묘) 玄(현묘할 현) 通(통할 통) 深(깊을 심) 識(알 식) 唯(오직 유) 强(억지로 강) 容(모양 용) 豫(망설일 예, 주저하다) 涉(건널 섭) 猶(망설일 유) 畏(조심할 외, 경계하다) 四隣[사방. 隣(이웃 린)] 儼(의젓한 모양 엄) 客(손 객) 渙(흩어질 환) 氷(얼음 빙) 釋(풀릴 석, 얼음이 녹다) 敦(도타울 돈) 樸(통나무 박) 曠(비워둘 광) 谷(계곡 곡) 混(뒤섞일 혼) 濁(흐릴 탁) 孰(누구 숙) 靜(고요할 정) 徐(천천히 서) 淸(맑을 청) 安(안정될 안) 動(움직일 동) 生(자랄 생) 保(보존할 보) 盈(찰 영, 채우다) 蔽(해어질 폐, 닳아 해어지다) 新(새 신, 새롭게) 成(이룰 성)

옛날에 언행이 바른 선비(古之善爲士者)는

미묘(微妙)하고 현통(玄通)해서 (그) 깊이(深)를 알 수(可~識) 없다(不).

오로지(唯) (깊이를) 알 수(可~識) 없기에(不~故)

억지로나마(强) 그 모습(容)을 그려보면(爲) 다음과 같다.

마치(若) 겨울(冬)에 내(川)를 건너는(涉) 것처럼 주저한다(豫兮).

마치(若) 사방(四隣)을 경계하는(畏) 것처럼 망설인다(猶兮).

마치(若) 손님(客)처럼 의젓하다(儼兮).

마치(若) 얼음(氷)이 녹으려 할(將~釋) 때처럼 흩어져 있다(渙兮).

마치(若) 통나무(樸)처럼 도탑다(敦兮).

마치(若) 계곡(谷)처럼 비어있다(曠兮).

마치(若) 흐린 물(濁)처럼 뒤섞여 있다(混兮).

(그런데) 누가(孰) 흐린(濁) 물을 고요하게 해(以~靜)

천천히(徐) 맑게 할 수(能~淸) 있을까?

누가(孰) 안정된(安) 걸 움직여(以~動)

천천히(徐) 자라나게 할 수(能~生) 있을까?

이런(此) 도(道)를 지닌 사람(保~者)은 (스스로) 채우지(盈) 않는다(不~欲).

오로지(唯) 채우지(盈) 않기에(不~故) 자신이 닳아 해어져도(蔽~而)

새롭게(新) 이룬다(成).

도를 지닌 사람은 스스로 채우지 않아
자신이 닳아서 해어져도 새롭게 이룬다

—

이 글을 얼핏 읽으면 글의 주인공이 '옛날에 언행이 바른 선비(古之善 爲士者)'로 보인다. 이런 생각이 드는 건 '古之善爲士者'의 모습을 설명 하는 내용이 글의 대부분을 차지해서이다. 그렇지만 이 글을 꼼꼼히 읽 으면 주인공이 '古之善爲士者'가 아니라 '이런 도를 지닌 사람(保此道 者)'이란 걸 알 수 있다. 그런데도 노자는 어째서 '古之善爲士者'의 모 습을 설명하는데 글의 대부분을 할애할까? 아마도 옛날에 언행이 바른 선비의 모습을 자세히 보여줘야 사람들이 도가 어떤 것인지를 쉽게 이 해할 수 있어서라고 본다. 그래서 이 점을 분명히 알고 글을 읽어야 이 장의 내용을 이해하는 데 착오가 생겨나지 않는다. 적지 않은 해설서들 이 이 점을 분명히 하지 않은 채로 대충 넘어가 해석상의 오류가 적지 아니 발생한다.

노자에 따르면 옛날에 언행이 바른 선비는 미묘(微妙)하고 현통(玄通) 해서 그 깊이를 측량할 수 없다. 여기서 미묘하다는 것은 정미하면서 심 오하다는 것을 뜻하고, 현통하다는 것은 현묘한 이치에 도달해 있음을 의미한다. 그러니 옛날에 언행이 바른 선비는 도에 가까이 간 사람임에 틀림없다. 옛날에는 이처럼 도에 가까이 간 사람 정도가 되어야 언행이 바른 선비라고 인정했다. 이는 언행의 중요성을 그만큼 강조한 탓이라 고 본다.

이런 내용은 커뮤니케이션 전공자의 관심을 유난히 끈다. 도의 상태 에 이르는 데 언행의 중요성을 크게 강조하기 때문이다. 이는 커뮤니케이션을 기능적 관점이 아니라 가치적 관점에서 접근하는 태도에서 비롯된다. 서구 커뮤니케이션은 기능적 관점을 중요시하므로 의미를 보다 객관적이고 보다 명료하게 전달하는 것을 커뮤니케이션의 이상으로 삼는다. 이런 상황에서 노자의 가치지향적 커뮤니케이션은 특별히 주목을 받는다. 이는 '언격(言格)이 곧 인격(人格)'이라는 생각을 해야만 가능한 발상이어서이다. 이제 노자는 옛날에 언행이 바른 선비에 대한 모습을 억지로나마 일곱 가지로 구분해서 설명한다.

첫째, 옛날에 언행이 바른 선비는 단호하지 못하고, 겨울에 내를 건너는 사람처럼 주저주저하며 행동한다. 겨울에 개천이 얼었어도 혹 얼음이 깨질까봐 아니면 너무나 미끄러워 건너야 할지 여부를 두고 늘 망설이는데 옛날에 언행이 바른 선비의 행동이 이와 같다. 둘째, 옛날에 언행이 바른 선비는 사방을 경계하는 사람처럼 늘 망설이면서 행동한다. 사방을 경계하는 사람은 누군가 자신을 해칠 수 있다는 두려움으로 늘 조심하게 마련인데 옛날에 언행이 바른 선비의 행동이 이와 같다. 여기까지는 행동양식에 따라 언행이 바른 선비의 특징을 설명했다고 보아진다.

셋째, 옛날에 언행이 바른 선비는 남의 집을 방문하는 손님처럼 태도가 의젓하다. 이는 사람으로서 기본 예의와 품성을 지닌다는 것을 뜻한다. 넷째, 옛날에 언행이 바른 선비는 얼음이 막 녹으려고 할 때 응당 깨져야 하는 얼음처럼 그 모습이 조각조각 흩어져 있다. 그래서 옛날에 언행이 바른 선비는 상대방에게 어떤 태도나 감정을 지니는 지를 쉽게 드러내 보이지 않는다. 여기까지는 다른 사람과 상대할 때 갖추어야 할 자질에 따라 언행이 바른 선비의 특징을 설명했다고 보아진다.

다섯째, 옛날에 언행이 바른 선비는 통나무처럼 도탑다. 이는 원래의 소박한 모습을 그대로 간직한다는 뜻이다. 그래서 옛날에 언행이 바른 선비는 세련되지 않아도 스스로를 가꾸지 않아서 오히려 믿음직스럽다. 여섯째, 옛날에 언행이 바른 선비는 계곡처럼 마음을 늘 비운다. 비가 오면 계곡에 물이 차게 마련인데 평소에도 계곡에 물이 많으면 비온 뒤에 물을 제대로 수용할 수 없다. 그래서 계곡은 늘 비어있어야 한다. 계곡에 물이 늘 빈 것처럼 옛날에 언행이 바른 선비도 이런 빈 마음을 늘 지닌다. 마지막으로 옛날에 언행이 바른 선비는 흐린 물처럼 표정이 뒤섞여 있다. 그래서 상대방이 그의 태도나 감정을 쉽게 읽을 수 없다.

옛날에 언행이 바른 선비의 자질은 여기까지이다. 그래서 옛날에 언행이 바른 선비는 더 이상 도를 향해 나아가지 못한다. 그래서 누군가가 언행이 바른 선비로 하여금 도를 향해 더 나아가도록 이끌어주어야 한다. 그렇다면 누가 흐린 물처럼 있는 그의 탁한 표정을 고요하게 해서 천천히 맑게 할 수 있을까? 아니면 누가 계곡과 통나무처럼 있는 그의 안정된 모습을 움직여서 천천히 자라나게 할 수 있을까? 이런 일은 오로지 도를 지니거나 깨달은 사람만이 할 수 있다. 게다가 이런 도를 지닌 사람(保此道者)은 옛날에 언행이 바른 사람에게 자신의 능력까지 보일 수 있다. 그렇지만 자신을 위해선 어떤 것도 채우지 않으므로 닳아해어져서 너덜너덜해지게 마련이다. 그렇더라도 언행이 바른 선비를 늘 새롭게 만들기에 결국 자신도 늘 새롭게 이룰 수 있다.

16장

마음 비움(虛) 다하기를 극진히 이루고,

마음 고요함(靜) 지키기를 도탑게 한다.

(그러면) 만물이 나란히 일어나는 것으로써

나는 (만물이) 돌아오는 것을 본다.

만물이 한창 성할 때는 (오히려 시들어 노래지면서)

각기 그 뿌리로 다시 돌아간다.

뿌리로 돌아가는 것을 고요함(靜)이라고 말하는데

이를 일러 본원으로 다시 돌아감(復命)이라고 한다.

본원으로 다시 돌아가는 것을 변하지 않는 법칙(常)이라고 말하고,

변하지 않는 법칙을 아는 것을 밝다(明)라고 말한다.

(그런데) 변하지 않는 법칙을 모르면 망령되이 재앙을 일으키지만

변하지 않는 법칙을 알면 (재앙조차 자신의 운명으로) 받아들인다.

자신의 운명을 (이처럼) 받아들여야 바르고(公),

바른 마음을 지녀야 왕(王)이 되고,

왕이 되어야 하늘(天)과 함께 하고,

하늘과 함께 해야 도(道)에 이르고,

도에 이르러야 오래 가므로 평생 위태롭지 않다.

致虛極., 守靜篤.

萬物竝作 吾以觀復.

夫物芸芸 各復¹歸其根.

歸根曰靜 是謂復²命.

復命曰常 知常曰明.

不知常 妄作凶., 知常容.

容乃公, 公乃王, 王乃天, 天乃道, 道乃久, 沒身不殆.

致(이룰 치, 이룩하다) 虛(빌 허) 極(다할 극 → 극진히) 守(지킬 수) 靜(고요할 정) 篤(도타울 독) 竝(나란히할 병) 作(일어날 작) 觀(볼 관) 復(돌아올 복) 芸芸[성한 모양. 芸(시들 운, 초목 잎이 시들어 노래지는 모양)] 復¹(다시 부) 歸(돌아갈 귀) 根(뿌리 근) 復命[본원으로 다시 돌아감. 復²(회복할 복) 命(운명 명)] 常(항구할 상, 고정불변하다) 妄(망령될 망) 作(일으킬 작) 凶(흉할 흉, 재앙) 容(받아들일 용) 公(공변될 공, 바르다) 乃(이에 내) 久(오래갈 구) 沒身[평생. 沒(다할 몰)] 殆(위태할 태)

마음 비움(虛) 다하기(極)를 극진히 이루고(致),
마음 고요함(靜) 지키기(守)를 도탑게 한다(篤).
(그러면) 만물(萬物)이 나란히(竝) 일어나는 것으로써(作~以)
나(吾)는 (만물이) 돌아오는(復) 것을 본다(觀).
만물(物)이 한창 성할(芸芸) 때는 (오히려 시들어 노래지면서)
각기(各) 그 뿌리(根)로 다시(復) 돌아간다(歸).
뿌리(根)로 돌아가는(歸) 것을 고요함(靜)이라고 말하는데(曰)
이(是)를 일러 본원으로 다시 돌아감(復命)이라고 말한다(謂).
본원으로 다시 돌아가는(復命) 걸 변하지 않는 법칙(常)이라 말하고(曰),
변하지 않는 법칙(常)을 아는(知) 것을 밝다(明)라고 말한다(曰).

(그런데) 변하지 않는 법칙(常)을 모르면(不知)

망령되이(妄) 재앙(凶)을 일으키지만(作)

변하지 않는 법칙(常)을 알면(知) (재앙조차 자신의 운명으로) 받아들인다(容).

(자신의 운명을 이처럼) 받아들여야(容~乃) 바르고(公),

바른 마음을 지녀야(公~乃) 왕(王)이 되고,

왕이 되어야(王~乃) 하늘(天)과 함께 하고,

하늘과 함께 해야(天~乃) 도(道)에 이르고,

도에 이르러야(道~乃) 오래 가므로(久) 평생(沒身) 위태롭지(殆) 않다(不).

만물이 나란히 일어나는 것으로써
오히려 만물이 돌아오는 것을 본다

—

이 글의 주제는 무엇일까? 이 글에서 말하려는 바가 잘 드러나지 않아서이다. 혹시 말하려는 바가 앞에 있으면 "마음 비움 다하기를 극진히 이루고, 마음 고요함 지키기를 도탑게 한다."라는 것과 관련이 있다. 그런데 이 내용은 도학의 관점에서는 지극히 당연한 주장이므로 노자가 새삼 강조할 필요가 없다. 게다가 불가는 물론이고, 유가의 평소 입장도 바로 이러하지 않은가. 그렇다면 이 글의 주제가 혹시 뒤에 있을까? 그러면 "도에 이르러야 오래 갈 수 있어 평생 위태롭지 않다."라는 것이 주제가 된다. 그런데 이 내용은 글의 결론은 될 수 있는지 몰라도 주제로선 적합하지 않다. 게다가 이와 관련한 내용들이 16장에서 좀처럼 찾아지지 않는다.

글의 주제는 '致虛極 守靜篤'가 아니라
'萬物竝作 吾以觀復'이다

필자의 판단으로는 "만물이 나란히 일어나는 것으로써 오히려 만물의 돌아옴을 본다(萬物竝作 吾以觀復)."라는 게 이 글의 주제라고 본다. 일반적으로 만물이 돌아오는 현상을 보려면 만물이 소멸할 때나 생겨날 때 비로소 가능하다. 그런데도 노자는 만물이 유아기나 청소년기에 이르러서 성장할 때 오히려 만물이 돌아오는 것을 볼 수 있다고 말한다. 매우 흥미로운 발상이다. 사람도 죽을 때나 태어날 때 사람으로 다시 돌아온다는 생각을 할 수 있지 한창 성장할 때는 이런 생각을 좀체로 하기 힘들다. 그런데도 노자는 어째서 만물이 유아기나 청년기에 이르러

나란히 일어날 때 만물이 돌아오는 현상을 볼 수 있다고 말할까?

물론 이런 현상은 누구나 다 볼 수 있는 건 아니고 제한된 사람만 볼 수 있다. 노자의 주장대로 마음을 극진히 비우고 고요함을 도탑게 지켜야 가능하다. 이런 마음을 지니지 않으면 만물이 나란히 일어날 때 만물이 돌아오는 것을 볼 수 없다. 그렇더라도 마음 비움과 고요함은 만물이 돌아오는 것을 볼 수 있는 필요조건일 뿐 필요충분한 조건은 되지 못한다. 그래서 마음 비움과 고요함 자체는 이 글의 주제가 될 수 없다. 오히려 이런 조건을 충족했을 때 생겨나는 결과가 이 글의 주제가 된다. 그렇다면 마음 비움과 고요함이라는 조건을 충족했을 때 생겨나는 결과란 과연 무엇일까? 그것은 만물이 나란히 일어나는 것으로써 만물의 돌아옴을 보는 일이다. 따라서 이런 만물의 돌아옴을 보는 게 이 글의 주제이다.

그런데 유아기나 청소년기에 이르러서 막 성장할 때 어째서 만물의 돌아옴을 볼 수 있을까? 이를 이해하려면 삶과 죽음이 단절된 게 아니라 서로 연결되어 있다는 동아시아인의 전통적 사고에 주목할 필요가 있다. 그래서 동아시아인은 오랫동안 화(化)의 개념을 중요시해왔다. 춘하추동에 대한 동아시아인의 태도에서도 '화'의 개념을 중요시했다는 점이 잘 입증이 된다. 동아사이인은 춘하추동이 서로 분리되지 않고 연결되어 있다고 믿는다. 그래서 입춘(立春), 입하(立夏), 입추(立秋), 입동(立冬)의 개념을 봄, 여름, 가을, 겨울 사이에 각각 끼어 넣는다. 그 결과 입춘은 겨울의 기운이 후퇴하고 봄의 기운이 일어나는 변곡점일 뿐 겨울과 봄을 가르는 분기점이 아니다. 입추도 여름의 기운이 후퇴하고 가을의 기운이 일어나는 변곡점일 뿐 여름과 가을을 가르는 분기점이 아니다. 입하와 입동도 마찬가지 방식으로 설명된다.

화(化, becoming):
동아시아인의 사고를 지배하는 핵심 개념

화(化)는 영어로는 'becoming'이다. 이와 대비되는 개념이 'being'인데 이 개념은 모든 것을 고정된 상태로 환원시킨다. 이런 고정된 상태에서 현상을 바라봐야 객관적이고 명료한 설명이 가능하다. 서양철학을 대표하는 존재론(Ontology)도 이로부터 비롯되었다. 반면 'becoming'처럼 모든 게 변화한다는 입장에 서면 객관적이고 명료한 설명을 하기가 힘들다. 설령 가능하다고 해도 설명이 끝없이 펼쳐지게 마련이다. 그런데 'becoming'에 대한 강조가 동아시아인의 사고를 지배하는데, 'being'에 대한 강조가 서구인의 사고를 지배하는데 제각각 큰 역할을 담당해 왔다. 그 결과 동아시아인은 계절의 관련성에 주목하는 반면 서구인은 계절을 정확히 구분하려고 애쓴다. 여기서 양력과 음력을 지배하는 원리가 제각각 발전되었다고 본다.

이런 식으로 '화'의 개념은 동아시아인의 사고를 크게 지배해 왔다. 그래서 동아시아인이 마음을 비우거나 마음을 고요히 하는 경우 만물이 나란히 일어나는 '봄'의 계절을 통해 만물이 원래의 모습으로 되돌아가는 '겨울'의 계절을 볼 수 있다. 이를 관찰력과 관련해서 파악하면 '눈이 녹으면 물이 된다'는 한단계의 건너뜀이 아니라 '눈이 녹으면 봄이 온다'는 두단계의 건너뜀에 해당한다. 물론 마음을 비우지 못하거나 마음을 고요하게 하지 못하면 동아시아인이라도 만물이 나란히 일어나는 봄의 계절을 통해 만물이 무성한 여름의 계절만 볼 뿐이다. 그런데 이런 관찰력의 차이는 어디에서 비롯될까? 공자라면 학습의 결과라고 말할지 모르지만 노자는 마음을 비우거나 고요히 하는 소위 내공의 수련과 관련이 있다고 말한다.

이처럼 내공의 수양이 제대로 이루어지면 한 여름에 무성하게 열린 나무 잎의 노란 색에서 잎이 이미 시들기 시작했음을 볼 수 있다. 이는 만물이 한창 성해도 표면의 성함과 관계없이 이미 뿌리로 되돌아가고 있음을 본다는 걸 뜻한다. 노자는 본래의 뿌리로 되돌아가는 것을 가리켜서 고요함(靜)이라고 말한다. 이는 모든 만물이 겨울이 되면 땅 밑으로 들어가서 조용히 자신의 존재를 드러내지 않아서이다. 노자는 이를 복명(復命), 즉 본원으로 다시 돌아가는 거라고 말한다. 본원으로 다시 돌아가는 것은 겨울로 진입해서 또다시 봄을 준비한다는 의미이다. 그래서 겨울은 모든 생명체가 사라지면서 동시에 새롭게 시작하는 출발점이기도 하다.

이처럼 생명의 소멸이 이루어져도 새로운 생명이 늘 새롭게 생겨나므로 노자는 이를 두고 항구하다(常)고 말한다. 따라서 항구함이란 곧 변하지 않는 자연의 법칙을 의미한다. 그리고 이런 자연의 법칙을 깨달을 때 노자는 이를 두고 밝다(明)고 말한다. 이것이 곧 천도(天道)를 의미한다. 이런 천도에 입각해 있는 인도(人道)에 대한 설명이 계속해서 이어진다.

그런데 사람들은 만물의 이런 항구함을 깨닫지 못하고서 스스로 재앙을 불러들인다. 불노장생의 약초를 구하려다 나라까지 말아먹은 진시황의 운명이 그러하지 않은가. 반면 만물의 항구함을 알면 죽음이란 재앙조차 운명으로 받아들인다. 죽음이 끝이 아니라 새로운 시작임을 알아서이다. 그래서 만물의 항구함을 아는 사람, 즉 밝은 사람(明者)은 태어나면 성장하고, 성장하면 늙어서 죽고, 또다시 태어남을 위해 조용히 준비한다. 이처럼 운명을 기꺼이 받아들여야 바르다(公)고 할 수 있다. 이런 사람만이 치도(治道)를 실행하는 왕(王)이 될 수 있다. 또 이런 왕이 되어야 하늘(天)과 함께 하고, 또 하늘과 함께 해야 도(道)에 이른다.

그리고 도에 이르러야 비로소 오래 갈 수 있다. 이것이 군주에게 평생 위태롭지 않은 길이다. 그러니 이 글은 천도에서 시작해서 인도를 거쳐 치도로 결론을 맺는다고 말할 수 있다.

17장

최상의 지도자는 아랫사람이 그가 있다는 것만 (겨우) 안다.

그 다음 급의 지도자는 (아랫사람이 그에게) 친밀감을 느끼고

(지도자를) 기린다.

그 다음 급의 지도자는 (아랫사람이 그를) 두려워한다.

그 다음 급의 지도자는 (아랫사람이 그를) 업신여긴다.

(지도자가 아랫사람에 대한) 믿음이 부족하면

(아랫사람도 지도자를) 믿지 않는다.

(그리고 지도자는) 말을 아낄 정도로 느긋하다.

(그래서) 공이 세워지고 일이 이루어져도

백성 모두가 '내 스스로 그렇게 되었다'고 말한다.

太上下知有之.,

其次親而譽之.,

其次畏之.,

其次侮之.

信不足焉, 有不信焉.

悠兮其貴言.

功成事遂.., 百姓皆謂我自然.

太上[가장 뛰어난 것. 최상. 太(클 태)] 次(버금 차, 다음) 親(친할 친, 친밀하다) 譽(기릴 예)
畏(두려워할 외) 侮(업신여길 모) 信(믿을 신) 悠(한가로울 유, 느긋하다) 事(일 사) 遂(이룰 수)

최상의 지도자(太上)는 아랫사람(下)이 그(之)가 있는(有) 것만 안다(知).

그 다음(其次) 급 지도자는 친밀감을 느끼고(親~而) 그(之)를 기린다(譽).

그 다음 급(其次) 지도자는 (아랫사람이) 그(之)를 두려워한다(畏).

그 다음 급(其次) 지도자는 (아랫사람이) 그(之)를 업신여긴다(侮).

(지도자가 아랫사람에 대한) 믿음(信)이 부족하면(不足)

(아랫사람도 지도자를) 믿지(信) 않는다(不).

(그리고 지도자는) 말(言)을 아낄(貴) 정도로 느긋하다(悠兮).

(그래서) 공(功)이 세워지고(成) 일(事)이 이루어져도(遂)

백성(百姓) 모두(皆)가 '내(我) 스스로(自) 그렇게 되었다(然)'고 말한다(謂).

최상의 지도자는
아랫사람이 그가 있다는 것만 겨우 안다

—

이 글은 어떤 지도자가 과연 바람직한지에 대해서 다룬다. 그러니 치도(治道)에 관한 내용이다. 노자가 말하는 최상의 지도자는 아랫사람이 그가 있다는 사실만 겨우 아는 지도자이다. 즉 있는지 없는지조차 모르는 소위 존재감 없는 지도자가 최상의 지도자라는 말이다. 존재감이 없으면 지도자로서 자질이 부족하다고 여기기 쉽다. 그래서 존재감이 강한 카리스마형 지도자를 최고의 지도자라고 여기는 일이 흔하다. 그런 탓인지 사람들은 카리스마형 지도자에게 쉽게 열광한다. 그렇지만 카리스마형 지도자는 민주적 지도자 상과는 거리가 멀다. 그에게 권력이 집중될 수 있는 소지가 많아서이다. 이에 반해 존재감 없는 지도자는 자신의 권한을 가능한 아랫사람에게 넘기면서 존재감을 더욱 만들어내지 않는다.

노자는 이런 존재감 없는 지도자를 최상의 지도자라고 여긴다. 노자의 이런 생각은 소국주의(小國主義)가 바람직하다는 그의 평소 신념과도 관련이 깊다. 노자는 대국보다 소국을 이상적인 정치체제라는 입장을 견지해왔다. 이런 생각은 노자가 살았던 춘추전국시대 군주들에게 호소력이 크게 떨어졌던 게 사실이다. 당시 군주들은 혼란스러운 상황을 소위 땅따먹기를 통해서 종식시키겠다는 생각에만 골몰했다. 이는 대국주의(大國主義)를 통한 해법이다. 그런데 노자의 눈에는 이런 해법이 너무나 인위적이다. 이런 해법은 무위자연(無爲自然)을 이상으로 삼는 노자에게 받아들여지기 힘들다. 이에 따라 노자는 존재감이 없는 지도자를 최상의 지도자로 여기는 생각을 하게 되었다고 본다.

노자가 그 다음 급의 지도자로 생각하는 사람은 아랫사람들이 친밀감을 느끼면서 기리는 지도자이다. 이런 지도자는 어쩌면 유가가 이상으로 삼는 지도자이다. 소위 덕을 쌓아서 선정을 베푸는 지도자가 바로 여기에 해당한다. 그렇지만 노자는 선정을 베푸는 지도자보다는 존재감 없는 지도자를 더욱 이상적인 지도자라고 여긴다. 지도자가 아무리 선정을 베푼다고 해도 존재감 없는 지도자가 한수 더 위라는 생각을 해서이다. 그만큼 노자는 나라를 타율보다 자율로 다스리고, 아랫사람이 수동적으로 움직이는 것보다 능동적으로 움직이도록 하는 지도자를 보다 긍정적으로 평가한다.

이제부터는 바람직하지 못한 지도자상이 등장한다. 그 첫 번째가 아랫사람이 두려워하는 지도자이다. 이런 지도자는 권위주의에 따른 통치를 주로 수행한다. 권위(authority)와 권위주의(authoritarian)는 언뜻 비슷해 보여도 내용면에선 차이가 크다. 지도자가 일정한 자질과 자격을 지녀야 아랫사람으로부터 그 권위를 인정받는다. 반면 적절한 자질과 자격을 갖추지 못했는데도 권위를 쫓아서 임무를 수행하는 경우 이는 권위주의에 따른 방식에 해당한다. 아랫사람이 두려워하는 지도자가 이런 권위주의에 함몰된 지도자이다. 그리고 아랫사람이 두려워하는 지도자보다 더 나쁜 지도자는 아랫사람이 그를 업신여기는 지도자이다. 이런 지도자는 자칫 아랫사람의 조롱거리 대상으로 전락하고 만다.

그런데 이런 나쁜 지도자가 어째서 생겨날까? 노자에 따르면 지도자가 아랫사람에 대한 믿음이 부족한 탓이다. 만약 지도자가 아랫사람에 대한 믿음이 부족하면 아랫사람도 지도자를 신뢰하지 않는다. 그래서 그를 따르지 않을뿐더러 그에게서 어떤 친밀감도 느끼지 못한다. 반면 지도자가 말을 아낄 정도로 느긋한 태도를 보이면 아랫사람은 자연스레 그를 따른다. 이것이 여유 있는 지도자가 지닌 무위(無爲)의 힘이다.

그렇다면 '게으른데 머리가 좋은 지도자'가 혹시 여기에 해당하지 않을까? 지도자가 게으를수록 아랫사람에게 참견하는 말이 적어서이다. 물론 '머리도 나쁜데 부지런한 지도자'는 그야말로 최악이다. 그런 지도자는 아랫사람을 늘 잘못된 방향으로 몰고갈 뿐 아니라 일이 잘못되어도 스스로 책임지려 하지 않는다.

그렇다면 '머리는 좋은데 부지런한 지도자'와 '머리도 나쁜데 게으른 지도자' 중에 어떤 지도자가 그나마 괜찮을까? 노자의 관점에서 보면 '머리도 나쁜데 게으른 지도자'가 차라리 낫다. 머리가 좋아서 모든 일을 챙기는 경우 지도자의 말이 자연 많아지기 때문이다. 지도자가 말이 많아지면 아랫사람이 일을 능동적으로 수행하지 않는다. 일이 잘 되면 지도자 탓이지만 잘 되지 않으면 지도자가 아랫사람 탓으로 돌리는 걸 잘 알아서이다. 이에 반해 '머리도 나쁜데 게으른 지도자' 밑에선 아랫사람이 알아서 일을 잘 처리할 수밖에 없다. 아랫사람마저 일을 제대로 처리하지 않으면 안 된다는 사실을 잘 알아서이다. 그리고 일이 잘되면 아랫사람이 자신 때문이라고 주장할 수 있는 여지도 생겨난다. 노자가 공을 세우고 일이 이루어지면 백성 모두가 '내 스스로 그렇게 되었다'라면서 글을 맺는 건 혹시 이런 이유에서가 아닐까?

최상의 지도자는
아랫사람이 그가 있다는 것만 겨우 안다

18장

큰 도(大道)가 행해지지 않아 인의(仁義)가 생겨났다.

지혜(知慧)가 나타나서 자연 그대로가 아닌 인위(大僞)가 생겨났다.

육친(六親)이 화목하지 않아 효도(孝)와 자애(慈)가 생겨났다.

나라가 어지러워져 충신(忠臣)이 생겨났다.

大道廢 有仁義.,
智慧出 有大僞.
六親不和 有孝慈.,
國家昏亂 有忠臣.

廢(행하여지지아니할 폐) 出(드러날 출, 나타나다) 大僞[자연 그대로가 아닌 인위를 가한
것. 僞(꾸며만들 위)] 和(화목할 화) 孝(효도 효) 慈(사랑할 자) 昏亂[세상이 어지러움. 昏
(혼란할 혼) 亂(어지러울 란)]

큰 도(大道)가 행해지지 않아(廢) 인의(仁義)가 생겨났다(有).
지혜(知慧)가 나타나(出) 자연 그대로가 아닌 인위(大僞)가 생겨났다(有).
육친(六親)이 화목하지(和) 않아(不) 효도(孝)와 자애(慈)가 생겨났다(有).
나라(國家)가 어지러워져(昏亂) 충신(忠臣)이 생겨났다(有).

큰 도(大道)가 행해지지 않아
인의(仁義)가 생겨났다

—

이 장은 짧은 글인데도 천도(天道), 인도(人道), 치도(治道)를 모두 다룬다. 먼저 천도와 관련한 건 "큰 도가 행해지지 않아 인의가 생겨났다."라는 내용이다. 여기서 '큰 도(大道)'는 노자가 말하는 천도(天道), 즉 하늘의 자연스런 도이다. 그런데 하늘의 자연스런 도가 행해지지 않자 인의라는 작은 도(小道)가 이를 대신한다. 노자에 따르면 하늘의 자연스런 도에서 볼 때 인의(仁義)는 그저 작은 도에 불과하다. 유가가 강조하는 가치가 인의라는 점을 감안하면 이 글 역시 유가를 비판하는 내용이다. 구체적으로 노자의 무위자연(無爲自然)으로 유가의 유위부자연(有爲不自然)을 비판하는 셈이다.

무위자연(無爲自然)의 큰 도가 행해지지 않자
유위부자연(有爲不自然)한 작은 도가 생겨난다

유가에 대한 노자의 이런 비판적 태도는 『도덕경』 곳곳에서 발견된다. "도를 잃은 뒤에 덕이 생겨났고, 덕을 잃은 뒤에 인이 생겨났고, 인을 잃은 뒤에 의가 생겨났고, 의를 잃은 뒤에 예가 생겨났다."[42]라는 것도 그 중 하나이다. 또 "천지는 어질지 않아 성인도 이와 같아야 한다."[43]라는 것도 이와 관련이 있다. 천지의 어짊은 인간의 잣대로 어질다고 말할

---

42) 失道而後德, 失德而後仁, 失仁而後義, 失義而後禮. (『도덕경』 38장)

43) 天地不仁, 以萬物爲芻狗., 聖人不仁, 以百姓爲芻狗. (『도덕경』 5장)

수 없어서이다. 예를 들어 많은 피해를 동반하는 폭풍우는 겉으론 어질지 못하지만 이마저도 가끔씩 일지 않으면 깊은 바다의 물고기는 산소를 제대로 공급받지 못해 죽고 만다. 이럴 때 폭풍우는 오히려 어진 역할을 하는 셈이다. 그래서 장자도 '큰 어짊은 사소한 어짊이 아니다(大仁不仁).'[44]라고 말한다. 이것이 하늘의 자연스런 어짊이다. 여기까지가 천도에 관한 내용이다.

이어서 언급되는 인도(人道)에 관한 내용은 크게 두 가지이다. "지혜가 나타나서 자연 그대로가 아닌 인위가 생겨난다."라는 것과 "육친이 화목하지 않아 효도와 자애가 생겨난다."라는 게 그것이다. 먼저 노자는 자연 그대로가 아닌 인위(大僞)가 생겨나는 원인을 지혜라고 믿는다. 여기서 적지 않은 해설서들이 '大僞'를 큰 거짓으로 보아 '지혜가 나타나서 큰 거짓이 생겨난다.'라고 해석하는데 이는 잘못된 해석이다. 내용상 흐름으로 볼 때 僞를 '큰 거짓'보다는 '자연 그대로가 아닌 인위'로 해석하는 게 타당하다. 이 글의 주제가 무위(無爲)이기 때문이다. 그래서 18장은 인의(仁義), 효도(孝)와 자애(慈), 충신(忠臣)이라는 유위(有爲)에 대해 비판한다. 그러니 '大僞'도 이런 관점에서 해석되어야 마땅하다. 필자가 참조한 자전인 『교학대한한사전』도 '大僞'를 '자연 그대로가 아닌 인위'라고 해석한다.

그런데 지혜의 만들어짐은 감각기관 및 두뇌와 큰 관련이 있다. 눈, 코, 귀, 입의 감각기관을 통해 대상의 이미지가 만들어지고, 그 이미지를 두뇌를 통해 재해석함으로써 의미가 만들어지기 때문이다. 물론 대상의 의미는 두뇌활동의 정도에 따라 다양하게 나타난다. 두뇌활동이 단순하

---

44) 『장자』 내편 「제물론」

게 이루어지면 그 의미는 자료나 정보 차원에서 머물지만 복합적으로 이루어지면 지식과 지혜 차원으로 확장된다. 그러니 자료든 정보든, 지식이든 지혜든 간에 이것들은 모두 두뇌활동의 결과에 해당하는데 주로 배움의 과정을 통해 이루어진다. 그래서 배움은 '생명활동'이 아니라 '감관활동'이다.[45] 인간이 겪는 불행은 상당수 감관활동과 같은 인위적 행동으로 말미암아 생겨난다. 이 때문에 노자도 20장에서 절학무우(絶學無憂), 즉 배움을 끊어야 걱정할 일이 없다라고 말하지 않는가?

"육친이 화목하지 않아 효도(孝)와 자애(慈)가 생겨났다."라는 글도 유가를 비판하는 내용이다. 유가가 효도와 자애를 강조해 왔다는 건 널리 알려진 사실이다. 그런데도 노자는 효도와 자애가 생겨나는 원인을 육친(六親)이 화목하지 않다는 것으로 든다. 육친은 부(父)·모(母)·형(兄)·제(弟)·처(妻)·자(子)의 육척(六戚)을 말한다. 여기서 자식은 부모에게 효도해야 하고, 부모는 자식에게 자애를 베풀어야 한다. 그런데도 노자는 효도와 자애가 부모와 자식 간에 서로 화목하지 않은 탓에 생겨난다고 말한다. 이는 유가의 입장에서 볼 때 깜짝 놀랄 주장이다.

노자는 유가와의 불편한 관계를 감수하면서까지 어째서 이런 주장을 펼칠까? 노자는 효도와 자애 그 자체를 비판하는 게 아니다. 효도와 자애가 인위적이지 않고 자연스럽게 형성된 거라면 얼마든지 수용하는 입장이다. 이런 식의 효도와 자애는 인간이 태어날 때부터 지닌 것이므로 노자가 강조하는 무위자연(無爲自然)의 입장과도 부합한다. 이것이 노자가 말하는 인도(人道)이다. 그래서 노자가 기피하는 건 인위적으로 만들어진 유위부자연(有爲不自然)한 인도이지 무위자연(無爲自然)한 인

---

45) 생명활동과 감관활동에 대한 자세한 설명은 『도덕경』 12장을 참고하길 바란다.

도가 아니다. 그런데 노자가 볼 때 유가가 강조하는 효도와 자애는 이런 인위적인 인도일 뿐이다.

　장자도 노자의 이런 주장을 뒷받침한다. 장자에 따르면 "도가 훤히 드러나면 도가 아니며, 말로 큰 언변이 이루어지면 충분하지 못하며, 어짊이 상습화 되면 두루 미치지 않으며, 청렴이 선명히 드러나면 신뢰를 받지 못하며, 용기가 용맹스러우면 진가를 잃는다. 이 다섯 가지(道·辯·仁·廉·勇)는 원통자재한 건데 모난 데를 깎아서 둥글게 하다보면 자칫 모가 나기 쉽다."[46] 마찬가지로 효도와 자애도 원통자재한 건데 모난 데를 깎아서 둥글게 하다보면 모가 나기 쉽다. 그래서 장자는 "앎(知)은 알지 못하는 데서 그쳐야 최고의 앎이다."[47]라고 말한다. 그렇다면 유가가 강조하는 앎(知)은 장자의 눈에는 유위부자연한 속성을 지닌다.

충신을 숭상하기에 앞서
충신이 생겨나는 원인을 제거해야

　노자는 이런 입장에서 치도(治道)의 방향을 제시한다. 노자가 말하는 치도의 방향은 이 글의 결론인 "나라가 어지러워져 충신(忠臣)이 생겨났다."라는 데서 찾을 수 있다. 충신은 유가가 숭상하는 인물이다. 그런데도 노자의 눈에는 나라가 어지럽기에 충신이 생겨난다고 본다. 실제로 나라가 어지럽지 않으면 충신이 생겨날 까닭이 없다. 따라서 충신을 숭상하는 일보다 충신이 생겨나는 원인을 제거하는 게 노자에게 더 중요한 관심사이다. 그것은 나라를 어지럽히지 않는 일이기도 하다. 노자가

---

46) 道昭而不道, 言辯而不及, 仁常而不周, 廉淸而不信, 勇忮而不成. 五者刓而幾向方矣.
　　(『장자』 내편 「제물론」)
47) 故知止其所不知, 至矣. (『장자』 내편 「제물론」)

말하는 치국관(治國觀)이 바로 이러하다.

그런데 나라가 어지러워지는 원인으로 여러 가지를 들 수 있다. 그 중에서 군주의 욕심이 가장 크다고 본다. 군주의 욕심은 영토를 확장해서 보다 큰 나라를 만드는 일이 아닌가. 노자가 살았던 춘추전국시대가 특히 그러했다고 본다. 그렇다면 노자가 여기서 말하는 치도관은 그의 평소 소신인 소국주의(小國主義)에 대한 선호와 직접적으로 관련이 있다. 즉 영토 확장을 위해서 쓸데없이 싸움을 벌이지 말고 작은 나라라도 평화롭고 부유하게 만드는 게 노자가 소중히 여기는 치국관이다. 이를 오늘날 정치학 개념을 빌려서 설명하면 '강대국(强大國)'이 아니라 '강소국(强小國)'을 이상으로 여기는 일이 아닐까.

큰 도(大道)가 행해지지 않아

인의(仁義)가 생겨났다

19장

총명함(聖)을 차단하고 지혜로움(智)을 버려야
백성의 이로움이 백배가 된다.
어짊(仁)을 끊고 의로움(義)을 버려야
백성의 효도와 자애가 회복된다.
기교(巧)를 버리고 이익(利) 구하는 마음을 내던져야
도둑이 없어진다.
이 세 가지 내용은 글로 표현하기에 부족하다.
따라서 (여기에) 딸린 행동강령(令)이 있는데
소박함을 보면서 질박함(樸)을 품고, 사사로움을 적게 해서
하고 싶음(欲)을 줄이는 일이다.

絶聖棄智, 民利[1]百倍.

絶仁棄義, 民復孝慈.

絶巧棄利,[2] 盜賊無有.

此三者 以爲文不足.

故令有所屬., 見素抱樸, 少私寡欲.

絶(끊을 절, 차단하다) 聖(총명할 성) 棄(버릴 기) 智(슬기 지 → 지혜로움) 利[1](이로울 리) 復
(회복할 복) 巧(솜씨 교, 기교) 利[2](이익 리) 盜賊[도둑. 盜(도둑 도) 賊(도적 적)] 令(명령 령
→ 행동강령) 所屬[어떤 기관이나 단체에 딸림. 所(곳 소) 屬(딸릴 속)] 素(소박할 소) 抱
(안을 포) 樸(질박할 박) 少(적을 소) 寡(적을 과, 줄이다) 欲(하고자할 욕)

총명함(聖)을 차단하고(絶) 지혜로움(智)을 버려야(棄)

백성(民)의 이로움(利)이 백배(百倍)가 된다.

어짊(仁)을 끊고(絶) 의로움(義)을 버려야(棄)

백성(民)의 효도(孝)와 자애(慈)가 회복된다(復).

기교(巧)를 버리고(絶) 이익(利) 구하는 마음을 내던져야(棄)

도둑(盜賊)이 없어진다(無有).

이(此) 세 가지(三者) 내용은 글로(以~爲文) 표현하기에 부족하다(不足).

따라서(故) (여기에) 딸린(所屬) 행동강령(令)이 있는데(有)

소박함(素)을 보면서(見) 질박함(樸)을 품고(抱),

사사로움(私)을 적게(少) 해서 하고 싶음(欲)을 줄이는(寡) 일이다.

총명함을 차단하고 지혜를 버려야
백성의 이로움이 백배가 된다

———

이 글은 어떻게 살아야 바른 길로 갈 수 있는 지와 관련한 인도(人道)에 대해서 다룬다. 노자는 이를 위해 우리에게 세 가지를 주문한다. 첫째로 '총명함(聖)을 차단하고 지혜(智)를 버리라'라는 주문이다. 그러면 백성의 이로움이 백배로 늘어난다고 말한다. 성(聖)은 원래 엄청난 의미를 지닌 개념이다. 예수나 석가모니쯤 되어야 성인이라는 칭호가 붙여진다. 유가도 이상적으로 받드는 인물을 성인(聖人)이라고 하면서 대표적인 인물로 요순(堯舜)을 든다. 그런데 여기선 '聖'을 '성스러움보다는 총명함으로 해석하는 게 타당하다. '聖'이 총명함이라는 의미를 함께 지녀서이다. 『장자』 「재유」에 '聖知' 및 '絶聖棄智'란 말이 등장하는데 여기서도 '聖'을 총명함으로 해석해야 글의 의미가 앞뒤로 서로 통한다.

> "지금 세상에 처형당해 죽은 사람들이 서로 베개를 할 정도로 많이 쌓이고, 형틀을 쓴 사람들이 줄줄이 엮인 탓에 감옥이 비좁아 서로를 밀치고, 또 형벌로 죽은 사람들이 서로를 바라보네. 그러자 유가와 묵가가 죄인들 사이에서 힘쓰면서 옷소매를 걷어 올리고 기세를 부리기 시작했네. 아, 심하다! 부끄러움이 없고, 또 부끄러움을 알지 못하는 게 심할 뿐이다! 그러니 성지(聖知), 즉 총명한 지혜가 형틀을 죄는 쐐기가 되는 게 아닌지 나는 모르겠네. 또 인의(仁義)가 차꼬와 수갑을 단단히 죄는 장부가 되는 게 아닌지 나는 모르겠네. 또 증삼(曾)과 사추(史)가 폭군 걸(桀)과 도둑 척(跖)의 효시가 되는 게 아닌지 내가 어찌 알겠는가? 그래서 말한다. '총명함(聖)을 끊고 지혜로움(知)을 버리면 천하가 크게 잘 다스려진다.'"[48]

총명함(聖)과 지혜로움(智)은
유위부자연(有爲不自然)한 것이다

총명함과 지혜로움은 긍정적인 의미로 주로 사용된다. 총명함은 눈과 귀가 밝다는 뜻으로 유가가 이상적으로 그리는 인물상을 대표한다. 지혜로움도 앎의 가장 높은 단계로서 유가가 궁극적으로 목표로 하는 가치에 해당한다. 그런데 노자는 어째서 백성의 이로움이 백배가 되려면 총명함을 차단하고 지혜로움을 버려야 한다고 주장할까? 무엇보다 총명함과 지혜로움이 무위자연(無爲自然)한 게 아니어서이다. 오히려 유위부자연(有爲不自然)해 백성을 해칠 수 있다. 장자도 같은 맥락에서 총명함(聖)과 지혜로움(知)을 큰 도둑, 즉 나라를 훔치는 도둑을 위해 존재하는 거라고 다음과 같이 말한다.

"상자를 열거나 자루를 뒤지거나 궤짝을 뜯는 도둑을 막으려면 끈으로 꽁꽁 묶거나 자물쇠로 단단히 잠근다… 그런데 큰 도둑은 등에 궤짝을 지거나 손에 상자를 들거나 아니면 자루를 둘러멘 채 그대로 달아난다. 이때 큰 도둑은 오로지 묶은 끈과 채운 자물쇠가 단단하지 않을까 오히려 염려한다… 그렇다면 소위 지혜로움(知)은 큰 도둑을 위해 재물을 모아주는 게 아닌가? 세상에서 말하는 총명함(聖)은 큰 도둑을 위해 재물을 지켜주는 게 아닌가?"[49]

---

48) 「今世殊死者相枕也, 桁陽者相推也, 刑戮者相望也, 而儒墨乃始離跂攘臂乎桎梏之間. 噫, 甚矣哉! 其無愧而不知恥也甚矣! 吾未知聖知之不爲桁陽接槢也, 仁義之不爲桎梏鑿枘也, 焉知曾史之不爲桀跖嚆矢也! 故曰『絶聖棄知而天下大治.』」(『장자』 외편 「재유」)

49) 將爲胠篋探囊發匱之盜而爲守備, 則必攝緘縢固扃鐍… 然而巨盜至, 則負匱揭篋擔囊而趨, 唯恐緘縢扃鐍之不固也… 然則鄕之所謂知者, 不乃爲大盜積者也? 所謂聖者, 有不爲大盜守者乎? (『장자』 외편 「거협」)

여기서 '꽁꽁 묶은 끈'과 '단단히 잠근 자물쇠'는 총명함과 지혜로움이 만들어낸 소산이다. 이런 총명함과 지혜로움이 국가경영의 차원으로 확대되면 거기서도 큰 도둑이 활약할 수 여지가 생겨난다. 그 결과 백성의 이익은 줄어들게 마련이다. 장자는 이런 취지에서 '세상에서 말하는 지혜로움은 큰 도둑을 위해 재물을 모아주는 게 아닌가'라고, 또 '세상에서 말하는 총명함이란 큰 도둑을 위해 재물을 지켜주는 게 아닌가'라는 식으로 문제를 제기한다. 춘추전국시대 제(齊)나라 대부였던 전성자(田成子)는 강태공(姜太公)이 세운 제나라 군주를 죽이고서 하루아침에 나라뿐 아니라 총명한 지혜로 만든 제나라 법도까지 훔쳤다. 그럼으로써 군주를 전(田)씨 성으로 바꾸었는데도 제나라를 계속해 이어갈 수 있었다.

둘째로 어짊(仁)을 끊고 의로움(義)을 버리라는 주문이다. 그러면 백성에게 효도와 자애가 저절로 회복된다고 말한다. 이와 관련해선 앞 장인 18장에서 자세히 설명했기에 여기선 간단히 언급하고자 한다. 노자가 19장에서 말하는 어짊과 의로움은 인위적인 성격을 지닌다. 이런 인위적인 어짊과 의로움을 끊거나 버려야 하늘이 부여한 무위자연에 따른 효도와 자애를 회복할 수 있다. 장자는 이를 "인의를 물리쳐야 천하의 덕이 그윽함과 하나가 된다."[50]라고 표현한다. 그래서 장자는 천하의 덕이 현(玄), 즉 그윽함과 하나가 되는 게 무위자연에 입각한 덕이라고 말한다.

셋째로 기교(巧)를 버리고 이익(利) 구하는 마음을 내던지라는 주문이다. 그러면 도둑이 저절로 없어진다고 말한다. 이와 관련해서 『장자』

---

50) 攘棄仁義, 天下之德始玄同矣. (『장자』 외편 「거협」)

「거협」에 또 다른 재미난 일화가 있다. "곡식의 용량을 되로 재면 큰 도둑은 곡식이 있는 되를 통째로 훔치고, 또 금은의 무게를 저울로 재면 큰 도둑은 금은이 있는 저울을 통째로 훔치고, 그리고 신용을 도장으로 보여주려고 하면 큰 도둑은 도장에 더해 신용까지 훔친다."[51] 여기서 곡식의 용량을 재는 되, 금은의 무게를 재는 저울, 신용을 보여주는 도장은 모두 노자가 말하는 일종의 기교에 해당한다. 그런데 이 정도 기교로는 큰 도둑을 당해내지 못한다. 큰 도둑은 이를 통째로 훔쳐서 달아나기 때문이다.

사사로움을 적게 하고, 하고 싶음을 줄이는 게
감관활동을 그치고 생명활동을 하는 일이다

노자는 이 세 가지 주문을 실천하지 못했을 때 생겨나는 결과들이 세상에 너무 많아 이것들을 글로 표현하기에 턱없이 부족하다고 하소연한다. 장자도 노자의 이런 견해에 동조해서 『장자』 「거협」에서 보는 것처럼 큰 도둑이 저지르는 도둑질에 대해서 자세히 설명한다. 물론 장자가 아무리 재미난 일화를 소개해도 노자는 장자보다 한 단계 더 나아간다. 도둑질이 없어져야 하는 건 당연하고, 이에 더해 백성의 이로움이 백배가 되는 행동강령과 백성의 효도와 자애가 회복되는 행동강령을 소개하고 있어서이다. 그것이 이 글의 결론으로 제시되는 '소박함(素)을 보면서 질박함(樸)을 품고, 사사로움(私)을 적게 해서 하고 싶음(欲)을 줄이는 일'이다.

'소박함(素)을 보면서 질박함(樸)을 품는다'라는 건 태어났을 때 원래

---

51) 爲之斗斛以量之, 則竝與斗斛而竊之,, 爲之權衡以稱之, 則竝與權衡而竊之,, 爲之符璽以之, 則竝與符璽而竊之. (『장자』 외편 「거협」)

순수한 모습으로 다시 돌아가는 것을 의미한다. 이는 16장에서 언급된 복명(復命, 본원으로 다시 돌아감)과 깊은 관련이 있다. 또 '사사로움(私)을 적게 해서 하고 싶음(欲)을 줄이는 것'은 감각작용을 줄이고, 생명작용을 늘리라는 주문과 깊은 관련이 있다. 무언가 하고자 함은 주로 감각작용의 결과로 나타난다. 오색(五色), 오음(五音), 오미(五味)에 대한 욕망이 감각작용을 활발히 하도록 유도해서이다. 또 '구하기 힘든 재화(難得之貨)'에 대한 탐닉도 감각작용을 활발히 하도록 유도해서이다. 따라서 하고자 함을 줄이라는 노자의 주문은 결국 감각작용을 줄이라는 말에 해당한다. 이에 대한 자세한 설명은 12장에서 소개한 바 있으므로 여기서는 설명을 생략하고자 한다.

총명함을 차단하고 지혜를 버려야

백성의 이로움이 백배가 된다

20장

배움(學)을 끊어야 근심(憂)이 사라진다.

'예'와 '응' 간에 서로의 차이는 (과연) 얼마일까?

선(善)과 악(惡) 간에 서로의 차이는 (과연) 어떠할까?

사람들이 두려워하는 바를 (내가) 두려워하지 않을 수 없다.

(그런데 나는 그 두려움을 느끼는 게) 반도 안 되니

(세상사에) 어두울 뿐이다.

뭇사람들이 즐거워하는 모습이 큰 잔칫상을 받은 것 같고,

봄날의 무대에 오른 것 같다.

(그런데) 나 혼자 담박할 뿐이다.

(게다가 즐거움의) 조짐조차 아직 없어 (그 옆을) 빙빙 돌 뿐이다.

(또) 갓난아이가 웃을 줄 모르는 것처럼 (나 혼자) 지쳐 있을 뿐이다.

(그런데 나는) 돌아갈 데가 없는 것 같다.

뭇사람들은 모두 풍족한데 나 혼자 부족한 것 같다.

(그런데) 나는 어리석은 사람의 마음인지라 우매할 뿐이다.

보통사람들은 환하고 밝은데 나 혼자 어둡다.

보통사람들은 분명히 구분해서 가리는데 나 혼자 정신이 혼미하다.

(그런데 나는) 바다처럼 담박할 뿐이고,

머물지 않는 바람처럼 빠르게 부는 모습일 뿐이다.

또 뭇사람들은 모두 쓰임이 있는데 나 혼자 고루해 완고한 것 같다.

(이처럼) 나 혼자 다른 사람들과 다르지만

(나는) 어머니의 젖을 먹는 걸 귀하게 여긴다.

絶學無憂. 唯之與阿, 相去幾何?

善之與惡, 相去何若?

人之所畏 不可不畏., 荒兮其未央哉.

衆人熙熙, 如亨太牢, 如春登臺., 我獨泊兮.,

其未兆, 沌沌¹兮.

如嬰兒之未孩., 儽儽兮., 若無所歸.

衆人皆有餘, 而我獨若遺., 我愚人之心也哉., 沌沌²兮.

俗人昭昭, 我獨昏昏., 俗人察察, 我獨悶悶.,

澹兮其若海., 飂兮若無止.

衆人皆有以, 而我獨頑似鄙.

我獨異於人而貴食母.

唯(예 유, 공손하게 응낙하는 말) 阿(느리게대답하는소리 아, 응) 去(떨어질 거 → 차이) 幾何
[얼마. 幾(얼마 기) 何(얼마 하)] 何若=何如[어떤가] 畏(두려워할 외) 荒(어두울 황, 캄캄
하다) 未央[반이 되지 않음. 未(아니할 미) 央(중간 앙)] 熙熙[화목하고 즐거운 모양.
熙(기뻐할 희)] 亨(드릴 향, 음식을 올리다) 太牢[대성찬 → 큰 잔칫상. 太(클 태) 牢(희생
뢰, 제사에 쓰는 가축)] 登臺[무대에 오름. 登(오를 등 臺(돈대 대)] 泊(담박할 박) 兆(조짐
조) 沌沌¹[빙빙 도는 모양. 沌(원만한모양 돈)] 嬰兒[갓난아이. 嬰(어린아이 영) 兒(아이
아)] 孩(아이웃을 해). 儽儽[지친 모양. 儽(고달플 루)] 餘(넉넉할 여) 遺(모자랄 유) 沌沌
²[우매한 모양. 沌(어리석을 돈)] 俗人[보통사람. 俗(범속할 속)] 昭昭[환하고 밝음. 昭
(밝을 소)] 昏昏[어두운 모양. 昏(어두울 혼)] 察察[분명히 구분하여 가림. 察(살필 찰)]
悶悶[정신이 혼미한 모양. 悶(혼미할 민)] 澹(담박할 담) 飂(높은바람 류, 바람이 빠르게 부
는 모양) 以(써 이 → 쓰임) 頑(완고할 완) 鄙(고루할 비) 食母[도를 지키는 것을 이름. 食
(밥 시)]

배움(學)을 끊어야(絶) 근심(憂)이 사라진다(無).

'예(唯)'와(與) '응(阿)' 간에 서로(相)의 차이(去)는 (과연) 얼마일까(幾何)?

선(善)과(與) 악(惡) 간에 서로(相)의 차이(去)는 (과연) 어떠할까(何若)?

사람(人)들이 두려워하는(畏) 바를 두려워하지(畏) 않을 수 없다(不).

(그런데 나는 그 두려움을 느끼는 게) 반도 안 되니(未央)

(세상사에) 어두울 뿐이다(荒兮).

뭇 사람들(衆人)이 즐거워하는 모습(熙熙)이 큰 잔칫상(太牢)을

받은(亨) 것 같고(如), 봄날(春)의 무대에 오른(登臺) 것 같다(如).

(그런데) 나(我) 혼자(獨) 담박하다(泊兮).

(게다가 즐거움의) 조짐(兆)조차 아직 없어(未) (그 옆을) 빙빙 돈다(沌沌兮).

갓난아이(孀兒)가 웃을(孩) 줄 모르는(未) 것처럼(如) 지쳐 있다(儽儽兮).

(그런데 나는) 돌아갈(歸) 데(所)가 없는(無) 것 같다(若).

(또) 뭇사람들(衆人)은 모두(皆) 풍족한데(餘~而)

나(我) 혼자(獨) 부족한(遺) 것 같다(若).

(그런데) 나(我)는 어리석은(愚) 사람(人)의 마음(心)이라 우매하다(沌沌兮).

보통사람(俗人)들은 환하고 밝은데(昭昭) 나 혼자 어둡다(昏昏).

보통사람(俗人)들은 분명히 구분해서 가리는데(察察)

나(我) 혼자(獨) 정신이 혼미하다(悶悶).

(그런데 나는) 마치 바다처럼(若~海) 담박하고(澹兮),

머물지(止) 않는(無) 바람처럼(若) 빠르게 부는 모습이다(飂兮).

(또) 뭇사람들(衆人)은 모두(皆) 쓰임(以)이 있는데(有~而)

나(我) 혼자(獨) 고루해(鄙) 완고한(頑) 것 같다(似).

(이처럼) 나(我) 혼자(獨) 다른 사람들과(於~人) 다르지만(異~而)

(나는) 어머니(母)의 젖을 먹는(食) 걸 귀하게(貴) 여긴다.

배움을 끊어야 근심이 사라진다

—

이 장은 절학무우(絶學無憂), 즉 "배움을 끊어야 근심이 없다"라는 말로 시작한다. 이 표현이 멋들어져서인지 사람들이 배움을 멀리한다는 것을 드러내기 위해서 이 대목을 곧잘 인용한다. 그런데 '絶學無憂'를 중심으로 20장을 해석하면 전체 글의 주제와 점점 멀어진다. 실제로 '배움을 끊어야 근심이 없다'라는 내용은 20장의 주제와 그다지 관련이 없다. 오히려 결론으로 제시된 "이처럼 나 혼자 다른 사람들과 다르지만 나는 어머니의 젖을 먹는 걸 귀하게 여긴다."에서 주제가 찾아진다. 노자는 자신이 어머니의 젖을 먹는다는 점을 특별히 강조하는데 이 점이 보통사람들과 비교할 때 큰 차이라는 게 이 글의 주제에 해당한다. 어머니의 젖을 먹는 게 곧 도를 지키는 일이기 때문이다.

선(善)과 악(惡)의 차이도
'예'와 '응'의 차이가 아닐까?

노자는 자신이 보통사람들과 다르다는 점을 보여주기 위해서 20장의 대부분을 이 내용으로 할애한다. 그 첫 번째가 배움을 끊고 살아가는 노자의 삶이다. 노자는 다른 사람들과 달리 배움을 끊으면서 산다. 반면 유가는 배움을 특별히 강조하는 집단이다. 『논어』가 '배우고 이를 늘 반복해 익힌다.'라고 시작하는 게 단적인 증거가 아닐까. 그렇지만 노자에게 배움이란 성실하게 동의하는 '예'와 마지못해 동의하는 '응' 사이의 차이를 만드는 작업일 뿐이다. 그러니 노자에게 배움이란 구분하지 않아도 될 것을 억지로 구분하는 작업에 불과하다.

노자에 따르면 춘추전국시대 제자백가들의 논쟁도 '예'와 '응' 사이의 차이에서 비롯된다. 이에 대해선 장자도 노자와 같은 입장을 지닌다. 그래서 장자는 「제물론」을 특별히 강조해 썼다고 보아진다. 어째서 그런지 예를 하나만 들면 다음과 같다. 장자에 따르면 유가와 묵가 사이의 논쟁은 친애(親愛)와 겸애(兼愛) 간의 논쟁이다. 그러니 애(愛)의 방법론을 두고 다투는 논쟁일 뿐이다. 그런데 이런 식 논쟁은 배움을 끊으면 생겨나지 않는다. 그렇다면 선(善)과 악(惡)의 차이도 우리가 생각하는 것만큼 별게 아니지 않을까. 그래서 노자는 선과 악의 차이를 '예'와 '응' 간의 차이 정도로 본다. 선과 악의 문제에서도 이런 입장을 취하고 있어 노자에게선 근심걱정이 생겨나날 수 없다.

　　노자가 다른 사람과의 차이를 보여주는 두 번째 예는 세상사에 어두운(荒) 자신의 모습이다. 노자는 어째서 세상사에 대해서 스스로 어둡다고 말할까? 사람들이 두려워하는 바를 당연히 두려워해야 하는 데 노자는 그 두려움을 절반밖에 느끼지 않아서이다. 그렇다면 사람들이 두려워하는 바란 무엇일까? 여러 가지 추측이 가능한데 필자가 보기에 군주라고 여겨진다. 군주는 사람들의 생사여탈권을 지니고 있어서이다. 그래서 노자도 군주의 두려움이 어떤 건지를 잘 안다. 그렇지만 노자는 다른 사람들에 비해 그 두려움의 절반밖에 느끼지 않아 상대적으로 두려움을 덜 느끼는 셈이다. 이것이 노자가 스스로 세상사에 어둡다고 말하는 의미이다.

　　노자가 제시한 다른 사람과의 차이를 보여주는 세 번째 예는 담백하게(泊) 살아가는 자신의 모습이다. 노자가 어느 날 자신의 주위를 돌아보니까 사람들이 온통 즐거워하는 것 같았다. 그리고 그 즐거워하는 모습이 마치 큰 잔칫상을 받은 것 같았고, 봄날의 무대에 오른 것 같았다. 반면 노자는 스스로 즐겁지 않아서인지 혼자만 담박하게 살아간다고 여겼다. 게다가 노자에게선 즐거움의 조짐조차 여태 생겨나지 않으니까 자신은 즐거움의 주변부만 빙빙 돈다(沌沌)고 생각했다.

노자가 제시한 다른 사람과의 차이를 보여주는 네 번째 예는 노자의 지친(儽儽) 모습이다. 그 지친 모습은 마치 갓난아이가 지쳐서 웃을 줄 모르는 것과 같다. 이렇게 심하게 지쳤는데도 노자에게는 돌아가 쉴 곳조차 없다. 그래서 노자가 처해 있는 지쳐있음은 말로 형용할 수 없다. 또 노자가 제시한 다른 사람과의 차이를 보여주는 다섯 번째 예는 노자의 우매한(沌沌) 모습이다. 노자가 보기에 보통사람들은 모두 넉넉하고 풍족한데 반해 자신은 그 넉넉함과 풍족함을 갖추지 못해 스스로 우매하다고 여겼다.

노자가 제시한 다른 사람과의 차이를 보여주는 여섯 번째 예는 바다처럼 담박(澹)하면서 동시에 회오리바람(飂)처럼 한 곳에 머물지 않고 빠르게 부는 바람과 같은 자신의 모습이다. 노자의 이런 모습은 담박함과 기민함이라는 양면성을 동시에 지녔다는 의미이다. 담박함과 기민함은 개별적으로는 바람직한 모습임에 분명하다. 그렇지만 이것들이 한 사람에게 함께 위치할 경우 자칫 나쁜 방향으로 흐를 수 있다. 즉 때에 따라 서로 다르게 판단하는 이중적 태도를 보일 수 있다. 물론 여기선 유연하다는 의미로 긍정적으로 사용된다. 그런데도 노자가 걱정하는 건 스스로 어둡고(昏昏) 혼미해서(悶悶) 이런 유연성을 발휘하지 못할까봐서이다. 반면 세속의 사람들은 환하고 밝은데다(昭昭) 사리를 분명히 구분해서 가리는(悶悶) 탓에 이런 걱정을 할 필요가 없어 보인다.

마지막으로 노자가 제시한 다른 사람과의 차이를 보여주는 예는 자신의 완고한(頑) 모습이다. 그리고 노자는 자신의 이런 완고한 모습은 고루함(鄙)과 같은데서 비롯된다고 말한다. 노자가 스스로를 고루하다고 여기는 것은 보통사람들은 모두 나름대로 쓰임이 있는데 반해 자신은 어떤 쓰임새도 없다고 보아서이다. 즉 시대의 흐름을 제대로 읽지 못하고 과거에 집착하기 때문이라고 보아서이다. 그렇지만 과거를 현재보다 긍정적으로 여기는 노장사상의 기본 입장에 비추어 볼 때 노자가 말하는 완고함이 꼭 부정적 의미만 있는 건 아니다.

어머니의 젖을 먹는 일이 곧 생명활동이다

그런데 이 글 마지막에서 노자는 갑자기 반전을 시도한다. 앞서 열거한 일곱 가지 차이점을 통해서 노자는 자신이 다른 사람들과 많은 점에서 다르다는 점을 솔직히 인정한다. 그리고 이런 차이점이 다른 사람들보다 나은데서 기인하는 게 아니라 부족한데서 기인한다고 말한다. 이에 노자는 스스로를 배우지(學) 못하고, 어둡고(荒), 담박하고(泊), 지치고(儽儽), 우매하고(沌沌), 담박함(澹)과 기민함(飂)이라는 양면적 태도를 지니고, 완고함(頑)을 고집할 뿐이라고 평가절하한다. 그런데 노자가 이런 부족함을 스스로 드러내는 건 어떤 목적, 즉 어머니의 젖을 먹는 걸 귀하게 여긴다는 점을 강조하고 싶어서이다. 노자는 다른 사람들이 어머니의 젖을 먹지 않거나 먹는 것 자체를 꺼린다는 점을 잘 알고 있기에 바로 이 점을 노린 것이다.

그런데 어머니의 젖을 먹는 게 어째서 소중할까? 어머니 젖은 자연의 먹을거리여서이다. 그래서 노자가 어머니의 젖을 먹는 건 그에게 생명활동이 살아있다는 확실한 증거이다. 대신 노자는 다른 사람들처럼 감각활동에 빠져 있지 않다. 노자는 앞에서도 생명활동의 중요성을 감관활동과 비교해서 여러 차례 강조한 바 있다. 이 때문에 "성인은 배를 채울 뿐 눈요기에 힘쓰지 않는다. 그러므로 저것(감관활동)을 버리고, 이것(생명활동)을 취한다."[52]라고 말했다.

한편 20장에서 제시된 노자의 뒤처지는 능력, 즉 배움(學)에 대한 소홀, 어두고(荒), 담박하고(泊), 지치고(儽儽), 우매한(沌沌) 모습, 또 담박함(澹)과 기민함(飂)의 양면적 태도, 그리고 완고한(頑) 태도는 모두 감관 및 심관활동을 제대로 하지 않은 탓으로 생겨난다. 반면 보통사람들은 감관 및 심관활동에 빠져 있어 이와 반대되는 모습을 보인다. 그래서 그들은 배움에 소홀하지 않고, 모습이 어둡지 않고, 담박하지 않고, 지쳐 있지 않고, 우매하지 않다. 또 일관된 태도를 지녀서 고정관념에 빠지기 쉽고, 완고하지(頑) 않아서 자신의 쓸모를 자랑한다. 그렇지만 어머니의 젖을 먹는 걸 귀하게 여기지 않는다. 즉 도를 지키지 못한다. 이 점이 바로 노자와 크게 다른 점이다.

---

52) 是以聖人爲腹不爲目. 故去彼取此. (『도덕경』 12장)

21장

큰 덕의 모습(容)은 유독 도를 따른다.

도의 됨됨이가 오로지 어슴푸레하고 오로지 아련하다.

아련하고(惚) 어슴푸레하구나(恍)!

(그런데) 그 안에 (도의) 모양(象)이 있다.

어슴푸레하고(恍) 아련하구나(惚)!

(그런데) 그 안에 (도의) 실질(物)이 있다.

(또) 깊고(窈) 아득하구나(冥)!

(그런데) 그 안에 (도의) 정교함(精)이 있다.

정교함이 너무 참되어 그 안에 (도가 존재한다는) 증거(信)가 있다.

예부터 지금까지 (덕에 대한 좋은) 평판(名)이 떠나지 않아서

(이를 통해) 도(衆甫)를 자세히 살펴본다.

내가 무엇으로 도의 형상(狀)을 알겠는가!

이것으로, 즉 사람의 큰 덕으로 (안다).

孔德之容, 惟道是從. 道之爲物., 惟恍惟惚.

惚兮恍兮., 其中有象. 恍兮惚兮., 其中有物.

窈兮冥兮., 其中有精. 其精甚眞., 其中有信.

自古及今 其名不去 以閱衆甫.

吾何以知衆甫之狀哉. 以此.

孔德[큰 덕. 孔(클 공)] 容(모양 용, 모습) 惟(오직 유, 유독) 從(따를 종) 爲物[사물의 됨됨이] 恍(어슴푸레할 황) 惚(아련할 홀) 兮(감탄사 혜, 감탄이나 강한 단정을 나타낸다) 象(모양상, 생김새) 物(실질 물, 사물의 내용) 窈(깊을 요, 멀다) 冥(아득할 명) 精(정세할 정, 자세하고 면밀하다 → 정교함) 甚(매우 심 → 너무나) 眞(참 진) 信(부신 신, 증거) 自(~으로부터 자) 及(이를 급, ~까지) 名(이름 명, 평판) 去(갈 거, 떠나다) 閱(둘러볼 열, 자세히 살펴보다) 衆甫[도(道)를 의미. 衆(보통의 중, 평범함) 甫(많을 보, 크고 많은 모양)] 狀(형상 상)

큰 덕(孔德)의 모습(容)은 유독(惟) 도(道)를 따른다(從).

도(道)의 됨됨이(爲物)가 오로지(惟) 어슴푸레하고(恍)

오로지(惟) 아련하다(惚).

아련하고(惚) 어슴푸레하다(恍兮)! 그(其) 안(中)에 (도의) 모양(象)이 있다(有).

어슴푸레하고(恍) 아련하다(惚兮)! 그(其) 안(中)에 (도의) 실질(物)이 있다(有).

(또) 깊고(窈) 아득하구나(冥兮)! 그(其) 안(中)에 (도의) 정교함(精)이 있다(有).

정교함이 너무 참되어 그(其) 안(中)에 (도가 존재한다는) 증거(信)가 있다(有).

예(古)부터(自) 지금까지(及今) (덕에 대한 좋은) 평판(名)이 떠나지(去) 않아(不)

(이를) 통해(以) 도(衆甫)를 자세히 살펴본다(閱).

내(吾)가 무엇으로(何以) (도의) 형상(狀)을 알겠는가(知)!

이것으로(以此), 즉 사람의 큰 덕으로 (안다).

큰 덕의 모습(孔德之容)은
유독 도를 따른다

—

이 글은 크게 두 종류의 내용으로 구성된다. 하나는 덕을 통해서 도의 형상(狀)을 파악하는 내용이다. 그럼으로써 덕과 도는 분리된 게 아니라 서로 연결되어 있음을 밝힌다. 이것이 이 글의 큰 틀에 해당한다. 다른 하나는 덕을 통해서 드러나는 도의 형상이 다른 사물들처럼 뚜렷하지 않아 희미하거나 흐릿하다는 내용이다. 그래서 사물로서 도의 됨됨이(爲物)가 오로지 어슴푸레하고(恍) 오로지 아련하다(惚). 이것이 이 글의 작은 틀에 해당한다. 그런데 이 두 개의 틀이 서로 뒤엉켜 있어 글의 설계도가 좀처럼 드러나지 않는다. 그렇더라도 이런 설계도를 무시한 채 해석하면 글의 내용이 엉뚱한 방향으로 흐른다. 그러니 반드시 설계도에 따라 해석해야 한다.

아련하고 어슴푸레한 바깥 모습이 도의 모양(象)이다
어슴푸레하고 아련한 안쪽 모습이 도의 실질(物)이다

순서를 바꾸어 작은 틀이 무엇인지 밝히는 작업부터 시작해 보자. 노자는 작은 틀을 설명하기 위해서 먼저 도의 모습을 밖과 안으로 구분한다. 그래서 도의 바깥 모습에 대해선 아련하고(惚) 어슴푸레하다(恍)고 말한다. 이는 도의 바깥 모습이 분명치 않아 희미하고 흐릿하지만 그 안에 도의 모양(象)이 있다는 말이다. 또 도의 안쪽 모습에 대해선 어슴푸레하고(恍) 아련하다(惚)고 말한다. 이는 도의 안쪽 모습도 분명치 않아 흐릿하고 희미하지만 그 안에 도의 실질(物)이 있다는 말이다. 이렇게 보면 도의 바깥과 안쪽은 사실상 같은 모습을 하는 셈이다. 단지 차이가 있다면 도의 바깥 모습에선 아련함이 강조되고, 안쪽 모습에선 어슴푸레함이 강조될 뿐이다.

이처럼 도의 안과 밖의 모습은 어슴푸레하고, 또 아련할 정도로 희미하고 흐릿하다. 그렇더라도 도가 지닌 정교함(精)으로 노자는 도가 존재한다는 증거(信)가 반드시 있다고 믿는다. 게다가 도의 이런 정교함이 참되어(眞) 노자는 도가 존재한다고 확신한다. 어째서 노자는 도의 정교함이 참되다고 여길까? 이는 오랜 옛날부터 지금까지 있어온 자연의 움직임, 예를 들어 춘하추동의 계절 변화와 밤낮의 교대 등이 한 치의 어긋남 없이 끊임없이 계속되어왔기 때문이다. 이것이 곧 천도(天道)의 특성이다. 천도의 이런 특성이 너무나 참되어 노자는 천도가 인도(人道)와 치도(治道)의 스승이 되기에 충분하다고 말한다. 물론 천도의 이런 정교함은 깊고(窈) 아득하다(冥)는 도의 됨됨이(爲物)에서만 발견될 뿐 얕거나 확연한 사물의 특성에선 발견되지 않는다.

다음으로 이 글의 큰 틀에 대해서 살펴보자. 이 글의 큰 틀은 덕을 통해서 도의 형상(狀)을 파악할 때 비로소 드러난다. 사람들이 도를 말할 때 도의 모습은 물론이고, 도의 내용조차 있는지 의심스러워한다. 그런 탓인지 옛날에 성현들도 도를 깨달은 후 이를 정의할 때 우리가 걸어다니는 길에 비유했다. 걸어 다니는 길이 도의 성격에 가장 유사하다고 믿어서이다. 왜 그런지는 8장에서 이미 설명한 바 있으므로 여기선 생략한다. 이런 식의 이름 짓기는 새로운 걸 깨달을 때마다 이데아, 신, 진리와 같은 신조어를 만들어내는 서구의 접근방식과 크게 비교된다. 동아시아인은 형이상학적 개념인 도(道)조차 이미 알려진 형이하학적 개념인 길(道)로 표현하기 때문이다. 이런 시도는 가능한 유위(有爲)를 배제하고 무위(無爲)를 추구하려는 자세에서 비롯된다.

도의 안과 밖의 모습은
공덕지용(孔德之容)을 통해서이다.

그런데 노자는 오로지 어슴푸레하고 오로지 아련하다는 도의 안과 밖의 모습을 어떻게 발견했을까? 이는 공덕지용(孔德之容), 즉 큰 덕의 모습을 통해서이다. 이런 큰 덕의 모습은 오로지 어슴푸레하고 오로지 아련하다. 도는 이런 큰 덕의 모습을 따른다. 그래서 도의 모습도 이런 큰 덕을 닮아서 오로지 어슴푸레하고 오로지 아련하다. 그런데 큰 덕(孔德之德)을 지닌 사람은 그의 덕성이 겉으로 잘 드러나지 않는다. 그렇지만 인도(人道)를 구현한 사람에게선 이런 덕성이 얼마든지 발견된다. 한편 도의 안과 밖의 됨됨이(爲物)는 천도(天道)의 형상에 해당한다. 그래서 덕을 통해서 도의 형상을 발견하는 작업은 인도의 모습을 통해서 천도의 형상을 그리는 작업이다. 이런 작업은 도와 덕이 서로 긴밀히 연결되었기에 가능하다.

여기서 도와 덕의 관계에 대해서 좀 더 알아보자. 도는 우주자연의 원리 내지는 인간과 사회가 가야할 방향에 해당한다. 천도, 인도, 치도가 이것들을 각기 말해준다. 그리고 덕은 도(道)가 자연, 인간, 사회 등에 제각각 구현된 모습이다. 예를 들어 목적지에 갈 때 힘을 덜 들이고 시간을 절약하는 길(道)이라야 덕이 제대로 구현된 길이다. 그런데 이 길은 누군가의 의지나 기획에 의해서 만들어지지 않았다. 사람들이 다니다 보니까 저절로 만들어졌다. 사람들에게 덕이 구현되는 방법도 길이 만들어지는 이치와 똑같다. 도가에선 이런 경향이 특히 심하다. 유가는 여기에 인의예지(仁義禮智)와 같은 인위적인 요소를 더해 인도를 구성한다.

잘 알다시피 노자는 도가사상을 대표하는 인물이다. 그래서 도의 형상을 그리는 데서도 똑같은 원리가 적용된다. 도의 안과 밖의 모습은 앞에서 설명한 것처럼 확연하지 않고 희미할 뿐이다. 필자가 평소 유가사상을 '황(黃)'으로 도가를 '현(玄)'으로 규정하는 것도 이 때문이다.『천자문』은 한자 천자의 익힘을 통해서 천도, 인도, 치도의 길을 밝히는 텍스트라고 할 수 있다. 그래서『천자문』시작부인 '하늘 천(天) 따 지(地), 감을 현(玄) 누를 황(黃)'도 범상치 않은 내용을 담는다. 하늘은 구분이 불가능해 드러나지 않는 현(玄)의 상태라면 땅은 산, 강, 구릉, 호수 등 온갖 것으로 구성되어 제각각의 모습을 드러내는 황(黃)의 상태이다. 그런데 도가는 드러나지 않는 현을 지향하므로 도의 밖과 안의 모습을 설명하는 데서도 이런 경향이 강하다.

덕에 대한 좋은 평판(名)은 옛날부터 지금까지 우리 주위에 늘 있어왔다. 훌륭한 덕을 지닌 사람이 끊이지 않고 계속해 등장했기 때문이다. 모든 사람들에게 존경받고 사랑받는 인물이 바로 높은 덕의 주인공이다. 그래서 훌륭한 덕을 갖춘 사람을 통해서 우리는 사람으로서 도(衆甫)의 형상이 어떤지를 자세히 살펴볼 수 있다. 노자도 마찬가지 방법으로 도의 형상을 안다. 그래서 노자는 이 글 결론부에 자신이 무엇으로 도의 형상(狀)을 알겠느냐고 반문한다. 그건 달리 특별한 방법이 있는게 아니라 우리 주위에 늘 있어 왔던 훌륭한 사람들의 공덕(孔德), 즉 큰 덕의 모습(容)을 통해서이다.

22장

구부려져야 바로 그 때 온전해지고, 휘어져야 바로 그 때 펴진다.

(웅덩이처럼) 패여야 가득 차고, (닳아서) 해어져야 새로워진다.

적어져야 얻어지는데 많아지면 미혹된다.

이 때문에 성인은 하나(一)를 품고 이를 천하의 법(式)으로 삼는다.

(성인은) 스스로 드러내 보이지 않아 밝고(明),

스스로 옳다고 여기지 않아 빛나고(彰),

스스로 자랑하지 않아 공(功)이 있고,

스스로 뽐내거나 으스대지 않아 우두머리(長)가 된다.

(성인은) 오로지 다투지 않아 천하의 어느 누구도 그와 다툴 수 없다.

구부려져야 온전해진다는 옛말이 어찌 실속 없는 빈말이겠는가!

참되고 거짓 없는 상태의 온전함이 도리어 구부림으로 돌아간다.

曲則全, 枉則直.

窪則盈, 弊則新.

少則得, 多則惑.

是以聖人抱一爲天下式.

不自見故明., 不自是故彰.,

不自伐故有功., 不自矜故長.

夫惟不爭., 故天下莫能與之爭.

古之所謂曲則全者 豈虛言哉!

誠全而歸之.

曲(구부릴 곡 → 꺾다) 則(곧 즉, 바로 그 때에) 全(온전할 전) 枉(굽을 왕, 휘어지다) 直(펼 직, 펴지다) 窪(웅덩이 와 → 패이다) 盈(찰 영, 가득 차다) 弊(해어질 폐 → 닳아서 낡아지다) 新(새 신) 少(적어질 소) 得(얻을 득) 多(많을 다) 惑(미혹할 혹) 抱(안을 포 → 품다) 式(법 식) 自(스스로 자) 見(나타낼 현, 드러내 보이다) 是(옳게여길 시) 彰(성하고선명할 창 → 빛나다) 伐(자랑할 벌) 矜(자랑할 긍, 뽐내고 으스대다) 長(우두머리될 장) 惟(오직 유) 爭(다툴 쟁) 莫(없을 막) 與(더불어 여) 豈(어찌 개) 虛言[실속이 없는 빈 말. 虛(빌 허)] 誠(정성 성, 참되고 거짓이 없는 상태) 而(말이를 이, ~이 도리어) 歸(돌아갈 귀)

구부려져야 바로 그 때(曲~則) 온전해지고(全),

휘어져야 바로 그 때(枉~則) 펴진다(直).

(웅덩이처럼) 패여야(窪~則) 가득 차고(盈),

(닳아서) 해어져야(弊~則) 새로워진다(新).

적어져야(少~則) 언어지는데(得) 많아지면(多~則) 미혹된다(惑).

이 때문에(是以) 성인(聖人)은 하나(一)를 품고(抱)

(이를) 천하(天下)의 법(式)으로 삼는다(爲).

(성인은) 스스로(自) 드러내 보이지(見) 않아(不~故) 밝고(明),

스스로(自) 옳다고(是) 하지 않아(不~故) 빛나고(彰),

스스로(自) 자랑하지(伐) 않아(不~故) 공(功)이 있고(有),

스스로(自) 뽐내거나 으스대지(矜) 않아(不~故) 우두머리(長)가 된다.

(성인은) 오로지(惟) 다투지(爭) 않아(不~故)

천하(天下)의 어느 누구도 그와(與) 다툴 수(能~爭) 없다(莫).

구부려져야(曲~則) 온전해진다는(全) 옛말(古之所謂)이

어찌(豈) (실속 없는) 빈말(虛言)이겠는가!

참되고 거짓 없는(誠) 상태의 온전함(全~而)이

도리어 구부림(之)으로 돌아간다(歸).

구부려져야 바로 그 때 온전해지고
휘어져야 바로 그 때 펴진다

—

이 글은 천도(天道)를 통해서 인도(人道)를 밝히는 내용이다. 여기서 천도는 무엇일까? 구부려져야 바로 그 때 온전해지고, 휘어져야 바로 그 때 펴진다는 원리와 직접적인 관련이 있다. 그런데 이 내용대로라면 우리의 상식으로는 쉽게 납득이 가지 않는다. 고무로 만들어져 그 탄성으로 회복력이 뛰어난 막대기를 한번 예로 들어보자. 이 고무막대기를 구부리면 이내 펴져서 곧게 되고, 휘어지게 해도 이내 펴져서 원래의 모습으로 되돌아온다. 계절도 이와 마찬가지가 아닌가. 그래서 추위가 닥쳐야 비로소 봄이 오고, 더위가 닥쳐야 비로소 가을이 온다. 겨울과 봄 사이에 입춘(立春)이 그리고 여름과 가을 사이에 입추(立秋)가 있는 것도 이런 이유라고 본다.

그렇다면 사물이 가득차거나 새로워지는 것도 구부려져야 바로 그 때 온전해진다는 것과 마찬가지 방식으로 이루어지는 게 아닌가. 그래서 웅덩이처럼 패어서 그 곳에 빈 공간이 만들어져야 비로소 물이 가득 찰 수 있고, 닳아서 해어져야 비로소 사물이 새로워질 수 있다. 그뿐만이 아니다. 많은 것을 얻고자 할 때도 마찬가지 방식을 사용해야 한다. 그러니 갖고 있는 게 적어야 비로소 많은 것을 얻을 수 있다. 반면 많은 것을 주체하지 못하고 오로지 가지려고 들면 그때부터 사람의 마음이 미혹되기 시작한다.

여기서 우리는 한 가지 중요한 교훈을 얻는다. 뭔가를 채우고 싶으면 웅덩이가 패어져야 하는 것처럼 우리 마음을 비워야 한다. 나아가 더 많은 것으로 채우고자 하면 우리 마음을 더 많이 비워야 한다. 마치 웅덩이가 많이 팰수록 더 많은 물이 채워지는 것처럼 말이다. 그런데도 사람들은 마음을 비울 줄 모른다. 오히려 현재 갖고 있는 것에 더해 새로운 것을 보태어서 늘리려고 한다. 이렇게 해서 많아지는 경우 사람들은 그때부터 미혹에 빠진다. 그래서 다른 사람들과 늘 비교하게 되는데 이것이 불행의 원인으로 작용한다. 왜냐하면 남과 비교하는 순간부터 스스로 만족할 줄 모르기 때문이다.

이에 반해 성인(聖人)은 적어져야 비로소 많이 얻어진다는 원리를 잘 안다. 그래서 더 많은 것을 얻기 위해선 오히려 갖고 있는 것을 줄이려고 한다. 또 많아지면 그때부터 미혹된다는 사실을 잘 안다. 그래서 더이상 많아지기 전에 적당한 선에서 멈출 줄 안다. 성인이 이처럼 처신할 수 있는 건 구부림과 온전함, 휘어짐과 펴짐, 패어짐과 가득 참, 해어짐과 새로워짐, 적어짐과 얻어짐이 서로 분리되지 않고 하나로 통한다는 사실을 잘 알아서이다. 마치 추운 겨울과 따뜻한 봄이 분리된 게 아니라 입춘을 통해서 서로 연결된다는 사실을 아는 것처럼 말이다. 그래서 성인은 하나로 통하는 이런 원리를 천하의 법(式)으로 삼는다. 이것이 성인이 받드는 천도(天道)이다.

성인은 이런 천도에 입각해서 살아가기 때문에 스스로를 드러내 보이지 않아도 저절로 밝아진다(明). 그래서 자신을 억지로 드러낼 필요가 없다. 또 성인은 스스로 옳다고 여기지 않아도 자연스럽게 빛난다(彰). 그래서 시시비비를 무리하게 구분할 필요가 없다. 또 성인은 스스로 자랑하지 않아도 공(功)이 저절로 쌓인다. 그래서 공을 쌓으려고 굳이 안달할 필요가 없다. 또 성인은 스스로 뽐내거나 으스대지 않아도 자신도 모르는 사이에 우두머리(長)가 된다. 그래서 일부로 뽐내거나 으스대지 않아도 남들이 자연스럽게 성인으로 인정한다. 이렇게 살아가는 성인은 누구와 다툴 일이 없다. 그 결과 성인은 천하의 누구와도 다투지 않는다.

노자는 성인의 이런 모습을 두고 '구부려져야 바로 그 때 온전해진다'는 옛말이 어찌 실속 없는 빈말이겠느냐고 우리에게 반문한다. 그만큼 옛말이 타당하다는 말이다. 이에 따라 노자는 참되고 거짓이 없는 상태의 온전함이 도리어 구부림으로 돌아간다고 말한다. 이는 온전함과 구부림이 반대되는 게 아니라 서로 연결되어 통한다는 말이다. 단 그 온전함이 참되고 거짓 없는 상태라야 이런 통함이 비로소 가능하다. 이것이 노자가 말하는 천하의 법식(天下式)이다.

23장

말이 적은 게 자연이다.

그래서 회오리바람은 아침 내내 불지 않고,

소나기는 온종일 내리지 않는다.

누가 (회오리바람과 소나기를) 이렇게 만드는가? 천지(天地)이다.

천지도 (이처럼) 오래 지속할 수 없는데

하물며 사람은 (더 말할 나위 없지 않은가)!

그러므로 사람은 도(道)를 (따르는데) 마음과 힘을 다해야 한다.

(사람이) 도를 (따르는데 마음과 힘을 다하면) 도와 같아지고,

(사람이) 덕을 (구현하는데 마음과 힘을 다하면) 덕과 같아진다.

(그런데 사람이) 도와 덕을 잃으면 (사람은) 잃은 도와 덕과 같아진다.

(사람이) 도와 같아지면 도 또한 사람을 즐겁게 할 수 있고,

덕과 같아지면 덕 또한 사람을 즐겁게 할 수 있다.

(그런데 사람이) 잃은 도와 덕과 같아지면

잃은 도와 덕 또한 우리를 즐겁게 할 수 있다.

希言自然.

故飄風不終朝., 驟雨不終日.

孰爲此者? 天地.

天地尙不能久 而況於人乎!

故從事於道者.

道者同於道., 德者同於德., 失者同於失.

同於道者 道亦樂得之.,

同於德者 德亦樂得之.,

同於失者 失亦樂得之.

希(드물 희, 적다) 言(말씀 언) 自然[사람의 힘을 가하지 않은 천연 그대로의 상태. 自(스스로 자, 자연히)] 飄風[회오리바람. 飄(회오리바람 표) 風(바람 풍)] 終朝[아침 내내. 終(끝 종) 朝(아침 조)] 驟雨[소나기. 驟(갑자기 취) 雨(비 우)] 終日[온종일. 日(날 일)] 孰(누구 숙) 此(이 차) 尙(또한 상) 久(오랠 구) 況(하물며 황, 더 말할 것 없이) 從事[어떤 일에 마음과 힘을 다하다. 從(좇을 종, 추종하다) 事(일 사)] 同(같을 동) 失(잃을 실) 樂(즐거울 락) 得(가능할 득, ~할 수 있다) 亦(또 역)

말(言)이 적은(希) 게 자연(自然)이다.

그래서(故) 회오리바람(飄風)은 아침 내내(終朝) 불지 않고(不),

소나기(驟雨)는 온종일(終日) 내리지 않는다(不).

누가(孰) (회오리바람과 소나기를) 이렇게(此) 만드는가(爲)? 천지(天地)이다.

천지도(天地~尙) (이처럼) 오래(久) 지속할 수 없는데(不能~而)

하물며(況) 사람(人)은 (더 말할 나위 없지 않은가)!

고로(故) 사람은 도를(於~道者) 따르는데 마음과 힘을 다해야(從事) 한다.

(사람이) 도(道者)를 (따르는데 마음과 힘을 다하면) 도와(於~道) 같아지고(同),

(사람이) 덕(德者)을 (구현하는데 마음과 힘을 다하면) 덕과(於~德) 같아진다(同).

(사람이) 도와 덕을 잃으면(失~者) 잃은(於~失) (도와 덕과) 같아진다(同).

(사람이) 도와(於~道) 같아지면(同~者)

도(道) 또한(亦) 사람(之)을 즐겁게(樂) 할 수(得) 있고,

(사람이) 덕과(於~德) 같아지면(同~者)

덕(德) 또한(亦) 사람(之)을 즐겁게(樂) 할 수(得) 있다.

(그런데 사람이) 잃은(於~失) (도와 덕과) 같아지면(同~者)

잃은(失) (도와 덕) 또한(亦) 우리(之)를 즐겁게(樂) 할 수(得) 있다.

자연은 말이 적다(希言自然)

—

희언자연(希言自然).

자연은 말이 드물다는 건데 『도덕경』을 대표하는 글귀 중 하나이다. 노자는 어째서 자연을 두고 말이 드물다고 말할까? 회오리바람은 아침 내내 불지 않고, 소나기도 온종일 내리지 않아서라고 한다. 이게 도대체 무슨 말인가? 회오리바람이 아침 내내 불지 않고, 소나기가 온종일 내리지 않는다는 사실이 말이 드문 자연과 어떤 관련이 있을까? 여기서 노자는 우리가 하는 말을 바람과 비에 비유한다. 나아가 말이 드문 것을 회오리바람과 소나기에 비유한다. 그래서 회오리바람이 아침 내내 불지 않고, 소낙비가 온종일 내리지 않는 자연현상을 두고 말을 줄여야 하는 근거로 삼는다. 어째서일까? 이를 이해하려면 커뮤니케이션을 가능케 하는 미디어에 대해서 알아볼 필요가 있다.

커뮤니케이션 미디어는 크게 언어적 미디어와 비언어적 미디어로 구분된다. 비언어적 미디어에는 표정, 몸짓, 행동 등이 있다. 이런 비언어적 미디어가 인간이 원래부터 지녔던 미디어이다. 이것은 담백하고 소박함을 자랑한다. 물론 이것만 갖고선 의미를 명료하게 하거나 뜻을 객관적으로 전달하기 힘들다. 이에 사람들은 언어라는 미디어를 만들어 냈다. 이로써 인간커뮤니케이션에 획기적인 전환이 이루어졌다. 그렇지만 동시에 커뮤니케이션의 순수성이 크게 훼손되었다. 전달하려는 원래 의미에 언어라는 인공감미료가 뿌려져서 실제보다 과장된 표현들이 범람해서이다. 노자는 이런 언어, 특히 과장된 표현을 아침 내내 부는 회오리바람과 온종일 내리는 소나기라는 자연현상에 빗대어 설명한다.

참고로 음식에 인공감미료를 많이 뿌리면 몸이 상하지만 커뮤니케이션을 하는데 언어라는 인공감미료를 마구 사용하면 우리 마음이 상한다. 천지도 이런 이치를 잘 알아 자연의 감미료쯤에 해당하는 바람과 비가 아무리 유용하거나 아무리 좋아도 하루 종일 불거나 퍼붓는 일이 없다. 천지도 이러할진데 사람은 더 말할 나위가 없다. 그래서 언어가 아무리 편리한 커뮤니케이션 수단일지라도 그것의 사용을 최대한 줄여야 한다. 대신 언어를 사용하지 않는 데서 생겨나는 공백을 표정, 몸짓, 행동처럼 담백하고 소박한 커뮤니케이션 수단을 활용해 채워 넣어야 한다. 이것이 커뮤니케이션에서 유위(有爲)를 가능한 배제하고 무위(無爲)를 행하는 방식이다. 사람들이 도(道)를 따르면 이런 방식의 커뮤니케이션이 곧 마음과 힘을 다하는 모습이다.

사람들이 커뮤니케이션 하는 데서도 도를 쫓아 마음과 힘을 다하면 사람들은 도와 같아진다. 또 사람들이 커뮤니케이션 하는 데서도 덕을 따라 마음과 힘을 다하면 사람들은 덕과 같아진다. 그리고 커뮤니케이션 하는 데서 도와 덕과 같아진 상태가 바로 희언(希言), 즉 말이 드문 상태이다. 그러니 커뮤니케이션 할 때도 되도록 말을 줄이는 게 커뮤니케이션의 도와 덕을 이룬 상태라고 말할 수 있다.

이런 식으로 사람들이 도와 같아지면 도 또한 사람들을 즐겁게 할 수 있다. 그뿐만이 아니다. 이런 식으로 사람들이 덕과 같아지면 덕 또한 사람들을 즐겁게 할 수 있다. 사람들이 커뮤니케이션을 하는 데 가능한 말을 줄여서 하기 때문이다. 어째서 그러한가? 말을 줄이면 커뮤니케이션 할 때 인공감미료를 사용할 일이 줄어들고, 또 인공감미료의 사용이 줄어들면 상대방 마음에 상처줄 일이 적어져서이다. 그래서 사람들이 서로 즐거우려면 무엇보다 말을 줄여야 한다. 그러면 커뮤니케이션에서도 도와 덕의 모습과 같아진다.

반면 사람들이 도와 덕을 잃으면 그들은 잃은 도와 덕과 같아지게 마련이다. 그러니 도와 덕을 잃었을 경우 여기서 생겨나는 피해도 그만큼 커질 수밖에 없다. 만약 천지가 도와 덕을 잃으면 회오리바람도 멈추지 않아 아침 내내 불고, 소나기도 그치지 않아 온종일 내린다. 이 경우 집이 바람에 날아가거나 물에 잠기게 될 게 뻔하다. 마찬가지로 사람들이 커뮤니케이션 하는 데서도 도를 잃으면 언어를 마구 사용하게 된다. 물론 이것의 피해는 서로의 마음을 상하게 하는 데서 나타난다.

그런데 사람들이 잃은 도와 덕과 같아지는데도 잃은 도와 덕 역시 우리를 즐겁게 한다고 노자는 말한다. 이 내용은 좀처럼 이해되지 않는데 어째서 그럴까? 아마도 여기서의 즐거움은 도와 덕과 같아진 사람들의 즐거움과 그 차원이 다르다고 본다. 그러니 잃은 도와 덕이 가져다주는 즐거움은 소박함과 담백함으로 특징되는 무위(無爲)의 즐거움이 아니라 꾸밈과 요란함으로 특징되는 인위(人爲)의 즐거움일 것이다. 그렇다면 지금 우리는 인위의 즐거움을 참된 즐거움이라고 착각해 이를 마구 즐기는 게 아닐까?

24장

발꿈치를 들면 (오래) 서 있지 못하고,

가랑이를 벌려서 큰 걸음으로 가면 (오래) 걷지 못한다.

스스로 드러내어 보이면 밝지(明) 않고,

스스로 옳다고 여기면 빛나지(彰) 않고,

스스로 자랑하면 공(功)이 없어지고,

스스로 뽐내거나 으스대면 우두머리(長)가 되지 못한다.

도에선 (이를 두고) 남은 음식과 쓸데없는 행동이라고 말하는데

사람들은 이를 늘 꺼린다.

그래서 도를 품으면 (이런 식으로) 머물지 않는다.

企者不立., 跨者不行.

自見者不明., 自是者不彰.,

自伐者無功., 自矜者不長.

其在道也 曰餘食贅行., 物或惡之.

故有道者不處.

———

企(발돋음할 길, 발꿈치를 들고 바라보다) 立(설 립) 跨(가랭이벌리고설 과) 行(갈 행) 自(스스로 자) 見(나타낼 현, 드러내 보이다) 是(옳을 시) 彰(성하고선명할 창 → 빛나다) 伐(자랑할 벌) 功(공 공) 自矜[스스로 자랑함. 自(스스로 자) 矜(자랑할 긍)] 長(우두머리 장) 在(에 재, 개사) 餘(남을 여) 食(음식 식) 贅(쓸데없을 췌) 行(행할 행) 或(늘 혹) 惡(꺼릴 오, 싫어하다) 處(머무를 처)

———

발꿈치를 들면(企~者) (오래) 서 있지(立) 못하고(不),

가랑이를 벌려서 큰 걸음으로 가면(跨~者) (오래) 걷지(行) 못한다(不).

스스로(自) 드러내어 보이면(見~者) 밝지(明) 않고(不),

스스로(自) 옳다고 여기면(是~者) 빛나지(彰) 않고(不),

스스로(自) 자랑하면(伐~者) 공(功)이 없어지고(無),

스스로(自) 뽐내거나 으스대면(矜~者) 우두머리(長)가 되지 못한다(不).

도에선(在道) 남은(餘) 음식(食)과 쓸데없는(贅) 행동(行)이라 말한다(曰).

(그런데) 사람들(物)은 이(之)를 늘(或) 꺼린다(惡).

그래서(故) 도를 품으면(道~者) (이런 식으로) 머물지(處) 않는다(不).

발꿈치를 들면 오래 서 있지 못하고,
가랑이를 벌리면 오래 걷지 못한다

—

멀리 보려고 발꿈치를 들고 서 있으면 오래 서 있지 못한다. 그런데 오로지 멀리 보는 게 목표라면 불편해도 발꿈치를 들고 서 있어야 한다. 그렇지만 오래 서 있는 게 목표라면 멀리 보는 걸 포기하고 대신 발꿈치를 들지 말고 서 있어야 한다. 마찬가지로 가랑이를 벌려서 큰 걸음으로 가면 오래 걸을 수 없다. 그런데 오로지 빨리 가는 게 목표라면 힘들어도 가랑이를 가능한 크게 벌려서 걸어야 한다. 그렇지만 오래 걷는 게 목표라면 큰 걸음으로 가는 걸 포기하고 대신 가랑이를 가능한 벌리지 말고 걸어야 한다. 둘 중 하나를 선택해야지 두 가지 목표를 동시에 수행할 수 없다. 이것도 일종의 천도(天道)에 해당한다. 이런 천도에 따라 인도(人道)를 파악하는 게 이 글의 주제이다.

그런데 천도를 무시하면서 살아가는 사람들이 있다. 발꿈치를 들었는데도 오래 서있거나 가랑이를 벌렸는데도 오래 걸으려고 하는 사람들이다. 이런 사람들은 인도(人道)와 관련할 때 스스로 드러내어 보이거나 스스로 옳다고 여기거나 스스로 자랑하거나 스스로 뽐내고 으스대는 사람들이다. 이런 경향이 강할수록 발꿈치를 더 높이 올리려고 하거나 가랑이를 더 많이 벌리려고 한다. 물론 이렇게 하다가는 발꿈치가 상할 수 있고 가랑이가 찢어질 수 있다. 그래서 스스로 드러내어 보이는 사람은 밝다(明)고 할 수 없고, 스스로 옳다고 여기는 사람은 빛나다(彰)고 할 수 없고, 스스로 자랑하는 사람은 공(功)을 차지하지 못하고, 스스로 뽐내거나 으스대는 사람은 우두머리(長)가 될 수 없다.

이 표현들은 22장에서 나왔던 표현들과 매우 흡사하다. 22장에선 "스스로 드러내 보이지 않아 밝고(明), 스스로 옳다고 여기지 않아 빛나고(彰), 스스로 자랑하지 않아 공(功)이 있고, 스스로 뽐내거나 으스대지 않아 우두머리(長)가 된다."라고 말한다. 이런 행동의 주인공이 바로 천도(天道)에 순응하면서 살아가는 성인이다. 그러니 22장에선 성인이 지닌 긍정적인 면에 초점을 맞추어서 설명한 셈이다. 반면 여기선 천도에 역행하는 사람, 즉 발꿈치를 들고도 오래 서있거나 가랑이를 벌리고도 오래 걷거나 하는 사람이 주인공이다. 그러니 "스스로 드러내어 보이면 밝지(明) 않고, 스스로 옳다고 여기면 빛나지(彰) 않고, 스스로 자랑하면 공(功)이 없어지고, 스스로 뽐내거나 으스대면 우두머리(長)가 되지 못한다."라는 부정적인 면에 초점을 맞추어서 설명한 셈이다.

원문을 보면 두 문장에서 표현의 유사함이 더욱 드러나 보인다. 22장에서는 "不自見故明., 不自是故彰., 不自伐故有功., 不自矜故長."인 반면 여기선 "自見者不明., 自是者不彰., 自伐者無功., 自矜者不長."이다. 그러니 22장에서의 '不自'가 여기선 '自見'으로, 그리고 22장에서의 '明', '彰', '功', '長'은 여기선 '不明', '不彰', '無功', '不長'으로 표현되었다. 이처럼 긍정과 부정의 표현만 서로 바뀌었을 뿐 그 형식과 내용에선 사실상 같다.

노자에 따르면 천도에 역행하는 행동, 즉 발꿈치를 들고 오래 서 있거나 가랑이를 벌려 오래 걷거나 하는 행동은 도의 관점에서 볼 때 남은 음식이나 쓸데없는 행동에 해당한다. 그럴 정도로 당장에 버려야 할 불필요한 행동이다. 이 때문에 세상만물은 이런 행동을 늘 꺼린다. 따라서 도를 품은 사람은 이런 식 행동을 결코 하지 않는다.

25장

뒤섞여 이루어진 사물이 있는데 천지보다 먼저 생겨났다.

(그 사물은) 고요하고 텅 비어있다!

홀로 서 있으면서 바뀌지 않고,

순환하듯 멈추지 않고 운행하는데도 지치지 않아서

가히 천하의 어미(天下母)가 된다.

나는 그 이름을 알지 못해 글자로는 도(道)라고 말하고,

억지로 이름을 붙이면 크다(大)라고 부른다.

(그런데) 크다는 건 떠나감(逝)을 말하고,

떠나감은 멀어짐(遠)을 말하고, 멀어짐은 돌아옴(反)을 말한다.

그러므로 도는 크고, 하늘은 크고, 땅은 크고, 왕도 크다.

온 세상에는 (이처럼) 네 가지 큰 게 있는데 왕도 하나를 차지한다.

(그런데) 사람은 땅을 본받고, 땅은 하늘을 본받고,

하늘은 도를 본받고, 도는 자연 그대로의 상태를 본받는다.

有物混成 先天地生.

寂兮寥兮.

獨立不改., 周行而不殆., 可以爲天下母.

吾不知其名., 字之曰道, 强爲之名曰大.

大曰逝, 逝曰遠, 遠曰反.

故道大, 天大, 地大, 王亦大.

域中有四大, 而王居其一焉.

人法地, 地法天, 天法道, 道法自然.

混(뒤섞일 혼) 成(이룰 성) 先(먼저 선) 生(날 생, 태어나다) 寂(고요할 적) 寥(텅빌 료) 獨(홀
로 독) 立(설 립) 改(고칠 개, 바꾸다) 周行[순환하듯 멈추지 않고 운행함. 周(두루 주, 순환
하다) 行(행할 행)] 殆(피곤할 태, 지치다) 天下母[만물생성의 근원. 도가에서 도를 일컬
음] 强(억지로 강) 逝(갈 서, 떠나가다) 遠(멀 원) 反(돌아올 반) 域中[온 세계. 域(나라 역)]
居(차지할 거) 法(본받을 법) 自然[사람의 힘을 가하지 않은 천연 그대로의 상태]

뒤섞여(混) 이루어진(成) 사물(物)이 있는데(有)

천지(天地)보다 먼저(先) 생겨났다(生).

(그 사물은) 고요하고(寂兮) 텅 비어있다(寥兮)!

홀로(獨) 서 있으면서(立) 바뀌지(改) 않고(不),

순환하듯(周) 멈추지 않고 운행해도(行~而) 지치지(殆) 않아서(不)

가히(可) 이럼으로써(以) 천하의 어미(天下母)가 된다(爲).

나(吾)는 이름(名)을 알지(知) 못해(不) 글자(字)로는 도(道)라 말하고(曰),

억지로(强) 이름을 붙이면(爲~名) 크다(大)라고 부른다(曰).

(그런데) 크다는(大) 것은 떠나감(逝)을 말하고(曰),

떠나감(逝)은 멀어짐(遠)을 말하고(曰), 멀어짐(遠)은 돌아옴(反)을 말한다.

고로(故) 도(道)는 크고(大), 하늘(天)은 크고(大), 땅(地)은 크고(大),

왕도(王~亦) 크다(大).

온 세상(域中)에는 (이처럼) 네 가지(四) 큰(大) 게 있는데(有~而)

왕(王)도 (그 중) 하나(一)를 차지한다(居).

(그런데) 사람(人)은 땅(地)을 본받고(法), 땅(地)은 하늘(天)을 본받고(法),

하늘(天)은 도를 본받고(法), 도(道)는 자연(自然) 상태를 본받는다(法).

뒤섞여 이루어진 사물이 있는데
천지보다 먼저 생겨났다

—

도는 나름대로 완벽한 조화와 질서를 지닌다. 그리고 자연은 도의 이런 완벽한 조화와 질서를 가장 잘 받들고 있다. 그래서 자연은 생겨나서부터 지금까지 그 모습을 단 한 번도 바꾼 적이 없다. 이런 도가 어떤 원리에 의해 작동하는지 밝히는 일은 무척이나 까다롭다. 우리 오관으로는 무질서로밖에 파악되지 않는다. 도가 늘 혼돈(混沌) 상태로 있기 때문이다. 그렇지만 혼돈 상태에선 생명이 늘 충만해 있다. 그래서 혼돈을 가리켜서 '생명이 있는 무질서'라고 부른다. 이는 '생명이 없는 질서'인 오늘날 문명의 특징과 크게 대비된다.

혼돈(chaos)은 어쩌면 최고의 질서(cosmos)일 수 있다. 왜냐하면 혼돈으로서 자연은 온갖 풍상과 변화 속에서 나름대로 완벽한 조화와 질서를 오랫동안 잘 유지해 와서이다. 그래서 유물혼성(有物混成), 즉 뒤섞여 이루어진 상태가 곧 도를 의미한다. 이런 도를 자세히 들여다보면 일체의 차별과 대립을 하나로 혼연히 감싼다. 그래서 도를 파악하려면 우리의 개념적 인식을 크게 뛰어 넘어야 한다. 이런 어려움에도 불구하고 노자는 혼돈 상태로 있는 도를 네 가지 특징으로 구분해서 설명한다. 참고로 도의 이런 특징은 도의 존재론적 차원과 관련이 있다.

존재론적 차원에서 본
도의 네 가지 특징

첫 번째 특징은 도는 천지보다 먼저 생겨났다는 점이다. 도의 이런 특징은 4장에서 이미 언급된 바 있다. "나는 도가 누구의 자식인지 모르지만 하늘보다 앞섰다."[53]라는 내용이 그것이다. 여기선 '천지'보다 앞섰다고 말하고, 4장에선 '하늘'보다 앞섰다고 말한다. 천지, 즉 하늘과 땅이거나 하늘 하나뿐이거나 사실상 같은 뜻이기에 이는 동일한 내용이라고 본다.

두 번째 특징은 도는 고요하고 텅 비어 있다는 점이다. 그래서 도는 어떤 모양과 소리도 없이 적적하고 허무(虛無)의 상태로 있다. 우주선을 타고 지구를 벗어나면 곧바로 마주하는 우주가 아마도 이런 모습을 할 거라고 본다. 이런 특징도 4장에서 이미 언급한 바 있다. "도는 비었는데도 작용하므로 어떤 것도 채우려 하지 않을 거야."[54]라는 내용이 그것이다.

세 번째 특징은 도는 홀로 서 있는 존재인데 그 모습을 절대로 바꾸지 않는다는 점이다. 여기서 홀로 서 있는 존재와 그 모습을 바꾸지 않는다는 점을 구분해서 살펴볼 필요가 있다. 먼저 홀로 서 있는 존재라는 사실은 다른 것과의 관련성이 전혀 없다는 말이다. 예를 들어 하늘과 땅처럼 대비되는 관계도 없고, 사람과 원숭이처럼 유사한 관계도 없다는 말이다. 그래서 오로지 홀로 독립적으로 존재한다. 그리고 그 모습을 바꾸지 않는다는 사실은 처음부터 지금까지 똑같은 모습을 하고 있다는 말이다. 그래서 옛날이나 지금이나 변함없이 그 모습이 똑같다.

네 번째 특징은 도는 순환하듯 멈추지 않고 운행하는데도 지치지 않

---

53) 吾不知其誰之子, 象帝之先. (『도덕경』 4장)

54) 道沖而用之或不盈. (『도덕경』 4장)

는다는 점이다. 순환하듯 멈추지 않고 운행한다는 것은 직선 형태로 계속해서 앞으로 나아가는 게 아니라는 말이다. 그보다는 춘하추동의 계절변화와 밤낮의 교대처럼 제자리를 끊임없이 돈다는 말이다. 그래서 죽어도 소멸하는 게 아니라 태어남으로 다시 이어지게 마련이다. 이처럼 도는 순환하듯 멈추지 않고 운행하는데도 지치는 법이 없다. 이는 처음에 지녔던 에너지가 소멸되지 않고 그대로 유지되기 때문에 가능한 일이다.

도는 천하의 어미(天下母)이기에
만물의 본원(萬物之宗)이 된다

도의 이런 네 가지 특징으로 인해 도는 충분히 천하의 어미(天下母)가 될 수 있다. 천하의 어미란 만물생성의 근원이라는 의미이다. 이런 내용도 4장에서 이미 언급된 바 있다. "도는 깊고 깊어서 만물의 본원(萬物之宗)이겠지."[55]라는 내용이 그것이다. 또 1장에서 "유(有)는 만물의 어미이다."[56]라는 것도 같은 맥락의 내용이라고 보인다. 무(無)와 대비하기 위해 유를 만물의 어미라고 정의했기 때문이다. 그래서 무가 혼돈의 상태로 있는 도의 모습이라면 유는 혼돈에서 벗어나서 질서의 상태로 옮아간 도의 모습이다. 이에 따라 "무(無)로 늘 만물의 오묘함을 보고 싶어 하고, 유(有)로 늘 만물의 명료함을 보고 싶어 한다."[57]라고 말한다.

노자는 이런 혼돈스런 사물의 이름을 알지 못해 글자로는 도(道)라고 말하고, 억지로 이름을 붙이면 크다(大)라고 말한다. 그런데 여기서 크

---

55) 淵兮! 似萬物之宗. (『도덕경』 4장)

56) 無名天地之始., 有名萬物之母. (『도덕경』 1장)

57) 故常無欲以觀其妙., 常有欲以觀其徼. (『도덕경』 1장)

다는 건 무슨 의미일까? 단지 물리적으로 크다는 의미일까? 아니면 그 것을 초월하는 뜻까지 포함하는 걸까? 그 답은 『도덕경』에서 발견될 수 있다. 『도덕경』에서 크다(大)라는 개념이 자주 등장하는데 우리 상식과 달리 역설적 의미로 사용되는 경우가 많다. 예를 들어 "큰 덕은 골짜기 와 같고, 큰 깨끗함은 더러운 것 같고,… 큰 네모는 모퉁이가 없고, 큰 사 람은 늦게 이루어지고, 큰 음악은 소리가 고요하고, 큰 형상은 모양이 없다."[58]라는 게 그것이다. 또 "큰 이룸은 모자란 것 같지만 그 쓰임이 다하지 않고, 큰 충만은 빈 것 같지만 그 쓰임이 끝나지 않는다. 큰 반듯 함은 굽은 것 같고, 큰 솜씨는 서투른 것 같고, 크게 말 잘함은 어눌한 것 같다."[59]라는 게 그것이다.

노자는 크다(大)라는 개념을 이런 식으로 역설적으로 자주 사용한다. 노자의 이런 생각은 여기서도 그대로 반영된다. 그래서 큰 것은 떠나간 다고 말한다. 자식이 커서 성장하면 더 이상 부모와 함께 살지 않고 분 가해 떠나는 것처럼 말이다. 이렇게 떠나가면 멀어지는 게 당연하다. 그 렇지만 언젠가는 다시 돌아오게 마련이다. 자식도 새끼를 낳으면 일가 를 구성하지 않는가. 그러면 일가라는 큰 모습을 하게 된다. 이처럼 큰 것은 떠날 수밖에 없는데 떠나가면 멀어지고, 또 멀어지면 다시 원점으 로 되돌아와 허무와 적막의 상태로 복귀한다. 이렇게 되돌아오는 순환 을 끊임없이 반복하므로 아무리 먼 곳에 떨어져 있어도 늘 가깝게 느껴 진다.

이처럼 큰 것은 도를 포함해서 천하에 네 가지가 있다. 땅과 하늘과

---

58) 上德若谷, 大白若辱,… 大方無隅, 大器晚成, 大音希聲, 大象無形. (『도덕경』 41장)

59) 大成若缺 其用不弊., 大盈若冲 其用不窮. 大直若屈, 大巧若拙, 大辯若訥. (『도덕경』 45장)

왕이다. 그런데 도는 텅 비어서 사람들이 도가 실제로 있는지 실감하지 못한다. 그래서 사람들은 땅을 먼저 본받는다. 땅에서 벌어지는 춘하추동의 계절 변화와 밤낮의 어김없는 교대를 통해서이다. 그런데 이런 땅의 모습은 하늘을 본받은 결과이고, 또 하늘의 모습은 도를 본받은 결과이다. 그리고 도는 스스로(自) 그러함(自然), 즉 자연을 법칙으로 삼는다. 그러니 땅, 하늘, 도 모두는 자연의 법칙을 따르는 셈이다. 그러니 왕도 자연의 법칙을 따를 수밖에 없지 않는가. 이렇게 보면 이 장은 결국 천도(天道)를 통해 치도(治道), 특히 왕의 치도에 대해서 언급하는 내용이라고 보아진다.

26장

무거움은 가벼움의 뿌리가 되고,
안정됨은 조급한 것의 군주가 된다.
이로써 성인은 하루 종일 돌아다녀도
(무거운) 짐 보따리를 내려놓지 않고,
(몸이) 비록 궁궐에 있어도 편히 쉬면서 초연하게 머문다.
큰 나라 군주라도 어찌 (자신의) 몸을 천하보다 가볍게 여기겠는가?
가벼우면 근본을 잃고, 조급하면 군주를 잃는다.

重爲輕根., 靜爲躁君.

是以聖人 終日行 不離輜重.,

雖有榮觀 燕處超然.

奈何萬乘之主 而以身輕天下.

輕則失本 躁則失君.

重(무거울 중) 輕(가벼울 경) 根(뿌리 근) 靜(안정될 정) 躁(조급하게굴 조) 君(임금 군, 군주)
行(갈 행 → 다니다) 離(떠날 리 → 내려놓다) 輜重[나그네가 휴대하는 물자 → 짐 보따리.
輜(짐수레 치)] 雖(비록 수) 榮觀[궁궐. 榮(꽃 영) 觀(누각 관)] 燕(편히쉴 연) 處(머무를
처) 超然[세속을 초월한 모양. 超(초탈할 초)] 奈何[어찌하여. 奈(어찌 내) 何(어찌 하)]
萬乘之主[병거 1만대를 내놓을 수 있는 큰 나라] 身(몸 신) 失(잃을 실) 本(근본 본)

무거움(重)은 가벼움(輕)의 뿌리가 되고(爲~根),

안정됨(靜)은 조급한(躁) 것의 군주가 된다(爲~君).

이로써(是以) 성인(聖人)은 하루 종일(終日) 돌아다녀도(行)

(무거운) 짐 보따리(輜重)를 내려놓지(離) 않고(不),

비록(雖) 궁궐(榮觀)에 있어도(有) 편히 쉬며(燕) 초연히(超然) 머문다(處).

큰 나라의 군주라도(萬乘之主~而)

어찌(奈何) (자신의) 몸을(以~身) 천하(天下)보다 가볍게(輕) 여기겠는가?

가벼우면(輕~則) 근본(本)을 잃고(失),

조급하면(躁~則) 군주(君)를 잃는다(失)

무거움은 가벼움의 뿌리가 되고
안정됨은 조급한 것의 군주가 된다

—

이 글은 "무거움은 가벼움의 뿌리가 되고, 안정됨은 조급한 것의 군주가 된다."라고 시작한다. 어째서 무거움은 가벼움의 뿌리가 될까? 여행을 할 때 짐 보따리를 어깨에 메고 다니면 무거워서 불편하다. 그런데도 무거운 짐 보따리를 어깨에 메고 다니는 건 짐 보따리를 잃어버리는 경우 난감한 사태가 벌어지기 때문이다. 만약 이런 사태가 실제로 발생하면 생각이 짓눌려져 마음까지 무거워진다. 그러니 마음이 무거운 것보다 몸이 무거운 게 차라리 낫다. 그래서 사람들은 이런 마음의 무거움을 피하기 위해서 무거운 짐 보따리를 어깨에 메고 다니는 불편을 기꺼이 감수한다. 이것이 오히려 여행을 가볍게 하는 일이다. 성인도 이런 식으로 여행을 한다.

어째서 안정됨은 조급한 것의 군주가 될까? 만약 군주를 위해서 궁궐에서 일하는 경우 몸은 늘 바쁘게 움직이고, 마음은 늘 노심초사하게 마련이다. 이것이 보통사람에게서 보여지는 조급함이다. 그런데 이런 식으로 일하다 보면 몸과 마음이 당장에 피폐해진다. 어쩌면 도중에 죽는 일까지 벌어질 수 있다. 따라서 군주를 모시고 일한다 해도 긴장하지 않고 편히 쉬어가면서 초연하게 임하는 게 바람직하다. 그러면 몸의 건강은 물론이고 마음의 건강까지 챙길 수 있다. 이것이 안정되게 일하는 방법이다. 성인도 이런 식으로 군주를 위해서 일한다.

어째서 성인만 이런 생각을 하겠는가? 만승(萬乘)의 전차를 보유할 정도로 큰 나라의 군주도 자신의 몸을 천하보다 가볍게 여기지 않는다.

천하가 아무리 소중해도 군주조차 천하를 자신의 몸만큼 소중히 여기지 않는다. 하물며 보통사람이야 더 말할 나위가 없지 않는가. 보통사람도 자신의 몸을 그 어떤 것보다 소중히 여긴다. 그래서 보통사람도 무거움을 중시해 이를 통해서 가벼움을 다스리고, 또 안정됨을 중시해 이를 통해서 조급함을 다스린다. 그럼에도 불구하고 가볍게 처신하면 여행에 필요한 짐 보따리를 잃듯이 삶의 근본을 잃을 수 있다. 또 일하는 데서도 조급하면 군주로부터 버림받을 수 있다.

27장

착한 행실은 흔적을 남기지 않고,

잘하는 말은 허물을 남기지 않고,

잘하는 셈은 주판을 쓰지 않고,

잘 닫힌 것은 빗장을 지르지 않아도 열 수 없고,

잘 묶인 것은 끈으로 묶지 않아도 풀 수 없다.

이 때문에 성인은 사람을 늘 잘 구제하므로

(그에 의해) 버려지는 사람이 없다.

(성인은) 사물을 잘 구원하므로 (그에 의해서) 버려지는 사물이 없다.

이를 일러 습명(襲明), 즉 거듭난 밝음이라고 한다.

그러므로 착한 사람은 착하지 않은 사람의 스승이어야 하고,

착하지 않은 사람은 착한 사람이 도와주어야 한다.

(그런데도 착하지 않은 사람이) 스승을 귀하게 여기지 않고,

(착한 사람도) 도와줄 대상을 가엽게 여기지 않으니

비록 지혜로운 (사람이라도) 크게 헷갈린다.

이를 일러 요묘(要妙), 즉 정미한 오묘함이라고 한다.

善行無轍迹.,

善言無瑕謫.,

善數不用籌策.,

善閉無關楗而不可開.,

善結無繩約而不可解.

是以聖人常善求人, 故無棄人.

常善救物., 故無棄物.

是謂襲明.

故善人者 不善人之師.,

不善人者 善人之資.

不貴其師 不愛其資 雖智大迷.

是謂要妙.

善行[착한 행실 → 참된 선행. 善(착할 선)] 轍迹[사물의 흔적. 轍(수레바퀴의자국 철) 迹(자취 적, 흔적)] 善言[말을 매우 잘함. 유익한 말. 善(잘할 선)] 瑕謫[허물. 瑕(허물 하) 謫(단점 적)] 數(셀 수) 籌策[대로 만든 산가지. 일종의 주판. 籌(셀 주) 策(산가지 책, 계산할 때 쓰는 막대기)] 閉(닫을 폐) 關楗[문빗장. 關은 가로 지르는 것을, 楗은 새로 지르는 것을 의미함. 關(빗장 관) 楗(빗장 건)] 開(열 개) 結(맺을 결, 묶다) 繩(노 승, 끈) 約(묶을 약) 解(풀 해) 常(항상 상) 求(구할 구, 얻다) 棄(버릴 기) 救(구원할 구) 襲明[거듭난 밝음. 襲(거듭할 습) 明(밝을 명)] 師(스승 사) 資(도울 자) 貴(귀히여길 귀) 愛(가엾게여길 애) 雖(비록 수) 智(지혜로울 지) 迷(미혹할 미, 헷갈리다, 또는 길잃을 미, 길을 잃고 헤매다) 要妙[정미하고 오묘함. 要(요점 요, 가장 중요한 부분) 妙(묘할 묘)]

착한 행실(善行)은 흔적(轍迹)을 남기지 않고(無),

잘하는 말(善言)은 허물(瑕讁)을 남기지 않고(無),

잘하는 셈(善數)은 주판(籌策)을 쓰지(用) 않고(不),

잘 닫힌(善閉) 건 빗장(關楗)을 지르지 않아도(無~而) 열 수(可~開) 없고(不),

잘 묶인(善結) 건 끈(繩)으로 묶지(約) 않아도(無~而) 풀 수(可~解) 없다(不).

이 때문에(是以) 성인(聖人)은 사람(人)을 늘(常) 잘(善) 구제하므로(求~故)

(그에 의해) 버려지는(棄) 사람(人)이 없다(無).

(성인은) 사물(物)을 늘(常) 잘(善) 구원하므로(救~故)

(그에 의해) 버려지는(棄) 사물(物)이 없다(無).

이(是)를 일러 습명(襲明), 즉 거듭난 밝음이라고 말한다(謂).

착한 사람(善人者)은 착하지(善) 않은(不) 사람(人)의 스승(師)이어야 하고,

착하지(善) 않은(不) 사람(人者)은 착한 사람(善人)이 도와주어야(資) 한다.

(그런데도 착하지 않은 사람이) 스승(師)을 귀하게(貴) 여기지 않고(不),

(착한 사람도) 도와줄(資) (사람을) 가엽게(愛) 여기지 않으니(不)

비록(雖) 지혜로운(智) (사람이라도) 크게(大) 헷갈린다(迷).

이(是)를 일러 요묘(要妙), 즉 정미한 오묘함이라고 말한다(謂).

착한 행실은 흔적을 남기지 않는다

—

착한 행실(善行)은 흔적을 남기지 않는다. 그래서 착한 일을 해도 남이 모르게 할 때 그 착함이 빛난다. 마찬가지로 잘하는 말(善言)은 허물을 남기지 않는다. '웅변은 은이고, 침묵은 금이다'라는 말도 이런 이유로 등장했다고 본다. 아무리 훌륭한 웅변이라도 흠이 있으면 차라리 말하지 않은 것만 못하다. 또 잘하는 셈(善數)은 주판을 쓸 필요가 없다. 여기서 말하는 주책(籌策)은 대로 만든 산가지인데 지금은 사라져 주판으로 번역하는 게 독자의 이해를 돕는다. 나아가 잘 닫힌(善閉) 문은 빗장을 지르지 않아도 열 수 없고, 잘 묶인(善結) 상자는 끈으로 묶지 않아도 풀 수 없다.

여기서 말하는 착한(善) 행실, 잘하는(善) 말, 잘하는(善) 셈, 잘(善) 닫힘, 잘(善) 묶임에서 사용된 선(善)은 우리가 아는 善과 그 의미가 다르다. 우리가 아는 善은 유위(有爲), 즉 하고자 함이 있어 이루어지는 선(善)이다. 그런데 여기서 말하는 善은 무위(無爲), 즉 하고자 함이 없이 이루어지는 선(善)이다. 예를 들어 유위에 따른 잘(善) 묶임은 끈으로 단단히 동여매어진 상태이다. 그런데 노자는 이런 묶임을 두고 잘 묶여져 있다고 말하지 않는다. 이런 묶임은 오히려 도둑이 상자를 통째로 훔쳐 가는 사태를 만든다. 그래서 잘 묶었다고 할 수 없다. 장자도 이와 관련해 같은 생각을 다음과 같이 피력한 바 있다.

상자를 열고 자루를 뒤지고 궤짝을 뜯는 도둑을 막으려면 반드시 끈으로 꽁꽁 묶거나 자물쇠로 단단히 잠가야 한다. 이것이 세상사 사람들이 말하는 지혜로움이다. 그런데 큰 도둑에 이르면 궤짝을 등에 지거나 상자를 손에 들거나 자루를 둘러멘 채 그대로 달아난다. 이 때 큰 도둑은 오로지 묶은 끈과 채운 자물쇠가 단단하지 않을까 오히려 염려한다.[60]

이것이 유위에 의해 이루어지는 선(善)의 한계이다. 그래서 상자가 정말로 잘 묶여지려면 무위(無爲), 즉 하고자 함이 없이 이루어져야 한다. 어쩌면 상자가 느슨하게 묶여 있든가 아니면 아예 묶여 있지 않을 경우 도둑은 그 안에 훔칠 만한 물건이 없다고 여겨서 오히려 상자를 열 생각조차 하지 않는다. 마찬가지로 말도 억지로 잘 하려고 들면 실수를 범하기 쉽다. 평소대로 말하면 말이 혹시 어눌하다 해도 상대방이 그 말에 대해 오히려 진정성이 있다고 믿는다. 착한 행실도 억지로 하려고 들면 그 착함이 퇴색하게 마련이다. 반면 하고자 함이 없이 이루어지면 그 착함이 더욱 빛난다. 이것이 무위가 지닌 진정한 힘이다.

성인(聖人)은 이런 무위의 힘을 잘 안다. 그래서 성인은 무위에 입각해서 행동한다. 이 점이 유가와 다르다. 유가는 인의예지와 같은 유위의 가치를 설정한 뒤 이에 따라 행동하는 걸 이상으로 삼는다. 그리고 이를 가장 잘 실천하는 사람으로 성인을 든다. 그런데 유가가 말하는 성인은 사람을 곧잘 구별하려 든다. 가령 인의예지(仁義禮智)를 잘 실천하는 사람은 구제하려 드는 반면 그렇지 않은 사람은 버려지게 놔두기 때문이다. 그 결과 사람들 간에 구별이 생겨난다. 반면 노자가 이상적으로 그리는 성인은 사람들을 늘 잘 구제하므로 그에 의해서 버려지는 사람이 없다. 인의예지에 어떤 의미도 두지 않아서이다.

---

60) 將爲胠篋探囊發匱之盜而爲守備, 則必攝緘縢固扃鐍, 此世俗之所謂知也. 然而巨盜至, 則負匱揭篋擔囊而趨, 唯恐緘縢扃鐍之不固也. (『장자』 외편 「거협」)

노자가 말하는 성인은 사람만 구별하지 않는 게 아니다. 사물에 대해서도 같은 원칙을 적용해 구별하지 않는다. 예를 들어 보석이라고 귀하고 돌이라고 천하게 여기지 않는다. 그래서 성인에게는 사물조차 불필요한 게 하나도 없다. 모든 사물을 소중히 여겨서 나름대로 쓸모를 만들어내서이다. 이처럼 차별을 두지 않는 어짊(仁)이라야 참다운 어짊이다. 마찬가지로 의롭다고 여겨서 의롭고, 의롭지 않다고 여겨서 의롭지 않은 의로움(義)도 참다운 의로움이 아니다. 성인은 이런 생각을 지니기에 그에 의해 버려지는 사물이 없다. 유가가 생각하는 어진 것이나 어질지 않은 것이나 노자의 눈에는 똑같이 어질기에 모두 구제할 뿐이다. 이를 일러 습명(襲明), 즉 거듭난 밝음이라고 말한다.

따라서 착한 사람은 착하지 않은 사람의 스승이어야 한다. 또 착한 사람은 착하지 않은 사람을 착하게 되도록 도와주어야 한다. 이것이 인도(人道), 즉 사람의 도리이다. 그럼에도 불구하고 착하지 않은 사람은 스승을 귀하게 여기지 않고, 또 착한 사람은 도와줄 대상을 가엽게 여기지 않는다. 그만큼 사람의 도리가 땅에 떨어져서이다. 그래서 지혜로운 사람마저 크게 헷갈린다. 당연히 생겨나야 할 일, 즉 스승을 귀하게 여기거나 도와줄 대상을 가엽게 여기는 일이 생겨나지 않는다. 그런데 유가는 이런 일을 주도하는 데 늘 앞장서 오지 않았는가. 그래서 노자는 이런 사태가 잘 이해되지 않는다. 이에 노자는 이런 사태를 두고 요묘(要妙), 즉 쉽게 이해되지 않는 정미한 오묘함이라고 말한다.

28장

(강한) 수컷을 알고 (부드러운) 암컷을 지키면

천하의 개울(谿)이 된다.

천하의 개울이 되면 덕이 늘 떠나지 않아서

어린아이(嬰兒) 상태로 되돌아간다.

흰 (밝음)을 알고 검은 (어둠)을 지키면

천하의 모범(式)이 된다.

천하의 모범이 되면 덕과 늘 어긋나지 않아서

무극(無極)의 상태로 되돌아간다.

영광을 알고 욕됨을 지키면 천하의 골짜기(谷)가 된다.

천하의 골짜기가 되면 덕이 늘 넉넉해서

통나무(樸) 상태로 되돌아간다.

통나무가 흩어지면 그릇이 만들어진다.

성인이 통나무를 사용하면 관리의 우두머리(官長)가 된다.

따라서 큰 법(大制)은 분할되지 않는다.

知其雄 守其雌, 爲天下谿.

爲天下谿 常德不離, 復歸於嬰兒.

知其白 守其黑, 爲天下式.

爲天下式 常德不忒, 復歸於無極.

知其榮 守其辱, 爲天下谷.

爲天下谷 常德乃足, 復歸於樸.

樸散則爲器.

聖人用之 則爲官長.

故大制不割.

雄(수컷 웅 → 강한 수컷) 守(지킬 수) 雌(암컷 자 → 부드러운 암컷) 谿(시내 계, 산골짜기를 흐르는 개울) 常(항상 상) 離(떠날 리) 復歸[다시 돌아감. 復(다시 부) 歸(되돌아갈 귀)] 嬰兒[젖먹이. 유아. 嬰(어린아이 영) 兒(아이 아)] 式(법 식, 모범) 忒(어그러질 특, 어긋나다) 無極[우주만물을 파생하는 본원. 즉 태극(太極) 極(극 극)] 榮(영광 영, 영예) 辱(욕될 욕, 치욕) 谷(골 곡, 두 산 사이의 골짜기) 樸(통나무 박/질박할 박) 散(흩을 산) 器(그릇 기) 官長[관리의 우두머리. 官(관리 관) 長(맏 장)] 制(법도 제, 제도) 割(나눌 할, 분할하다)

(강한) 수컷(雄)을 알고(知) (부드러운) 암컷(雌)을 지키면(守)
천하(天下)의 개울이 된다(爲~谿).
천하(天下)의 개울이 되면(爲~谿) 덕(德)이 늘(常) 떠나지(離) 않아서(不)
어린아이 상태로(於~嬰兒) 되돌아간다(復歸).
흰(白) (밝음)을 알고(知) 검은(黑) (어둠)을 지키면(守)
천하(天下)의 모범이 된다(爲~式).
천하(天下)의 모범이 되면(爲~式) 덕(德)과 늘(常) 어긋나지(忒) 않아서(不)

무극의 상태로(於~無極) 되돌아간다(復歸).

영광(榮)을 알고(知) 욕됨(辱)을 지키면(守)

천하(天下)의 골짜기가 된다(爲~谷).

천하(天下)의 골짜기가 되면(爲~谷) 덕(德)이 늘(常) 넉넉해서(乃~足)

통나무 상태로(於~樸) 되돌아간다(復歸).

통나무(樸)가 흩어지면(散~則) 그릇이 만들어진다(爲~器).

성인(聖人)이 통나무(之)를 사용하면(用~則)

관리의 우두머리(官長)가 된다(爲).

따라서(故) 큰 법(大制)은 분할되지(割) 않는다(不).

수컷을 알고 암컷을 지키면
천하의 개울이 된다

———

이 글은 천도(天道)에 따른 인도(人道)와 그 인도에 입각해서 펼쳐지는 치도(治道)에 관한 내용을 다룬다. 그래서 천도, 인도, 치도가 모두 골고루 다루어진다. 먼저 천도에 따른 인도에 대해서 알아보자. 인도와 관련한 내용은 크게 세 부분으로 구성되는데 모두 덕(德)과 관련이 있다. 첫째는 상덕불리(常德不離, 늘 덕이 떠나지 않음)의 상태이고, 둘째는 상덕불특(常德不忒, 늘 덕과 어긋나지 않음)의 상태이고, 셋째는 상덕내족(常德乃足, 늘 덕이 넉넉함)의 상태이다. 노자는 여기서 서로 다른 세 가지 덕의 상태를 연결고리에 놓고, 이런 상태가 생겨나는 천도의 조건과 이런 상태가 초래하는 인도 및 치도의 결과에 대해서 말한다.

강한 수컷을 알고 부드러운 암컷을 지키면
천하의 개울(谿)이 된다.

먼저 사람에게서 덕이 떠나지 않는 천도의 조건에 대해서 알아보자. 사람에게서 덕이 떠나지 않으려면 무엇보다 천하의 개울(天下谿)이 되어야 한다. 개울에는 물이 그치지 않고 졸졸 흐르는데 이것이 곧 천도이다. 마찬가지로 덕이 떠나지 않는 사람에게도 물이 개울처럼 졸졸 흐르기에 이를 인도라고 말할 수 있다. 그렇다면 사람이 천하의 개울이 되려면 어찌해야 하는가? 지웅수자(知雄守雌), 즉 강함으로 대표되는 수컷을 알고 부드러움으로 상징되는 암컷을 지켜야 한다. 얼핏 보면 강함과 부드러움을 똑같이 강조하는 내용인 것 같아도 실제로는 부드러움에 더 큰 비중을 둔다. 왜냐하면 수컷의 강함은 '아는' 차원에서 그치지만 암컷의 부드러움은 지키는 '행동' 차원까지 확장되어서다. 그러니 강함을 아는 건 부드러움을 지키기 위한 전제조건에 불과할 뿐이다.

이제부터 사람에게서 덕이 떠나지 않아서 전개되는 상황이 소개된다. 사람에게서 덕이 떠나지 않으면 어린아이 상태로 되돌아간다. 그런데 어린아이 상태로 되돌아가는 일은 매우 중요하다. 어린아이는 부드러워 자연의 원래 모습을 그대로 간직하고 있어서이다. 그래서 커가면서 마주하는 온갖 것, 예를 들어 사람, 사물, 사건 등에 대해서 예민하게 반응하지 않고 무덤덤하게 반응한다. 이 때문에 어린아이 상태로 살아가는 사람은 희로애락(喜怒哀樂)의 미혹에서부터 크게 자유로울 수 있다. 장자는 이와 관련해서 「제물론」에서 오상아(吾喪我)[61]란 표현을 쓴바 있다. '원래의 자연스런 내(吾)'가 살아가면서 '만들어진 나(我)'를 초상 치러 없앤다는 의미이다. 어린애는 짧은 삶을 살아 왔기에 '만들어진 나'가 제대로 형성되지 않았다. 그래서 '원래의 자연스런 나'가 '만들어진 나'를 압도한다. 이것이 어린아이에게서 덕이 떠나지 않는 이유이다.

흰 밝음을 알고 검은 어둠을 지키면
천하의 모범(式)이 된다.

두 번째로 덕과 어긋나지 않는 천도의 조건에 대해서 알아보자. 사람이 덕과 어긋나지 않으려면 천하의 모범(天下式)이 되어야 한다. 그런데 천하의 모범이 되려면 사람은 지백수흑(知白守黑), 즉 흰 밝음을 알고 검은 어둠을 지켜야 한다. 이런 상태에 이르려면 일단 흑백을 구분해야 하는데 물론 여기서 그쳐선 안 된다. 흰 밝음과 검은 어둠의 차이를 분명

---

61) 이에 대한 자세한 설명은 본인의 졸저 『장자』「내편」 역·해·소 90~103쪽을 참조하길
바란다.

히 하면서도 동시에 이를 구분하지 않아야 한다. 그래서 사람이 천하의 모범이 되려면 옳고 그름의 차이를 잘 알면서도 이 차이를 모른 체하고 그저 묵묵히 있어야 한다. 이런 식으로 천하의 모범이 되면 흰 밝음과 검은 어둠이 늘 조화하기에 그에게서 덕과 어긋나는 일이 생겨나지 않는다.

그런데 덕과 어긋나지 않을 경우 어떤 상황이 벌어질까? 무극(無極)의 상태로 되돌아간다. 그래서 흰 밝음과 검은 어둠의 경계마저 허물어진다. 이처럼 흰 밝음과 검은 어둠의 경계가 사라지면 음과 양이 서로 충돌하지 않고 동거하는 상황이 벌어진다. 음과 양의 이런 식의 동거는 태극(太極)의 형상(◯)에서도 잘 나타난다. 태극의 형상을 보면 음과 양이 서로 구분되지만 거기에는 완전한 음도 없고 완전한 양도 없다. 단 오른쪽으로 갈수록 음의 기운이 강하고, 왼쪽으로 갈수록 양의 기운이 강할 뿐이다. 그리고 음과 양은 늘 교호하면서 상승작용을 일으킨다. 그 결과 만물을 파생시켜 천하를 만들어낸다. 그래서 무극이 곧 태극(太極)이 된다는 말이 성립한다. 흰 밝음과 검은 어둠도 음과 양의 경우처럼 늘 교호함으로 천하 모범(式)으로서 역할을 다한다.

영광을 알고 욕됨을 지키면
천하의 골짜기(谷)가 된다.

마지막으로 사람에게서 덕이 넉넉해질 수 있는 천도의 조건에 대해서 알아보자. 덕이 넉넉해지려면 천하의 골짜기(天下谷)가 되어야 한다. 골짜기는 이 쪽 언덕과 저 쪽 언덕의 경계이므로 어느 쪽에도 속하지 않는다. 그런데 천하의 골짜기가 되려면 사람은 지영수욕(知榮守辱), 즉 영광을 알고 욕됨을 지켜야 한다. 물론 이런 상태에 이르려면 영광과 욕됨을 구분해선 안 된다. 그래서 영광스런 상황을 만난다고 기뻐하거나 치욕스런 상황과 마주한다고 슬퍼해선 안 된다. 살다 보면 영광과 욕됨이 어쩔 수 없이 반복적으로 찾아오는 것쯤으로 여겨야 한다. 그래서 영광과 욕됨에 대해 일희일비(一喜一悲) 할 필요가 없다. 이런 식으로 살다 보면 그에게서 덕이 넉넉해진다.

특히 나라를 다스리는 사람에게는 영광과 욕됨이 늘 교차할 수 밖에 없다. 싸움에 이겨서 영광스러울 때도 있지만 싸움에 져서 수치스러울 때도 있어서이다. 또 다스림을 잘 이루어 백성이 자신을 우러러 보는 순간도 있지만 다스림이 뜻대로 되지 않아 백성이 고통 받는 걸 지켜봐야 하는 순간도 있어서이다. 이때 나라를 다스리는 사람은 치욕스런 순간만 기억해선 안 된다. 영광스런 순간도 함께 기억해야 한다. 이것이 나라를 다스리는 사람에게서 요구되는 영광을 알고 욕됨을 지키는 일이다. 이런 식으로 하다 보면 나라를 다스리는 사람에게도 덕이 넉넉해진다.

큰 법(大制)은 분할되지 않는다

이제 덕이 넉넉해지면 어떤 상황이 벌어질까? 통나무(樸) 상태로 되돌아가는데 이것이 원래 자연의 모습을 찾는 일이다. 그렇다면 원래 자연의 모습으로 되돌아가는 일이 어째서 중요할까? 통나무가 베어지고 잘려지고 다듬어지면 거기서 여러 종류의 그릇들이 만들어진다. 그래서 통나무 하나만 지니면 온갖 그릇을 다 만들 수 있다. 이 때문에 통나무는 모든 그릇의 어머니가 될 수 있다. 그런데도 사람들은 통나무 대신에 그릇을 가지려 한다. 통나무는 질박하고 투박한 반면 그릇은 세련되고 잘 다듬어져서이다. 나라를 다스리는 보통의 지도자도 질박하거나 투박한 인재보다는 세련되고 잘 다듬어진 인재를 더 원한다. 그래서 좋은 인재를 찾는 데 겉모양이 그럴듯한 사람에게만 관심을 집중한다.

반면 성인이 관리의 우두머리(官長)가 되면 세련된 사람보다는 질박하거나 투박한 사람을 더 선호한다. 세련되고 잘 다듬어진 사람의 쓸모는 그릇과 같이 제한적이지만 투박하거나 질박한 사람의 쓸모는 통나무처럼 제한적이지 않아서이다. 예를 들어 그릇은 그 용도에 따라 밥그릇, 국그릇, 반찬그릇으로 나뉘지만 통나무 상태에선 밥이든 국이든 반찬이든 간에 모든 걸 한꺼번에 담을 수 있다. 그래서 투박하거나 질박한 사람은 일을 하는 데서도 밥, 국, 반찬 등으로 나누지 않고 통째로 처리한다.

이 때문에 성인이 조직의 장이 되면 다양한 직급의 사람을 굳이 필요로 하지 않는다. 사람만 그러한 게 아니다. 법과 정책도 마찬가지이다. 그래서 법을 필요 이상으로 구분하지 않고, 정책도 큰 방향만 제시할 뿐이다. 이는 생선을 구울 때 자주 뒤엎지 않는 이유이기도 하다. 이것이 바로 성인이 행하는 치도의 요체이다.

29장

천하를 (잘) 다스리고 싶어서 (억지로) 하려 해도
나는 어찌할 수 없음을 본다.
천하는 신령스럽고 괴이한 기물(神器)이어서
(천하를) 다스리는 게 가능하지 않다.
(그래서 천하를) 위한다는 자가 (오히려 천하를) 망가뜨리고,
(천하를) 붙잡는 자가 (오히려 천하를) 잃는다.
그래서 사람들 중에 어떤 이는 나아가지만 어떤 이는 따르고,
어떤 이는 코로 숨을 내쉬면서 (온기를) 더하지만
어떤 이는 입으로 불어서 (온기를) 식히고,
어떤 이는 (지나치게) 튼튼하지만 어떤 이는 (지나치게) 야위었고,
어떤 이는 (버티지 못해) 꺾이지만 어떤 이는 (버티기에) 위태롭다.
이 때문에 성인은 심함(甚)을 물리치고, 지나침(奢)을 물리치고,
대단함(泰)을 물리친다.

將欲取天下而爲之, 吾見其不得已.

天下神器 不可爲也. 爲者敗之, 執者失之.

故物 或行或隨, 或歔或吹, 或强或羸, 或挫或隳.

是以聖人去甚, 去奢, 去泰.

欲(하고자할 욕) 取(다스릴 취) 爲(위할 위) 不得已[어쩔 수 없음] 神器[신령스럽고 괴
이한 물건. 神(신 신) 器(기물 기)] 敗(망가질 패) 執(잡을 집) 物(만물 물, 천지 사이에 존재하
는 일체의 사물) 或(어떤 것 혹) 行(나아갈 행, 앞으로 나아가다) 隨(따를 수) 歔(콧김내쉴 허, 코
로 숨을 내쉬다) 吹(불 취, 불어서 식히다) 强(굳셀 강, 튼튼함) 羸(야윌 리) 挫(꺾을 좌, 꺾이다)
隳(위태로울 휴) 去(물리칠 거) 甚(심할 심, 지나침) 奢(지나칠 사) 泰(심히 태, 대단함)

천하(天下)를 (잘) 다스리고 싶어서(欲~取) (억지로) 하려 해도(將爲~而)
나(吾)는 어찌할 수 없음(不得已)을 본다(見).
천하(天下)는 신령스럽고 괴이한 기물(神器)이어서
다스리는(爲) 게 가능하지 않다(不可).
(그래서 천하를) 위하는(爲) 자(者)가 (오히려) 천하(之)를 망가뜨리고(敗),
(천하를) 붙잡는(執) 자(者)가 (오히려) 천하(之)를 잃는다(失).
그래서(故) 사람(物)들 중에 어떤(或) 이는 나아가지만(行)
어떤(或) 이는 따르고(隨),
어떤(或) 이는 코로 숨을 내쉬면서(歔) (온기를 더하지만)
어떤(或) 이는 입으로 불어서(吹) (온기를 식히고),
어떤(或) 이는 (지나치게) 튼튼하지만(强) 어떤(或) 이는 (지나치게) 야위고(羸),
어떤(或) 이는 (버티지 못해) 꺾이지만(挫)
어떤(或) 이는 (버티기에) 위태롭다(隳).
이 때문에(是以) 성인(聖人)은 심함(甚)을 물리치고(去),
지나침(奢)을 물리치고(去), 대단함(泰)을 물리친다(去).

성인은 심함(甚), 지나침(奢), 대단함(泰)을 물리친다

—

이 글은 무위(無爲), 즉 하고자 함이 없음과 관련한 내용으로 성인의 인도(人道)에 대해서 말한다. 이를 위해 노자는 먼저 유위(有爲), 즉 하고자 함이 있음의 한계를 보여준다. 그것은 "천하를 잘 다스리고 싶어서 억지로 하려 해도 나는 어찌할 수 없음을 본다."를 통해서이다. 여기서 '천하를 잘 다스리고 싶어서 억지로 하는' 게 유위의 단적인 예다. 이런 유위를 행하는 데도 천하를 잘 다스리는 게 불가능하다. 어째서일까? 천하는 신기(神器), 즉 신령스럽고 괴이한 기물이어서이다. 그래서 천하를 위한다는 자가 오히려 천하를 망가뜨리고, 천하를 붙잡는 자가 오히려 천하를 잃을 수 있다.

이처럼 천하의 일은 합리적으로 설명이 될 수 없다. 천하에는 다양한 것들이 함께 섞여 있어서이다. 여기서 말하는 물(物)은 천지 사이에 존재하는 일체의 사물이지만 해석의 편리를 위해서 여기서는 사람으로 제한하고자 한다. 그러면 "천하에 사는 사람들 중에 어떤 이는 나아가지만 어떤 이는 따른다."라고 해석된다. 이는 나아가는 군주도 있고 따르는 백성도 있다는 말이다. 또 어떤 경우에는 코로 숨을 내쉬면서 온기를 더하지만 어떤 경우에는 입으로 불어서 온기를 식힌다. 가령 추운 지방 사람들은 온기를 필요로 해 숨을 내쉬지만 더운 지방 사람들은 냉기를 필요로 해 입으로 숨을 분다. 또 어떤 이는 지나치게 튼튼하지만 어떤 이는 지나치게 야위었다. 또 어떤 이는 버티지 못해 꺾이지만 어떤 이는 버티므로 위태로움을 초래한다.

이 때문에 성인은 그 중간을 택한다. 그래서 꺾이지도 않지만 위태로

움도 초래하지 않는다. 또 지나치게 튼튼하지도 않지만 지나치게 야위지도 않다. 성인의 이런 모습은 심함(甚)을 물리치고, 지나침(奢)을 물리치고, 대단함(泰)을 물리칠 때 비로소 가능한 일이다. 심함, 지나침, 대단함은 우리 아는 것처럼 바람직스러운 게 결코 아니다. 마찬가지로 천하를 다스리는 데서도 심함, 지나침, 대단함은 훌륭한 게 아니다. 이것들은 의도한 바와 달리 엉뚱한 결과를 만들어낼 수 있어서이다. 그리고 이런 것들은 무엇보다 유위(有爲)를 행하도록 우리를 자극한다.

30장

도(道)로 군주를 돕는 사람은 무력으로 천하를 강제하지 않는다.

(천하의) 일은 근본으로 돌아가기를 좋아한다.

(그래서) 군사(師)가 머물던 곳에는 가시덤불이 자라나고,

대군이 지나간 후에는 반드시 흉년이 든다.

(이 때문에 무력을) 잘 사용하는 사람은 (목적만) 달성할 뿐

(무력을) 강하게 사용해 함부로 하지 않는다.

(그러니) 목적을 달성해도 뽐내선 안 되고,

목적을 달성해도 자랑해선 안 되고,

목적을 달성해도 속여선 안 되고,

목적을 달성해도 어쩔 수 없이 해야 하고,

목적을 달성해도 강하게 해선 안 된다.

(모든) 사물은 왕성하면 늙어지게 마련이다.

이를 일러 도와 어긋난다고 말하는데

도와 어긋나면 일찍 망한다.

以道佐人主者 不以兵强天下.

其事好還.

師之所處 荊棘生焉.,

大軍之後 必有凶年.

善者果而已., 不敢以取强.

果而勿矜, 果而勿伐, 果而勿驕, 果而不得已, 果而勿强.

物壯則老.

是謂不道 不道早已.

佐(도울 좌) 主(임금 주, 군주) 兵(군사 병, 군대 → 무력) 强(강요할 강 → 강제하다) 事(일 사) 好還[근본으로 돌아가기를 좋아함. 好(좋을 호) 還(돌아올 환)] 師(벼슬이름 사)=軍師 所(곳 소) 處(머무를 처) 荊棘[가시나무의 범칭 → 가시덤불. 荊(가시나무 형) 棘(가시나무 극)] 必(반드시 필) 凶年[흉년. 凶(흉할 흉)] 善(잘할 선) 果(이룰 과 → 달성하다) 而已[뿐이다. 已(뿐 이)] 取(취할 취 → 사용하다) 强(굳셀 강) 勿(아닐 물) 矜(자랑할 긍, 뽐내고 으스대다) 伐(자랑할 벌) 驕(속일 교) 不得已[어쩔 수 없음] 壯(굳셀 장, 왕성하다) 老(늙을 로) 무(일찍 조) 已(마칠 이, 끝나다 → 망하다)

도로(以~道) 군주(主者)를 돕는(佐) 사람(人)은

무력(兵)으로 천하를(以~天下) 강제하지(强) 않는다(不).

(천하의) 일(事)은 근본으로 돌아가기를 좋아한다(好還).

(그래서) 군사(師)가 머물던(處) 곳(所)에는 가시덤불(荊棘)이 자라나고(生),

대군(大軍)이 지나간 후(後)에는 반드시(必) 흉년(凶年)이 든다(有).

(이 때문에 무력을) 잘(善) (사용하는) 사람(者)은 (목적만) 달성할 뿐(果~而已)

(무력을) 강하게(强) 사용해(以~取) 함부로(敢) 하지 않는다(不).

(그러니) 목적을 달성해도(果~而) 뽐내선(矜) 안 되고(勿),

목적을 달성해도(果~而) 자랑해선(伐) 안 되고(勿),

목적을 달성해도(果~而) 속여선(驕) 안 되고(勿),

목적을 달성해도(果~而) 어쩔 수 없이(不得已) 해야 하고,

목적을 달성해도(果~而) 강하게(强) 해선 안 된다(勿).

(모든) 사물(物)은 왕성하면(壯~則) 늙어지게(老) (마련이다).

이(是)를 도(道)와 어긋난다고(不) 말하는데(謂)

도(道)와 어긋나면(不) 일찍(早) 망한다(已).

도(道)로 군주를 돕는 사람은
무력으로 천하를 강제하지 않는다

—

이 글은 치도(治道)에 관한 내용인데 그 중에서도 특히 군사 문제와 관련한 치도이다. 노자는 "도(道)로 군주를 보좌하는 사람은 천하를 무력으로 강제하지 않는다."라고 말한다. 어째서 그러한가? 무력으로 천하를 강제하더라도 천하의 일은 근본으로 돌아가기를 좋아해서이다. 그래서 군대가 주둔했던 곳에는 반드시 가시덤불이 자라나고, 큰 전쟁이 끝난 후에는 반드시 흉년이 들게 마련이다. 이것이 천하가 근본으로 돌아가는 현상이다. 그러니 천하를 무력으로 아무리 강제해도 시간이 흐르면 용수철처럼 원래의 상태로 되돌아오게 마련이다.

그래서 무력을 잘 사용하는 사람은 목적만 달성할 뿐 무력을 함부로 강하게 사용하지 않는다. 그러니 무력으로 목적을 달성한다 해도 뽐내서도 안 되고, 자랑해서도 안 되고, 속여서도 안 되고, 강하게 해서도 안 된다. 어쩔 수 없이 그렇게밖에 할 수 없다는 심정으로 무력을 조심스레 사용해야 한다. 그리고 모든 사물은 왕성하면 늙어지게 마련이다. 군주가 무력으로 진압해서 혹 자신의 왕성함을 뽐낸다 해도 언젠가 군주는 늙고 만다. 그럼에도 불구하고 군주가 이런 자연 현상을 받아들이지 않으면 이를 두고 도와 어긋난다고 말한다. 그런데 도와 어긋나면 일찍 망하게 마련이다.

31장

예리한 병기는 상서롭지 못한 기물이라 사람들이 늘 싫어한다.

그래서 도를 따르는 자는 (이런 병기에 흡족해하면서) 머물지 않는다.

군자가 평소라면 왼쪽을 귀히 여기지만

전시라면 오른쪽을 귀히 여긴다.

병기는 상서롭지 못한 기물이라 군자의 기물이 아니다.

(군자는) 어쩔 수 없이 (병기를) 사용하고,

(병기에 대해) 욕심 없는 담담한 마음을 최상으로 여긴다.

(또) 싸움에 이겨도 즐겁다고 여기지 않는다.

그런데도 즐겁다고 하면 이는 살인을 즐기는 일이다.

살인을 즐기면 천하에서 뜻을 얻을 수 없다.

(흔히) 좋은 일에는 왼쪽을 받들고, 궂은 일에는 오른쪽을 받든다.

(그리고) 편장군은 왼쪽에 자리하고, 상장군은 오른쪽에 자리한다.

(이러한 받듦과 자리의 배치는) 상례(喪禮)로 대처한다는 말이다.

(이는) 죽은 이가 많아 슬픔으로 소리 없이 눈물 흘리며 우는 일이다.

(이처럼) 싸움에 이겨도 상례로 대처한다.

夫佳兵者 不祥之器., 物或惡之.

故有道者不處.

君子居則貴左., 用兵則貴右.

兵者 不祥之器., 非君子之器.

不得已而用之., 恬淡爲上.

勝而不美., 而美之者 是樂殺人.

夫樂殺人者 則不可以得志於天下矣.

吉事尙左, 凶事尙右.

偏將軍居左, 上將軍居右., 言以喪禮處之.

殺人之衆, 以哀悲泣之., 戰勝以喪禮處之.

———

佳兵[예리한 병기. 佳(좋을 가) 兵(무기 병)] 祥(상서로울 상) 器(기물 기) 或(늘 혹) 惡(싫어할 오) 處(머물 처) 居(평소 거) 貴(귀히여길 귀) 恬淡[욕심이 없고 마음이 담담함. 恬(덤덤할 념) 淡(담박할 담)] 勝(이길 승) 美(즐거움 미) 樂(좋아할 요, 즐기다) 志(뜻 지) 吉(길할 길, 좋은) 尙(숭상할 상 → 받들다) 凶(흉할 흉) 偏將軍[부(副)장군. 偏(군대조직 편)] 居(차지할 거) 上將軍[전군의 총대장] 處(대처할 처) 衆(많을 중) 哀(슬플 애) 悲(슬플 비) 泣(울 읍, 소리 없이 눈물 흘리며 울다) 戰(싸울 전)

———

모름지기(夫) 예리한 병기(佳兵~者)는 상서롭지(祥) 못한(不) 기물(器)이라 사람(物)들이 그것(之)을 늘(或) 싫어한다(惡).

고로 도를 따르는 자(道者)는 (병기에 흡족해하면서) 머물지(處) 않는다(不).

군자(君子)가 평소라면(居~則) 왼쪽(左)을 귀히(貴) 여기고,

전시라면(用兵~則) 오른쪽(右)을 귀히(貴) 여긴다.

병기(兵者) 상서롭지(祥) 못한(不) 기물(器)이라

군자(君子)의 기물(器)이 아니다(非).

(군자는) 어쩔 수 없이(不得已~而) 병기(之)를 사용하고(用),

(병기에 대해) 욕심 없는 담담한 마음(恬淡)을 최상으로 여긴다(爲~上).

(또) 싸움에 이겨도(勝~而) 즐겁다고 여기지(美) 않는다(不).

그런데도(而) 즐겁다고 하면(美~則) 이(是)는 살인(殺人)을 즐긴다(樂).

살인(殺人)을 즐기면(樂~者)

천하에서(於~天下) 뜻(志)을 얻을(以~得) 수 없다(不可).

(흔히) 좋은(吉) 일(事)에는 왼쪽(左)을 받들고(尙),

궂은(凶) 일(事)에는 오른쪽(右)을 받든다(尙).

편장군(偏將軍)은 왼쪽(左)에 자리하고(居),

상장군(上將軍)은 오른쪽(右)에 자리한다(居).

이런 받듦과 자리 배치(之)는 상례로(以~喪禮) 대처한다는(處) 말이다(言).

(이는) 죽은(殺) 사람(人)이 많아서(衆) 그 슬픔으로(以~哀悲)

소리 없이 눈물을 흘리며 우는(泣) 일이다.

(이처럼) 싸움(戰)에 이겨도(勝) 상례로(以~喪禮) 대처한다(處).

병기는 상서롭지 못한 기물이라
군자의 기물이 아니다

—

이 글도 앞의 글과 마찬가지로 치도(治道)에 관한 내용을 다룬다. 그 중에서도 군사 문제와 관련한 치도에 대해 언급한다. 예리한 무기, 즉 성능이 뛰어난 무기는 상서롭지 못한 기물이다. 그래서 사람들은 이런 무기를 사용하는 걸 꺼린다. 물론 성능이 뛰어난 무기를 동원하면 싸움에서 이길 가능성이 높다. 그래서 무기를 끊임없이 개발해 온 것도 사실이다. 그렇지만 무기의 성능이 뛰어날수록 사람들을 한꺼번에 많이 죽이므로 이런 무기는 결코 상서롭지 못하다. 그러니 성능이 뛰어난 무기에 대해서 사람들이 싫어하는 건 당연하다. 게다가 성능이 뛰어난 무기는 언제든지 자신에게도 향할지 모른다. 그래서 도를 따르는 사람은 무기의 뛰어난 성능을 두고서 칭송하거나 찬미하지 않는다.

평상시라면 군자는 왼쪽을 소중히 여긴다. 반면 전시라면 군자는 오른쪽을 소중히 여긴다. 군자가 전시에 왼쪽보다 오른쪽을 소중히 여기는 건 전투가 벌어지면 사람들이 많이 죽어서이다. 그러니 오른쪽을 소중히 여기는 건 전쟁이 빚어내는 슬픔을 감안한 조치이다. 병기는 더욱 상서롭지 못해서 군자의 기물이 될 수 없다. 물론 군자일지라도 병기를 어쩔 수 없이 사용해야 하는 경우가 발생하지만 이럴 때는 담담한 마음으로 사용하는 걸 최상으로 삼는다. 또 군자는 싸움에 이겨도 즐겁다고 여기지 않는다. 만약 즐겁다고 여기면 이는 살인을 즐겨한 탓이 아니겠는가. 전쟁을 통해 살인을 즐기면 그런 사람은 천하에서 자신의 뜻을 얻을 수 없다. 무력으로 나라를 확장할 수 있어도 좋은 정치를 베풀 수 없어서이다.

사람들이 싸움에서 이길 때는 왼쪽을 받들지만 싸움에서 질 때는 오른쪽을 받든다. 이처럼 받드는 방향이 바뀌는 데는 나름 이유가 있다. 싸움에서 이기는 것처럼 좋은 일에 왼쪽을 받드는 건 당연하다. 그렇지만 싸움에서 지는 것처럼 궂은 일에 오른쪽을 받드는 건 죽은 사람이 많이 생겨나서이다. 또 부(副)사령관에 해당하는 편장군이 왼쪽에 위치하고, 총(總)사령관에 해당하는 상장군이 오른쪽에 위치한다. 이는 부사령관을 총사령관에 비해 더 높이 받드는 일인데 이런 자리 배치에도 나름 이유가 있다. 편장군을 왼쪽에 두는 건 편장군이 적을 상대로 직접 싸움을 벌여야 하므로 어쩔 수 없이 피를 많이 묻혀야 하는 위치에 있어서이다. 이처럼 싸움에 져서 사상자가 많이 나거나 아니면 피를 많이 묻히는 편장군을 높이 받드는 건 오로지 상례(喪禮)로 대처해서이다.

상례로 대처하는 일은 사람이 많이 죽어 그 슬픔으로 소리 없이 눈물을 흘리며 우는 일이다. 그러니 싸움에 이겨도 상례로 대처하는 게 마땅하다. 그만큼 사람의 죽음에 대해 안타깝고 슬픈 마음을 지녀야 한다. 그래서 전쟁에 이겼다고 축하연을 열어선 안 된다. 오히려 추모모임을 가져야 한다. 어째서 그러한가? 죽은 사람들이 많아 소리 없이 눈물을 흘리면서 울지언정 기뻐할 수 없기 때문이다. 이렇게 보면 노자가 전쟁 자체를 반대한 게 아니다. 노자가 전쟁을 반대한 건 오로지 많은 사상자가 생겨나서이다. 그러니 성능이 뛰어난 무기를 동원해 무분별한 살인을 자행하면 이런 전쟁을 노자는 더욱 혐오했으리라 본다.

병기는 상서롭지 못한 기물이라

군자의 기물이 아니다

32장

도는 늘 이름이 없다.

통나무 상태로 있는 (도가) 비록 하찮아도

천하는 도를 신하로 삼을 수 없다.

제후나 왕이 도를 잘 지킬 수 있으면 만물은 저절로 복종한다.

하늘과 땅이 서로 화합해서 감로를 내리듯이

백성은 아무런 법령이 없어도 스스로 반듯해진다.

(통나무를) 치수에 맞추어 베고 자르기 시작하면서 이름이 생겨났다.

(그러니) 이름도 이미 있었던 셈이다.

만물도 (스스로) 멈추려 하는 것을 안다.

멈춤을 알기에 가히 (만물이) 피곤하지 않다.

도가 천하에 있음을 비유하면

(모든) 냇물이 강과 바다로 흘러들어가는 것과 같다.

道常無名.

樸雖小 天下莫能臣也. 侯王若能守之, 萬物將自賓.

天地相合以降甘露., 民莫之令而自均.

始制有名, 名亦旣有.

夫亦將知止., 知止可以不殆.

譬道之在天下, 猶川谷之於江海.

樸(통나무 박) 賓(귀복할 빈, 복종하다) 降(내릴 강) 甘露[단 이슬. 甘(달 감) 露(이슬 로)]
均(가지런히할 균 → 반듯해지다) 制(마를 제, 치수에 맞춰 자르다) 殆(피곤할 태) 譬(비유할 비)

도(道)는 늘(常) 이름(名)이 없다(無).

통나무(樸) 상태로 있는 (도가) 비록(雖) 하찮아도(小)

천하(天下)는 (도를) 신하(臣)로 삼을 수 없다(莫~能).

만약(若) 제후(侯)나 왕(王)이 도(之)를 잘 지킬 수(能~守) 있으면

만물(萬物)은 저절로(自) 복종한다(將~賓).

하늘(天)과 땅(地)이 서로(相) 화합해서(合)

그럼으로써(以) 감로(甘露)를 내리듯이(降)

백성(民)은 아무런 법령(令)이 없어도(莫~而) 스스로(自) 반듯해진다(均).

치수에 맞추어 베고 자르기(制) 시작하면서(始) 이름(名)이 생겨났다(有).

(그러니) 이름도(名~亦) 이미(旣) 있었던(有) 셈이다.

(만물)도(亦) (스스로) 멈추려 하는(將~止) 것을 안다(知).

멈춤(止)을 알기에(知) 가히(可) (만물이) 피곤하지(殆) 않다(不).

도(道)가 천하(天下)에 있음(在)을 비유하면(譬)

(모든) 냇물(川谷)이 강과 바다로(於~江海) (흘러들어가는 것과) 같다(猶).

도는 늘 이름이 없다(道常無名)

—

이 글은 중간에 생략된 내용이 많아 논리가 다소 튀면서 전개된다. 그러니 생략된 내용을 복원해서 글의 큰 줄기를 찾는 게 무엇보다 중요하다. 그러려면 우리의 상상력을 많이 동원해야 한다. 이 글은 도상무명 (道常無名), 즉 '도는 늘 이름이 없다.'라고 시작한다. 어째서 도에는 이름이 없을까? 도는 통나무와 같아서이다. 통나무는 그 자체일 뿐 여기에 어떤 구체적인 이름이 없다. 마찬가지로 통나무에 구체적인 이름이 없는 것처럼 도에도 구체적인 이름이 없다. 그런데 통나무라도 치수에 맞추어서 베고 자르면 여러 종류의 그릇이 생겨난다. 그러면 그 때부터 밥그릇, 국그릇, 반찬그릇 등의 구체적인 이름이 여기에 제각각 붙여진다. 만물에도 이런 식으로 이름이 붙여진다.

1장에서 "무(無)는 천지의 시작이고, 유(有)는 만물의 어미이다."라고 말한 것도 이와 관련이 크다. 천지의 시작은 모든 게 혼재되어 분리되지 않은 혼돈(混沌)의 상태로 있다. 통나무도 이런 상태이다. 그런데 혼돈의 상태일지라도 여기에 어떤 질서가 부여되면 여러 종류의 생명체가 생겨난다. 동아시아철학은 이런 질서를 리(理)로, 그리고 생명체가 생겨나는 것을 기(氣)의 응집이라고 말한다. 이것이 만물의 어미로서 역할에 해당한다. 그리고 여러 종류의 생명체가 생겨나면서 여기에 원숭이, 코끼리, 사자 등 온갖 구체적인 이름이 붙여진다. 이는 통나무에서 생겨난 그릇들에 제각각 이름이 붙여지는 것과 똑같은 원리이다.

통나무의 경쟁력은 이름이 없어서이다

그런데 도가 이름조차 없는 통나무 상태로 있으면 누구라도 도를 하찮게 여긴다. 그렇더라도 천하조차 도를 신하로 삼을 수 없다. 도가 통나무처럼 질박하고 진실 되기에 어느 누구도 함부로 대할 수 없어서이다. 그래서 제후나 왕도 이 도를 잘 지켜서 나라를 다스리면 만물이 저절로 복종한다. 어째서 이런 일이 가능할까? 그것은 하늘과 땅이 서로 화합해서 감로를 내리듯이 왕도 이 도를 잘 지키면 법령이 없어도 백성이 알아서 스스로 반듯해지기 때문이다. 이것이 통나무와 같은 도가 지닌 숨어 있는 경쟁력이다. 이런 식으로 백성은 왕의 명령에 저절로 복종한다.

물론 통나무를 치수에 따라 베고 자르면 여기에 갖가지 명칭이 생겨날 수밖에 없으므로 이름도 이미 있는 셈이다. 그래서 여기에 새로운 이름을 덧붙인다면 이는 군더더기이다. 예를 들어 반찬그릇이면 충분한데 이것을 김치용 반찬그릇, 나물용 반찬그릇, 생선용 반찬그릇 따위로 굳이 구별할 필요가 없다. 그런데도 사람들은 이런 식으로 구분하는 걸 소위 세련된 의미구분이라고 여긴다. 그래서인지 김치용, 나물용, 생선용 차원에서 그치는 게 아니라 보다 정교하고 세분화하려고 든다. 그 결과 김치용 그릇이 배추김치용 그릇, 총각김치용 그릇, 열무김치용 그릇으로 또다시 나뉜다. 이런 식의 이름 짓기는 오늘날 과학의 이름으로 더욱 기승을 부린다. 예를 들어 0과 1의 조합으로 구성된 바코드를 통해서 모든 사물을 엄격히 구분하는 게 단적인 예다.

만물은 인간과 달리 적당한 선에서 멈추는 걸 안다. 그래서 의미구분이 어느 정도 이루어지면 거기서 멈출 줄 안다. 동아시아사상을 특징짓는 오행설(五行說)도 이런 정신에서 비롯되었다고 본다. 다섯으로 구분하면 자연의 결을 가능한 적게 훼손하면서 이 정도의 의미구분만으로도 커뮤니케이션을 충분히 할 수 있다고 믿어서이다. 그래서 색은 청·적·황·백·흑으로, 소리는 궁·상·각·치·우로, 맛은 신맛·쓴맛·단맛·매운맛·짠맛으로 구분할 뿐이다. 오감만 다섯으로 구분하는 게 아니다. 방향도 동·서·남·북·중앙으로, 날짜도 목·화·토·금·수로, 신체의 장기도 간·심장·비장·폐·신장으로 구분한다.

오행설(五行說)은
이름 적음과 이름 많음의 절묘한 조화이다

물론 다섯으로만 구분하면 의미가 구체적이지 못하고 추상적이 된다. 그래서 방향, 요일, 장기, 오감 등을 종으로뿐 아니라 횡으로도 연결시켜 서로의 관련성을 높여서 추상성의 한계를 극복한다. 예를 들어 오행의 목(木)은 방향에선 동쪽이고, 계절에선 봄이고, 지연현상에선 바람이고, 시간에선 오전 3시 반부터 8시 20분 사이이고, 의미에선 창조와 생명과 신생(新生), 즉 새로 태어남이고, 도리에선 인(仁)이고, 색에선 푸른색이고, 맛에선 신맛이고, 소리에선 각(角)음이고, 오장에선 간이고, 육부에선 쓸개이고, 살과 뼈에선 근육이고, 얼굴에선 왼쪽 볼이다. 이처럼 횡으로 연결시킴으로써 오행설의 한계인 추상성을 극복한다. 이럼으로써 보다 구체적으로 이루어지는 의미구분의 효과와 같아지도록 만든다. 아래에 제시된 표를 참조하면 보다 쉽게 이해될 것이다.

이런 오행설이 보여주는 것처럼 만물은 자신의 이름을 짓는 데서도 스스로 적당한 선에서 멈춰야하는 걸 안다. 그럼으로써 스스로 피곤해지는 법이 없다. 어째서 그러할까? 색깔의 경우 푸른색 정도면 충분한데 이를 구분해서 '하늘색에 가까운 옅은 푸른색'으로 이름을 붙이면 푸른색의 의미를 지닌 사물도 피곤할 뿐더러 사물들 간의 커뮤니케이션

오행	방향	계절	자연현상	시간	의미	도리	감각			육체			
							색	맛	음	오장	육부	육골	얼굴
목	동	봄	바람	3:30~8:20	창조·생명·신생	인	청	신맛	각	간	쓸개	근육	왼볼
화	남	여름	뜨거움	8:20~13:10	생성·정열·적극	예	적	쓴맛	치	심장	소장	혈관	이마
토	중심	환절기	습함	13:10~18:00	고귀함	신	황	단맛	궁	비장	위	살	코
금	서	가을	건조함	18:00~22:40	결백·진실·순결	의	백	매운맛	상	폐	대장	피부	오른볼
수	북	겨울	차가움	22:40~3:30	인간의 지혜	지	흑	짠맛	우	신장	방광	뼈	턱

도 불편해진다. 정확한 개념, 체계적인 논리, 바른 문법 등이 동원되어야 해서이다. 이름뿐만 아니다. 법령도 마찬가지이다. 법령이 많아지면 사회정의가 더 잘 구현될지 모르지만 법의 적용을 받는 백성은 피곤해지게 마련이다. 그래서 백성을 피곤하지 않게끔 하려면 군주는 최소한의 법을 운용해야 한다.

많은 냇물들이 여러 곳에서 흘러도 결국은 큰 강과 바다로 모이게 마련이다. 그래서 냇물 단계에서는 흐르는 물이 서로 다르게 보여도 큰 강과 바다에서 합쳐지면 똑같은 물이 되고 만다. 노자에 따르면 이것이 천하에 도가 있다는 증거이다. 도는 큰 강과 바다처럼 모든 것을 수렴해서이다. 그래서 큰 강과 바다쯤에 해당하는 큰 법만 갖고 운용하는 게 도에 입각한 다스림이다. 법이 많아지면 그 법은 당연히 작은 법이 될 수밖에 없다. 그리고 작은 법은 냇물 정도의 역할밖에 수행하지 못한다. 이 장에서 말하는 치도(治道)의 요체가 이것이다. 그리고 이런 치도는 통나무처럼 이름이 없는 천도(天道)에서 비롯된다는 것을 노자는 또다시 강조해 말한다.

33장

남을 알면 총명(智)하지만 자신을 알면 밝다(明).

남을 이기면 힘(力)이 있지만 자신을 이기면 굳세다(强).

(스스로) 분수에 만족하면 넉넉하지만(富)

힘써 행하면 사심(志)이 있다.

(그래서) 그 자리를 잃지 않아야 오래 간다.

(그리고) 죽더라도 잊히지 않아야 오래 산다.

知人者智, 自知者明.

勝人者有力, 自勝者强.

知足者富, 强行者有志.

不失其所者久.,

死而不亡者壽.

―――――

者(~면 자) 智(총명할 지) 自知[자기 자신을 알다. 自(스스로 자)] 明(밝을 명, 사리에 밝다) 勝(이길 승) 力(힘 력) 强(굳셀 강) 足(넉넉할 족, 분수에 만족하다) 富(넉넉할 부) 强行[어려움을 무릅쓰고 행함. 强(억지로 강) 行(행할 행)] 志(사심 지, 바르지 않은 생각) 失(잃을 실) 所(곳 소, 자리) 久(오래갈 구, 변하지 아니하다) 死(죽을 사) 亡(잊을 망) 壽(오래살 수)

―――――

남(人)을 알면(知~者) 총명(智)하지만 자신(自)을 알면(知~者) 밝다(明).

남(人)을 이기면(勝~者) 힘(力)이 있지만(有)

자신(自)을 이기면(勝~者) 굳세다(强).

(스스로) 분수에 만족함(足)을 알면(知~者) 넉넉하지만(富)

힘써(强) 행하면(行~者) 사심(志)이 있다(有).

(그래서) 그(其) 자리(所)를 잃지(失) 않아야(不~者) 오래 간다(久).

(그리고) 죽더라도(死~而) 잊히지(亡) 않아야(不~者) 오래 산다(壽).

남을 알면 총명하지만
자신을 알면 사리에 밝다

—

이 글은 인도(人道)를 언급하는 내용이다. 그래서 "남을 알면 총명(智)하지만 자신을 알면 밝다(明)."라고 시작한다. 우선 총명함과 밝음의 차이에 대해 알아보자. 지(智)는 지혜롭다는 뜻으로 주로 해석되는데 여기서는 총명하다로 해석하는 게 타당하다. '남을 아는' 것을 총명하다로 규정해야 '자신을 아는' 밝음(明)과 대조가 잘 이루어져서이다.

그런데 총명함은 주로 감각기관과 관련이 있다. 귀가 밝은 것을 총(聰)이라 하고, 눈이 밝은 것을 명(明)이라 한다. 그래서 총명함은 눈과 귀가 밝다는 뜻이다. 이에 비해 '자신을 아는' 명(明)은 '눈이 밝은' 명(明)과 그 밝음의 깊이에서 다르다. 명(明)이란 글자를 파자하면 어째서 그런지 확실히 알 수 있다. 명은 해(日)와 달(月)의 합성어이다. 그래서 해의 밝음과 달의 밝음을 함께 지닌다. 이런 점을 감안하면 '자신을 아는' 명(明)은 귀와 눈의 밝음을 넘어서 깊은 의미의 밝음까지 포함하고 있음을 알 수 있다.

그렇다면 해(日)와 달(月)의 밝음이란 구체적으로 무엇일까? 해의 밝음은 우리가 익히 아는 밝음으로 만물을 환히 비추는 밝음이다. 그 밝음이 그림자를 만들고, 그리고 그 밝음이 강할수록 그림자가 더욱 짙어진다. 그래서 밝음과 어둠이 늘 공존하게 마련이다. 이런 식의 밝음과 어둠의 상이한 공존은 우리의 사유를 '네/아니오' 식의 이항(二項) 대립으로 고착시키는 데 적지 아니 기여했다. 그 결과 논리적 사유가 우리에게 자연스럽게 정착되었다고 보는데 이렇게 정착된 논리적 사유가 우리의 분석력을 높이는 데 크게 일조했다.

반면 달의 밝음은 해의 밝음처럼 환하지 않고 희미하다. 달의 밝음이 이처럼 희미하기에 달의 밝음을 통해서는 대상이 잘 드러나지 않는다. 그래서 달빛 하에선 우리의 온갖 추측과 궁리가 동원되어야 대상을 제대로 확인할 수 있다. 그리고 이런 과정을 통해서 우리의 상상력은 보다 자연스럽게 확장될 수 있다. 예를 들어 '달빛(月光) 소나타'라는 개념은 우리에게 익숙해도 '햇빛(日光) 소나타'라는 개념은 어색하다는 느낌을 받는다. 이런 느낌은 해와 달의 상상력 차이에서 비롯된다고 본다. 따라서 '자신을 아는' 밝음은 '남을 아는' 총명함과 그 밝음의 깊이에서 도저히 비교될 수 없다. '자신을 아는' 밝음의 깊이가 그만큼 깊어서이다.

"남을 이기면 힘이 있지만 자신을 이기면 굳세다."라는 내용도 이런 식의 설명이 가능하다. 그래서 힘(力)과 굳셈(强)의 차이를 아는 일이 중요하다. 힘은 체력과 관련된 것으로 이것은 물리적 차원의 힘에서 그친다. 반면 굳셈은 물리적 힘을 넘어서 정신적 힘까지 포함한다. 군대에서 군사훈련 못지않게 정훈교육이 중요한 건 이 때문이라고 본다. 그래서 굳셈은 힘 그 자체보다 훨씬 강하다. 또 "스스로 분수에 만족하면 넉넉하지만 힘써 행하면 사심이 있다."라는 내용도 마찬가지 방식으로 설명이 가능하다. 그래서 넉넉함(富)과 사심(志)의 차이를 아는 일이 무엇보다 중요하다. 그렇더라도 넉넉함과 사심의 차이는 너무나 분명해 여기서 따로 설명할 필요는 없다.

노자는 어째서 총명함(智)과 밝음(明), 또 힘(力)과 굳셈(强), 그리고 넉넉함(富)과 사심(志) 있음의 비교를 시도할까? 사람들이 자신의 위치를 잃지 않아야 함을 강조하기 위해서이다. 그래서 남을 알기 전에 자신을 알아야 하고, 또 남을 이기기에 앞서 자신을 이겨야 하고, 그리고 힘써 행하는 대신 자신의 분수에 만족할 줄 알아야 한다. 노자는 이런 행동이라야 오래 간다고 믿는다. 그래서 이런 행동을 두고 밝음(明), 굳셈(强), 넉넉함(富)이라는 긍정적 표현을 사용했다. 이에 반해 자신을 알기 전에 남을 알고, 자신을 이기기 전에 남을 이기고, 분수에 만족할 줄 모르고 여전히 힘써 행하는 것을 두고, 총명(智), 힘(力), 사심(志)이라는 부정적 표현을 사용했다. 이것들은 오래가지 못하는 거라서 노자는 이에 대해 부정적 견해를 밝혔다.

오래 사는 일도 마찬가지 방식으로 설명이 가능하다. 죽더라도 사람들에게 잊히지 말아야 정말로 오래 사는 일이다. 그런데 이 내용은 어째 노자답지 못하고 유가 쪽에 가깝다는 느낌을 받는다.

남을 알면 총명하지만

자신을 알면 사리에 밝다

34장

큰 도에선 물이 넘쳐흐른다!

(그래서 큰 도는) 왼쪽이나 오른쪽에 두루 퍼질 수 있다.

만물은 (이런) 큰 도를 믿고 의지해 태어났는데도

(큰 도는 이에 대해) 말하지 않는다.

(이처럼 큰 도는) 공을 이루고도 명성이 나지 않는다.

(큰 도는) 만물을 입혀주고 보살펴주는데도

주인 노릇을 하지 않아 늘 하고 싶음이 없다.

(그래서) 가히 대단하지 않다고 이름을 붙인다.

만물이 (큰 도로) 돌아가는데도 (도는) 주인 노릇을 하지 않는다.

(그래서) 가히 대단하다고 이름을 붙인다.

이럼으로써 (큰 도는) 끝내 스스로 대단하다고 여기지 않는다.

그래서 대단한 것을 이룰 수 있다.

大道氾兮., 其可左右.

萬物恃之而生而不辭.

功成不名有.

衣養萬物而不爲主 常無欲., 可名於小.

萬物歸焉而不爲主., 可名爲大.

以其終不自爲大 故能成其大.

氾(넘칠 범, 물이 넘쳐흐르다) 兮(감탄의 어조사 혜) 恃(믿을 시, 믿고 의지하다) 生(날 생) 辭(말
사) 功(공 공) 成(이룰 성) 名(이름 명, 공명 → 명성) 衣(옷입을 의) 養(기를 양 → 보살피다) 主
(주인 주) 常(늘 상) 於(될 어, ~이 되다) 小(작을 소, 대단치 않다) 歸(돌아갈 귀) 大(클 대, 대단
하다) 終(끝날 종 → 끝내)) 自(스스로 자) 成(이룰 성)

큰 도(大道)에선 물이 넘쳐흐른다(氾兮)!

(그래서 큰 도는) 왼쪽(左)이나 오른쪽(右)에 (두루 퍼질) 수(可) 있다.

만물(萬物)은 (이런) 큰 도(之)를 믿고 의지해(恃~而)) 태어났는데도(生~而)

(큰 도는 이에 대해) 말하지(辭) 않는다(不).

(이처럼 큰 도는) 공(功)을 이루고도(成) 명성(名)이 나지(有) 않는다(不).

(큰 도는) 만물(萬物)을 입혀주고(衣) 보살펴주는데도(養~而)

주인(主) 노릇을 하지(爲) 않아(不) 늘(常) 하고 싶음(欲)이 없다(無).

(그래서) 가히(可) 대단하지 않다고(於~小) 이름을 붙인다(名).

만물(萬物)이 (큰 도로) 돌아가는데도(歸~而)

(큰 도는) 주인(主) 노릇을 하지(爲) 않는다(不).

(그래서) 가히(可) 대단하다고(爲大) 이름을 붙인다(名).

이로써(以) (도는) 끝내(終) 스스로(自) 대단하다(爲大) 여기지 않는다(不).

그래서(故) 대단한(大) 것을 이룰 수(能~成) 있다.

큰 도(大道)에선 물이 넘쳐흐른다

———

큰 도에선 물이 늘 넘쳐흐른다. 그래서 큰 도는 왼쪽이든 오른쪽이든 간에 상관하지 않고 천하에 널리 두루 퍼질 수 있다. 이처럼 큰 도는 넘쳐흘러 널리 퍼지기에 큰 도의 은혜를 입지 않는 만물은 천하에 있을 수 없다. 그래서 모든 만물은 태어나면서부터 죽을 때까지 큰 도의 은혜에서 한 번도 벗어날 수 없다.

노자는 큰 도가 만물에 대해 베푸는 은혜를 만물이 태어나고 성장하고 죽는 시점으로 각기 구분해서 설명한다. 첫째 만물이 큰 도를 믿고 의지해 태어났는데도 큰 도는 이런 사실에 대해서 일체 함구한다. 그래서 큰 도는 공을 이루고도 명성이 세상에 드러나지 않는다. 둘째 큰 도는 만물이 성장할 때 입혀주고 보살펴주는데도 주인 노릇을 하지 않는다. 이처럼 큰 도는 하고 싶음(無欲)이 없이 만물을 상대한다. 그래서 사람들은 이런 큰 도를 가리켜서 혹 대단하지 않다고 여길 수 있다. 셋째 만물이 죽으면 결국 큰 도로 돌아가는데 이때 큰 도가 주인 노릇을 하는 법이 없다. 그래서 사람들은 이런 큰 도를 가리켜서 혹 대단하지 않다고 여길 수 있다.

이럼으로써 큰 도는 스스로 끝내 대단하다고 여기지 않는다. 그렇지만 이 때문에 정말로 대단한 것을 이룰 수 있다. 이것이 큰 도가 지닌 진정한 힘이다. 이런 표현방식은 3장에서도 이미 등장한 바 있다. 3장에서 "하고자 함이 없음(無爲)을 행하면 다스려지지 않는 바가 없다."[62]라는 게 그것이다. '하고자 함이 없어 하고자 함을 이룰 수 있는' 것처럼 여기서도 '대단하다고 여기지 않아 대단한 것을 이룰 수 있다.' 그만큼 도는 넘쳐 흘러서 만물이 모르는 사이에 큰 은혜를 베푼다.

---

62) 爲無爲 則無不治. (『도덕경』 3장)

35장

큰 도(大象)를 지키면 세상사람들이 오간다.

(세상사람들이) 오가는데도 (서로) 해치지 않으니까 크게 평안하다.

(아름다운) 음악과 (맛있는) 음식은

지나가던 나그네의 발길을 멈추게 한다.

(그런데) 도를 말로 표현하면 싱거워서 아무런 맛이 없다.

(또) 도를 보려고 해도 보이는 게 부족하고,

도를 들으려고 해도 듣는 게 부족하고,

(아무리) 사용해도 다하는 게 부족하다.

執大象 天下往.

往而不害 安平太.

樂與餌 過客止.

道之出口 淡乎其無味.

視之不足見., 聽之不足聞., 用之不足旣.

―――――

執(지킬 집) 象(도리 상) 往(갈 왕 → 오간다) 害(해칠 해) 安平[평안함. 安(편안할 안) 平(편
안할 평)] 太(클 태) 樂(풍류 악, 음악) 樂與餌[사람을 끌어당기는 좋은 사물의 비유. 樂
(즐길 락) 餌(먹이 이, 음식)] 過(지날 과) 客(나그네 객) 止(그칠 지, 멈추다) 出口[말을 함.
出(나갈 출, 안에서 밖으로 나가다) 口(입 구)] 淡(싱거울 담, 소금기가 없다) 味(맛 미) 視(볼
시) 見(볼 견) 聽(들을 청) 聞(들을 문) 用(쓸 용) 旣(다할 기)

―――――

큰 도(大象)를 지키면(執) 세상사람(天下)이 오간다(往).

(세상사람들이) 오가는데도(往~而) (서로) 해치지(害) 않으니까(不)

크게(太) 평안하다(安平).

(아름다운) 음악과 (맛있는) 음식(樂與餌)은

지나가던(過) 나그네(客)의 발길을 멈추게(止) 한다.

(그런데) 도(道)를 말로 표현하면(出口) 싱거워(淡) 아무 맛(味)이 없다(無).

(또) 도(之)를 보려고(視) 해도 보이는(見) 게 부족하고(不足),

도(之)를 들으려고(聽) 해도 듣는(聞) 게 부족하고(不足),

(아무리) 사용해도(用) 다하는(旣) 게 부족하다(不足).

큰 도를 지키면 세상사람들이 오간다

—

앞 장에 이어서 큰 도에 대한 설명이 계속된다. 앞 장에선 큰 도(大象)[63]를 가리켜서 물이 넘쳐흐르는 것 같다고 말했다. 여기선 큰 도를 지키면 세상사람들이 오간다고 말한다. 세상사람들이 오가는데도 서로를 해치지 않으니까 크게 평안하다고 말한다. 여기서 세상사람들이 오간다는 말은 백성이 늘어난다는 의미이다. 그리고 서로를 해치지 않는다는 건 정사가 잘 펼쳐진다는 의미이다. 그러니 이 장은 치도(治道)에 대해서 말한다.

세상사람들이 많이 오가려면 뭔가 유인책이 필요하다. 아름다운 음악과 맛있는 음식도 그 중 하나이다. 아름다운 음악과 맛있는 음식은 지나가던 나그네의 발길도 멈추게 하기 때문이다. 물론 이 글의 내용을 곧이곧대로 해석해선 안 된다. 여기서 아름다운 음악과 맛있는 음식은 정치적인 유인책의 한 비유일 뿐이다. 그래서 이 글은 정치공학에 입각한 나라 경영이 백성의 관심을 잠시나마 모을 수 있다는 내용으로 해석되어야 마땅하다. 노자가 살았을 당시 정치공학이란 아름다운 음악과 맛있는 음식처럼 주로 감관활동과 관련된 것으로 보인다. 따라서 몸을 튼튼히 하고 마음을 편안케 하는 생명활동과는 아무런 관련이 없다.

도는 담담해서 맛이 없을 뿐더러 보이지도 않고 들리지도 않는다. 그래서 도에 입각한 정치는 감관작용과는 아무런 관련이 없다. 대신 생명작용과는 깊은 관련이 있다. 그래서 도에 입각해서 다스림을 행하면 아

---

63) 도교에서는 도를 가리켜서 대상(大象)이라고 말한다.

름다운 음악과 맛있는 음식 같은 것으로 사람을 유인하지 않는다. 오로지 백성의 몸과 마음을 튼튼히 하는데 매진할 뿐이다. 이런 도는 사용하고 또 사용해도 끝나지 않는다. 그래서 보이지도 않고 들리지도 않지만 아무리 써도 다 쓰지 못한다. 그만큼 도의 작용이 무궁무진하다. 그런데 이것이 어떻게 가능할까? 짐작컨대 도는 맛도 없고 보이지도 않고 들리지도 않는 원형 그대로의 모습을 변함없이 간직해서이다. 그래서 오히려 끝없이 사용할 수 있다.

노자는 여기서 도의 기능에 대해서 『도덕경』의 다른 장에 비해 좀 더 체계적으로 설명한다. 먼저 도의 모습과 관련해선 보고자 해도 보이지 않고, 듣고자 해도 들리지 않는다고 말한다. 이처럼 도의 모습은 우리의 눈과 귀로 파악할 수 없다. 게다가 도를 미각으로 파악하면 싱거워서 아무런 맛이 없다. 도의 이런 모습은 14장에서 설명된 바 있다. "도를 보려고 해도 보이지 않아 평평함이라고 말하며, 들으려고 해도 들리지 않아 고요함이라고 말하며, 잡으려고 해도 잡히지 않아 은미함이라고 말한다."[64]가 그것이다. 장자도 이와 관련해서 다음과 같이 말한다.

도는 들을 수 없으니 들었다면 도가 아니고, 볼 수 없으니 보았다면 도가 아니고, 말할 수 없으니 말했다면 도가 아니다. 이것이 형체를 형상한 건 형체가 아니라는 것을 아는 일이다![65]

또 도의 기능과 관련해선 아무리 써도 다하는 게 부족하다고 말한다. 즉 사용하고 또 사용해도 끝이 없을 정도로 무궁무진하다는 의미이다.

---

64) 視之不見名曰夷., 聽之不聞名曰希., 搏之不得名曰微. (『도덕경』 14장)
65) 道不可聞 聞而非也., 道不可見 見而非也., 道不可言 言而非也., 知形形之不形乎! (『장자』 외편 「지북유」)

36장

장차 거두어들이고 싶으면 반드시 먼저 베풀어야 한다.

장차 약하게 하고 싶으면 반드시 먼저 강하게 해주어야 한다.

장차 무너지게 하고 싶으면 반드시 먼저 일으켜주어야 한다.

장차 빼앗고 싶으면 반드시 먼저 주어야 한다.

이를 일러 미명(微明), 즉 은미한 밝음이라고 말한다.

(은미한 밝음으로) 부드럽고 약한 것이 굳세고 강한 것을 이긴다.

(그래서) 물고기가 못을 벗어나선 안 되고,

국가권력이 사람을 가르쳐선 안 된다.

將欲歙之 必固張之.

將欲弱之 必固强之.

將欲廢之 必固興之.

將欲奪之 必固與之.

是謂微明.

柔弱勝剛强.

魚不可脫於淵.,

國之利器不可以示人.

將(장차 장) 欲(하고자할 욕) 歙(오무려들일 흡, 거두어들이다) 必(반드시 필) 固(우선 고 → 먼저) 張(베풀 장) 弱(약할 약) 强(굳셀 강) 廢(무너질 폐) 興(일으킬 흥) 奪(빼앗을 탈) 與(줄여) 微明[은미한 밝음. 즉 정미한 이치를 알아서 뚜렷한 효과를 거둔다는 의미. 微(작을 미) 明(밝을 명)] 柔弱[부드럽고 약함. 柔(부드러울 유) 弱(약할 약)] 勝(이길 승) 剛强[굳세고 강함. 剛(굳셀 강) 强(굳셀 강)] 魚(고기 어, 물고기) 脫(벗을 탈) 淵(못 연) 國(나라 국) 利器[국가권력. 利(날카로울 리) 器(그릇 기)] 示(가르칠 시)

장차(將) 거두고(歙) 싶으면(欲) 반드시(必) 먼저(固) 베풀어야(張) 한다.

장차 약하게(弱) 하고 싶으면(欲) 반드시 먼저 강하게(强) 해줘야 한다.

장차 무너지게(廢) 하고 싶으면(欲) 반드시 먼저 일으켜줘야(興) 한다.

장차 빼앗고(奪) 싶으면(欲) 반드시(必) 먼저(固) 주어야(與) 한다.

이(是)를 일러 미명(微明), 즉 은미한 밝음이라고 말한다(謂).

부드럽고(柔) 약한(弱) 것이 굳세고(剛) 강한(强) 것을 이긴다(勝).

(그래서) 물고기(魚)가 못을(於~淵) 벗어나선(脫) 안 되고(不可),

국가권력(國之利器)이 사람을(以~人) 가르쳐선(示) 안 된다(不可).

부드럽고 약한 것이
굳세고 강한 것을 이긴다

이 글은 치도(治道)를 설명하는 내용이다. 그리고 치도의 방향이 굳세고 강한 쪽이 아니라 부드럽고 약한 쪽이 되어야 한다는 내용이다. 부드럽고 약한(柔弱) 것이 굳세고 강한(剛强) 것을 이기기 때문이다. 부드럽고 약함을 강조하는 건 노자철학만이 지닌 특징이다. 그래서 『도덕경』에서도 이 점을 유난히 강조하는 내용이 몇 차례 등장한다. "천하에 지극히 부드러운 것이 천하에 지극히 단단한 것을 헤쳐 나간다."[66]와 "굳세고 강한 건 죽음의 무리이고, 부드럽고 약한 건 살아 있는 무리이다."[67]가 단적인 예다. 이 점이 강하고 굳셈을 앞세우는 제자백가의 다른 철학과 크게 비교된다. 병가, 법가, 유가도 이 점에선 예외가 될 수 없다.

병가, 법가, 유가를 자세히 들여다보면 이들이 반드시 강하고 굳셈만을 옹호한 건 물론 아니다. 예를 들어 병가의 뿌리가 노자에서 비롯된다는 사실을 감안하면 병가가 강하고 굳센 병법만을 옹호한 게 아님을 쉽게 이해할 수 있다. 그래서인지 손자 병법에선 부드럽고 약한 병법이 생각보다 많이 등장한다. 예를 들어 '강한 상대를 만나면 도망가라'는 그 유명한 36계처럼 약한 병법을 옹호한 것도 사실이다. 또 법가의 경우도 진시황의 통치처럼 굳센 법가의 전통만 있는 게 아니라 부드러운 법가

---

66) 天下之至柔, 馳騁天下之至堅. (『도덕경』 43장)
67) 堅强者死之徒 柔弱者生之徒. (『도덕경』 76장)

의 전통도 있다. 법(法)이란 글자를 파자하면 물(水)처럼 지나간다(去)라는 의미임을 알 수 있듯이 법가는 애초부터 물처럼 부드러운 전통을 지니고 생겨났다.

그런데 영토를 확장하는 데만 혈안이 된 군주들에게는 부드럽고 약한 치도의 원리가 잘 이해되지 않는다. 특히 노자가 살았던 춘추전국시대 군주들에게는 더욱 그러했다. 그럼에도 불구하고 부드러움과 약함을 굳세고 강함보다 우위에 두는 치도의 원리는 노자의 오랜 경험과 고뇌에서 비롯된 지혜의 소산이라고 본다. 그만큼 내공이 쌓여진 지혜에 해당한다. 그래서 노자도 이런 치도의 원리를 일러 미명(微明), 즉 은미한 밝음에서 비롯된 거라고 말한다. 그렇다면 어째서 부드러움과 약함의 치도의 원리가 은미한 밝음에서 비롯될까?

먼저 노자가 은미한 밝음을 통해 말하고자 하는 바를 파악해보자. 노자는 은미한 밝음을 여기서 정미한(微) 이치를 깨달아 뚜렷한(明) 효과를 거둔다는 의미로 사용했다. 이에 반해 보통의 군주가 선호하는 치도의 원리는 강하고 굳센 것인데 이는 은미한 밝음과는 거리가 멀다. 왜냐하면 강하고 굳센 치도의 원리는 정미한 이치를 통해서 얻어질 수 있는 게 아니라 단순한 이치만 통하더라도 얼마든지 얻어질 수 있기 때문이다. 사실 이런 단순한 이치는 누구나 쉽게 터득할 수 있기에 특별한 경험과 고뇌를 필요로 하지 않는다. 게다가 단순한 이치를 따르는 치도의 효과가 명백히 드러날지는 여전히 안개 속에 있다.

그런데 노자는 이런 은미한 밝음을 어떻게 깨달았을까? 이것이 이 글의 본론이다. 노자는 이를 위해 크게 네 가지 예를 든다. 첫째 "거두어들이고자 하면 반드시 먼저 베풀어야 하고", 둘째 "약하게 하고자 하면 반드시 먼저 강하게 해주어야 하고", 셋째 "무너지게 하고자 하면 반드시 먼저 일으켜주어야 하고", 넷째 "빼앗고자 하면 반드시 먼저 주어야 한다."이다.

먼저 '거두어들이고자 하면 반드시 먼저 베풀어야 한다'는 점에 대해서 알아보자. 백성에게 세금을 거두어들이고자 하면 백성에게 먼저 베풀어 먹고 살 수 있는 기반을 반드시 만들어줘야 한다. 또 '약하게 하고자 하면 반드시 먼저 강하게 해주어야 한다'는 것도 마찬가지 방식으로 설명이 가능하다. 상대국을 약하게 하려면 일단 강하게 만든 뒤 이로 말미암아 상대국 백성의 긴장이 해이해지게 만들어야 한다. 또 '무너지게 하고자 하면 반드시 먼저 일으켜주어야 하는' 것이나 '빼앗고자 하면 반드시 먼저 주어야 하는' 것도 마찬가지 방식으로 설명이 가능하다. 이런 이치를 아는 게 바로 미명(微明), 즉 은미한 밝음을 통해서이다.

이런 맥락에서 볼 때 물고기는 '약한' 못의 물에서 벗어나선 안 되고, '강한' 국가권력이 사람을 가르쳐선 안 된다. 설령 못의 물이 약하게 보여도 물고기에게 필요한 건 오로지 물이다. 그러니 백성이 약하게 보여도 백성에게 필요한 것은 물처럼 부드러운 군주의 치도이다. 또 국가권력이 강하게 보여도 백성을 가르치는 순간 군주로서의 권위가 무너진다. 그러니 강한 국가권력이라도 백성을 가르치는 식으로 유위(有爲)에 따라 집행되어선 안 된다. 그보다는 무위(無爲)에 따라 백성이 자발적으로 움직이도록 만들어주어야 한다.

부드럽고 약한 것이

굳세고 강한 것을 이긴다

37장

도(道)는 늘 하고자 함이 없는데도 이루지 못하는 게 없다.

제후와 왕이 (이런) 도를 지킬 수 있으면 만물은 저절로 자란다.

(만물이) 저절로 자라는데 (이를 일부로) 일으켜 세우고자 하면

나는 이름이 없는 통나무(無名之撲)로 이를 억누르려 한다.

이름이 없는 통나무 또한 하고자 함이 없다.

(통나무와 같은) 고요함으로 (도는) 하고자 함이 없기에

천하가 저절로 바르게 된다.

道常無爲 而無不爲.

候王若能守之 萬物將自化.

化而欲作 吾將鎭之以無名之樸.

無名之樸 夫亦將無欲.

不欲以靜 天下將自正.

———

守(지킬 수) 自化[저절로 화육됨. 즉 저절로 자라남. 自(스스로 자, 저절로) 化(될 화)] 作
(일으킬 작 → 일으켜 세우다) 鎭(억제할 진, 억누르다) 無名之樸[소박한 무위의 도] 靜(고
요할 정) 自正[저절로 바르게 되다. 自(스스로 자, 저절로)]

———

도(道)는 늘(常) 하고자 함이 없는데도(無爲~而)
이루지(爲) 못하는(不) 게 없다(無).
제후(侯)와 왕(王)이 만약(若) (이런) 도(之)를 지킬 수(能~守) 있으면
만물(萬物)은 저절로(自) 자란다(將~化).
(만물이) 저절로 자라는데(化~而) (이를) 일으켜 세우고자(作) 하면(欲)
나(吾)는 이름이 없는 통나무로(以~無名之樸) 이를 억누르려(將~鎭) 한다.
이름이 없는 통나무(無名之樸) 또한(亦) 하고자 함(將~欲)이 없다(無).
(통나무와 같은) 고요함으로(以~靜) (도는) 하고자 함(欲)이 없기에(不)
천하(天下)가 저절로(自) 바르게(將~正) 된다.

도(道)는 늘 하고자 함이 없는데도
이루지 못하는 게 없다

이 글도 앞 장에 이어서 치도(治道)에 대해 설명한다. 그리고 치도가 무위(無爲)로 이루어져야 함을 강조하므로 무위이치(無爲而治)가 이 글의 주제이다. 무위는 앞에서도 자주 등장해 이미 몇 차례 설명한 바 있는데 여기서 한 번 더 복습해 보자. 흔히 무위를 가리켜서 아무 것도 하지 않는다는 의미로 곧잘 해석한다. 그래서인지 무위의 의미가 무위도식(無爲徒食), 즉 아무 것도 하지 않고서 놀고먹는 것쯤으로 우리에게 익숙하다. 이런 부정적 의미는 유가가 만들어낸 게 아닌듯 싶다. 그런데 무위는 '아무 것도 하지 않는다'가 아니라 '하고자 함이 없다'는 게 보다 더 올바른 해석이다. 만약 하고자 함이 없는데도 일이 이루어지면 이는 하고자 함이 있어서(有爲) 일을 이루는 것보다 훨씬 더 바람직하다. 이런 식으로 무위를 정의해야 이 장의 해석도 깔끔하게 이루어진다.

이 장은 "도(道)는 늘 하고자 함이 없는데도 이루지 못하는 게 없다(無爲而無不爲)."라고 시작한다. 무위가 지닌 힘과 능력이 이 정도로 대단하다는 말이다. 그런데 '無爲而無不爲'라는 표현 자체가 우리의 관심을 끈다. 하고자 함이 없는데도(無爲~而) 어째서 이루지 못하는(不爲) 게 없을까(無)? 이것은 무위로 행하면 모든 일이 다 이루어진다는 것의 또 다른 표현이다. 이런 표현은 『도덕경』에 가끔씩 등장하는데 3장에서 처음으로 등장했다. 3장의 '爲無爲則無不治'가 그것이다. 이를 해석하면 '하고자 함이 없음(無爲)을 하면(爲~則) 다스려지지 않는(不治) 바가 없다(無)'이다. 이런 표현을 통해서 보더라도 무위의 원리가 치도(治道)에 적용되면 충분히 나라가 잘 다스려질 수 있다.

그래서 제후나 왕이 이런 무위의 도를 지킬 수 있으면 만물도 저절로 자라날 수 있다. 즉 무위는 하고자 함이 없는데도 뭔가를 이루어내므로 만물이 저절로 자라나는 게 충분히 가능하다. 춘하추동 계절의 변화에 따라 만물이 저절로 피어나고 성장하고 무르익고 수확되는 것만 보아도 무위의 도가 천하에 존재한다는 게 분명하다. 이처럼 만물이 저절로 자라나는데 사람들이 이를 일부로 일으켜 세운다면 이는 인위(人爲)에 따른 행동이다. 게다가 조장(助長)[68]의 고사에서처럼 억지로 자라도록 하면 이는 인위를 넘어서서 작위(作爲)에 속하는 일이다. 이럴 경우 만물은 오히려 죽을 수 있다. 그래서 노자는 '이름이 없는 통나무(無名之樸)', 즉 도로 인위든 작위든 간에 이런 일을 억누르겠다고 말한다.

참고로 여기서 필자가 '이름 없는 통나무'가 아니라 '이름이 없는 통나무'로 번역한 데 주목할 필요가 있다. '이름 없는 통나무'로 번역하면 통나무 자체에 이름이 없다는 의미이다. 그런데 노자는 '無名之樸'을 여기서 그런 의미로 사용하지 않았다. 오히려 통나무가 이름을 만들어내지 않는다는 의미로 '無名之樸'의 개념을 사용했다. 통나무를 쪼개면 온갖 그릇들이 만들어지는데 이럴 경우 그릇마다 제각각의 이름이 생겨난다. 그렇지만 노자가 말하는 통나무는 쪼개지지 않은 원래 상태의 통나무를 말한다. 따라서 '無名之樸'을 '이름을 만들지 않는 통나무', 이를 줄여서 '이름이 없는 통나무'로 번역하는 게 마땅하다.

'이름이 없는 통나무'란 개념은 앞서 32장에서도 등장한 바 있다. 거기선 '도는 늘 이름이 없다(道常無名)'라고 전제한 뒤 "통나무 상태로 있

---

68) 춘추시대 송(宋)나라의 고사로 한 농부가 곡식의 싹이 더디 자라자 어찌하면 빨리 자랄까 궁리하다가 급기야 싹의 목을 뽑아 싹이 자라는 걸 도와주었다(助長)는 내용의 얘기이다. 물론 그 곡식은 모두 말라 죽었다.

는 도가 비록 하찮아도 천하는 도를 신하로 삼을 수 없다. 그렇지만 제후나 왕이 이 도를 잘 지킬 수 있으면 만물은 저절로 복종한다."[69]라고 말한다. 그러니 32장에서도 '이름이 없는 통나무(無名之樸)' 개념으로 도를 설명하는 셈이다. 여기서도 32장과 마찬가지로 도를 '이름이 없는 통나무' 개념으로 설명한다. 노자는 '이름이 없는 통나무'가 하고자 함이 없음을 행하는 존재임을 전제한 뒤 "통나무와 같은 고요함으로 도는 하고자 함이 없기에 천하는 저절로 바르게 된다."라면서 이 장의 결론을 맺는다. 이것이 노자가 이상적으로 그리는 치도(治道)의 방식에 해당한다.

---

69) 樸雖小 天下莫能臣也. 侯王若能守之, 萬物將自賓. (『도덕경』 32장)

도(道)는 늘 하고자 함이 없는데도

이루지 못하는 게 없다

38장

높은 덕을 지닌 사람(上德)은 덕이 없음으로 덕이 있고,

낮은 덕을 지닌 사람(下德)은 덕을 잃지 않음으로 덕이 없다.

높은 덕을 지닌 사람은 하고자 함이 없어(無爲)

(덕을) 인위적으로 행하지 않고,

낮은 덕을 지닌 사람은 하고자 함이 있어(爲)

(덕을) 인위적으로 행한다.

(그런데) 높은 인을 지닌 사람(上仁)은 하고자 함이 있어

인을 인위적으로 행하고,

높은 의를 지닌 사람(上義)도 하고자 함이 있어

의를 인위적으로 행하고,

높은 예를 지닌 사람(上禮)도 하고자 함이 있어

누군가 (예를) 따르지 않으면 옷소매를 걷어 올리고서 끌어당긴다.

그러므로 도를 잃은(失道) 후에 덕(德)이 그 뒤를 잇고,

덕을 잃은(失德) 후에 인(仁)이 그 뒤를 잇고,

인을 잃은(失仁) 후에 의(義)가 그 뒤를 잇고,

의를 잃은(失義) 후에 예(禮)가 그 뒤를 잇는다.

예(禮)는 진심과 신의가 엷어져 생겨나기에 근심의 시작이다.

(이런 사실을) 먼저 깨달으면 도의 꽃피움(華)이지만

(깨닫지 못하면) 어리석음의 시작(始)이다.

이 때문에 대장부는 도의 두터움에 머물고, 도의 엷음에 머물지 않는다.

(또 도의) 열매 맺음에 처하고, (도의) 꽃피움에 처하지 않는다.

그러므로 저것을 버리고 이것을 취한다.

上德不德 是以有德.,

下德不失德 是以無德.

上德無爲而無以爲.,

下德爲之而有以爲.

上仁爲之而有以爲.

上義爲之而有以爲.

上禮爲之而莫之應., 則攘臂而扔之.

故失道而後德., 失德而後仁., 失仁而後義., 失義而後禮.

夫禮者 忠信之薄, 而亂之首.

前識者 道之華, 而愚之始.

是以大丈夫 處其厚 不居其薄 處其實 不居其華.

故去彼取此.

上德[제일 높은 덕. 최상의 덕] 應(응당 응, 마땅히 ~해야 한다) 攘臂[옷소매를 걷어 올림. 攘(걷을 양) 臂(팔 비)] 扔(당길 잉, 끌어당기다) 忠信[진심과 신의. 忠(정성을 다할 충 → 진심) 信(믿을 신)] 薄(엷을 박) 亂(어지러울 난 → 혼란) 首(처음 수) 識(알 식, 깨닫다) 華(꽃필 화) 愚(어리석을 우) 始(처음 시 → 시작) 處(머물 처) 厚(두터울 후) 居(머무를 거) 實(여물 실, 열매 맺다) 去(버릴 거) 彼(저 피) 取(취할 취) 此(이 차)

높은 덕을 지닌 사람(上德)은 덕(德)이 없음으로(不~是以) 덕(德)이 있고(有),
낮은 덕을 지닌 사람(下德)은 덕(德)을 잃지(失) 않음으로(不~是以)
덕(德)이 없다(無).
높은 덕을 지닌 사람(上德)은 하고자 함이 없어(無爲~而)

(덕을) 인위적으로 행하지(以~爲) 않고(無),

낮은 덕을 지닌 사람(下德)은 하고자 함이 있어(爲~而)

(덕을) 인위적으로 행한다(以~爲).

(그런데) 높은 인을 지닌 사람(上仁)은 하고자 함이 있어(爲~而)

(인을) 인위적으로 행하고(以~爲),

높은 의를 지닌 사람(上義)도 하고자 함이 있어(爲~而)

(의를) 인위적으로 행하고(以~爲),

높은 예를 지닌 사람(上禮)도 하고자 함이 있어(爲~而)

(누군가 예를) 따르지(應) 않으면(莫~則)

옷소매를 걷어 올리고서(攘臂~而) 끌어당긴다(扔).

그러므로(故) 도(道)를 잃은(失~而) 후(後)에 덕(德)이 (그 뒤를 잇고),

덕(德)을 잃은(失~而) 후(後)에 인(仁)이 (그 뒤를 잇고),

인(仁)을 잃은(失~而) 후(後)에 의(義)가 (그 뒤를 잇고),

의(義)를 잃은(失~而) 후(後)에 예(禮)가 (그 뒤를 잇는다).

예(禮者)는 진심(忠)과 신의(信)가 엷어져(薄~而) (생겨나기에)

근심(亂)의 시작(首)이다.

(이런 사실을) 먼저(前) 깨달으면(識~者) 도(道)의 꽃피움이지만(華~而)

(깨닫지 못하면) 어리석음(愚)의 시작(始)이다.

이 때문에(是以) 대장부(大丈夫)는 (도의) 두터움(厚)에 머물고(處),

(도의) 엷음(薄)에 머물지(居) 않는다(不).

(또 도의) 열매 맺음(實)에 처하고(處), 꽃피움(華)에 처하지(居) 않는다(不).

그러므로(故) 저것(彼)을 버리고(去) 이것(此)을 취한다(取).

높은 덕(上德)을 지닌 사람은
덕이 없음으로 덕이 있다

—

이 장은 "높은 덕(上德)을 지닌 사람은 덕이 없음으로 덕이 있다."라고 시작한다. 언뜻 이해되지 않는데 글 자체가 어려워서가 아니라 글의 내용이 우리의 상식과 잘 부합하지 않아서이다. 먼저 덕이 있으려면 덕이 없어야 한다는 내용이 잘 이해되지 않는다. 또 높은 덕을 지닌 사람이 오히려 덕이 없다는 내용도 쉽게 이해되지 않는다. 어째서 덕이 없음으로 덕이 있을까? 여기서 앞의 덕을 '인위적인' 덕으로 파악하고, 뒤의 덕을 '자연스런' 덕으로 파악하면 쉽게 이해할 수 있는 길이 열린다. 덕을 인위적인 덕과 자연스런 덕으로 구분하는 건 유위(有爲)와 무위(無爲)에서 비롯된다. 그러니 '인위적인' 덕이 유위에 따른 거라면 '자연스런 덕'은 무위에 따른 것이다.

그러면 높은 수준의 덕을 지닌 사람은 인위적인 덕이 없음으로 오히려 자연스런 덕을 잘 갖춘 사람으로 해석된다. 마찬가지로 낮은 수준의 덕을 지닌 사람도 인위적인 덕을 버리지 않음으로 자연스런 덕을 제대로 갖추지 못한 사람으로 해석된다. 실제로 낮은 수준의 덕을 지닌 사람은 인위적인 덕을 잃지 않으려고 애쓰는데 이것은 오히려 자연스런 덕이 없다는 증거이다. 우리는 주위에서 덕을 지녔다고 내세우며 거들먹거리는 사람을 종종 발견하는데 이런 사람이 여기에 해당한다. 이에 반해 높은 수준의 덕을 지닌 사람은 자연스런 큰 덕을 지니고 있어 스스로 덕이 있다고 말하지 않는다. 그런데도 사람들은 그가 정말로 큰 덕을 지닌 사람임을 안다.

높은 덕을 지니면 무위(無爲)로서 덕을 실천하지 않고, 낮은 덕을 지니면 유위(有爲)로서 덕을 실천한다

덕은 모두가 같을 텐데 어째서 인위적인 덕과 자연스런 덕으로 구분이 될까? 덕의 이런 차이는 유가사상과 노장사상을 가르는 중요한 단서이기도 하다. 노장사상은 천지가 자연스레 베푸는 덕을 덕이라고 여기는 반면 유가사상은 사람들이 의도적으로 만들어내는 덕을 덕이라고 여긴다. 예를 들어 어린애가 우물에 빠지면 누구나 어린애를 구하려고 애쓰는데 이는 사람들이 태어날 때부터 지닌 원래의 덕 때문이다. 사계절이 늘 번갈아가며 이루어지는 것처럼 이런 행동도 자연스레 이루어진다. 유가는 여기에다 인위적인 요소를 보탠 탓인지 어린애 구하는 걸 일종의 의무라는 식으로 덧칠을 한다. 그래서 노장의 덕이 자연이 부여한 무위(無爲)에 따른 덕이라면 유가의 덕은 배워서 익힌 유위(有爲)에 따른 덕이라 할 수 있다.

따라서 높은 수준의 덕(德)을 지닌 사람은 하고자 함이 '없기' 때문에 덕을 의도적으로 실천하지 않는다. 반면 낮은 수준의 덕을 지닌 사람은 하고자 함이 '있기' 때문에 덕을 의도적으로 실천한다. 이럴 경우 덕의 자연스러움이 무너진다. 덕의 자연스러움이 무너지면 보다 심각한 사태가 벌어진다. 모든 행동들이 인의예지에 의해서 지배되기 때문이다. 그래서 높은 수준의 인(仁)을 지닌 사람은 하고자 함이 '있기' 때문에 인을 인위적으로 실천한다. 또 높은 수준의 의(義)를 지닌 사람도 하고자 함이 '있기' 때문에 의를 인위적으로 실천하고, 높은 수준의 예(禮)를 지닌 사람도 하고자 함이 '있기' 때문에 예를 인위적으로 실천한다. 그래서 다른 사람이 이런 예를 따르지 않으면 옷소매를 걷어 올리고서 그를 끌어당길 정도로 예의 실천을 위해서 크게 애쓴다.

이것은 높은 수준의 덕(德)을 지닌 사람이 하고자 함이 '없기' 때문에 덕을 의도적으로 실천하지 않는 것과 큰 차이를 보인다. 물론 높은 단계의 도(道)에 이른 사람도 하고자 함이 '없기' 때문에 높은 단계의 도를 유지할 수 있다. 그래서 노자는 "큰 도가 사라지자 인의가 있게 되었다."[70]라고 말한다. 이는 자연스러운 도가 사라지면서 인위적인 인의(仁義)가 생겨났다는 말이다. 장자도 "이 다섯 가지, 즉 도(道)·변(辯, 말 잘함)·인(仁)·염(廉, 청렴)·용(勇)은 원통자재 한 건데 모난 데를 깎아서 둥글게 하다보면 자칫 모가 나기 싶다."[71]라고 말한다. 여기서 원통자재 한 것은 자연스런 도·변·인·염·용인데 반해 모난 데를 깎아서 둥글게 하다가 생겨난 모남은 인위적인 도·변·인·염·용에 해당한다. 장자도 도·변·인·염·용에 있어 자연스러움을 강조한다.

그런데 높은 수준의 '인(仁)'을 지닌 사람은 높은 수준의 '덕(德)'을 지닌 사람과 어째서 다르게 행동할까? 그것은 높은 수준의 '인'을 지닌 사람은 인위적으로 인을 실천하는 반면 높은 수준의 '덕'을 지닌 사람은 자연스런 방법으로 덕을 실천하기 때문이다. 앞에서도 여러 차례 말했듯이 덕, 특히 노장사상이 말하는 덕은 오로지 자연스러울 뿐이다. 그래서 높은 수준의 덕을 지닌 사람은 '자연스럽게' 덕을 실천해서 높은 수준의 덕을 늘 유지한다. 반면 유가가 말하는 인은 결코 자연스럽지 못하다. 그래서 높은 수준의 인을 지닌 사람은 '의도적으로' 인을 실천하므로 높은 수준의 '자연스런' 인을 지닐 수 없다. 의(義)와 예(禮)는 더 말할 것도 없이 자연스럽지 못해 유가의 인(仁)과 똑같은 결과를 빚어낸다.

---

70) 大道廢 有仁義. (『도덕경』 18장)

71) 五者刓而幾向方矣. (『장자』 내편 「제물론」)

이에 노자는 자연스러움의 정도에 따라 인의예지를 구분한다. 그러면 덕(德)이 가장 자연스럽고, 그 다음이 인(仁)이고, 그 다음이 의(義)이고, 그 다음이 예(禮)이다. 지(智)는 말할 필요조차 없이 더 자연스럽지 못하다. 그러니 의도적인 순서에 따라 말하면 지가 가장 의도적이고, 그 다음이 예, 의, 인, 덕의 순이다. 이에 따라 노자는 "도를 잃은 후에 덕이 그 뒤를 잇고, 덕을 잃은 후에 인이 그 뒤를 잇고, 인을 잃은 후에 의가 그 뒤를 잇고, 의를 잃은 후에 예가 그 뒤를 잇는다."라고 말한다. 그러니 우리가 자연스런 도(道)를 잃지 않으면 인의예지는 물론이고, 덕 조차 굳이 실천에 옮길 필요가 없다. 덕은 물론이고, 인의예지조차 저절로 자연스러워지기 때문이다. 그만큼 자연스런 도에 입각해서 살아가는 게 중요하다.

대장부는 감각활동을 멈추고 생명활동을 취한다

그런데도 사람들은 예(禮)를 실천하기 위해서 노력한다. 노자가 볼 때 이런 예의 실천은 아무짝에도 소용이 없다. 노자에 따르면 예는 사람들에게 진실 된 마음과 신의가 엷어져서 생겨난 것에 불과하기 때문이다. 그래서 진실 된 마음과 신의만 있으면 예를 굳이 실천에 옮길 필요가 없다. 그런데도 사람들은 예를 실천하려고 애쓰기에 노자는 이를 두고 근심의 기원이라고 말한다. 노자에 따르면 예가 근심의 기원이라는 사실을 깨달으면 이는 도의 꽃피움(華)이지만 깨닫지 못하면 이는 어리석음(愚)의 시작이다. 이 때문에 대장부는 예의 두터움(厚)인 실질에 머물 뿐 예의 엷음(薄)인 형식에 머물지 않는다. 또 대장부는 예의 열매 맺음(實)에 처할 뿐 예의 꽃피움(華)에 처하지 않는다.

여기서 열매 맺음은 생명활동과 직접적인 관련이 있다. 생명활동은 태어나면 성장하고 그런 뒤 무르익어서 열매를 맺고 결국에는 새로운 생명체를 잉태한다. 그러니 열매를 맺는 일은 만물의 생명활동에서 핵심에 해당한다. 반면 꽃피움은 감관활동과 직접적인 관련이 있다. 오관을 즐겁게 하려면 화려한 것이 하는 것처럼 뭔가 우리의 눈을 즐겁게 만들어주어야 한다. 그런데 화려함은 씨앗 단계에서보다 성장단계에서, 또 성장단계에서보다 꽃피울 때 그 정점에 이른다. 그러니 꽃피움이 감관활동의 핵심이다. 그래서 노자는 저것, 즉 감관활동을 버리고 이것, 즉 생명활동을 취한다는 결론에 이른다. '이것을 버리고 저것을 취한다(去彼取此)'라는 표현은 『도덕경』에 이미 몇 차례 등장한 바 있다. 12장에서 처음 언급되었기에 자세한 설명은 여기를 참고하길 바란다.

39장

옛날에 하나(道)를 얻은 것들.

하늘은 하나를 얻어서 맑아지고, 땅은 하나를 얻어서 안정되고,

귀신은 하나를 얻어서 신령스러워지고,

골짜기는 하나를 얻어서 (기가 가득) 차고,

만물은 하나를 얻어서 생겨나고,

왕은 하나를 얻어서 천하를 바로 잡는다.

이것들을 이 정도에 이르게 한 건 하나인 (도)이다.

(그래서) 하늘이 맑지 않으면 어쩌면 찢어질 거라고 생각하고,

땅이 안정되지 않으면 어쩌면 흔들릴 거라고 생각하고,

귀신이 신령하지 않으면 어쩌면 신령함이 다할 거라고 생각하고,

골짜기에 (기가) 가득 차지 않으면 어쩌면 마를 거라고 생각하고,

만물이 생겨나지 않으면 어쩌면 (천하에서) 사라질 거라고 생각하고,

군주가 귀하거나 높지 않으면 어쩌면 망할 거라고 생각한다.

그러므로 귀한 것은 천한 것을 근본으로 삼고,

높은 것은 낮은 것을 토대로 삼아야 한다.

이 때문에 제후나 왕은 스스로를

외롭거나(孤) 부족하거나(寡) 착하지 않은(不穀) (사람이라고) 부른다.

(제후나 왕의) 이런 처신은 천한 것을 근본으로 삼는 게 아니겠는가?

그렇지 않은가!

그래서 수레를 (다) 헤아리면 (더 이상) 헤아릴 수레가 없다.

(제후나 왕은) 옥처럼 진귀하거나 찬란해서도 안 되지만

(그렇다고) 돌처럼 단단해서도 안 된다.

昔之得一者.

天得一以淸., 地得一以寧.,

神得一以靈., 谷得一以盈.,

萬物得一以生., 侯王得一以爲天下貞.

其致之一也.

天無以淸 將恐裂., 地無以寧 將恐發., 神無以靈 將恐歇.,

谷無以盈 將恐竭., 萬物無以生 將恐滅.,

侯王無以貴高 將恐蹶.

故貴以賤爲本, 高以下爲基.

是以侯王自謂孤, 寡, 不穀.

此非以賤爲本邪 非乎.

故致數輿無輿.

不欲琭琭如玉 珞珞如石.

昔(예 석, 옛날) 得(얻을 득) 淸(맑을 청) 寧(편안할 녕, 안정되다) 神(귀신 신) 靈(신령 영) 谷
(골 곡) 盈(찰 영, 가득 차다) 貞(바로잡을 정) 致(이를 치, 일정한 정도에 이르게 하다) 恐(아마
공, 필시, 어쩌면 ~하리라 생각한다) 裂(찢어질 렬) 發(흔들릴 발, 진동하다) 歇(다할 헐) 竭(마를
갈) 滅(사라질 멸) 蹶(망할 궐) 賤(천할 천) 本(근본 본) 高(높을 고) 基(터 기, 토대) 孤(외로울
고) 寡(적을 과) 穀(어린이 곡)=善(착할 선) 數(셀 수, 헤아리다) 輿(수레 여) 琭琭[진귀한 모
양. 琭(옥이름 록)] 玉(옥 옥) 珞珞[굳고 단단한 모양. 珞(단단한모양 락)] 石(돌 석)

옛날에(昔) 하나(一)를 얻은 것들(得~者).

하늘(天)은 하나를(一~以) 얻어서(得) 맑고(淸),

땅(地)은 하나를(一~以) 얻어서(得) 안정되고(寧),

귀신(神)은 하나를(一~以) 얻어서(得) 신령스럽고(靈),

골짜기(谷)는 하나를(一~以) 얻어서(得) (기가 가득) 차고(盈),

만물(萬物)은 하나를(一~以) 얻어서(得) 생겨나고(生),

제후(侯)와 왕(王)은 하나를(一~以) 얻어서(得) 천하(天下)를 바로 잡는다(爲~貞).

이것들(之)을 (이 정도에) 이르게(致) 한 건 하나(一)인 (도)이다.

하늘(天)이 맑지(以~淸) 않으면(無) 어쩌면(恐) 찢어지리라(將~裂) (여기고),

땅(地)이 안정되지(以~寧) 않으면(無) 어쩌면 흔들리라(將~發) (여기고),

귀신(神)이 신령하지(以~靈) 않으면 (신령함이) 다하리라(將~歇) (여기고),

골짜기(谷)에 (기가) 가득 차지(以~盈) 않으면 마르리라(將~竭) (여기고),

만물(萬物)이 생겨나지(以~生) 않으면 (만물이) 사라지리라(將~滅) (여기고),

제후(侯)와 왕(王)이 귀하거나(貴) 높지(以~高) 않으면(無)

어쩌면(恐) 망하리라(將~蹶) (여긴다).

그러므로(故) 귀한(貴) 것은 천한 것을(以~賤) 근본(本)으로 삼고(爲),

높은(高) 것은 낮은 것을(以~下) 토대(基)로 삼아야(爲) 한다.

이 때문에(是以) 제후(侯)와 왕(王)은 스스로(自)를

외롭거나(孤) 부족하거나(寡) 착하지(穀) 않은(不) (사람이라고) 부른다(謂).

이런(此) 처신은 천한 걸(以~賤) 근본(本)으로 삼는(爲) 게 아닌가(非)?

그렇지 않은가(非)!

고로(故) 수레(輿)를 (다) 헤아리면(致~數) (더 헤아릴) 수레(輿)가 없다(無).

(제후나 왕은) 옥처럼(如~玉) 진귀하고(琭琭) 싶어도(欲) 안 되지만(不)

(그렇다고) 돌처럼(如~石) 단단하고(珞珞) (싶어도 안 된다).

하늘은 하나(道)를 얻어서 맑고,
땅은 하나를 얻어서 안정되었다

———

이 장은 도(道)가 미치는 영향에 대해 언급하면서 천도(天道)를 통해서 치도(治道)를 밝히는 내용이다. 여기선 도를 하나(一)로 표현한다. 그래서 하나를 도로 바꿔서 해석하면 글을 이해하는 데 큰 도움이 된다. 아주 먼 옛날에 도를 얻어서 제 모습을 찾은 것들이 있다. 하늘(天), 땅(地), 귀신(神), 골짜기(谷), 만물(萬物) 그리고 제후(侯)와 왕(王)이 그러하다. 그래서 하늘은 도를 얻어서 맑아지고(清), 땅은 도를 얻어서 안정되고(寧), 귀신은 도를 얻어서 신령스러워지고(靈), 골짜기는 도를 얻어서 기(氣)가 차고(盈), 만물은 도를 얻어서 생겨났다(生). 여기까지가 천도(天道)의 영향력에 관한 내용이다. 이에 바탕해서 치도(治道)의 영향력에 관한 내용이 전개된다. 그것은 옛날 제후나 왕이 도를 얻어서 천하를 바로잡은(貞) 일이다. 이처럼 하늘, 땅, 귀신, 골짜기, 만물에 더해 제후나 왕까지 이 정도에 이를 수 있었던 건 전적으로 도를 얻었기 때문이다.

만약 도를 얻지 못하면 사람들은 어떻게 생각할까? 하늘이 도를 얻지 못해 맑지 않으면 찢어질 거라고 생각하고, 땅이 도를 얻지 못해 안정되지 않으면 흔들릴 거라고 생각하고, 귀신이 도를 얻지 못해 신령스럽지 않으면 신령스러움이 다할 거라고 생각하고, 골짜기가 도를 얻지 못해 기(氣)가 가득 차지 않으면 마를 거라고 생각하고, 만물이 도를 얻지 못해 생겨나지 않으면 만물이 천하에서 사라질 거라고 생각하고, 군주가 도를 얻지 못해 귀하거나 높지 않으면 망할 거라고 생각한다. 이런 우울한 사태가 벌어지면 이는 오로지 도를 얻지 못한 탓이다. 그렇지만 늘 도가 작용한다고 믿기에 지금의 이 상태를 당연한 거라고 받아들인다.

마치 우리가 공기의 고마움을 느끼지 못하는 것처럼 말이다. 그러니 도를 얻지 못했을 때를 생각하면서 우리는 도의 소중함을 새삼스레 깨달아야 한다.

이에 따라 제후나 왕도 천함(賤)을 귀함(貴)의 근본으로 삼고, 또 낮은(下) 것을 높은(高) 것의 토대로 삼는다. 그래서 제후나 왕은 스스로를 고인(孤, 외로운 사람) 과인(寡, 부족한 사람), 부곡인(不穀, 착하지 않은 사람)이라고 부른다. 이처럼 겸손함을 유지함으로써 좋은 정치를 펼 수 있다. 이것이 천한 것을 귀한 것의 근본으로 삼는 일이다. 또 수레를 다 헤아리면 더 이상 헤아릴 수레가 없다. 이는 제후나 왕이 명예를 모두 추구하는 경우 더 이상 추구할 명예가 없다는 말이다. 그래서 지나침을 늘 경계해야 한다. 또 제후나 왕이 옥처럼 진귀하거나 찬란해서도 안 되지만 그렇다고 돌처럼 단단해서도 안 된다. 그래서 돌과 달리 늘 유연함을 유지해야 한다.

하늘은 하나(道)를 얻어서 맑고.

땅은 하나를 얻어서 안정 되었다

40장

되돌아가는 것(反者)은 도의 움직임이고,
유약한 것(弱者)은 도의 작용이다.
천하 만물은 유(有)에서 생겨났고,
유는 무(無)에서 생겨났다.

反者道之動,
弱者道之用.
天下萬物生於有,
有生於無.

———

反(돌이킬 반, 되돌아감) 動(움직일 동) 弱(약할 약) 用(쓸 용 → 작용하다) 生(날 생, 태어나다)

———

되돌아가는 것(反者)은 도(道)의 움직임(動)이고,
유약한 것(弱者)은 도(道)의 작용(用)이다.
천하(天下) 만물(萬物)은 유(於~有)에서 생겨났고(生),
유(有)는 무에서(於~無) 생겨났다(生).

만물은 유(有)에서 생겨났고,
유는 무(無)에서 생겨났다

———

이 장은 짧은 글이지만 두 종류의 내용을 함께 다룬다. 하나는 도 자체에 대한 내용이고, 다른 하나는 천하 만물이 생겨나는 과정에 대한 내용이다. 그런데 이 내용들이 너무나 함축적으로 제시되어 추가 설명이 반드시 필요하다. 먼저 도 자체에 대한 설명부터 시작해보자. 앞에서도 도 자체에 대한 설명이 몇 차례 있었다. 앞 장인 39장에선 도가 미치는 영향에 대해서 설명한 바 있다. 또 32장에선 도상무명(道常無名), 즉 도는 늘 이름이 없다는 점을, 37장에선 도상무위(道常無爲), 즉 도는 늘 하고자 함이 없다는 점을 밝혀 도의 존재양식에 대해서 설명했다. 여기선 "되돌아가는 것은 도의 움직임이고, 유약한 것은 도의 작용이다."라고 말하면서 도의 모습에 대해서 설명한다.

도의 움직임이 되돌아간다는(反) 건 무슨 의미일까? 밤낮의 교대와 춘하추동의 변화처럼 움직임이 늘 일정하게 반복되어 이를 두고 되돌아간다고 말한다. 도의 움직임은 이처럼 자연의 원리에서 쉽게 찾아진다. 78장에서 '正言若反', 즉 정도에 맞는 말은 서로 반대되는 것 같다는 말이 등장하는데 이 말 역시 도의 움직임이 되돌아가는 것과 관련이 있다. 여기서 반(反)은 상반(相反; 서로 반대됨)과 반회(反廻, 되돌아옴)라는 두 가지 의미를 동시에 지닌다. 상반하면 상성(相成)하고, 상성하면 전화(轉化)하고, 전화하면 되돌아오기 때문이다. 이처럼 서로 반대되는 것에서부터 시작해 다시 돌아오는 게 도의 움직임이다. 또 28장에서 언급한 "다시 갓난아이로 돌아간다(復歸於嬰兒)."라는 것도 도의 움직임이라 할 수 있다.

또 도의 작용이 유약하다는(弱) 건 무슨 의미일까? 이에 대해선 설명이 좀 더 필요하다. 약(弱)은 유(柔)와 함께 노장사상을 특징짓는 중요한 개념 중 하나이다. 그래서 이 개념들이 『도덕경』에 자주 등장한다. 예를 들어 36장에선 "부드럽고 약한 것이 굳세고 강한 것을 이긴다(柔弱勝剛强)."라고 말한다. 그래서 물고기가 '약한' 못을 벗어나선 안 되고, '강한' 국가권력이 사람을 가르쳐선 안 된다고 하면서 노자는 약함을 강조한다. 76장에선 "굳세고 강한 것은 죽음의 무리이고, 부드럽고 약한 것은 살아 있는 무리이다."[72]라고 노자는 말한다. 어째서 그러한가? 사람이 살아선 몸이 부드럽고 약하지만 죽어선 몸이 굳어져 딱딱해지고 강해지기 때문이다. 마찬가지로 만물 초목도 살아선 유연하지만 죽어선 시들게 마련이다.

또 78장에선 "약한 것이 강한 것을 이기고, 부드러운 것이 굳센 것을 이긴다."[73]라고 말한다. 어째서 이런 일이 가능할까? 노자는 이를 설명하기 위해 물을 예로 들면서 "천하에는 물보다 더 부드럽고 약한 것이 없는데 아무리 굳세고 강한 것이라도 물을 이길 수 없다."[74]라고 말한다. 또 43장에서는 "천하에 지극히 부드러운 것이 천하에 지극히 단단한 것을 헤쳐 나간다."[75]라고 말하는데 이것 역시 부드럽고 약한 물이 계곡을 흐르면 돌마저 무너뜨려서 모래로 만들 수 있다는 것을 염두에 두고 한 말이다. 이처럼 유약함이 도가 작용하는 모습인데 도의 이런 작용은 그 어떤 것도 물리칠 수 있다.

---

72) 堅强者死之徒. 柔弱者生之徒. (『도덕경』 76장)

73) 弱之勝强 柔之勝剛. (『도덕경』 78장)

74) 天下莫柔弱於水. 而攻堅强者莫之能勝. (『도덕경』 78장)

75) 天下之至柔, 馳騁天下之至堅. (『도덕경』 43장)

다음으로 천하 만물이 생겨나는 과정에 대해서 살펴보자. 노자는 "천하 만물은 유(有)에서 생겨났고, 유는 무(無)에서 생겨났다."라고 간단히 언급하며 넘어가므로 그 이해가 만만치 않다. 그런데 이 글의 내용을 제대로 파악하려면 1장으로 다시 돌아갈 필요가 있다. 1장에서 유(有)와 무(無)의 개념이 처음으로 등장하기 때문이다. 1장에서 노자는 "무는 천지의 시작을 말하고, 유는 만물의 어미를 말한다."[76]라고 한다. 따라서 천지가 시작할 때는 아무 것도 없는 '무'의 상태였고, 그 후 어미를 통해 만물이 생겨나면 '유'의 상태가 된다. 이렇게 보면 천하 만물이 '유'에서 생겨난다는 건 쉽게 이해할 수 있다.

그런데 어째서 '유'는 '무'에서 생겨날까? 이를 이해하기 위해선 '무'를 혼돈(混沌)으로, 그리고 '유'를 질서라는 개념으로 파악할 필요가 있다. 노자는 "무는 천지의 시작을 말하고, 유는 만물의 어미를 말한다."라고 전제한 뒤 "무(無)로 늘 만물의 오묘함을 보고 싶어 하고, 유(有)로 늘 만물의 명료함을 보고 싶어 한다."[77]라고 말한다. 여기서 오묘함은 혼돈과 관련이 있고, 명료함은 질서와 관련이 있다. '무'의 상태에선 모든 생명체가 가능태로 혼재되어 모여 있기에 혼돈스럽고, '유'의 상태에선 이런 가능태들이 변해 제 모습을 드러내기에 서서히 질서를 잡아간다. 이럼으로써 '무'에서 '유'가 생겨난다고 말할 수 있다.

그런데 노자는 '유'와 '무'가 같은 데서 나왔지만 이름을 달리할 뿐이라고 말한다. 여기서 같은데서 나왔다는 건 유와 무 모두 도(道)에서 나왔다는 말이다. 그래서 '무'의 관점에서 도를 파악하면 '오묘한' 혼돈의

---

76) 無名天地之始., 有名萬物之母. (『도덕경』 1장)

77) 故常無欲以觀其妙., 常有欲以觀其徼. (『도덕경』 1장)

상태이지만 '유'의 관점에서 도를 파악하면 '명료한' 질서의 상태이다. 이처럼 이름만 다를 뿐 실제로 같은 데서 나왔기에 이를 두고 노자는 현(玄)이라고 규정한다. 그래서 "천하 만물은 유에서 생겨나고, 유는 무에서 생겨난다."라는 앞의 내용과 "되돌아감은 도의 움직임이고, 유약함은 도의 작용이다."라는 뒤의 내용이 서로 연결될 수 있다. 두 내용 모두 도에 대한 언급이어서이다. 이를 보다 구체적으로 말하면 앞의 글이 도가 움직이는 방향과 관련한 내용이라면 뒤의 글은 도가 운동하는 방식과 관련된 내용이다.

41장

덕이 높은 선비(上士)가 도(道)를 들으면 부지런히 실행하고,

보통의 선비(中士)가 도를 들으면 있는 듯 없는 듯 여기고,

어리석은 선비(下士)가 도를 들으면 크게 비웃는다.

(어리석은 선비가) 비웃지 않는 거라면 도라고 하기에 부족하다.

그래서 (옛날) 왕에게 건의한 말 중에 이런 것이 있다.

밝은 도(明道)는 어두운 것 같고,

(앞으로) 나아가는 도(進道)는 (뒤로) 물러나는 것 같고,

평탄한 도(夷道)는 울퉁불퉁한 것 같다.

(또) 큰 덕(上德)은 (낮은) 골짜기와 같고,

큰 깨끗함(大白)은 더러운 것 같고,

넓은 덕(廣德)은 부족한 것 같고,

강건한 덕(建德)은 구차한 것 같고,

순박한 덕(質德)은 변하는 것 같다.

큰 네모(大方)는 모퉁이가 없고,

큰 사람(大器)은 늦게 이루어지고,

큰 음악(大音)은 소리가 고요하고,

큰 형상(大象)은 모양이 없다.

(마찬가지로) 도는 자취를 감추고 있어 이름이 없다.

(그런데도) 오로지 도만이 잘 베풀고, 또 잘 이룬다.

上士聞道 勤而行之.,

中士聞道 若存若亡.,

下士聞道 大笑之.

不笑不足以爲道.

故建言有之.

明道若昧, 進道若退, 夷道若纇.

上德若谷, 大白若辱, 廣德若不足, 建德若偸, 質德若渝.

大方無隅, 大器晚成, 大音希聲, 大象無形.

道隱無名.

夫唯道善貸且成.

上士[덕망이 높은 선비] 勤(부지런할 근) 行(실시할 행) 中士[보통의 선비. 中(가운데 중)] 若(같을 약) 存(있을 존) 亡(없을 무) 下士[어리석은 선비] 笑(비웃을 소) 建言=建 白[국사에 대해 임금에게 건의하고 진술함. 建(세울 건)] 昧(어두울 매) 進(나아갈 진) 退 (물러날 퇴) 夷(평평할 이) 纇(편벽될 뢰, 편벽되고 공평하지 못함 → 울퉁불퉁함) 谷(골 곡, 골짜 기) 白(흰 백, 깨끗함) 辱(욕될 욕, 더러워짐) 廣(넓을 광) 健=建(강건할 건) 偸(구차할 투) 質 (순박할 질) 渝(변할 유) 方(모 방, 네모) 隅(모퉁이 우) 大器[큰 인재. 器(인재 기)] 晚(늦을 만) 音(소리 음, 음악) 希(고요할 희) 聲(소리 성) 象(모양 상, 형상) 形(모양 형) 隱(숨을 은, 자 취를 감추다) 唯(오직 유) 善(잘할 선) 貸(줄 대, 베풀어주다) 且(또 차) 成(이룰 성)

덕이 높은 선비(上士)가 도를 들으면(聞) 부지런히(勤~而) 실행하고(行),

보통 선비(中士)가 도를 들으면(聞) 있는(存) 듯 없는(亡) 듯 여기고(若),

어리석은 선비(下士)가 도(道)를 들으면(聞) 크게(大) 비웃는다(笑).

(어리석은 선비가) 비웃지(笑) 않으면(不) 도라 하기(以~爲道) 부족하다(不足).

그래서(故) (옛날) 왕에게 건의한 말(建言) 중에 이런 것이 있다(有).

밝은(明) 도(道)는 어두운(昧) 것 같고(若),

나아가는(進) 도(道)는 물러나는(退) 것 같고(若),

평탄한(夷) 도(道)는 울퉁불퉁한(纇) 것 같다(若).

(또) 큰 덕(上德)은 (낮은) 골짜기(谷)와 같고(若),

큰(大) 깨끗함(白)은 더러운(辱) 것 같고(若),

넓은(廣) 덕(德)은 부족한(不足) 것 같고(若),

강건한(建) 덕(德)은 구차한(偸) 것 같고(若),

순박한(質) 덕(德)은 변하는(渝) 것 같다(若).

큰(大) 네모(方)는 모퉁이(隅)가 없고(無),

큰(大) 사람(器)은 늦게(晩) 이루어지고(成),

큰(大) 음악(音)은 소리(聲)가 고요하고(希),

큰(大) 형상(象)은 모양(形)이 없다(無).

(마찬가지로) 도(道)는 자취를 감추고(隱) 있어 이름(名)이 없다(無).

(그런데도) 오로지(唯) 도(道)만 잘(善) 베풀고(貸) 또(且) (잘) 이룬다(成).

밝은 도(明道)는 어두운 것 같다

—

선비(士)는 일반사람에 비해 앎이 두텁다. 그래서 도(道)를 터득하는데도 일반사람에 비해 앞선다. 그런데 같은 선비인데도 도에 대해 다른 태도를 지니는 경우가 있다. 예를 들어 덕이 높은 선비(上士)는 도를 들으면 부지런히 실행한다. 이에 비해 보통의 선비(中士)는 도를 들으면 반신반의(半信半疑)하면서 마음에 담지 않는다. 또 어리석은 선비(下士)는 도를 들으면 도에 대해서 크게 비웃는다. 어리석은 선비에게는 도가 도처럼 보이지 않거나 들리지 않아서이다. 그래서 노자는 어리석은 선비가 이처럼 비웃지 않으면 도라고 하기에 부족하다고 역설적으로 말한다.

옛날 왕에게 건의한 말 중에 이런 게 있다. 밝은 도(明道)는 그 빛이 감추어져 있어 오히려 어두운 것 같고, 앞으로 나아가는 도(進道)는 오히려 뒤로 물러나는 것 같고, 평탄한 도(夷道)는 오히려 울퉁불퉁한 것 같다. 그래서 큰 덕(上德)은 스스로를 낮추어 오히려 낮은 골짜기와 같고, 큰 깨끗함(大白)은 오히려 더러운 것 같고, 넓은 덕(廣德)은 오히려 부족한 것 같고, 강건한 덕(建德)은 오히려 구차한 것 같고, 순박한 덕(質德)은 변하지 않는 게 아니라 오히려 변하는 것 같다. 또 큰 네모(大方)에는 모퉁이가 없고, 큰 사람(大器)은 늦게 이루어지고,[78] 큰 음악(大音)은

---

78) 중국 호남성(湖南省) 장사(長沙) 마왕퇴에서 출토된 『백서노자 을본』에는 대기만성(大器晚成)이 아니라 대기면성(大器免成)으로 표시되어 있다. 그런데 큰 기물(大器)은 '이루어지지 않는다(免成)'가 아니라 '늦게 이루어지다(晚成)'가 문맥상 맞다. '만성(晚成)'은 늦게나마 이루어지는 것인데 반해 '면성(免成)'은 전혀 이루어지지 않는 것이기 때문이다.

소리가 고요하고, 큰 형상(大象)은 모습을 드러내지 않는 것 같다.

　이것이 옛날에 신하가 왕에게 건의한 내용이다. 이런 입장에서 보면 도는 드러나지 않고 자취를 감출 뿐이다. 그러니 이름이란 것도 있을 수 없다. 그런데 1장에서 "도를 도하고 하면 늘 그러한 도가 아니다."[79]라고 말한 바 있다. 그러니 도라고 해서 이름을 갖지 않는 게 아니다. 도와 완전히 부합하는 이름이 있을 수 없기에 도가 이름을 갖는 게 그만큼 어렵다는 의미이다. 그래서 여기서 이름이 없다는 건 딱 들어맞는 이름이 없다는 게지 이름 자체가 없다는 의미로 해석되어선 안 된다. 그런데도 도만 유일하게 천하에서 잘 베풀고 잘 이룬다. 한 예로 만물이 도의 힘을 빌려 태어나고 자라나고 열매 맺는 힘을 갖는 게 바로 이 때문이다.

---

79)　道可道非常道. (『도덕경』 1장)

밝은 도(明道)는 어두운 것 같다

42장

도는 하나를 낳고, 하나는 둘을 낳고, 둘은 셋을 낳고,

셋은 만물을 낳는다.

(또) 만물은 음(陰)을 등에 지고 양(陽)을 가슴에 안아

서로 부딪힘으로써 조화를 이룬다.

(그런데) 사람들이 꺼려하는 바는 오로지 외로움(孤), 부족함(寡),

착하지 않음(不穀)이다.

그런데도 왕과 제후는 스스로를 (이것이라고) 일컫는다.

따라서 자신을 혹 낮추면 (오히려) 높아지고,

혹 높이면 (오히려) 낮추어진다.

다른 사람들이 가르치는 바를 나 또한 가르친다.

(그런데) 주장이 강경하고 힘 있는 사람은 (제 명에) 죽지 못한다.

(그래서) 나는 (이런) 교훈을 세상에 전하는 사람이 되려고 한다.

道生一, 一生二, 二生三, 三生萬物.

萬物負陰而抱陽., 沖氣以爲和.

人之所惡, 唯孤, 寡, 不穀. 而王公以爲稱.

故物或損之而益, 或益之而損.

人之所敎 我亦敎之.

强梁者 不得其死., 吾將以爲敎父.

負(질 부, 등에 지다) 抱(안을 포, 껴안다) 沖氣[음양의 두 기가 서로 부딪힘. 沖(오를 충 →
부딪히다)] 和(화합할 화, 조화를 이루다) 所(바 소) 惡(꺼려할 오) 唯(오직 유) 孤(외로울 고)
寡(적을 과) 穀(어린이 곡)=善(착할 선) 公(제후 공) 稱(일컬을 칭) 物(사람 물) 損(겸손할 손,
자신을 낮추다) 益(넉넉해질 익 → 높아지다) 敎(가르칠 교) 强梁[(주장이) 강경하고 힘이 있
음. 强(굳셀 강) 梁(들보 량)] 敎父[교리나 교훈을 세상에 전하는 사람]

도(道)는 하나(一)를 낳고(生), 하나(一)는 둘(二)을 낳고(生),

둘(二)은 셋(三)을 낳고(生), 셋(三)은 만물(萬物)을 낳는다(生).

(또) 만물(萬物)은 음(陰)을 등에 지고(陰~而) 양(陽)을 가슴에 안아(抱)

서로 부딪혀(沖氣) 그럼으로써(以) 조화(和)를 이룬다(爲).

(그런데) 사람들(人)이 꺼려하는(惡) 바(所)는

오로지(唯) 외로움(孤), 부족함(寡), 착하지 않음(不穀)이다.

그런데도(而) 왕(王)과 제후(公)는 (스스로를 이것으로) 일컫는다(以~爲稱).

따라서(故) 자신(物)을 혹(或) 낮추면(損~而) (오히려) 높아지고(益),

혹(或) 높이면(益~而) (오히려) 낮추어진다(損).

다른 사람들(人)이 가르치는(敎) 바(所)를 나(我) 또한(亦) 가르친다(敎).

주장이 강경하고 힘 있는(强梁) 자(者)는 (제 명에) 죽지(死) 못한다(不~得).

나(吾)는 (이런) 교훈을 세상에 전하는 사람(以~敎父)이 되려(將~爲) 한다.

도는 하나를 낳고, 하나는 둘을 낳고,
둘은 셋을 낳고, 셋은 만물을 낳는다

—

이 장은 몇 가지 서로 다른 내용들로 구성되는데 언뜻 보아선 내용들끼리의 연결이 잘 이루어지지 않는다. 먼저 이 장은 "도는 하나를 낳고, 하나는 둘을 낳고, 둘은 셋을 낳고, 셋은 만물을 낳는다. 또 만물은 음을 등에 지고 양을 가슴에 안고 서로 부딪힘으로써 조화를 이룬다."라는 내용으로 시작한다. 이것은 천도(天道)와 관련한 내용이다. 이어서 사람들이 꺼려하는 바는 오로지 외로움(孤), 부족함(寡), 착하지 않음(不穀)이라고 말한다. 그런데 왕과 제후는 스스로를 고인(孤), 과인(寡), 불곡인(不穀)이라고 부른다. 이처럼 자신을 혹 낮추면 오히려 높아지고, 혹 높이면 오히려 낮추어지는 게 사실이다. 이 내용은 왕과 제후의 처신에 대한 언급이므로 치도(治道)와 관련한 내용이다. 그런데 앞에서 말한 천도와 지금 말한 치도가 내용상으로 서로 연결을 잘 이루지 못한다.

게다가 이어지는 글은 앞에서 언급한 천도 및 치도와 더더욱 연결을 이루기 힘들다. 이어지는 글은 "다른 사람들이 가르치는 바를 나 또한 가르친다. 그런데 주장이 강경하고 힘 있는 사람은 제 명에 죽지 못한다. 그래서 나는 이런 교훈을 세상에 전하는 사람이 되려고 한다."라는 내용이다. 이 내용은 앞에서 언급한 천도 및 치도와 과연 어떻게 연결이 될까? 물론 노자가 논리적인 연결을 무시한 채 글을 썼다고 보지 않는다. 이런 점을 감안하고 이 글의 논리적인 연결을 어떤 방식으로 이룰 수 있는지에 대해 검토해 보자.

"도는 하나를 낳고, 하나는 둘을 낳고, 둘은 셋을 낳고, 셋은 만물을 낳는다."라는 글에서 하나, 둘, 셋이 무엇인지를 파악하는 일은 매우 중요하다. 여기에 관해선 오래전부터 여러 가지 해석들이 있어온 게 사실이다. 필자의 견해로는 하나를 음양이 분화되기 이전의 혼돈(混沌)의 상태로, 둘을 혼돈의 상태에서 분화된 음(陰)과 양(陽)으로, 셋(三)을 음양의 이기(二氣)와 음양의 충기(沖氣)로 조화를 이룬 음양작용으로 보는 게 타당하다. 그리고 이런 음양작용으로 음과 양이 상반상생(相反相生)하면서 화성만물(和成萬物)을 이룬 뒤 우리가 사는 세상이 비로소 만들어졌다고 본다. 이것이 음(陰)을 등에 지고 양(陽)을 가슴에 안아 서로 부딪침으로써 만물이 조화를 이룬다는 의미이다.

이처럼 혼돈에서부터 만물의 등장까지가 하나, 둘, 셋으로 표현되는데 이것이 지니는 의미는 꽤나 함축적이다. 『주역(周易)』에서도 "하늘의 일월성신은 상을 이루고, 땅의 산천과 동식물은 형체를 이루어서 음양의 변화와 조화를 드러낸다."[80]라고 말한다. 이런 천도관은 뉴턴의 만유인력 법칙에서 출발하는 근대의 과학정신과 크게 다르다. 사과가 떨어지는 '원인'을 통해서 만유인력이란 '결과'가 발견되었기에 근대의 과학정신은 기본적으로 '확실한' 인과관계에서부터 시작한다. 이런 과학정신은 음을 등에 지고 양을 가슴에 안아 서로 부딪침으로써 만물이 조화를 이룬다는 동아시아의 '느슨한' 천도관과는 너무나 다르다. 그런데 이런 근대의 과학정신도 오늘날 양자역학에 의해서 서서히 무너지고 있다. 양자역학은 기계론적인 확실성보다 확률적인 불확실성에 기초해 있어서이다. 그런데 양자역학은 음양작용과 긴밀하게 연결된다. 이런 점을 감안하면 동아시아 천도관이 결코 비과학적인 주장은 아니라고 본다.

---

80) 在天成象, 在地成形, 變化見矣. (『주역』「계사편」)

이제부터는 논리의 비약이 좀 더 심하게 이루어진다. 노자는 사람들이 꺼려하는 바가 고(孤, 외로움), 과(寡, 부족함), 부곡(不穀, 착하지 않음)이라고 말한다. 그런데 왕과 제후는 자신을 고인, 과인, 부곡인이라고 부르면서 스스로를 낮춘다. 이처럼 자신을 낮추면 자신의 격이 오히려 높아진다. 반면 자신을 높이면 자신의 격이 오히려 낮아진다. 그렇다면 왕과 제후의 이런 겸손한 처신이 앞에서 언급한 천도와 무슨 관련이 있을까? 즉 만물이 음을 등에 지고 양을 가슴에 안아 서로 부딪침으로써 조화를 이룬다는 게 왕의 겸손함과 어떤 관련이 있을까? 아마도 이 내용은 자신을 낮추어 부르는 왕처럼 만물이 겸손하기에 서로 다투지 않아서 조화를 이룬다는 식으로 해석해야 서로 연결을 이룬다. 이는 만물의 겸손함이 천도인 것처럼 왕의 겸손함도 치도에 해당한다는 말이다.

그런데 논리적 연결과 관련해 더욱 어려운 문제가 남아 있다. "남이 가르치는 바를 나 또한 가르친다."라면서 "주장이 강경하고 힘 있는 사람은 제 명에 죽지 못한다."라고 말한다. 이 내용은 앞에서 언급한 천도 및 치도와 연결을 전혀 이루지 못하는데 이런 내용이 어째서 갑자기 등장했을까? 이 난제를 풀려면 먼저 '가르치는 바'가 무엇인지 규명할 필요가 있다. 필자의 견해로는 '가르치는 바'가 아마도 자신을 낮추면 오히려 자신의 격이 높아지고, 자신을 높이면 오히려 자신의 격이 낮아진다는 점이라고 본다. 이 역시 한마디로 겸손하게 처신하라는 말이다. 그래서 겸손하게 처신하라는 것을 남에게 가르치듯 노자 자신도 그것을 가르치겠다는 말이다. 그런데 겸손하지 못하면 주장이 강경하고 힘이 넘쳐흐른다. 이런 사람은 제 명을 다 하지 못하고 일찍 죽는다. 그래서 노자는 이런 교훈을 세상에 전하는 사람이 되고자 한다는 말로 글을 끝낸다.

도는 하나를 낳고, 하나는 둘을 낳고,
둘은 셋을 낳고, 셋은 만물을 낳는다

43장

천하에 지극히 부드러운 것이
천하에 지극히 단단한 것을 헤쳐 나간다.
(또 천하에 형태가) 있지 않는 것이
틈이 없는 곳으로 (마구) 들어간다.
이 때문에 나는 무위(無爲)의 유익함을 안다.
(또) 말 없는 가르침(不言之敎)이 무위에 (얼마나) 유익한 지를 안다.
(그런데) 천하에는 무위가 유익하다는 데까지 이른 (사람이) 드물다.

天下之至柔, 馳騁天下之至堅.

無有入無間.

吾是以知無爲之有益.,

不言之敎無爲之益.

天下希及之.

至柔[지극히 부드러움. 柔(부드러울 유)] 馳騁[말을 몰아 빨리 달림 → 헤쳐 나가다.
馳(달릴 치) 騁(달릴 빙)] 至堅[지극히 단단함. 堅(굳을 견, 단단하다)] 入(들 입) 間(틈 간)
益(이로울 익, 유익하다) 希(드물 희) 及(이를 급)

천하(天下)에 지극히(至) 부드러운(柔) 것이

천하(天下)에 지극히(至) 단단한(堅) 것을 헤쳐 나간다(馳騁).

(형태가) 있지(有) 않는(無) 것이 틈(間)이 없는(無) 곳으로 들어간다(入).

이 때문에(是以) 나(吾)는 무위(無爲)의 유익함(有益)을 안다(知).

(또) 말 없는 가르침(不言之敎)이 무위(無爲)에 (얼마나) 유익한(益) (지를 안다).

천하(天下)에는 (무위가 유익하다는 데까지) 이른(及) (사람이) 드물다(希).

천하에 지극히 부드러운 것이
지극히 단단한 것을 헤쳐 나간다

이 장은 무위(無爲), 즉 하고자 함이 없음이 주제이다. 그런데 하고자 함이 없는데도 큰 것을 이루는 데 흐르는 물만한 게 없다. 그래서 첫 문장의 주어를 물로 여기고, 물이 헤쳐 나가는 대상을 돌로 여기면 글이 쉽게 이해된다. 그러면 "천하에 지극히 부드러운 물이 천하에 지극히 단단한 돌을 헤쳐 나간다."라고 해석된다. 여기서 흐르는 물을 두고 노자는 어째서 '헤쳐 나간다(馳騁)'라는 표현을 사용했을까? 치빙(馳騁)은 '말을 몰고 달리는' 일이기에 다소 과장된 표현일 수 있다. 그렇지만 말을 몰고 달리듯이 물이 빠르게 흐르지 않으면 돌 앞에 멈추거나 머물러서 지체될 수 있다. 그래서 물이 빨리 흘러야 멈추거나 머물지 않고 과감히 흐를 수 있다. 또한 물이 틈이 보이지 않는 돌 속에 침투해 들어가려면 과감히 흘러야 가능한 일이다.

한편 8장에선 '상선약수(上善若水)', 즉 '최고의 선은 물과 같다'라고 해서 물을 주인공 삼아 이야기를 전개한 바 있다. 그러면서 세 가지 이유를 들어서 물이 최고의 선이라는 점을 밝혔다. 첫째로 물은 만물을 충분히 이롭게 하고, 둘째로 물은 만물과 다투지 않고, 셋째로 뭇 사람들이 싫어하는 낮은 곳에 머물기[81] 때문이다. 그런데 물의 이런 처신은 하고자 함이 있어(有爲) 이루어지는 게 아니라 오로지 하고자 함이 없이(無爲) 이루어진다. 물이 도에 가깝다고 여겨지는 것도 무위에 따른 물

---

81) 水善利萬物而不爭, 處衆人之所惡. (『도덕경』 8장)

의 이런 처신 때문이다.

이 장에선 물의 이런 특성에 더해 물이 지닌 엄청난 돌파력 및 파괴력에 주목한다. 먼저 물의 돌파력은 부딪히는 돌의 단단함을 전혀 개의치 않고 헤쳐 흐르는 데서 발견된다. 또 물의 파괴력은 돌의 틈새로 들어가 돌을 무너뜨리는 데서 발견된다. 그러니 아무리 단단한 돌이라도 물에 의해 결국 뚫리고 만다. 게다가 홍수가 났을 때의 물의 위력은 과연 어떠한가? 홍수로 인해 큰물이 만들어지면 큰 물은 모든 것을 휩쓸고 지나간다. 물의 이런 파괴력도 물이 하고자 함이 있어 생겨나는 게 아니라 하고자 함이 없는 데서 생겨난다. 이것이 무위가 지닌 참된 힘이다.

그런데 물의 이런 돌파력과 파괴력은 배움을 통해 이루어지는 게 아니다. 유가라면 학습(學習), 즉 배우고 익힘을 통해 이루어진다고 말할 것이다. 그렇지만 노자는 불언지교(不言之敎), 즉 말 없는 가르침을 최고로 여긴다. 이런 말 없는 가르침은 하고자 함이 없음을 수행하는 데 정말로 소중하다. 따라서 말 있는 가르침에 해당하는 학습은 무위의 가장 큰 방해꾼이다. 그런데도 세상에는 무위가 크게 유익한 처신과 행동이라는 점을 아는 사람이 드물다. 오히려 세상사람들은 말 있는 가르침을 최고로 여겨서 오로지 학습에 매진할 뿐이다. 그리고 시간이 흐를수록 이런 경향이 더욱 심해진다. 지금 노자는 무위를 행하는 물의 이런 모습을 통해서 유위를 행하는 우리의 일그러진 모습을 함께 비교하려 든다.

44장

명예와 몸 (중에) 어느 것과 (더) 친하고,

몸과 재화 (중에) 어느 것을 (더) 중시하고,

얻음과 잃음 (중에) 어느 것을 (더) 염려하는가?

이 때문에 지나치게 소중히 여기면 금품 소비가 반드시 많아지고,

(무언가) 간직함이 많으면 반드시 잃음이 많아진다.

분수에 만족함을 알면 욕됨이 없고,

그칠 줄 알면 지치지 않아 가히 영구할 수 있다.

名與身孰親.,
身與貨孰多.,
得與亡孰病.
是故甚愛必大費., 多藏必厚亡.
知足不辱, 知止不殆., 可以長久.

名(이름 명, 명예) 與(및 여, ~와) 身(몸 신) 孰(어느 숙) 親(친할 친) 貨(재화 화) 多(칭찬할 다,
중시하다) 得(얻을 득) 亡(잃을 망) 病(근심할 병, 염려하다) 甚(심할 심, 지나치다) 愛(사랑할
애, 소중히 여기다) 必(반드시 필) 費(쓸 비, 금품을 소비하다) 多(많을 다) 藏(갈무리할 장 → 간
직함) 厚(많을 후) 足(넉넉할 족, 분수에 만족하다) 止(멈출 지, 그치다) 殆(피곤할 태, 지치다)
長久[길고 오램. 영구함. 長(길 장) 久(오랠 구)]

명예(名)와(與) 몸(身) (중에) 어느(孰) 것과 (더) 친하고(親),
몸(身)과(與) 재화(貨) (중에) 어느(孰) 것을 (더) 중시하고(多),
얻음(得)과(與) 잃음(亡) (중에) 어느(孰) 것을 (더) 염려하는가(病)?
이 때문에(是故) 지나치게(甚) 소중히(愛) 여기면
금품 소비(費)가 반드시(必) 많아지고(大),
(무언가) 간직함(藏)이 많으면(多) 반드시(必) 잃음(亡)이 많아진다(厚).
분수에 만족함(足)을 알면(知) 욕됨(辱)이 없고(不),
그칠(止) 줄 알면(知) 지치지(殆) 않아(不) 가히(可) 영구할(以~長久) 수 있다.

명예와 몸 가운데 어느 것과 더 친한가?

—

이 장은 노자가 몇 가지 질문을 던지면서 글을 시작한다. 첫 번째는 명예(名)와 몸(身) 중에 어느 것과 더 친한지에 대한 질문이다. 당연히 몸과 더 친해야 한다. 두 번째는 몸과 재화(貨) 중에 어느 것을 더 중시하는지에 대한 질문이다. 당연히 몸을 더 중시해야 한다. 어째서 그러한가? 몸은 생명활동과 직접적인 관련이 있지만 명예와 재화는 생명활동과 아무런 관련이 없어서이다. 명예와 재화는 그것들의 소중함을 우리 머릿속 관념이 만들어내므로 감관활동 내지는 심관활동과 관련이 깊다. 생명활동과 감관활동에 대해선 12장에서 이미 언급한 바 있으므로 여기선 설명을 생략하고자 한다.

참고로 장자는 자신의 몸을 소홀히 하면서 명예와 재화에 탐닉하는 사람을 다음과 같이 묘사한다.

일단 온전한 사람의 몸을 받고 태어나면 그 몸을 상하게 하는 일이 없이 자연히 죽기를 기다리자. 그런데도 사람을 서로 해치며, 서로 쓰러뜨리며 죽음을 향해 나아가는 게 마치 말 달리듯 빨라 어느 누구도 이를 멈추게 할 수 없으니 이 또한 슬프지 아니한가! 평생 쉬지 않고 일해도 성공을 보지 못하고, 파김치가 되도록 지쳐도 돌아갈 데를 모르니 슬프지 아니한가! 그런데도 사람들은 아직 죽지 않았다고 말하는데 이게 무슨 소용인가! 그의 몸이 늙어가고, 또 그의 마음도 늙어가는 데 너무 슬프지 아니한가? 사람의 삶은 본디 이처럼 아둔한가? 아니면 나 혼자 아둔하고, 다른 사람은 아둔하지 않은가?[82]

그런데 첫 번째와 두 번째 질문은 굳이 던지지 않아도 될 질문이다. 답이 너무 빤해서이다. 몸은 생명활동과 직결되므로 감관활동과 관련한 명예나 재화보다 당연히 몸을 가까이하거나 중시해야 한다. 그런데도 노자는 어째서 이런 질문을 던졌을까? 아마도 세 번째 질문에 대해 어떤 특정한 대답을 유도하기 위해서라고 본다. 어째서 그러한가? "얻음과 잃음 중에 어느 것을 더 염려하는가?"라는 세 번째 질문에 대해서 대부분 사람들은 잃음을 더 염려하게 마련이다. 그런데 노자는 얻음을 더 염려한다. 그렇다면 정말로 염려해야 하는 건 잃음이 아니라 얻음이란 대답을 유도하기 위해서 노자는 일부러 첫 번째와 두 번째 질문을 던진 것이다. 그만큼 잃음보다 얻음을 더 염려한다.

노자는 어째서 그런지 그 이유를 다음과 같이 설명한다. 사람들이 재화를 소중히 여겨 그것을 얻고자 하면 금품 소비와 같은 씀씀이가 당연히 커진다. 또 사람들이 명예를 소중히 해 그것을 간직하고자 하면 명예를 잃는 일이 당연히 많아진다. 사실 높은 지위에 오를수록 나락으로 떨어지는 폭도 커진다. 그래서 분수에 만족함을 알면 욕됨이 없고, 그칠 줄 알면 지치지 않아 몸을 영구히 보존할 수 있다. 이는 곧 천수를 다한다는 말이다. 그러니 재화든 명예든 간에 '지나침'보다는 '적당함'에서 멈추는 게 중요하다. 그런데도 사람들은 '적당함'에서 만족할 줄 모르고 늘 '지나침'을 추구하다 생명활동에 큰 지장을 준다. 이에 장자도 우리에게 다음과 같이 경고 한다.

---

82) 一受其成形, 不化以待盡. 與物相刃相靡, 其行進如馳, 而莫之能止, 不亦悲乎! 終身役役而不見其成功, 茶然疲役而不知其所歸, 可不哀邪! 人謂之不死, 奚益! 其形化, 其心與之然, 可不謂大哀乎? 人之生也, 固若是芒乎? 其我獨芒, 而人亦有不芒者乎? (『장자』 내편 「제물론」)

우리의 삶은 끝이 있어 유한하지만 우리의 앎은 끝이 없어 무한하다. 끝이 있는 삶으로 끝이 없는 앎을 추구하는 건 피곤하다. 피곤할 뿐인데 끝이 없는 앎을 계속해 추구하는 건 더욱 더 피곤할 뿐이다. 그래서 선행을 해도 명성이 드러나선 안 되고, 악행을 저질러도 형벌을 받을 정도가 되어선 안 된다.[83]

여기서 '선행을 해도 명성이 드러나선 안 되고, 악행을 저질러도 형벌을 받을 정도가 되어선 안 된다'라는 게 이 글의 핵심이다. 이런 식의 가르침은 유가와 분명히 다르다. 유가는 선행을 많이 해 명성이 드러나야 한다는 입장이다. 그래서 유가는 인의(仁義)를 실천하는 데도 '적당함' 보다는 '지나침'을 선호한다. 살신성인(殺身成仁, 몸을 희생해서 인을 이룬다)이나 사생취의(捨生取義, 생명을 버리고 의를 취한다)가 그 단적인 예가 아닌가.

여기서 "큰 도가 행해지지 않자 인의가 생겨났다."[84]라는 노자의 말이 자연스레 떠오른다. 노자에게서 도란 세속에서 말하는 도덕, 예를 들어 인의예지와 같은 것들을 크게 넘어선다. 왜냐하면 "천지는 은혜를 베풀면서 기르지 않아 만물을 짚으로 만든 개처럼 여기고, 성인도 은혜를 베풀면서 기르지 않아 백성을 짚으로 만든 개처럼 여긴다."[85]라고 여겨서이다. 그러니 인의예지를 억지로 실천할 필요가 없다. 노자는 인의예지의 실천도 '지나침'을 선호한 데서 비롯된다고 파악한다.

---

83) 吾生也有涯, 而知也無涯. 以有涯隨無涯, 殆已., 已而爲知者, 殆而已矣. 爲善無近名, 爲惡無近刑. (『장자』내편 「양생주」)

84) 大道廢 有仁義. (『도덕경』18장)

85) 天地不仁, 以萬物爲芻狗., 聖人不仁, 以百姓爲芻狗. (『도덕경』5장)

명예와 몸 가운데 어느 것과 더 친한가?

45장

크게 이루어진(大成) 건 모자란 것 같아도 그 쓰임이 다하지 않고,
크게 충만한(大盈) 건 빈 것 같아도 그 쓰임이 끝나지 않는다.
큰 반듯함(大直)은 굽은 것 같고,
큰 솜씨(大巧)는 서투른 것 같고,
큰 말 잘함(大辯)은 말이 서투른 것 같다.
(대기의) 건조함이 차가움을 누르고,
(마음의) 고요함이 자신의 열기를 누른다.
(그러니) 청정(清靜), 즉 정사가 간명해 번거롭지 않아야
천하를 바로 잡는다.

大成若缺 其用不弊.,

大盈若冲 其用不窮.

大直若屈, 大巧若拙, 大辯若訥.

躁勝寒 靜勝熱.

淸靜爲天下正.

———

大成[학문이나 사업을 크게 성취함] 缺(부족할 결, 모자람) 用(쓸 용) 弊(다할 폐) 盈(찰
영) 冲(빌 충) 窮(다할 궁, 끝나다) 直(곧을 직) 屈(굽을 굴) 巧(솜씨 교) 拙(서투를 졸) 辯(말잘
할 변) 訥(말서투를 눌) 躁(마를 조, 건조하다) 勝(이길 승, 억누르다) 寒(차가울 한) 靜(고요할
정) 熱(열 열, 체온) 淸靜[정사가 간명해 번거롭지 않음. 淸(맑을 청) 靜(고요할 정)] 正
(바로잡을 정)

———

크게 이루어진(大成) 건 모자란(缺) 것 같아도(若)

그(其) 쓰임(用)이 다하지(弊) 않고(不),

크게 충만한(大盈) 것은 빈(冲) 것 같아도(若)

그(其) 쓰임(用)이 끝나지(窮) 않는다(不).

큰 반듯함(大直)은 굽은(屈) 것 같고(若),

큰 솜씨(大巧)는 서투른(拙) 것 같고(若),

큰 말 잘함(大辯)은 말이 서투른(訥) 것 같다(若).

(대기의) 건조함(躁)이 차가움(寒)을 누르고(勝),

(마음의) 고요함(靜)이 (자신의) 열기(熱)를 누른다(勝).

(그러니) 청정(淸靜)해야 천하(天下)를 바로 잡는다(爲~正).

정사가 간명해서 번거롭지 않아야
천하를 바로 잡는다

———

이 장은 '청정해야 천하를 바로 잡는다(淸靜爲天下正)'라는 내용을 결론으로 제시하고 어째서 그런지를 설명하는 방식으로 글이 구성된다. 여기서 '淸靜'은 맑을 청(淸)과 고요할 정(靜)으로 이루어진 단어인데 깨끗하면서도 차분하다는 모습을 수식하는 의미로 주로 사용된다. 그래서인지 대부분의 해설서들은 '淸靜爲天下正'를 '청정무위를 이루면 천하의 모범이 된다.'라거나 '맑고 고요함이 천하의 올바른 것이다.'라는 식으로 해석한다. 그렇지만 여기서의 '淸靜'은 '정사가 간명해 번거롭지 않다'는 의미이다. 따라서 '淸靜爲天下正'는 '정사가 간명해 번거롭지 않아야 천하를 바로 잡는다.'라고 해석되어야 마땅하다.

사람들은 흔히 정사는 간명한 게 아니라 복잡하다고 여긴다. 그렇다면 정사가 복잡한지 아닌지의 여부를 파악할 수 있는 방법은 무엇일까? 아마도 군주의 법과 명령 등이 많고 적은지의 여부에 의해 가장 적절히 설명될 수 있다. 실제로 법이 적으면 정사가 간명하지만 법이 많으면 정사가 복잡해진다. 그래서 훌륭한 지도자일수록 정사의 큰 방향만 제시하고, 세세한 것은 아랫사람에게 일임한다. 이런 식으로 큰 방향만 챙기므로 훌륭한 지도자는 많은 지시나 명령을 잘 내리지 않는다. 마찬가지로 좋은 군주가 되기 위해선 목표만 제시하고, 아랫사람의 일에는 가능한 간섭하지 말아야 한다. 이것이 노자가 말하는 치도(治道)의 바람직한 방향이다.

여기서 한 가지 흥미로운 점은 노자가 이런 치도의 근거를 '대기의 건조함이 차가움을 누르고, 마음의 고요함이 자신의 열기를 누른다.'라는 데서 찾는다는 사실이다. '대기의 건조함이 차가움을 누른다.'라는 것은 일종의 천도(天道)에 해당하고, '마음의 고요함이 자신의 열기를 누른다.'라는 것은 일종의 인도(人道)에 해당한다. 동아시아사상에선 인도가 천도에서 비롯되므로 이 글은 '대기의 건조함이 차가움을 누르듯이(천도) 마음의 고요함이 자신의 열기를 누른다(인도).'라고 해석되어야 마땅하다. 그런데 이런 식의 천도와 인도가 어째서 정사를 간명히 하는 치도의 근거로 활용될 수 있을까? 이에 대한 설명이 이제부터 이루어진다.

날씨가 차가워지면 사람들이 추위를 타므로 추위에서 벗어나려면 공기를 덥혀야 한다. 그러기 위해선 불을 떼야 한다. 그런데 불을 떼기 위해선 난로도 구입하고 연료도 구입해야 하므로 일이 번거로워진다. 그래서 보다 간편한 방법을 찾게 되는데 그것은 방안을 건조하게 하는 일이다. 대기가 습하면 추위를 더 많이 느낀다. 이와 반대로 대기가 건조하면 추위를 덜 느낀다. 이런 자연의 원리를 이용해 간단히 추위에서 벗어나는 게 노자가 바라는 방식이다. 우리 몸의 열기도 마찬가지 방식으로 다스려야 한다. 몸이 더워지면 냉방장치를 돌려야 하는데 이것 역시 번거로운 일이다. 지금이야 냉방장치를 쉽게 구할 수 있지만 옛날에는 매우 어려웠다. 그러니 마음을 고요하게 하는 게 더위에서 벗어나는 가장 손쉬운 방법이다. 이런 손쉬운 방법으로, 즉 번거롭지 않은 방법으로 정사가 이루어지는 게 노자가 바라는 방식이다.

노자는 이런 치도의 원리를 어떻게 발견했을까? 물론 그의 오랜 경험을 통해서 발견했다. 그렇다면 그의 경험은 무엇일까? "크게 이루어진 (大成) 것은 모자란 것 같아도 그 쓰임이 다하지 않고, 크게 충만한(大盈) 것은 빈 것 같아도 그 쓰임이 끝나지 않는다."라는 경험이다. 그 뿐만이 아니다. "큰 반듯함(大直)은 굽은 것 같고, 큰 솜씨(大巧)는 서투른 것 같고, 큰 말 잘함(大辯)은 말이 서투른 것 같다."라는 경험이다. 우리도 살다보면 노자가 터득한 삶의 이런 지혜를 경험할 때가 종종 있다. 커뮤니케이션을 전공한 필자 입장에서도 마찬가지이다. 예를 들어 가장 훌륭한 언설은 말 잘함이 아니라 어눌함이다. 이것도 오랜 경험을 통해서 필자가 터득한 일이다. 노자도 이런 경험들이 쌓여서 '정사가 간명해 번거롭지 않아야 천하를 바로 잡는다'라는 지혜에 이르게 되었다고 본다.

정사가 간명해서 번거롭지 않아야
천하를 바로 잡는다

46장

천하에 도가 있으면 잘 달리는 말을

(농부에게) 돌려주어 거름을 주는데 (사용한다).

(반면) 천하에 도가 없으면 군마가 성 밖에서 (새끼를) 낳는다.

만족을 모르는 것보다 더 큰 재앙이 없으며,

욕심을 내는 것보다 더 큰 허물이 없다.

그러므로 만족을 아는 만족만이 변함없는 만족이다.

天下有道 却走馬以糞.,
天下無道 戎馬生於郊.
禍莫大於不知足., 咎莫大於欲得.
故知足之足 常足矣.

却(사양할 각 → 되돌려주다) 走馬[잘 달리는 말. 走(달릴 주)] 糞(거름줄 분) 戎馬[군마.
戎(달릴 융)] 生(날 생) 郊(성밖 교) 禍(재앙 화) 於(전치사 어, ~보다 더) 足(넉넉할 족, 분수에
만족하다) 咎(허물 구) 欲(욕심 욕) 常(늘 상)

천하(天下)에 도(道)가 있으면(有) 잘 달리는 말(走馬)을
(농부에게) 돌려주어(却) 거름을 주는 데(以~糞) (사용한다).
천하(天下)에 도(道)가 없으면(無) 군마(戎馬)가 성 밖에서(於~郊)
(새끼를) 낳는다(生).
만족(足)을 모르는 것보다(於~不知) 더 큰(大) 재앙(禍)이 없으며(莫),
욕심을 내는 것보다(於~欲得) 더 큰(大) 허물(咎)이 없다(莫).
그러므로(故) 만족(足)을 아는(知) 만족(足)만이 변함없는(常) 만족(足)이다.

만족을 아는 만족이 변함없는 만족이다

이 장의 주제는 욕심을 내면서 살지 말라는 내용이다. 너무나 당연한 내용이므로 뭔가 노자답지 못하다. 노자는 지족지족(知足之足), 즉 만족을 아는 만족만이 변함없는 만족이라는 사실을 이 글의 결론으로 제시한다. 그리고 달리는 말의 쓰임새를 통해 욕심내면서 살지 말라는 근거로 활용한다.

천하에 도가 있으면 잘 달리는 말이라도 당연히 농부에게 돌려주어 그가 거름을 주는 데 사용하도록 해야 한다. 이 때 잘 달리는 말은 마음껏 달리지 못해서 모습이 혹 초라하게 바뀔는지 모르지만 생산적인 일에 동원되므로 농부에게 큰 이득을 가져다준다. 반면 천하에 도가 없으면 잘 달리는 군마라도 멋진 마구간이 아니라 성 밖 들판에서 새끼를 낳는다. 이는 전쟁이 끊이지 않고 벌어져서이다. 물론 군마는 전쟁터에 있어야 그 모습이 늠름하지만 전쟁터에선 결국 죽는 운명에 처한다. 심지어 새끼 군마도 자라기만 하면 전쟁터에 끌려가므로 똑같은 운명에 처한다. 그러니 새끼 군마도 살아남기가 힘들다.

그래서 노자는 "만족을 모르는 것보다 더 큰 재앙이 없고, 욕심을 내는 것보다 더 큰 허물이 없다."라고 말한다. 잘 달리는 말은 전쟁터에서 자신의 능력을 실컷 발휘하고픈 마음이 크다. 그런데 이런 마음이 클수록 잘 달리는 말은 죽음이라는 재앙과 허물로 삶을 마감할 공산이 크다. 반면 욕심을 자제하고 농사일을 돕는 데 만족하면 잘 달리는 말은 천수를 다한다. 그래서 생명활동을 계속할 수 있다. 이것이 노자가 말하는 만족을 아는 만족이다. 이런 만족이야말로 변함없는 만족이다.

만족을 아는 만족이 변함없는 만족이다

47장

출입문을 나가지 않아도 천하의 일을 알고,

창밖을 내다보지 않아도 천도(天道)를 본다.

(그래서) 점점 더 멀리 나갈수록 아는 것이 점점 더 적어진다.

이런 까닭에 성인은 행하지 않아도 알고,

보지 않아도 밝아지고, 하지 않아도 이룬다.

不出戶 知天下., 不窺牖 見天道.

其出彌遠 其知彌少.

是以聖人 不行而知., 不見而名 不爲而成.

出(나갈 출) 戶(지게 호, 출입문) 窺(볼 규, 살펴보다) 牖(창 유) 彌(점점더 미) 遠(멀 원) 少(작을 소) 名(밝아질 명) 成(이룰 성)

출입문(戶)을 나가지(出) 않아도(不) 천하 (天下)의 일을 알고(知),

창밖(牖)을 내다보지(窺) 않아도(不) 천도(天道)를 본다(見).

점점 더(彌) 멀리(遠) 나갈수록(出) 아는(知) 게 점점 더(彌) 적어진다(少).

이런 까닭에(是以) 성인(聖人)은 행하지(行) 않아도(不~而) 알고(知),

보지(見) 않아도(不~而) 밝아지고(名), 하지(爲) 않아도(不~而) 이룬다(成).

성인은 행하지 않아도 알고,
보지 않아도 밝아지고, 하지 않아도 이룬다

———

이 장은 성인의 모습을 통해서 인도(人道)의 방향을 제시한다. 도를 깨친 사람은 집의 출입문을 나가지 않아도 천하의 일을 훤히 안다. 즉 대문 밖을 나가지 않아도 세상일을 제대로 파악한다. 이는 바깥에 나가서 일일이 확인하지 않아도 천하에 어떤 일이 벌어지는지 잘 안다는 말이다. 마치 제갈량(諸葛亮)이 융중(隆中)에 은둔해서 머물어도 유비(劉備)를 만나 천하삼분(天下三分)의 계략을 말할 수 있었던 것처럼 말이다. 마찬가지로 도를 깨친 사람은 천하의 일뿐 아니라 우주자연의 원리에 대해서도 잘 안다. 그러니 창을 통해서 바깥을 내다보지 않아도 천도(天道)가 무엇인지 제대로 파악한다.

그래서 도를 깨친 사람은 문밖에서부터 점점 더 멀리 나갈수록 아는 것이 오히려 점점 더 적어진다. 반면 보통사람은 견문을 넓히기 위해서 문밖에서부터 점점 더 멀어지려고 한다. 그래서 여행을 하거나 좋은 스승을 만나기 위해 먼 길을 마다하지 않고 찾아간다. 반면 도를 깨친 사람은 더 많은 것을 알기 위해서 멀리까지 굳이 갈 필요가 없다. 멀리 가는 일이 오히려 아는 것을 점점 더 적게 만들어서이다. 어째서 그러한가? 도를 깨친 사람은 위도(爲道), 즉 도를 익히기에 날마다 덜어내야 하지만 보통사람들은 위학(爲學), 즉 학문을 익히기에 날마다 더한다. 그래서 도를 깨친 사람의 관심이 '덜어내는(損) 앎'이라면 보통사람들의 관심은 '더하는(益) 앎'이다. 이런 까닭에 도를 깨친 성인은 행하지 않고도 알고(知), 보지 않고도 밝아지고(名), 하지 않고도 뭔가를 이룬다(成).

성인은 행하지 않아도 알고,

보지 않아도 밝아지고, 하지 않아도 이룬다

48장

학문을 익히면 날마다 더하고, 도를 익히면 날마다 던다.

(이처럼) 덜고 또 덞으로써

무위(無爲), 즉 하고자 함이 없는 경지에 이른다.

하고자 함이 없는데도 되지 않는 일이 없다.

(그래서) 천하를 다스리는 데 늘 자연스러워야 한다.

(그런데도 자연스럽지 못하고) 인위적으로 기울면

천하를 다스리는 데 부족하다.

爲學日益, 爲道日損.

損之又損 以至於無爲.

無爲而無不爲.

取天下 常以無事.

及其有事 不足以取天下.

日(나날이 일) 益(더할 익) 損(덜 손) 又(또 우) 取(다스릴 취) 無事[인위적인 작용 없이 자연스럽게 함] 及(미칠 급→기울다)

학문(學)을 익히면(爲) 날마다(日) 더하고(益),

도(道)를 익히면(爲) 날마다(日) 던다(損).

덜고(損) 또(又) 덞으로써(損~以) 무위의 경지에(於~無爲) 이른다(至).

하고자 함이 없는데도(無爲~而) 되지(爲) 않는(不) 일이 없다(無).

(그래서) 천하(天下)를 다스리는 데(取) 늘(常) 자연스러워야(以~無事) 한다.

(그런데도 자연스럽지 못하고) 인위적으로(有事) 기울면(及)

천하(天下)를 다스리는 데(以~取) 부족하다(不足).

학문을 익히면 날마다 더하고,
도를 익히면 날마다 던다

—

이 장은 앞 장과 내용적으로 서로 긴밀히 연결을 이룬다. 앞 장에서 "도를 깨친 사람은 출입문을 나가지 않아도 천하의 일을 알고, 창밖을 내다보지 않아도 천도(天道)를 본다. 그래서 점점 더 멀리 나갈수록 아는 게 점점 더 적어진다."라고 말했다. 이처럼 '점점 더 멀리 나갈수록 아는 게 점점 더 적어지는 것'은 도(道)를 익혀서 날마다 덜어내기 때문이다. 도를 깨달은 성인은 이처럼 처신한다. 반면 보통사람은 학문(學)을 익히므로 날마다 더할 수밖에 없다. 이것이 성인과 보통사람 간의 차이이다.

그런데 이런 차이는 어디에서 비롯될까? 노자는 무위(無爲)를 실행하는지 여부에 의해 결정된다고 말한다. 그래서 성인은 무위를 행하는 반면 보통사람은 유위(有爲)을 행한다. 그런데 배움은 오로지 유위에 따른 행동이지 무위에 따른 행동이 아니다. 노자에 따르면 도란 살면서 저절로 깨닫는 대상일 뿐 배움 따위를 통해서 얻어지는 게 아니다. 만약 배움을 통해서 도를 깨닫는다면 그 깨우침은 참되지 못하다. 그런데 유가는 학습을 통한 깨달음을 강조한다. 이것이 춘추전국시대에 유가가 다른 제자백가들로부터 비판받았던 이유이다.

물론 배움을 통해 얻어지는 지식이라고 모두 같은 건 아니다. 지식에도 서열체계가 있다. 넓은 의미에서 보면 지식은 자료, 정보, 지혜 그리고 좁은 의미의 지식을 모두 포함한다. 그런데 자료가 가장 아래에 위치하고, 그 위는 정보, 또 정보 위에는 지식, 그리고 지식 위에는 지혜가 수

직적으로 나란히 위치한다. 그래서 피라미드 모양을 취하게 된다. 어째서 이런 피라미드 모양을 취할까? 지혜는 지식에 기반하고, 지식은 정보에 기반하고, 정보는 자료에 기반하기 때문이다. 그래서 사람들은 자료를 통해서 정보를 추출하고, 정보를 통해서 지식을 추출하고, 지식을 통해서 지혜를 추출함으로써 점점 더 큰 깨달음에 가까이 갈 수 있다.

그런데 피라미드 모양이 세로로 가파라질수록 깨닫는 방식이 보다 바람직하게 이루어진다. 왜냐하면 피라미드 모양이 세로로 가팔라질수록 사람들이 적은 자료에서 상대적으로 많은 정보를 추출하고, 또 적은 정보에서 상대적으로 많은 지식을 추출하고, 또 적은 지식에서 상대적으로 많은 지혜를 추출하기 때문이다. 그래서 지혜에 이르는 단계가 매우 효율적이다. 이런 효율적 방식으로 지혜를 터득하는 건 도(道)를 익히면 날마다 덜어내는 이치를 깨달을 때 비로소 가능하다.

반면 피라미드 모양이 가로로 길게 늘어날수록 깨닫는 방식이 바람직스럽지 못하다. 사람들이 많은 자료를 통하더라도 거기서 상대적으로 적은 정보를 추출하고, 또 많은 정보를 통하더라도 거기서 상대적으로 적은 지식을 추출하고, 또 많은 지식을 통하더라도 거기서 상대적으로 적은 지혜를 추출하기 때문이다. 그래서 지혜에 이르는 단계가 효율적이지 못하다. 이런 비효율적 방식으로 지혜를 터득하는 건 학문(學)을 익히면 날마다 더하는 것과 같은 이치라고 본다. 이것이 위학(爲學)과 위도(爲道)의 차이이다.

노자는 세상일도 도를 익히듯이 해야 한다는 점을 강조한다. 만약 도를 익히듯이 세상일을 처리하면 덜어내고 또 덜어냄으로써 무위(無爲), 즉 하고자 함이 없는 경지에 쉽게 이른다. 그런데 이처럼 하고자 함이 없는데도 천하에서 이루어지지 않은 일이 생겨난다면 이는 도저히 있을 수 없다. 하고자 함이 없어야 일이 쉽게 이루어지는 것도 일종의 인도(人道)에 해당한다. 노자는 이런 인도에 입각해서 치도(治道)의 방향을 제시한다. 그것이 천하를 인위적이지 않고 자연스럽게 다스리는 일이다. 그럼에도 불구하고 천하를 자연스럽지 않고 인위적으로 다스리는 쪽으로 기울면 그 다스림은 부족해질 수밖에 없다.

학문을 익히면 날마다 더하고,

도를 익히면 날마다 던다

49장

성인은 상심(常心)이 없어
백성의 마음을 (자신의) 마음으로 삼는다.
(그래서) 착한 백성을 (성인) 자신이 착하게 여기고,
착하지 않은 백성도 (성인) 자신이 착하게 여기는데
(이는 성인의) 덕이 착해서이다.
(또) 미더운 백성을 (성인) 자신이 미덥게 여기고,
미덥지 않은 백성도 (성인) 자신이 미덥게 여기는데
(이는 성인의) 덕이 미더워서이다.
성인은 세상사람을 마음대로 놔두면서도 화합하게 하고
세상사람을 위해 (자신의) 마음을 분명하지 않은 채로 (놔둔다).
(그리고) 성인은 (세상사람을) 모두 어린아이로 대우한다.

聖人無常心, 以百姓心爲心.

善者吾善之, 不善者吾亦善之., 德善.

信者吾信之 不信者吾亦信之 德信.

聖人在天下歙歙, 爲天下渾其心., 聖人皆孩之.

常心[고정관념. 常(늘 상)] 吾(나 오 → 자신) 善(착할 선) 信(성실한 신 → 미덥다) 在(맡길 재, 마음대로 하게 하다) 歙歙[화합하는 모양. 歙(화합할 흡, 한데 모여 어우러지다)] 渾(흐릴 혼) 皆(다 개) 孩(달랠 해, 어린아이로 대우하다)

성인(聖人)은 상심(常心)이 없어(無)

백성(百姓)의 마음을(以~心) (자신의) 마음(心)으로 삼는다(爲).

(그래서) 착한(善) 백성(者)을 (성인) 자신(吾)이 착하게(善) 여기고,

착하지(善) 않은(不) 백성도(者~亦) (성인) 자신(吾)이 착하게(善) 여기는데

(이는 성인의) 덕(德)이 착해서(善)이다.

(또) 미더운(信) 백성(者)을 (성인) 자신(吾)이 미덥게(信) 여기고,

미덥지(信) 않은(不) 백성(者~亦)도 (성인) 자신(吾)이 미덥게(信) 여기는데

(이는 성인의) 덕(德)이 미더워서(信)이다.

성인(聖人)은 세상사람(天下)을 마음대로 놔두며(在) 화합케(歙歙) 하고

세상사람(天下)을 위해(爲) 마음(心)을 분명치 않은(渾) 채로 (놔둔다).

(그리고) 성인(聖人)은 (세상사람을) 모두(皆) 어린아이로 대우한다(孩).

성인은 상심(常心)이 없기에
백성의 마음을 자신의 마음으로 삼는다

이 장은 성인의 모습을 통해서 바람직한 인도(人道)의 방향을 제시한다. 그리고 바람직한 인도의 방향을 상심(常心), 즉 늘 그런 마음이 없는데서 찾는다. 그렇다면 '늘 그러한 마음'이란 무엇일까? 이는 일종의 고정관념에 속한다. 장자는 이런 고정관념을 가리켜서 성심(成心), 즉 나름대로 정한 마음이라고 밝힌 바 있다. 그리고 사람들끼리 시비(是非)가 생겨나는 원인을 성심을 스승으로 삼는데서 찾았다. 그래서 "성심을 스승으로 삼지 않는데도 시비가 생겨나면 이는 오늘 월나라로 떠났는데 어제 도착했다는 일이다."[86]라면서 시비다툼이 생겨나는 원인을 각자의 고정관념을 스승으로 삼는데서 비롯된다고 파악했다.

노자는 상심(常心)이라는 고정관념에 대해서 매우 부정적이다. 반면 장자는 성심(成心)이라는 고정관념은 누구에게나 다 생겨날 수 있기에 이에 대해 옳다 그르다는 식의 입장표명을 보류한다. 단지 성심을 각자의 스승으로 삼는 것에 대해서만 부정적인 태도를 보인다. 그런데 이 차이는 사소한 것처럼 보여도 소통과 관련해선 매우 중요한 차이이다. 상심(常心)이든 성심(成心)이든 간에 이것들을 각자의 스승으로 삼지 않을 때 비로소 소통의 길이 열려서이다. 만약 상대방이 상심(常心)과 성심(成心)을 아예 부정하는 경우 소통의 가능성은 전혀 열리지 않는다.

---

86) 未成乎心而有是非, 是今日適越而昔至也. (『장자』 내편 「제물론」)

물론 노자가 상심(常心)이란 개념을 여기서 동원한 건 시비다툼을 해소하기 위해서가 아니다. 그보다는 성인이 백성의 마음을 자신의 마음으로 삼는다는 것을 강조하기 위해서이다. 그만큼 성인은 자신의 마음보다는 백성의 마음을 소중히 받든다. 그래서 성인은 착한 백성을 착하게 여길 뿐 아니라 착하지 않은 백성도 착하게 여긴다. 이는 성인의 덕이 참으로 착해서이다. 또 성인은 미더운 백성을 미덥게 여길 뿐 아니라 미덥지 않은 백성도 미덥게 여긴다. 이는 성인의 덕이 참으로 미더워서이다. 이럼으로써 성인은 자신의 상심(常心)을 죽여가면서 백성이 착하든 착하지 않던 상관하지 않고 백성을 받든다. 이런 점은 착하지 않은 백성을 반드시 가르쳐 바른 길로 인도해야 한다는 유가의 입장과 크게 다르다.

그뿐만이 아니다. 성인은 세상사람들을 한편으로는 마음대로 놔두면서 다른 한편으로는 한데 모아 어우러지도록 해 화합하게끔 만든다. 이럼으로써 세상사람들이 저마다의 상심(常心)을 갖지 않도록 한다. 또 성인은 자신의 마음을 분명하지 않은 채로 놔두어 세상사람들이 성인이 상심(常心)을 가졌다는 생각을 조금만치도 하지 않게끔 만든다. 그럴 정도로 성인은 세상사람들을 위해서 세심하게 배려한다. 그리고 성인은 세상사람들을 모두 어린아이로 대우한다. 그래서 백성이 어린아이처럼 혹 옳다고 고집하면 성인도 옳다고 여긴다고 말하고, 또 백성이 어린아이처럼 혹 그르다고 고집하면 성인도 그르다고 여긴다고 말한다. 이처럼 오로지 백성의 마음만을 쫓아서 백성을 달랜다. 그러니 어느 틈에 성인에게서 상심(常心)이 생겨날 수 있겠는가!

50장

(미혹으로부터) 나오면 살고 (미혹에) 들어가면 죽는다.

(그래서) 사는 무리가 열에 셋이고, 죽는 무리가 열에 셋이다.

(또) 사는 게 (바삐) 움직여서 사지(死地)로 가는 사람도 열에 셋이다.

대체 무슨 까닭일까?

(바삐 살아가는 사람의) 끊임없이 계속되는 움직임이

(점점 더) 깊어져서이다.

(내가) 듣건대 "삶을 잘 보양하는(攝生) 사람은

뭍으로 가도 외뿔소와 호랑이를 만나지 않고,

군대에 들어가도 갑옷으로 무장하지 않는다.

(삶을 잘 보양하면) 외뿔소도 그 뿔을 들이받을 만한 곳이 없고,

호랑이도 그 발톱으로 할퀼 만한 곳이 없고,

(상대방) 병사도 그 칼을 쓸 만한 곳이 없어서다"라고 한다.

대체 무슨 까닭일까?

(삶을 잘 보양하면) 죽임을 당할 만한 곳(死地)이 없어서이다.

出生入死.

生之徒十有三., 死之徒十有三.

人之生 動之死地 亦十有三.

夫何故. 以其生生之厚.

蓋聞善攝生者 陸行不遇兕虎., 入軍不被甲兵.

兕無所投其角., 虎無所措其爪., 兵無所用其刃.

夫何故. 以其無死地.

徒(무리 도) 動(움직일 동) 故(까닭 고) 生生[끊임없이 움직이는 모양] 厚(많을 후, 깊어지다) 蓋(발어사 개) 善(잘 선) 攝生[삶을 보양함. 攝(기를 섭, 보양하다)] 陸(뭍 육) 行(갈 행) 遇(만날 우) 兕(외뿔소 시) 虎(범 호) 被(입을 피 → 무장하다) 甲兵[갑옷을 입은 군사. 甲(갑옷 갑)] 所(곳 소) 投(던질 투 → 들이받다) 角(뿔 각) 措(둘 조 → 할퀴다) 爪(손톱 조, 발톱) 兵(군사 병) 用(쓸 용) 刃(칼 인) 死地[죽을 곳 → 죽임을 당할 곳. 死(죽을 사)]

(미혹으로부터) 나오면(出) 살고(生) (미혹에) 들어가면(入) 죽는다(死).

(그래서) 사는(生) 무리(徒)가 열(十)에 셋(有三)이고,

죽는(死) 무리(徒)가 열(十)에 셋(有三)이다.

(또) 사람(人)이 사는(生) 게 (바삐) 움직여서(動)

사지(死地)로 (가는 사람)도 (亦) 열(十)에 셋(有三)이다.

대체(夫) 무슨(何) 까닭(故)일까?

(바삐 사는 사람의) 끊임없이 계속되는 움직임이(以~生生)

(점점 더) 깊어져서이다(厚).

(내가) 듣건대(聞) "삶을 잘(善) 보양하는(攝生) 사람(者)은

뭍(陸)으로 가도(行) 외뿔소(兕)와 호랑이(虎)를 만나지(遇) 않고(不),

군대(軍)에 들어가도(入) 갑옷(甲兵)으로 무장하지(被) 않는다(不).

(삶을 잘 보양하면) 외뿔소(兕)도 그 뿔(角)을 들이받을(投) 곳(所)이 없고(無),

호랑이(虎)도 그(其) 발톱(爪)으로 할퀼(措) 곳(所)이 없고(無),

(상대방) 병사(兵)도 그 칼(刃)을 쓸(用) 곳(所)이 없어서다(無)"라고 한다.

대체(夫) 무슨(何) 까닭(故)일까?

(삶을 잘 보양하면) 사지(死地), 즉 죽임을 당할 곳이 없어서다(以~無).

삶을 잘 보양하는(攝生) 사람에겐
죽임을 당할 만한 곳(死地)이 없다

—

이 장은 '出生入死', 즉 '나가면 살고 들어가면 죽는다.'라는 글로 시작한다. 그런데 어디에서 나가고 어디에서 들어가는지 도대체 감을 잡을 수 없다. 다른 해설서들도 마찬가지이다. 이에 필자는 노자사상의 전반적 흐름과 관련해서 '미혹'을 이 글의 주어로 삼고자 한다. 그래서 '미혹으로부터 벗어나면 살고 미혹에 빠지면 죽는다.'라고 이 글을 해석하고자 한다. 혹자는 '욕심'을 주어로 삼아 '욕심에서 나오면 살고 욕심에 들어가면 죽는다.'라고 해석하는데 이렇게 해석해도 큰 문제는 없다. 이 장의 주제가 미혹이나 욕심과 관련된 게 아니라 바쁘게 살아가는 것과 관련되어 있기 때문이다.

노자에 따르면 사는 무리가 열에 셋이고 죽는 무리가 열에 셋이다. 이는 미혹으로부터 벗어나서 살아가는 사람이 열에 셋이고, 미혹에 빠져 죽는 사람이 열에 셋이라는 말이다. 그런데 이런 미혹과 관계없이 죽는 곳으로 향해 나아가는 사람도 열에 셋이나 된다. 과연 이들은 누구일까? 이들은 바쁘게 살아가기에 움직임이 활발한 사람들이다. 어째서 그러한가? 바쁘게 살아가는 사람들에게는 끊임없이 움직이는 모습이 점점 더 깊어가기 때문이다. 그래서 이들은 여기서 헤어나지 못하고 결국 죽음의 길로 들어선다. 이 대목에서 공자가 군주에게 자신의 생각을 팔기 위해 전국을 유세하며 돌아다닌 일이 자연스레 떠오른다. 장자도 이렇게 바쁘게 살아가는 사람의 모습을 다음과 같이 묘사한 바 있다.

사람이 잠들어선 꿈을 꾸어 쉴 새가 없고, 깨어나선 몸의 감각이 열려 활동함으로써 쉴 새가 없다. 게다가 누군가를 자기편으로 끌어당기기 위해 열심히 사귀지만 마음속으론 그와 날마다 싸운다. 능구렁이 같은 만자(縵者), 음흉한 교자(窖者), 용의주도한 밀자(密者). 이들이 조금 으르면 우리는 안절부절 하지 못하고, 크게 으르면 기절하기까지 한다. 그래서 이들이 내뱉는 말은 시위를 떠난 활과 같은데 이는 상대방의 허점을 틈타 시비를 엄히 가린다는 말이다. 또 이들이 집착하는 건 맹서와 같은데 이는 반드시 승리를 지킨다는 말이다. 그런데도 이들이 죽어가는 건 가을겨울의 시들어짐과 같은데 이는 나날이 자신의 존재가 사라진다는 말이다. 활처럼 내뱉는 말, 맹서와 같은 집착, 가을겨울과 같은 시들어짐에 빠지면 순수한 모습으로 돌아갈 수 없다. 또 이들은 마음의 문을 틀어막아 봉하는데 그럼으로써 이는 늙어서도 욕심에 억눌려진다는 말이다. 이처럼 죽음에 가까이 간 마음으로는 어느 누구도 봄여름의 생명력을 회복할 수 없다.[87]

노자는 이처럼 바쁘게 살아가는 사람들과 반대되는 유형의 사람으로 섭생(攝生), 즉 삶을 잘 보양하는 사람을 든다. 그러면서 노자는 삶을 잘 보양하는 사람과 관련해서 자신이 들은 바를 우리에게 전한다. 삶을 잘 보양하는 사람은 뭍으로 가도 외뿔소와 호랑이를 만나지 않는다. 외뿔소는 삶을 잘 보양한 사람에게서 자신의 뿔을 들이받을 만한 곳을 찾을 수 없고, 호랑이도 자신의 발톱으로 할퀼 만한 곳을 찾을 수 없어서이다. 또 삶을 잘 보양하는 사람이 군대에 가면 갑옷으로 무장할 필요가

---

87) 其寐也魂交, 其覺也形開, 與接爲搆, 日以心鬪. 縵者, 窖者, 密者. 小恐惴惴, 大恐縵縵. 其發若機栝, 其司是非之謂也., 其留如詛盟, 其守勝之謂也., 其殺若秋冬, 以言其日消也., 其溺之所爲之, 不可使復之也., 其厭也緘, 以言其老洫也., 近死之心, 莫使復陽也. (『장자』 내편 「제물론」)

없다. 삶을 잘 보양하는 사람에게서 상대방 병사는 칼을 꼽을 만한 곳을 발견할 수 없어서이다. 삶을 잘 보양하는 사람에게는 이처럼 사지(死地), 즉 죽임을 당할 만한 곳이 없다. 이것이 삶을 잘 보양한 사람이 지닌 진정한 경쟁력이다.

사물의 맺힌 부분을 풀어주는 게 해물(解物)이고, 마음의 맺힌 부분을 풀어주는 게 해심(解心)이다

노자는 여기서 삶을 잘 보양하는 것을 섭생(攝生)이라고 표현한다. 이에 반해 장자는 양생(養生)이란 개념을 사용하는데 사실상 같은 의미이다. 그런데 『장자』 「양생주」에서 소개된 양생의 의미를 제대로 파악해야 이 장을 올바로 이해할 수 있다. 장자의 양생법은 그 뼈대가 양형(養形)이 아니라 양심(養心)이다. 즉 몸의 양생이 아니라 마음의 양생이다. 그런데 양생을 이루려면 연독이위경(緣督以爲經), 즉 순리에 따라 이루어진 중앙의 자연스런 균형을 원칙으로 삼아 살아가야 한다. 그렇다면 순리에 따른 중앙의 자연스런 균형, 즉 독(督)을 어떻게 이룰 수 있을까? 그것은 서로 엉켜서 맺혀 있는 부분을 풀어줄 때 비로소 가능하다. 그런데 맺혀 있는 부분은 사물에만 있는 게 아니라 마음에도 맺힌 부분이 있다. 그래서 장자는 사물의 맺힌 부분을 풀어주는 걸 해물(解物), 그리고 마음의 맺힌 부분을 풀어주는 걸 해심(解心)이라고 말한다.

먼저 사물의 맺힌 부분을 풀어주는 해물의 예로 장자는 포정의 해우(解牛), 즉 포정이 행한 소의 해체작업을 든다. 포정이 소를 해체할 때 가장 신경 썼던 곳이 지맥과 경맥이 붙어 있는 곳과 살과 근육 내지는 살과 뼈가 모여 있는 곳이다. 여기가 사물의 맺힌 부분이다. 이런 맺힌 부분에 이르면 포정도 자신의 정신을 집중해 자연의 결에 따라 칼을 조심스레 움직인다. 결국 포정의 훌륭한 칼솜씨 덕분으로 소는 아픔을 느끼지 않은 상태에서 해체되고 만다. 이것이 장자가 그리는 이상적인 해물의 방식이다. 물론 포정의 소 잡는 방법, 즉 해물의 방식이 신기에 가깝다고 해도 해물보다 더 어려운 게 마음에 맺힌 곳을 푸는 해심이다.

장자는 우사(右師)와 진실(秦失)이란 두 가공의 인물을 통해서 마음에 맺힌 곳을 어떻게 푸는지를 보여준다. 먼저 우사의 잘린 한 발이 형벌로 생겨났는데도 이를 억울하다고 여기지 않고 하늘의 뜻으로 여기는 게 해심의 핵심이다. 다음으로 진실은 노담의 제자가 자신들의 선생에게 보여준 슬픔에 문제가 있음을 지적한다. 이는 자신들의 선생이 좀 더 오래 살았으면 하는 아쉬움으로 제자들에게 마음에 맺힌 곳이 생겨나서이다. 진실은 제자들의 이런 생각을 자연의 원리에서 벗어남으로써 받는 형벌, 즉 둔천지형(遁天之刑)이라고 말한다. 이런 형벌로부터 벗어나는 길은 자연의 원리에 대한 확실한 이해, 즉 와야 할 때를 편히 받아들이고, 가야 할 순리를 편히 받아들이는 것이다. 이럴 때 현해(懸解), 즉 하늘에 의해 거꾸로 매달린 상태에서 벗어날 수 있다.

따라서 삶을 잘 보양하는 사람이란 몸에 맺힌 부분을 풀어주는 해물(解物)과 마음에 맺힌 부분을 풀어주는 해심(解心)을 제대로 이룬 사람이다. 이런 사람은 순리에 따라 이루어진 중앙의 자연스런 균형을 삶의 원칙으로 삼고 살아간다. 이런 단계에 이른 사람에게는 몸이든 마음이든 간에 사지(死地), 즉 죽임을 당할 만한 곳이 없다. 그래서 살아가면서 호랑이와 외뿔소와 같은 무서운 존재를 만나지 않을뿐더러 심지어 전투에 임해서도 살아남을 수 있다. 반면 호랑이와 외뿔소와 같은 무서운 존재를 피하기 위해 바쁘게 살아가는 사람은 오히려 이런 무서운 존재를 만나 살아남기 힘들다. 물론 전투에 임하면 적병의 칼을 피해서 요리조리 도망 다닌다 해도 결국은 죽고 만다. 이것이 섭생을 이루지 못한 사람의 비극이다.

삶을 잘 보양하는(攝生) 사람에겐

죽임을 당할 만한 곳(死地)이 없다

51장

도가 (만물을) 낳고, 덕이 (만물을) 기른다.

(이에) 만물(物)은 (외형상) 형체를 갖추고,

(그리고) 형세(勢)는 (만물의 내면적 모습을) 이룬다.

이 때문에 만물이 도를 간직하지 않거나

덕을 귀하게 여기지 않을 수 없다.

도를 떠받들고 덕을 귀하게 여기는 것을 누구도 명령하지 않았는데

(만물은) 늘 자연스럽게 (이룬다).

그러므로 도는 만물을 낳고, 덕은 만물을 기른다.

(도는) 만물을 키우면 자라나게 하고, 만물을 기르면 성장하게 하고,

만물을 양육하면 감싸준다.

(도는) 만물을 낳아도 소유하지 않고, 만물을 가꾸어도 의지하지 않고,

만물을 키워도 주관하지 않는다.

이것을 현덕(玄德), 즉 무위자연한 덕이라고 한다.

道生之, 德畜之.

物形之, 勢成之.

是以萬物 莫不存道而貴德.

道之尊 德之貴, 夫莫之命而常自然.

故道生之, 德畜之.

長之育之, 亭之毒之, 養之覆之.

生而不有, 爲而不恃, 長而不宰.

是謂玄德.

———

生(날 생) 畜(기를 휵) 形(형상 형, 형체) 勢(형세 세, 사물의 모양이나 상태) 成(이룰 성) 莫(없을 막) 存(보전할 존, 간직하다) 貴(귀하게여길 귀) 尊(높일 존, 떠받들다) 命(명할 명) 長(키울 장) 育(자랄 육) 亭(기를 정) 毒(기를 독 → 성장하게 하다) 養(기를 양) 覆(보호할 부, 감싸다) 生(날 생, 태어나다) 有(있을 유, 소유하다) 爲(할 위 → 가꾸다) 恃(믿을 시, 의지하다) 宰(주관할 재) 玄德[무위자연한 덕. 玄(심오할 현)]

———

도(道)가 (만물을) 낳고(生), 덕(德)이 (만물을) 기른다(畜).

(이에) 만물(物)은 (외형상) 형체(形)를 (갖추고),

(그리고) 형세(勢)는 (만물의 내면적 모습을) 이룬다(成).

이 때문에(是以) 만물(萬物)이 도(道)를 간직하지(存) 않거나(不~而)

덕(貴)을 귀하게(德) 여기지 않을 수 없다(莫).

도(道)를 떠받들고(尊) 덕(德)을 귀하게(貴) 여기는 것을

누구도 명령하지(命) 않았는데(莫~而) 늘(常) 자연스럽게(自然) (이룬다).

그러므로(故) 도(道)는 (만물을) 낳고(生), 덕(德)은 (만물을) 기른다(畜).

(도는 만물을) 키우면(長) 자라나게(育) 하고,

(만물을) 기르면(亭) 성장하게(毒) 하고,

(만물을) 양육하면(養) 감싸준다(覆).

(도는 만물을) 낳고도(生~而) 소유하지(有) 않고(不),

(만물을) 가꾸고도(爲~而) 의지하지(恃) 않고(不),

(만물을) 키우고도(長~而) 주관하지(宰) 않는다(不).

이것(是)을 현덕(玄德), 즉 무위자연한 덕이라고 말한다(謂).

현덕(玄德)이란 무엇일까?

—

우리는 도덕(道德)이란 말에 매우 익숙하다. 초등학교 때부터 고등학교 때까지 줄곧 도덕이란 과목으로 수업을 받아와서이다. 또 학교를 졸업하고도 도덕이란 개념이 우리 일상을 늘 지배해서이다. 그래서 누군가를 칭찬하거나 비난할 때 도덕의 이름으로 행해지는 경우가 많다. 즉, 칭찬할 경우에는 도덕적이라고, 그리고 비난할 경우에는 비도덕적이라고 말한다. 그런데 도덕은 처음부터 하나의 명사로 이루어진 개념이 아니다. 도(道)와 덕(德)이 합쳐져 만들어진 일종의 합성어이다. 따라서 도와 덕은 원래 각자의 의미를 지닌다. 그러니 도와 덕이 수행하는 역할도 다를 수밖에 없다. 이 장은 서로 다른 역할을 수행하는 도와 덕의 관계에 대해 설명하면서 글을 시작한다.

노자에 따르면 도는 만물을 낳고, 덕은 만물을 기른다. 노자의 이런 언급을 보면 도와 덕의 역할이 서로 다른 게 분명하다. 먼저 도가 만물을 낳는 것에 대해 알아보자. 42장에서 "도는 하나를 낳고, 하나는 둘을 낳고, 둘은 셋을 낳고, 셋은 만물을 낳는다."[88]라고 말한 바 있다. 또 1장으로 거슬러 올라가면 무와 유의 역할에 대한 설명이 있다. "무는 천지의 시작을 말하고, 유는 만물의 어미를 말한다."[89]라고 규정한 뒤 무와 유는 같은 데서 나왔다고 말한다. 여기서 같은 데는 곧 도를 의미한다. 이를 통해서 보면 도가 만물을 낳는 역할을 수행하는 건 분명하다.

---

88) 道生一, 一生二, 二生三, 三生萬物. (『도덕경』 42장)

89) 無名天地之始., 有名萬物之母. (『도덕경』 1장)

한편 덕은 도를 통해서 낳아진 만물을 기르는 역할을 수행한다. 먼저 덕은 만물이 각자 형체(形)를 갖도록 도와준다. 그래서 호랑이, 사슴, 사람 등 온갖 것들이 천하에 생겨난다. 그런데 이런 형체는 사물의 외형적 모습일 뿐이다. 덕은 외형적 모습뿐 아니라 내면적 모습까지 갖추도록 도와준다. 그 결과 만물은 각자 고유한 내면의 모습을 지닌다. 예를 들어 호랑이는 사납고 무서운 모습을 하는 반면 사슴은 순하고 여린 모습을 한다. 또 같은 사람이라도 서로 다른 모습을 하게 마련이다. 그래서 어떤 사람이 적극적이라면 어떤 사람은 소극적이다. 이런 내면적 모습을 이루도록 해주는 게 형세(勢)이므로 형세가 사물의 내면을 완성시킨다고 말할 수 있다.

그래서 만물이 도를 간직하지 않거나 덕을 귀하게 여기지 않을 수 없다. 먼저 도는 만물을 낳도록 해주니까 만물이 도를 간직해야 생명이 이어지기 때문이다. 또 덕은 만물의 모습을 만들어주니까 내면이든 외면이든 간에 만물이 좋은 모습을 지니려면 덕을 귀하게 여겨야 한다. 따라서 만물이 도를 떠받들거나 덕을 귀하게 여기는 건 누군가 명령을 하지 않아도 늘 자연스럽게 이룬다. 이처럼 도는 만물을 낳고 덕은 만물을 길러준다. 나아가 덕은 만물을 키우면서 자라나게 하고, 만물을 양육시키면서 성숙하게 하고, 만물을 기르면서 감싸준다.

그런데 이런 덕을 가리켜서 어째서 현덕(玄德)이라고 말할까? 현덕이란 드러나지 않는 그윽한 덕이다. 곧 무위자연(無爲自然)한 덕이다. 장자도 "천지와 합일하는 경지는 어리석고 무심해서 마치 어리석고 또 어리석은 듯하다."[90]면서 이를 현덕이라고 정의한 바 있다. 그리고서 "이를

---

90) 與天地爲合, 其合緡緡, 若愚若昏. (『장자』 내편 「천지」)

현덕이라고 말하는데 현덕이 자연의 큰 질서와 하나가 되는 길이다."[91]라고 밝힌다. 노자는 "만물을 낳아도 소유하지 않고, 만물을 가꾸어도 의지하지 않고, 만물을 키워도 주관하지 않는다."라면서 현덕의 의미를 여기에서 찾는다. 이 표현은 2장에서도 등장한 바 있다. 거기서는 "만물을 낳아도 소유하지 않고, 만물을 가꾸어도 의지하지 않는다."[92]라고 말하는데 같은 표현이다.

이처럼 노자는 현덕의 의미를 장자와 마찬가지로 자연의 무심한 태도에서 찾는다. 그렇지만 노자는 이런 무심한 태도를 이루기 위한 조건들을 따로 정해 놓지 않는다. 그래서 노자는 장자가 정의한 개념과 조금 다르게 현덕의 의미를 해석한다. 그렇더라도 좀 더 자세히 살펴보면 사실상 같다. 장자는 천지와의 합일을 현덕을 이루기 위한 조건으로 삼는데 반해 노자는 이런 조건을 달지 않아서 마치 다른 것처럼 보일 뿐이다. 그렇지만 노자가 말하는 현덕의 의미는 천지와의 합일이 전제되어야 이런 상태가 비로소 가능하다. 이런 점을 감안하면 현덕의 정의에서 장자와 별 차이가 없음을 알 수 있다.

---

91) 是謂玄德, 同乎大順. (『장자』 내편 「천지」)

92) 萬物作焉而不辭, 生而不有, 爲而不恃. (『도덕경』 2장)

52장

천하에 시작이 있어 그 시작을 천하어미(天下母)로 삼는다.

(그러면) 천하어미를 이미 얻은 셈이니

(그 어미로부터 태어나는) 자식, 즉 세상만물을 알 수 있다.

(이렇게) 세상만물을 이미 알았으니

천하어미를 다시 지키면 평생 지치지 않는다.

(또 세상과 통하는) 구멍(兌)을 막고 문(門)을 닫으면

평생 고생하지 않는다.

(그런데도 세상과 통하는) 구멍을 열고 나라의 변고를 구제하면

평생 구원하지 못한다.

작음을 보는 것을 (참된) 밝음(明)이라 말하고,

부드러움을 지키는 것을 (참된) 굳셈(强)이라 말한다.

그 빛을 써서 밝음으로 다시 돌아가면 몸에 재앙을 남기지 않는다.

이런 것들을 일러 습상(襲常), 즉 상도를 따르는 것이라고 한다.

天下有始 以爲天下母.

旣得其母 以知其子.

旣知其子 復守其母., 沒身不殆.

塞其兌 閉其門., 終身不勤.,

開其兌 濟其事., 終身不救.

見小曰明, 守柔曰强.

用其光 復歸其明 無遺身殃.

是爲習常.

母(근원 모) 復(다시 부) 守(지킬 수) 沒身[평생. 沒(다할 몰)] 殆(피곤할 태, 지치다) 塞(막을 색) 兌(구멍 태, 눈.귀.입.코 등의 구멍, 즉 감각기관) 閉(닫을 폐) 終身[한평생. 죽을 때까지. 終(마칠 종)] 勤(고생할 근, 애쓰다) 事(변고 사) 濟(구제할 제) 救(구원할 구) 柔(부드러울 유) 强(굳셀 강) 復歸[다시 돌아감. 歸(돌아갈 귀)] 遺(남을 유, 남기다) 殃(재앙 앙) 襲常[상도(常道)를 따름. 일설에는 상도에 익숙해짐. 襲(덮을 습) 常(늘 상)]

천하(天下)에 시작(始)이 있어(有) (그것)을(以) 천하모(天下母)로 삼다(爲).

(그러면) 천하어미(其母)를 이미(旣) 얻은(得) 셈이니

(그 어미로부터 태어나는) 자식을(以~其子), 즉 세상만물을 안다(知).

(이렇게) 세상만물(其子)을 이미(旣) 알았으니(知)

천하어미(其母)를 다시(復) 지키면(守) 평생(沒身) 지치지(殆) 않는다(不).

(또) 구멍(兌)을 막고(塞) 문(門)을 닫으면(閉)

평생(終身) 고생하지(勤) 않는다(不).

(그런데도 세상과 통하는) 구멍(兌)을 열고(開),

나라의 변고(事)를 구제한다면(濟) 평생(終身) 구원하지(救) 못한다(不).

작음(小)을 보는(見) 것을 (참된) 밝음(明)이라 말하고(曰),
부드러움(柔)을 지키는(守) 것을 (참된) 굳셈(强)이라 말한다(曰).
그 빛(光)을 써서(用) 밝음(明)으로 다시(復) 돌아가면(歸)
몸(身)에 재앙(殃)을 남기지(遺) 않는다(無).
이런(是) 것들을 일러 습상(習常), 즉 상도를 따르는 것이라고(爲) 한다.

작음을 보는 게 참 밝음(明)이고
부드러움을 지키는 게 참 굳셈(强)이다

—

이 장은 무슨 내용을 말하려는 건지 쉽게 이해가 되지 않는다. 여기서 등장하는 개념들, 즉 천하어미(天下母), 구멍(兌), 문(門) 같은 개념들이 함축적인 의미를 많이 지녀서 구체적으로 무엇을 뜻하는지 감이 잘 잡히지 않아서이다. 그렇지만 문장과 문장 사이의 내용상 연결이 매끄럽지 못한 데 더 큰 이유가 있다고 본다. 따라서 내용상 연결을 매끄럽게 하기 위해서 글의 전체적인 구성이 어떤지를 먼저 살펴볼 필요가 있다.

이 장은 내용상으로 크게 세 부분으로 구성된다. 첫 번째 부분은 천하어미와 그 자식인 세상만물과의 관계를 다루는 내용인데 '천하에 시작이 있는데'서부터 시작해 '평생 지치지 않는다(沒身不殆)'로 끝나는 구간이다. 두 번째 부분은 감관 및 심관작용을 멈추라는 것을 다루는 내용인데 '세상과 통하는 구멍을 막고'에서부터 시작해 '평생 구원하지 못한다(終身不救)'로 끝나는 구간이다. 세 번째 부분은 밝음으로 돌아가면 몸에 재앙을 남기지 않는다는 내용인데 '작음을 보는 것을 참다운 밝음이다'에서부터 시작해 '몸에 재앙을 남기지 않는다(無遺身殃)'로 끝나는 구간이다.

여기서 한 가지 흥미로운 사실을 발견할 수 있다. 각 구간의 글이 모두 몸(身)과 관련해 끝난다는 사실이다. 즉 첫 번째 구간은 몰신(沒身)으로 끝나고, 두 번째 구간은 종신(終身)으로 끝나고, 세 번째 구간은 무유신(無遺身)으로 끝나는데 '沒身', '終身', '無遺身'에 모두 身, 즉 몸의 개념이 위치해 있다. 물론 '沒身'과 '終身'은 하나로 합쳐진 합성어로 '평생'이란 의미를 지니는 게 사실이다. 그렇더라도 '沒身不殆'와 '終身不救'를 해석하는데 '몸'을 주어로 삼아야, 특히 군주의 몸을 주어로 삼아야 글의 이해가 쉬워질 뿐 아니라 글 전체의 틀을 파악하는 데도 도움이 된다. 그렇다면 이 장은 치도(治道), 그 중에서 특히 군주가 갖추어야 할 자격에 대해 말하는 내용이다.

천하어미(天下母)의 모습을 지키면
군주는 평생 지치지 않는다

먼저 첫 번째 내용과 관련해 노자는 어째서 '몰신불태(沒身不殆)', 즉 군주의 몸이 '평생 지치지 않는다'라고 말할까? 그것은 군주가 천하어미(天下母)의 모습을 지키고 있어서이다. 그러면 군주는 천하어미의 모습을 어떻게 지킬 수 있을까? 군주가 세상만물의 모습을 이미 알았기 때문에 가능하다. 그래서 군주는 이미 알게 된 세상만물의 모습을 통해 천하어미의 모습을 지킬 수 있다. 그러면 군주는 세상만물의 모습을 어떻게 이미 알았을까? 그것은 천하어미의 모습을 통해서이다. 어째서 그러한가? 천하에는 시작이 있어 그 시작을 천하어미라고 한다. 그리고 그 천하어미의 자식이 세상만물이다. 그래서 군주는 천하어미의 자식인 세상만물의 모습을 통해 그 어미인 천하어미의 모습을 알 수 있었다. 이럼으로써 군주는 자신의 몸을 평생 지치지 않게 한다.

세상과 통하는 구멍(兌)을 막고, 문(門)을 닫으면
우리 몸이 평생 고생하지 않는다.

두 번째 내용과 관련해서 노자는 어째서 '종신불구(終身不救)', 즉 '평생 구원하지 못한다'라고 말할까? 만약 군주가 세상과 통하는 구멍(兌)을 활짝 열고 나라의 변고를 구제하려고 애쓰면 평생 애를 써도 나라를 구원하지 못한다. 반대로 군주가 세상과 통하는 구멍을 막고, 문(門)을 닫으면 군주의 몸은 평생 고생하지 않는다. 그러면서 자신의 일인 나라까지 구제할 수 있다. 이 내용은 57장의 주제인 '일하지 않음으로써 천하를 손에 쥐는 일(以無事取天下)'과 직접적으로 연결된다. 그렇다면 여기서 구멍(兌)과 문(門)은 무엇을 의미할까? 분명 일하는 것과 관련이 있을 텐데 그것이 과연 무엇일까?

필자가 볼 때 구멍(兌)을 눈·코·귀·입·몸 등의 오관(五官)으로 해석하고, 문(門)을 심관(心官)으로 해석하는 게 타당하다. 일을 하려면 우선 커뮤니케이션을 해야 하는데 커뮤니케이션은 감관작용과 심관작용으로 구성된다. 우리가 커뮤니케이션을 할 경우 먼저 오관을 통해서 상대를 인식하는데 이것이 감관작용이다. 그리고 인식된 내용을 놓고 사람들마다 각자 서로 다른 의미를 만들어 내는데 이것이 심관작용이다.[93] 물론 구멍과 문을 오관과 심관으로 해석해야 하는 또 다른 중요한 이유가 있다. 56장에서도 '塞其兌 閉其門'이라는 표현이 똑같이 등장하는데 여기서도 태(兌)를 오감으로, 문(門)을 심관으로 해석한다. 이렇게 해석해야 56장 전체 내용과 자연스럽게 연결된다.

그런데 구멍을 오관으로, 또 문을 심관으로 구분해서 고정시키는 건 어째서인가? 즉 구멍이 심관이 되지 못하고, 문이 오관이 되지 못하는 건 어째서인가? 이를 이해하기 위해선 구멍과 문의 특성에 대해서 살펴볼 필요가 있다. 구멍은 들락거리는 통로로 그 의미가 제한된다. 그래서

---

93) 칸트는 변화에 대해 외감의 형식인 공간과 내감의 형식인 시간의 결합이라고 말한다. 그래서 칸트는 변화를 인식하려면 외감(外感)기관인 감관(感官) 뿐 아니라 내감(內感)기관인 심관(心官)의 역할이 동시에 요구된다고 말한다. 왜냐하면 시간은 감각적 존재가 아니므로 감관만으로 인식할 수 없고, 내적 의식, 즉 심관으로 인식될 수 있기 때문이다.

오관으로 인식된 내용은 단지 구멍 밖의 모습일 뿐이다. 반면 문은 구멍처럼 들락거리는 통로의 의미에 더해 안과 밖을 구분하는 의미까지 여기에 보태진다. 그래서 오관으로 인식된 내용에 대해서 다양한 해석이 이루어지려면 반드시 문을 통과해야 한다. 이렇게 해서 만들어진 모습이 문안의 모습이다. 그런데 이 문안의 모습은 사람마다 제각각 다르다. 문을 통과하면서 심관작용이 이루어지기 때문이다. 따라서 심관작용이 아직 이루어지지 않는 문 바깥의 모습은 사람마다 같아도 심관작용이 이미 이루어진 문 안의 모습은 사람마다 제각각 다르다. 이런 이유로 구멍을 오관으로, 문을 심관으로 고정시켰다.

'塞其兌 閉其門'을 커뮤니케이션과 관련해 이처럼 해석하면 사람들이 어째서 부질없이 바쁜 지가 쉽게 설명된다. 커뮤니케이션 할 때 군주가 자신의 감관을 활짝 열거나 심관을 바삐 움직이면 이는 세상만사를 많이 알고 싶어하거나 아니면 모든 일에 간섭하고 싶어서이다. 노자가 볼 때 이런 삶의 방식으로는 군주가 세상에서 추구하고자 하는 바를 제대로 이룰 수 없다. 오히려 군주의 몸만 쓸데없이 바쁘고 마음만 부질없이 분주할 뿐이다. 반대로 군주가 자신의 감관을 막고 심관을 닫아서 세상을 관조하면 우주자연의 원리와 만물의 이치를 확실히 깨달을 수 있다. 그리고 이런 깨달음에서 군주가 추구하는 바를 얻을 수 있다.

장자도 노자처럼 감관인 구멍(兌)과 심관인 문(門)에 지나치게 의존하지 말아야 한다고 말한다. 먼저 감관은 바깥 대상에 대해 말초적으로 반응할 뿐이다. 그래서 감관이 우리 몸을 주재하면 부질없는 미망과 허상을 쫓는다. 장자는 심관도 빈 상태로 있도록 제안한다. 그래야 세상만물이 자유로이 찾아와서 우리 마음에 편히 머물 수 있다. 그러면서 "귀로 듣지 말고 마음으로 들어라. 또 마음으로 듣지 말고 기로 들어라."[94]라고 우리에게 권한다. 이는 가능한 오관을 사용하지 말고 마음으로 듣고,

또 가능한 마음으로 듣지 말고 마음을 빈 상태로 둔 채 기(氣)로 들어야 한다는 말이다. 그래야 세상만물과 제대로 소통할 수 있다.

작음을 보고 부드러움을 지키는 빛을 써서
밝음으로 돌아가면 몸에 재앙을 남기지 않는다

세 번째 내용과 관련해서 노자는 어째서 '무유신앙(無遺身殃)', 즉 몸에 재앙을 남기지 않는다고 말할까? 노자에 따르면 사물의 작음을 보는 것이 참다운 밝음(明)이고, 사물의 부드러움을 지키는 것이 참다운 굳셈(强)이다. 그래서 참된 군주는 작음을 보는 빛을 사용해 참다운 밝음으로 다시 돌아가고, 또 부드러움을 지키는 빛을 사용해 참다운 굳셈으로 다시 돌아간다. 이에 참된 군주는 자신의 몸에 재앙을 남기지 않는다. 그러니 군주가 몸에 재앙을 남기지 않으려면 작음을 보는 빛의 밝음과 부드러움을 지키는 빛의 굳셈을 몸에 지녀야 한다.

이제 노자는 습상(習常)이란 생소한 개념을 동원해 이 장의 결론으로 삼는다. 습상은 상도(常)를 따른다(習)는 말이다. 그렇다면 누가 상도를 따라야 하는가? 누구보다도 군주가 나라를 다스리는 데 상도를 따라야 한다. 그러면 군주는 천하어미의 큰 원리를 깨달아 '몰신불태(沒身不殆)', 즉 몸이 평생 지치지 않는다. 또 군주가 감관을 막고 심관을 닫아서 '종신불근(終身不勤)', 즉 몸이 평생 고생하지 않는다. 또 군주가 참다운 밝음과 참다운 굳셈을 지녀서 '무유신앙(無遺身殃)', 즉 몸에 재앙을 남기지 않는다. 그러니 군주가 평생 지치지 않거나 평생 고생하지 않거나 몸에 재앙을 입지 않으려면 늘 그러한 도(常道)를 따라야 한다.

---

94)　無聽之以耳 而聽之以心, 無聽之以心 而聽之以氣. (『장자』 내편 「인간세」)

53장

내게 잠깐이나마 앎이 있어 큰 도를 행한다 해도

유독 (백성에게 큰 도를) 베푸는 게 두렵다.

큰 길이 아주 평탄해도 백성은 (평탄하지 않은) 샛길을 좋아한다.

조정은 아주 깨끗해도 밭에는 잡초가 매우 무성하고,

창고는 텅 비어있다.

(그런데 군주의) 옷은 아름다운 무늬로 화려하고,

허리띠에 차고 날카로운 칼을, 배불리 먹고 마시면서 재화는 넉넉하다.

이를 일러 도둑의 뽐냄(盜夸)이라고 말하니 (이것은) 도가 아니다.

使我介然有知, 行於大道, 唯施是畏.

大道甚夷而民好徑.

朝甚除, 田甚蕪, 倉甚虛.

服文綵, 帶利劍, 厭飮食, 財貨有餘.

是謂盜夸, 非道也哉.

使(가령 사) 我(나 아) 介然[갑자기. 잠깐 사이. 介(갑자기 알)] 知(지식 지, 아는 바) 行(행할 행) 施(베풀 시) 畏(두려워할 외) 甚(심할 심) 夷(평평할 이, 평탄하다) 好(좋아할 호) 徑(지름길 경 → 샛길) 朝(조정 조) 除(깨끗할 제) 田(밭 전) 蕪(거칠어질 무, 잡초가 무성하다) 倉(곳집 창, 창고) 虛(빌 허) 服(옷 복) 文(화려할 문) 綵(채색 채, 아름다운 무늬) 帶(띠 대, 허리띠) 利(날카로울 리) 劍(칼 검) 厭(배불리먹을 염) 飮(마실 음) 食(먹을 식) 餘(넉넉할 여) 盜夸[정당하지 않은 방법으로 부귀나 명예를 얻은 사람. 盜(도둑 도) 夸(뽐낼 과)]

내게(使~我) 잠깐(介然) 앎(知)이 있어(有) 큰(大) 도를(於~道) 행해도(行)
유독(唯) (백성에게 큰 도를) 베푸는(施) 게 두렵다(畏).
(큰) 길(道)이 아주(甚) 평탄해도(夷~而) 백성(民)은 샛길(徑)을 좋아한다(好).
조정(朝)이 아주(甚) 깨끗해도(除)
밭(田)에는 잡초가 매우(甚) 무성하고(蕪), 창고(倉)는 텅(甚) 비어(虛)있다.
(그런데 군주의) 옷(服)은 아름다운 무늬(綵)로 화려하고(文),
허리띠(帶)에는 날카로운(利) 칼(劍)을 차고,
배불리(厭) 먹고(食) 마시면서(飮), 재화(財貨)는 넉넉하다(有餘).
이(是)를 일러(謂) 도둑의 뽐냄(盜夸)이라고 하니 (이건) 도(道)가 아니다(非).

큰 길이 아주 평탄해도
백성은 평탄하지 않은 샛길을 좋아한다

—

이 장의 주제는 언뜻 보아 분명하지 않은데 치도(治道)와 관련이 있다. 좀 더 구체적으로 말하면 치도의 어려움과 관련한 내용이라고 보인다. 어째서 그런지를 알아보자.

가령 노자에게 잠깐이나마 앎이 있어 '누군가에게' 큰 도를 베풀면 이는 노자에게 그리 어려운 일이 아니다. 그렇지만 노자가 군주가 되어서 '백성에게' 큰 도를 베풀면 이는 두려울 정도로 어려운 일이다. 노자가 군주가 되어서 큰 도를 베풀면 어째서 두려울 정도로 어려운 일로 바뀔까? 그것은 백성이 군주를 믿지 않아서이다. 그래서 아주 평탄해서 걸어 다니기 쉬운 길이 있어도 백성은 이런 큰 길을 걷지 않는다. 걸어 다니기 힘들어도 군주와 마주치고 싶지 않아 샛길을 주로 이용한다. 그러니 군주가 아무리 훌륭한 큰 도(길)를 제시해도 백성은 일상에서 실천하기 쉬운 소소한 도(길)만 선호하게 마련이다. 이처럼 군주의 생각이 아무리 훌륭해도 백성은 이를 거꾸로 받아들인다. 이것이 노자 자신이 큰 도를 지닌다 해도 군주 되기를 두려워하는 이유이다.

그런데 백성은 어째서 군주의 생각을 그대로 받아들이지 못할까? 평소 솔직하지 못하거나 탐욕스런 군주의 모습 때문이다. 예를 들어 백성의 생활 기반인 밭에 잡초가 무성해 황폐해지거나 백성의 창고가 텅 비거나 해도 군주가 임하는 조정은 언제든지 깨끗이 잘 정돈되어 있다. 어찌 군주의 집무실뿐이겠는가? 군주가 걸치는 옷은 아름다운 무늬로 화려하게 장식되고, 그의 허리띠에는 날카로운 칼이 걸려 있다. 이처럼 군주는 백성의 고통은 아랑곳하지 않고 자신의 권위만 높이는 데 혈안이 되어 있다. 게다가 군주는 늘 배불리 먹고 마시는데 그에게서 재화는 줄지 않고 늘 넉넉하다. 그만큼 백성에게 세금을 많이 거둬들여서이다. 노자는 이를 일러 도과(盜夸), 즉 도둑의 뽐냄이라고 한다. 이는 일종의 도둑질이지 온전한 치도라고 할 수 없다.

54장

잘 세우면 뽑히지 않고, 잘 껴안으면 떨어져 나가지 않는다.

(그래서) 자손이 제사(祭祀)를 멈추지 않는다.

자신이 (몸과 마음을 잘) 닦으면 자신의 덕이 참되어지고,

집안에서 (몸과 마음을 잘) 닦으면 집안의 덕이 여유가 있고,

마을에서 (몸과 마음을 잘) 닦으면 마을의 덕이 오래 (지속되고),

나라에서 (몸과 마음을 잘) 닦으면 나라의 덕이 풍성해지고,

천하에서 (몸과 마음을 잘) 닦으면 천하의 덕이 두루 미친다.

그러므로 자신의 덕으로 자신을 살피고,

집안의 덕으로 집안을 살피고,

마을의 덕으로 마을을 살피고,

나라의 덕으로 나라를 살피고,

천하의 덕으로 천하를 살핀다.

내가 무엇으로 천하가 그렇다는 것을 아는가?

이것으로 안다.

善建者不拔, 善抱者不脫.,

子孫以祭祀不輟.

修之於身 其德乃眞., 修之於家 其德乃餘.,

修之於鄕 其德乃長., 修之於國 其德乃豊.,

修之於天下 其德乃普.

故以身觀身, 以家觀家. 以鄕觀鄕. 以國觀國.

以天下觀天下.

吾何以知天下然哉. 以此.

善(잘 선) 建(세울 건) 拔(뽑을 발, 뽑히다) 抱(안을 포, 껴안다) 脫(벗어날 탈 → 떨어져 나가다)
輟(멈출 철) 修(닦을 수) 身(자기 신, 자신) 乃(이에 내) 眞(참 진) 家(집 가, 가정 → 집안) 餘(남
을 여, 여유가 있다) 鄕(시골 향, 마을) 長(오랠 장) 國(나라 국) 豊(풍성할 풍) 普(두루미칠 보)
觀(살펴볼 관) 何以[무엇으로. 何(어느 하, 무엇)] 然(그러할 연) 此(이 차)

잘(善) 세우면(建~者) 뽑히지(拔) 않고(不),

잘(善) 껴안으면(抱~者) 떨어져 나가지(脫) 않는다(不).

(그래서) 자손(子孫)이 제사를(以~祭祀) 멈추지(輟) 않는다(不).

자신이(於~身) (잘) 닦으면(修) 이에(乃) (자신의) 덕(德)이 참되고(眞),

집안에서(於~家) (잘) 닦으면(修) 이에(乃) (집안의) 덕(德)이 여유 있고(餘),

마을에서(於~鄕) (잘) 닦으면(修) 이에(乃) (마을의) 덕(德)이 오래되고(長),

나라에서(於~國) (잘) 닦으면(修) 이에 (나라의) 덕(德)이 풍성해지고(豊),

천하에서(於~天) (잘) 닦으면(修) 이에 (천하의) 덕(德)이 두루 미친다(普).

그러므로(故) 자신의 덕으로(以~身) 자신(身)을 살펴보고(觀),

집안의 덕으로(以~家) 집안(家)을 살펴보고(觀),

마을의 덕으로(以~鄉) 마을(鄉)을 살펴보고(觀),

나라의 덕으로(以~國) 나라(國)를 살펴보고(觀),

천하의 덕으로(以~天下) 천하(天下)를 살펴본다(觀).

내(吾)가 무엇으로(何以) 천하(天下)가 그렇다는(然) 것을 아는가(知)?

이것으로(以~此) 안다.

잘 세우면 뽑히지 않고,
잘 껴안으면 떨어져 나가지 않는다

——

이 장도 얼핏 보아선 무슨 내용인지 잘 이해되지 않는다. 글의 논리적인 연결에도 문제가 있지만 전체적으로 무엇을 말하려는 건지 좀체 드러나지 않아서이다. 필자가 볼 때 치도(治道)가 주제인데 치도의 근거를 천도(天道)와 연결된 인도(人道)에서 찾는다고 보아진다. 그래서 이 장은 일단 천도에 관한 내용으로 시작한다. 먼저 "잘 세우면 뽑히지 않고, 잘 껴안으면 떨어져 나가지 않는다."라는 첫 문장이 천도에 해당한다. 이런 천도로 인해 인도(人道)에 속하는 조상에게 드리는 제사일도 마찬가지 원리에 의해 진행되어야 한다. 그 원리란 제사를 통해 조상을 제대로 세우면 뽑히지 않고, 제사를 통해 조상을 제대로 껴안으면 떨어져 나가지 않는다는 원리이다. 이에 자손들은 제사를 정성껏 드려서 조상이 뽑히거나 떨어져 나가지 않도록 유의해야 한다.

제사뿐만이 아니다. 몸과 마음을 닦는(修) 일도 제사를 지내는 것처럼 정성껏 이루어져야 한다. 이에 개인 차원에서 몸과 마음을 정성껏 닦으면 개인의 덕이 참되어진다. 또 집안 차원에서 몸과 마음을 정성껏 닦으면 집안의 덕이 여유로워지고, 마을 차원에서 몸과 마음을 정성껏 닦으면 마을의 덕이 오래 지속되고, 나라 차원에서 몸과 마음을 정성껏 닦으면 나라의 덕이 풍성해지고, 천하 차원에서 몸과 마음을 정성껏 닦으면 천하의 덕이 천하에 두루 미친다. 이처럼 몸과 마음을 정성껏 닦는 범위가 넓어질수록, 즉 자신에서 집안, 집안에서 마을, 마을에서 나라, 나라에서 천하로 넓어질수록 덕의 베풂음도 오래가거나 넓어진다.

그래서 개인이 몸과 마음을 정성껏 닦는지 여부를 통해 개인의 덕이 참된지를 살펴볼 수 있다. 마찬가지로 집안이 정성껏 닦는지 여부를 통해 집안의 덕이 여유로운지를 살펴볼 수 있고, 마을이 정성껏 닦는지 여부를 통해 마을의 덕이 오래 지속될 수 있는지를 살펴볼 수 있고, 나라가 정성껏 닦는지 여부를 통해 나라의 덕이 풍성한 지를 살펴볼 수 있고, 천하가 정성껏 닦는지 여부를 통해 천하의 덕이 천하에 두루 미치는 지를 살펴볼 수 있다. 천하의 덕이 이 정도 범위에까지 이르는 걸 우리는 어떻게 알 수 있을까? 개인, 집안, 마을, 나라, 천하 차원으로 닦음의 주체가 확장됨에 따라 덕의 적용범위도 이에 비례해서 넓어지는 것을 알기 때문이다.

이와 관련해 재미난 예를 하나 들어보자. 토요토미 히데요시(豊信秀吉)는 임진왜란을 일으킨 장본인이다. 그래서 우리에게 매우 부정적 인물로 평가받는데 일본인에게선 뜻밖에도 인기가 높다. 어째서 그런지가 58장의 내용과 관련이 있다. 토요토미 히데요시는 오다 노부나가(織田信長)나 도쿠가와 이에야스(德川家康)와 달리 가장 밑에서 가장 꼭대기에 올라간 입지전적인 인물이다. 군대로 비유하면 분대장에서 출발해 참모총장에 이른 사람이다. 그가 이렇게 출세할 수 있었던 이유로는 여러 가지가 있을 수 있겠지만 변화하는 지위에 상응해서 자신의 역할을 부단히 바꿔나간 게 으뜸가는 이유라고 본다. 예를 들어 그는 분대장일 때는 분대장의 역할에, 소대장일 때는 소대장의 역할에, 그리고 군단장이 되어선 군단장의 역할에 각각 충실했다.

국가경영에서도 마찬가지 원리가 적용된다. 『로마인 이야기』의 저자 시오노 나나미는 로마의 조그마한 부족국가에서부터 시작해 세계국가로 발전한 로마제국이 1천년 이상 지속된 데는 특별한 이유가 있다고 말한다. 그 이유도 58장의 내용과 관련이 있다. 그것은 영토 확장이라는 국가의 하드웨어 상 변화에 따라 그에 상응해서 관리체계라는 국가의 소프트웨어 상 변화를 때 맞춰 이루어냈기 때문이다. 로마제국의 이런 치도(治道) 방식은 동양에서 세계제국을 이룩한 몽고의 치도 방식과 크게 비교된다. 몽고는 군사적으로 큰 성공을 거두어서 유럽까지 영토를 확장했지만 다스림에서는 실패해 정복한 영토들이 1백년 남짓 만에 원래 나라의 역사로 다시 편입되고 말았다.

노자는 이 글을 통해 대상이 누구인지에 따라 덕에 대한 평가기준도 달라져야 함을 새삼 강조한다. 즉 개인에게 적용되는 덕의 기준이 집안을 화목케 하는 데 적용될 수 없고, 집안에 적용되는 덕의 기준이 마을을 다스리는 데 적용될 수 없고, 마을에 적용되는 덕의 기준이 나라를 운영하는 데 적용될 수 없고, 나라에 적용되는 덕의 기준이 천하의 평화를 가져오게 하는 데 적용될 수 없다. 이는 '천하를 평화롭게 하는(平天下)' 조건으로 수신(修身) 및 제가(齊家)를 제시한 유가와 다르다고 본다. 여기서 유가는 개인-가정-나라-천하를 수직적으로 연결된 관계로 파악한다면 노자는 수평적으로 확장된 다양한 관계로 파악한다. 그래서인지 유가의 치도가 엄격한 반면 노자의 치도는 왠지 여유로워 보인다.

55장

감추고 나타내지 않는 덕의 지극함은 갓난아이에 비유된다.

(그래서 갓난아이는) 벌, 전갈, 독사도 물지 않고,

맹수도 할퀴지 않고, 사나운 새도 덮치지 않는다.

(또) 뼈는 약하고 근육은 부드러워도 (그의) 주먹 쥠은 단단하다.

(또) 아직 남녀의 교미를 몰라도 고추가 일어서는데

(이는) 만물을 생성케 하는 음양 기운의 극치이다.

(또) 종일 울어도 목이 잠기지 않으니 (이는) 조화의 극치이다.

조화를 아는 것을 (일상의) 도리(常)라고 말하고,

(일상의) 도리를 아는 것을 밝음(明)이라고 말한다.

(반면) 삶을 늘리는 것을 (일상의) 이변(祥)이라고 말하고,

마음이 기를 부리는 것을 굳셈(强)이라고 말한다.

사물이 (갑자기) 굳세어지면 (바로) 늙는데

이를 일러 도와 어긋난다고 한다.

도와 어긋나면 일찍 죽는다.

含德之厚 比於赤子.

蜂蠆虺蛇不螫., 猛獸不據., 攫鳥不搏.

骨弱筋柔而握固.

未知牝牡之合而峻作, 精之至也.

終日號而不嗄, 和之至也.

知和曰常, 知常曰明, 益生曰祥, 心使氣曰强.

物壯則老, 謂之不道.

不道早已.

含(드러내지않을 함, 감추고 나타내지 않다) 厚(지극할 후) 比(비유할 비) 赤子[갓난애. 赤(어린애 적)] 蜂(벌 봉) 蠆(독충이름 채, 전갈) 虺蛇[독사. 虺(살무사 훼) 蛇(뱀 사)] 螫(쏠 석, 물다) 猛獸[맹수. 猛(사나울 맹) 獸(짐승 수)] 據(할퀼 극) 攫鳥[사나운 새. 攫(움켜잡을 확) 鳥(새 조)] 搏(잡을 박→덮치다) 骨(뼈 골) 弱(약할 약) 筋(힘줄 근, 근육) 柔(부드러울 유) 握(주먹쥘 악) 固(굳을 고, 단단하다) 牝牡[여성과 남성. 牝(암컷 빈) 牡(수컷 모)] 合(교배할 합) 峻(어린애자지 최 → 고추) 作(일어날 작) 精(정기 정, 만물을 생성하는 음양의 기운) 號(울 호) 嗄(목쉴 사, 목이 잠기다) 和(화합할 화, 조화) 常(도리 상) 益(더할 익 → 늘리다) 生(살 생, 삶) 祥(재앙 상, 이변) 壯(굳셀 장다) 不(아닐 부 → 어긋나다) 早(일찍 조) 已(끝날 이 → 죽다)

감추고 나타내지 않는(含) 덕(德)의 지극함(厚)은

갓난아이에(於~赤子) 비유된다(比).

(그래서 갓난아이는) 벌(蜂), 전갈(蠆), 독사(虺蛇)도 물지(螫) 않고(不),

맹수(猛獸)도 할퀴지(據) 않고(不), 사나운 새(攫鳥)도 덮치지(搏) 않는다.

뼈(骨)는 약하고(弱) 근육(筋)은 부드러워도(柔~而)

(그의) 주먹 쥠(握)은 단단하다(固).

아직 남녀(牝牡)의 교미(合)를 몰라도(未知~而) 고추(峻)가 일어서는데(作)

(이는) 만물을 생성케 하는 음양 기운(精)의 극치(至)이다.

종일(終日) 울어도(號~而) 목이 잠기지(嗄) 않으니(不)

(이는) 조화(和)의 극치(至)이다.

조화(和)를 아는(知) 것을 (일상의) 도리(常)라고 말하고(曰),

(일상의) 도리(常)를 아는(知) 것을 밝음(明)이라고 말한다(曰).

(반면) 삶(生)을 늘리는(益) 것을 (일상의) 이변(祥)이라고 말하고(曰),

마음(心)이 기를 부리는(使~氣) 것을 굳셈(强)이라고 말한다(曰).

사물(物)이 (갑자기) 굳세어지면(壯~則) (바로) 늙는데(老)

이(之)를 일러(謂) 도(道)와 어긋난다고(不) 한다.

도(道)와 어긋나면(不) 일찍(早) 죽는다(已).

감추고 나타내지 않을 뿐
갓난아이의 덕은 지극하다

—

이 장은 갓난아이를 통해서 천도(天道)에 대해 설명한다. 갓난아이가 어째서 천도를 지닐까? 갓난아이의 덕이 드러나지 않고 감춰져 있어서이다. 그런데 갓난아이가 이런 모습을 보일 수 있는 건 어째서일까? 그건 갓난아이의 덕이 지극해서이다. 그러면 갓난아이의 덕이 어느 정도로 지극할까? 노자는 얼마나 지극한지를 네 가지 경우를 들어 설명한다.

첫째, 갓난아이는 벌이나 전갈이나 독사도 물지 않고, 맹수도 할퀴지 않고, 사나운 새도 덮치지 않는다. 갓난아이가 너무 유약해서 무서운 동물이라도 갓난아이를 차마 잡아먹을 수 없어서이다. 이것이 갓난아이에게 덕이 지극하다는 증거이다. 둘째, 뼈가 약하고 근육이 부드러워도 갓난아이가 주먹을 한 번 꽉 쥐면 어느 누구도 이를 펴게 할 수 없다. 갓난아이가 움켜쥐는 주먹의 힘이 이처럼 센 것도 갓난아이의 덕이 지극해서이다.

셋째, 갓난아이는 남녀끼리의 교미를 알지 못해도 그의 고추가 늘 일어서는데 이는 갓난아이에게 정기(精)가 그만큼 충만하다는 증거이다. 갓난아이의 이런 충만한 정기는 만물을 생성케 하는 음양 기운의 극치라고 말할 수 있는데 이것도 갓난아이의 덕이 지극해서이다. 넷째, 갓난아이가 온 종일 울어도 목이 잠기지 않는데 이는 몸 안에서 최고 수준의 조화(和)가 이루어져서이다. 이것도 갓난아이의 덕이 지극해서 이런 상태에 이를 수 있다.

여기서 알 수 있듯이 갓난아이처럼 가장 유약한 게 오히려 가장 강하거나 가장 조화롭다고 할 수 있다. 그래서 갓난아이는 사람의 삶 중에서 가장 좋은 상태에 머물고 있는 셈이다. 그래서 누구든지 갓난아이 상태로 되돌아가고 싶어 하고, 또 언젠가는 되돌아가야 한다고 믿는다. 또 우리들의 삶에서 가장 좋은 상태는 '마치 갓난아이가 웃을 줄 모르는 것과 같은(如嬰兒之未孩)' 상태이다. 여기서 '해(孩)'는 갓난아이의 웃음을 말하는데 정확히 말해 까르르 하고 웃는 모습이다. 노자는 여기에 더해 까르르 하고 웃는 것조차 모를 때가 사람의 삶 중에서 가장 행복한 순간이라고 말한다.

앞에서도 언급했듯이 갓난아이가 종일 울어도 목이 잠기지 않는 것은 몸 안에서 최고 수준의 조화가 이루어져서이다. 노자는 이런 조화를 아는 것을 가리켜 일상의 도리(常)라고 말한다. 그래서 일상에서 조화가 늘 이루어져야 한다. 이처럼 일상의 도리를 알고, 또 이런 일상의 도리를 살아가면서 구현한다면 이를 두고 정말로 밝다(明)라고 말한다. 반면 양생술(養生術) 등을 통해 삶을 억지로 늘려나가는 건 일상에서 이루어지는 이변(祥)이라고 말한다. 그리고 양생술을 위해서 마음이 기를 부리는 건 굳셈(强)이라고 말한다. 그런데 사물이 굳세어지면 곧바로 늙어지는데 이를 일러 도와 어긋난다고 말한다. 이처럼 도와 어긋나면 사물은 자신의 삶을 일찍 끝내게 마련이다.

갓난아이의 덕은 지극하다

감추고 나타내지 않을 뿐

56장

아는 사람(知者)은 말하지 않고, 말하는 사람(言者)은 알지 못한다.

(아는 사람은) 감관을 막고 심관을 닫으며,

(생각의) 날카로움을 꺾고 (판단의) 어지러움을 풀며,

빛을 부드럽게 해서 (자신을) 드러내지 않고

세간의 속진에 한데 섞인다.

이를 일러 현동(玄同), 즉 오묘한 도라고 말한다.

그래서 (묘한 도는 만물과) 친할 수 없어도 소원할 수 없고,

(또 만물에게) 이로울 수 없어도 해로울 수 없고,

(또 만물이) 소중히 여길 수 없어도 짓밟을 수 없다.

그러므로 (묘한 도를) 천하에서 (가장) 귀하다고 여긴다.

知者不言., 言者不知.

塞其兌 閉其門., 挫其銳 解其粉., 和其光 同其塵.

是謂玄同.

故不可得而親., 不可得而疎.,

不可得而利., 不可得而害.

不可得而貴., 不可得而賤.

故爲天下貴.

塞(막을 색) 兌(구멍 태, 눈.귀.입.코 등의 구멍) 閉(닫을 폐) 挫(꺾을 좌) 銳(날카로울 예) 解(풀해) 粉(어지러울 분) 和光[재능을 안으로 감추고 드러내지 않음. 和(화합할 화, 조화를 이루다) 光(빛 광)] 同塵[세간의 속진에 한 데 섞임. 세파에 휩쓸려 세인과 함께 행동함. 同(같이할 동, 함께 하다) 塵(티끌 진)] 玄同[오묘한 대동의 도. 玄(그윽할 현) 同(같을 동)] 親(친할 친) 疎(소원할 소, 친근하지 아니하다) 利(이로울 리) 害(해칠 해) 貴(귀할 귀, 소중히 여길 귀) 賤(밟을 천, 짓밟다)

아는 사람(知者)은 말하지(言) 않고, 말하는 사람(言者)은 알지(知) 못한다.

(아는 사람은) 감관(兌)을 막고(塞) 심관(門)을 닫으며(閉),

(생각의) 날카로움(銳)을 꺾고(挫) (판단의) 어지러움(粉)을 풀며(解),

빛(光)을 부드럽게(和) 해 드러내지 않고 세간 속진(塵)에 한데 섞인다(同).

이(是)를 일러 현동(玄同), 즉 오묘한 도라고 말한다(謂).

그래서(故) (오묘한 도는 만물과) 친할(而~親) 수 없어도(不可~得)

소원할(而~疎) 수 없고(不可~得),

이로울(而~利) 수 없어도(不可~得) 해로울(而~害) 수 없고(不可~得),

소중히 여길(而~貴) 수 없어도(不可~得) 짓밟을(而~賤) 수 없다(不可~得).

그러므로(故) (묘한 도를) 천하(天下)에서 (가장) 귀하다(爲~貴)고 여긴다.

아는 자(知者)는 말하지 않고,
말하는 자(言者)는 알지 못한다

—

이 장은 현동(玄同), 즉 오묘한 도를 매개로 해서 인도(人道)에 대해 말하는 내용이다. 그렇다면 현동이 무엇인지를 먼저 파악한 뒤 인도에 대해 알아보는 게 순서이다. 노자는 현동에 이르기 위해선 참으로 아는 사람(知者)이 되어야 한다고 말한다. 노자에 따르면 참으로 아는 사람(知者)은 말하지 않고, 말하는 사람(言者)은 참으로 알지 못한다. 따라서 말하지 않는 사람만이 참으로 아는 사람이다. 그런데 참으로 아는 사람은 어째서 말을 하지 않을까? 참으로 아는 사람은 감관(兌)을 막고 심관(門)을 닫으며, 생각의 날카로움(銳)을 꺾고 판단의 어지러움(紛)을 풀며, 빛(光)을 부드럽게 해서 자신을 드러내지 않고 세간의 속진(塵)에 한데 섞이기 때문이다.

먼저 감관을 막고 심관을 닫는 일에 대해서 알아보자. 이런 해석이 여기서 가능한 건 태(兌)를 감관으로, 문(門)을 심관으로 해석했기 때문이다. 이에 대해선 52장에서 이미 설명한 바 있다. 커뮤니케이션은 오관을 통해서 몸 바깥을 인식하는 감관작용과 그리고 인식된 것에 대해서 다양한 해석이 이루어지는 심관작용 두 부분으로 구성된다. 그러니 감관을 막고 심관을 닫는 일은 곧 커뮤니케이션을 중지하라는 의미이다. 노자에 따르면 커뮤니케이션을 중지해야 현동, 즉 오묘한 도에 이를 수 있다. 따라서 현동에 이르는 데 커뮤니케이션은 오히려 방해꾼 역할을 하는 셈이다.

또 생각의 날카로움을 꺾고 판단의 어지러움을 푸는 일에 대해서 알아보자. 여기서 생각의 날카로움을 꺾는다는 말은 무슨 의미일까? 법정에서 벌어지는 검사와 변호사 간의 논쟁을 예로 들어보자. 이들이 법정에서 하는 일은 피고가 범행을 저질렀는지 여부를 두고 벌이는 다툼이다. 이 다툼에서 이기기 위해선 검사든 변호사든 정확한 개념, 올바른 문법, 예리한 논리를 동원해야 한다. 이것이 소위 날카로운 방식의 커뮤니케이션이다. 이런 날카로운 방식으로 커뮤니케이션을 하다 보면 보편적 상식에 입각한 판단보다는 소피스트적 판단이 우선할 수 있다. 이것이 노자가 말하는 어지러운 판단이다. 이에 노자는 날카로운 생각을 꺾고 어지러운 판단에서 벗어나야 현동에 이른다고 말한다.

화광(和光)은 자신을 부드럽게 하는 일이라면
동진(同塵)은 자신을 낮추는 일이다

마지막으로 빛을 부드럽게 해서 자신을 드러내지 않고 세간의 속진에 한데 섞이는 일에 대해서 알아보자. 이에 대해 많은 해석들이 있다. 너무나 많아서 일일이 열거할 수 없을 정도이다. 그런데도 많은 사람들은 이 내용을 화광동진(和光同塵)으로 줄여서 인생의 교훈으로 삼곤 한다. 그렇지만 화광동진(和光同塵)에 대한 기존의 해석이 아무리 많아도 이 글의 주제인 '참으로 아는 사람은 말하지 않고, 말하는 사람은 참으로 알지 못한다'라는 관점에서 벗어나선 안 된다. 그러니 당연히 커뮤니케이션 관점에서 해석되어야 마땅하다. 그러면 화광(和光)은 '윗사람과의 관계'에서 말하지 않는 방식으로, 동진(同塵)은 '아랫사람과의 관계'에서 말하지 않는 방식으로 각각 해석이 이루어져야 한다.

먼저 화광(和光)에 대해서 알아보자. 화광은 윗사람과 관계할 때 가능한 말하지 말라는 주문이다. 만약 윗사람과 말을 많이 주고받으면 이에 비례해서 윗사람과 부딪칠 경우가 많아진다. 그러니 윗사람이 설령 얼토당토 한 주장을 펴더라도 이에 반발하면서 대응하지 말고 오히려 자신을 부드럽게 해서 윗사람과 가능한 타협을 모색해야 한다. 만약 타협하지 않고 반발하는 경우 당랑거철(螳螂拒轍), 즉 사마귀가 제 분수를 모르고 마차를 가로막는 것[95]과 같은 사태가 벌어진다. 이는 죽음을 자초하는 일이므로 현명한 처신이라고 할 수 없다. 참으로 아는 사람은 이런 사태까지 염두에 두므로 말을 가능한 하지 않으려고 한다.

다음으로 동진(同塵)에 대해서 알아보자. 화광이 윗사람과 관계할 때 요구되는 주문이라면 동진은 아랫사람과 관계할 때 요구되는 주문이다. 그러니 동진은 아랫사람을 대할 때는 가능한 겸손하게 처신하라는 주문이다. 즉 자신이 아무리 잘났어도 백성이 사는 속진에 들어가서 한데 어울리라는 말이다. 그런데 아랫사람과 한데 어울리려면 무엇보다 자신의 주장을 펴는 일이 없어야 한다. 자신의 주장을 펴는 순간 아랫사람에게 겸손하지 않는 모습으로 비춰지기 때문이다.

이에 노자는 "참으로 아는 사람은 말하지 않고, 말하는 사람은 알지 못한다."라고 말한다. 즉 참으로 아는 사람은 감관을 막고 심관을 닫으며, 생각의 날카로움을 꺾고 판단의 어지러움을 풀며, 빛을 부드럽게 해서 자신의 생각을 드러내지 않고 세간의 속진에 한데 섞이기 때문이다. 반면 말하는 사람은 감관과 심관을 활짝 열고, 생각을 날카롭게 해서 판단을 더욱 어지럽게 하고, 빛을 더욱 강하게 해서 자신의 생각을 드러내며 세간의 속진과 한데 섞이지 않으려고 한다. 그러니 참으로 아는 사람은 커뮤니케이션을 가능한 멈추는데 반해 참으로 알지 못하는 사람은 커뮤니케이션을 통해서 자신을 자꾸 알리려고 한다. 이것이 현동(玄同)

---

95) 이에 대한 자세한 설명은 『장자』 「인간세」를 참조하길 바란다.

의 상태에 이른 사람과 아닌 사람 간의 차이이다.

　그런데 현동이 어째서 오묘한 도(道)일까? 이를 밝히기 위해선 1장으로 다시 돌아갈 필요가 있다. 현(玄)의 개념이 여기서 처음 등장했는데 도를 가리키는 의미로 사용되었다. "무와 유는 같은 데서 나왔지만 이름을 달리하므로 이런 같은 걸 두고 현이라고 말한다."[96]라고 한 게 그것이다. 그런데 여기서 '같은 데'란 곧 도를 의미한다. 따라서 무와 유는 '도'라는 같은 데서 나왔지만 이름만 달리하므로 '현'이라고 말한다. 그렇다면 '도'가 명사적 개념이라면 '현'은 도를 형용사적 개념이다. 따라서 명사적으로 파악하면 도가 되고, 형용사적으로 파악하면 현이 된다. 그러니 도와 현은 사실상 같은 개념이다.

　그런데 어째서 앞에 '묘한'이라는 수식어가 붙여졌을까? 이것도 1장에서 그 이유를 밝히고 있다. 즉 "무는 천지의 시작을 말하고, 유는 만물의 어미를 말한다. 그래서 무로 늘 만물의 오묘함을 보고 싶어하고, 유로 만물의 명료함을 보고 싶어한다."[97]라는 것을 통해서이다. 이처럼 무와 유는 구분된 게 아니라 손바닥의 안과 밖처럼 보는 관점에 따라 다를 뿐 사실상 같다. 그래서 노자는 이를 두고 묘하다(玄)고 표현한다. 그래서 유와 무가 '도'라는 같은 데서 나왔다는 점을 감안하면 도 앞에 묘하다는 수식어가 붙여지는 게 그리 이상하지 않다. 이 장에서도 '묘하다'는 의미를 이런 식으로 확장해서 사용하고 있다.

　그래서 도는 만물과 특별히 친할(親) 수 없어도 그렇다고 소원할(疎)

---

96)　此兩者同出而異名, 同謂之玄. (『도덕경』 1장)
97)　無名天地之始, 有名萬物之母. 故常無欲以觀其妙, 常有欲以觀其徼. (『도덕경』 1장)

수 없다. 이것이 도가 만물을 대하는 묘한 태도이다. 또 도는 만물에게 특별히 이로울(利) 수 없어도 그렇다고 해로울(害) 수 없다. 이것이 도가 만물에게 베푸는 묘한 처신이다. 또 도는 만물이 소중히 여길(貴) 수 없어도 그렇다고 짓밟을(賤) 수 없다. 이것은 도가 만물과의 관계를 설정하는 묘한 존재론적 위상이다. 도가 만물을 이런 식으로 상대하므로 만물이 지금과 같이 평화롭고 안정된 모습을 보일 수 있다. 그러니 천하 만물은 도를 가장 귀하다고 여기지 않을 수 없지 않은가.

아는 자(知者)는 말하지 않고,

말하는 자(言者)는 알지 못한다

57장

올바름으로 나라를 다스리고, 속임수로 군사를 부리고,

일을 하지 않음으로써 천하를 손에 쥔다.

내가 무엇으로 이런 사실을 아는가?

이것으로 안다.

천하에 꺼리거나(忌) 피할(諱) 일이 많아지면

백성은 더욱 가난해진다.

백성에게 편리한 물건(利器)이 많아지면

나라가 더욱 혼란스러워진다.

사람의 묘한 솜씨(伎巧)가 많아지면

기이한 재주가 더욱 기승을 부린다.

법령(法令)이 더욱 드러나면 도적이 많아진다.

그래서 성인이 이르기를

내가 하고자 함(無)이 없는데도 백성은 저절로 길러지고,

내가 고요함(靜)을 좋아하는데도 백성은 저절로 바르게 되고,

내가 (어떤) 일(事)을 하지 않는데도 백성은 저절로 풍족하게 되고,

내가 하고 싶은(欲)이 없는데도 백성은 저절로 순박해진다.

以正治國, 以奇用兵, 以無事取天下.

吾何以知其然哉 以此.

天下多忌諱 而民彌貧.,

民多利器 國家滋昏.,

人多伎巧 奇物滋起.,

法令滋彰 盜賊多有.

故聖人云.

我無爲而民自化., 我好靜而民自正.,

我無事而民自富., 我無欲而民自樸.

奇(거짓 기, 속임수) 用(쓸 용 → 부리다) 取(손에쥘 취) 忌諱[꺼리거나 피함. 忌(꺼릴 기) 諱 (꺼릴 휘)] 彌(점점더 미, 더욱 더) 貧(가난할 빈) 利器[생활에 편리한 기구. 利(편리할 리)] 滋(점점더 자, 더욱 더) 昏(혼란할 혼) 伎巧[솜씨가 묘함. 伎(재주 기) 巧(솜씨 교)] 奇物 [진기하고 이상한 물건] 起(일어설 기 → 기승을 부리다) 彰(드러날 창) 盜賊[도적. 盜(훔 칠 도) 賊(도둑 적)] 云(이를 운) 自化[화육되다 → 길러지다. 自(스스로 자, 저절로)] 好 (좋을 호) 靜(고요할 정) 自正[저절로 바르게 되다] 自富[자연히 풍부하게 되다] 自樸 [자연히 순박해지다. 樸(질박할 박)]

올바름으로(以~正) 나라(國)를 다스리고(治),

속임수로(以~奇) 군사(兵)를 부리고(用)

일을 하지(事) 않음으로써(以~無) 천하(天下)를 손에 쥔다(取).

내(吾)가 무엇으로(何以) 이런(然) 것을 아는가(知)?

이것으로(以~此) 안다.

천하(天下)에 꺼리거나(忌) 피할(諱) 일이 많아지면(多~而)

백성(民)은 더욱(彌) 가난해진다(貧).

백성(民)에게 편리한 물건(利器)이 많아지면(多)

나라(國家)가 더욱(滋) 혼란스러워진다(昏).

사람(人)의 묘한 솜씨(伎巧)가 많아지면(多)

기이한 재주(奇物)가 더욱(滋) 기승을 부린다(起).

법령(法令)이 더욱(滋) 드러나면(彰) 도적(盜賊)이 많아진다(多).

그래서(故) 성인(聖人)이 이르기를(云)

내(我)가 하고자 함(爲)이 없는데도(無~而) 백성은 저절로(自) 길러지고(化),

내가 고요함(靜)을 좋아하는데도(好~而) 백성은 저절로 바르게(正) 되고,

내가 일(事)을 하지 않는데도(無~而) 백성은 저절로 풍족하게(富) 되고,

내가 하고 싶음(欲)이 없는데도(無~而) 백성은 저절로 순박해진다(樸).

일을 하지 않음으로써 천하를 손에 쥔다

—

이 장은 무위(無爲), 그 중에서도 무위이치(無爲而治)의 내용을 다룬다. '무위이치'란 하고자 함이 없는데도 나라가 저절로 잘 다스려지는 치도(治道)를 말한다. 이 정도 수준의 정사를 펼치는 군주라면 일을 함(有事)으로써가 아니라 일을 하지 않음(無事)으로써 천하를 손에 쥘 수 있다. 보통의 군주가 올바름으로 나라를 다스리고, 속임수로 군사를 부리듯이 무위이치를 구현하는 군주도 보통의 군주가 하는 것처럼 자연스럽게 천하를 손에 쥘 수 있다. 그런데 속임수로 군사를 부리는 일에 대해 우리가 굳이 부정적으로 볼 필요는 없다. 군사를 부리는 일은 늘 속임수로 이루어지기 때문이다. 그래서 손자(孫子)도 그의 병법에서 "군사란 도를 속이는 일이다(兵者詭道)"[98]라고 말하고, 또 "군사를 거짓으로 세운다(兵以詐立)."[99]라고 말하지 않는가. 그러니 노자는 병법(兵法)은 몰라도 병도(兵道)는 잘 아는 셈이다.

참고로 장자는 유위에 입각해서 나라를 다스리면 군주로밖에 머물지 못하지만 무위에 입각해서 나라를 다스리면 제왕(帝王)의 위치에 오를 수 있다고 말한다. 그래서 『장자』 내편 마지막을 「응제왕」으로 장식한다. 그리고 공자도 '무위이치'를 실현한 임금으로 순(舜)을 든다. 공자는 순임금이 "자신의 몸가짐을 공손히 하고 임금의 자리를 바르게 지키고 있었다."[100]라고 말한다. 이는 순임금의 덕이 워낙 커서 백성이 저절

---

98) 『손자병법』 「시계」

99) 『손자병법』 「군사」

100) 無爲而治者, 其舜也與! 夫何爲哉? 恭己正南面而已矣. (『논어』 「위령공」)

로 교화된 탓이다. 여기서 노자는 일을 하지 않는데도 천하를 손에 쥘 수 있는 점을 깨닫게 된 근거로 네 가지를 든다.

첫째, 천하에 꺼리거나 피할 일(忌諱)이 많아지면 백성이 더욱 가난해진다는(貧) 사실을 잘 알아서이다. 이와 관련해서 장자는 외편 「마제」에서 전설상의 말 조련사 백락(伯樂)의 말 훈련이 잘못되었음을 지적한 바 있다. 백락은 자신의 뛰어난 말 조련 솜씨를 자랑해 보이기 위해 말이 꺼리거나 피하는 것을 선택해서 훈련시켰는데 그 결과는 참담했다. 말에게 굴레를 씌워서 재갈과 띠를 매니까 열 마리 중 세 마리가 죽었다. 또 재갈로 속박하고 채찍으로 위협했더니 두 마리가 더 죽었다. 이는 말의 타고난 참된 본성을 무시하고 말이 꺼려하거나 피하고 싶은 것만 골라서 조련한 결과이다.

둘째, 백성에게 편리한 물건(利器)이 많아지면 나라가 더욱 혼란스러워진다는(昏) 것을 잘 알아서이다. 이와 관련해서 장자는 외편 「천지」에서 편리한 물건을 기계(機)에 비유하면서 다음과 같이 말한다. 재미난 글이기에 관련 부분을 모두 인용하고자 한다.

자공(子貢)이 남쪽으로 내려가서 초나라를 유람하고 진나라로 돌아오다 한수(漢水) 남쪽을 지날 때 마침 한 노인이 채소밭을 가꾸는 걸 보았다. 그 노인은 굴을 뚫고 우물을 만들어 그 안에 들어가서 물을 항아리에 담아 껴안고 나온 뒤 밭에 물을 주었다. 노인이 애써 힘을 많이 들이는데 비해 채소밭에 물을 주는 성과는 적었다. 이를 보고 자공이 말했다. "여기에 기계(機)가 있으면 하루 백 이랑의 밭에 물을 줄 수 있기에 조금만 힘써도 큰 성과를 낼 수 있습니다. 어르신께서도 그렇게 하실 생각이 없으신지요?" 밭일을 하던 노인이 올려다보면서 그에게 물었다. "어떻게 하는 거요?" 자공이 말했다. "그건 나무를 깎아서 구멍을 뚫어 만든 기계인데 뒤쪽은 무겁고 앞쪽은 가볍습니다. 이를 이용하면 물이 펑펑 쏟아지듯 해 콸콸 흐르는 물처럼 빠릅니다. 사람들은 이걸 두레박이라고 하지요." 밭을 매던 노인은 불끈하고 낯빛을 붉혔다가 이내 웃으면서 말했다. "나도 내 스승에게 그 기계에 대해 들었소. 그런데 기계가 있으면 반드시 기계 쓸 일이 생겨나고, 기계 쓸 일이 생겨나면 반드시 기계에 마음을 쓰게 되지요. 기계에 마음을 쓰는 기심(機心)이 가슴에 있으면 순백(純白), 즉 순박한 빈 마음을 지니지 못합니다. 순박한 빈 마음을 지니지 못하면 정신과 삶이 안정되지 못하지요. 또 정신과 삶이 안정되지 못하면 도(道)가 깃들지 않습니다. 그러니 내가 그 기계를 알지 못해서가 아니라 부끄러워서 사용하지 않을 뿐이지요."[101]

셋째, 사람들에게 묘한 솜씨(伎巧)가 많아지면 기이한 재주(奇物)가 더욱 기승을 부린다는(起) 것을 잘 알아서이다. 이는 한마디로 일을 하는 데 사람들이 정도를 걷지 않고 편법을 택한다는 점을 지적하는 내용이다. 넷째, 법령(法令)이 더욱 드러나면 도적이 많아진다는(多) 것을 잘 알아서이다. 법령이 엄격해져 백성이 법령의 무서움을 실감하는 경우 도적이 줄어드는 게 아니라 오히려 늘어나는 경우가 많다. 일반적으로 법령이 엄격해지면 범죄가 줄어든다고 생각하지만 꼭 그런 건 아니다. 그래서 사형판결이 많아도 흉악범이 줄어들지 않고 오히려 늘어나

---

101) 子貢南遊於楚, 反於晉, 過漢陰見一丈人方將爲圃畦, 鑿隧而入井, 抱甕而出灌, 滑滑淵用力甚多而見功寡. 子貢曰: 「有械於此, 一日浸百畦, 用力甚寡而見功多, 夫子不欲乎?」爲圃者仰而視之曰: 「奈何?」曰: 「鑿木爲機, 後重前輕, 挈水若抽., 數如洗湯, 其名爲槹.」爲圃者忿然作色而笑曰: 「吾聞之吾師, 有機械者必有機事, 有機事者必有機心. 機心存於胸中, 則純白不備., 純白不備, 則神生不定., 神生不定者, 道之所不載也. 吾非不知, 羞而不爲也.」(『장자』 내편 「천지」)

는 경우가 많지 않은가.

마지막으로 노자는 한 성인의 말을 인용해서 이 같은 깨달음이 자신만의 생각이 아니라는 점을 덧붙인다. 이 내용은 『사기』「태사공자서」에 나오는 이야기이다. 한 성인의 말에 따르면 "내가 하고자 함이 없는데도(無爲) 백성은 저절로 길러지고, 내가 고요함(靜)을 좋아하는데도 백성은 저절로 바르게 되고, 내가 일하지 않는데도(無事) 백성은 저절로 풍족하게 되고, 내가 하고 싶음이 없는데도(無欲) 백성이 저절로 순박해진다."라고 한다. 이것은 곧 무위이치(無爲而治)를 말하는 내용이다. 노자는 이 내용을 57장의 맺음말로 삼는다.

일을 하지 않음으로써 천하를 손에 쥔다

58장

정사가 느슨하면(悶悶) 백성이 순박하고 돈후해지고(淳淳),

정사에 빈틈이 없으면(察察) 백성이 간사하고 경박해진다(缺缺).

화(禍)로구나! 복이 비롯되는 바다.

복(福)이로구나! 화가 감추어진 바다.

(그러면) 누가 (복과 화의) 궁극을 알겠는가?

(그래서 세상에는 고정된) 올바름(正)이 없다.

(정사의) 올바름은 다시 기이한(奇) 게 되고,

(군주의) 착함은 다시 요사한(妖) 게 된다.

사람들이 길을 잃고 헤매면서 (보낸) 날이 참으로 오래 되었다.

이런 까닭에 성인은 구분을 해도 나누지(割) 않고,

강직해도 남에게 상처를 입히지(劌) 않고,

솔직해도 제멋대로 굴지(肆) 않고,

빛나도 밝지(燿) 않다.

其政悶悶, 其民淳淳.,

其政察察, 其民缺缺.

禍兮福之所倚, 福兮禍之所伏.

孰知其極.

其無正., 正復爲奇, 善復爲妖.

人之迷 其日固久.

是以聖人方而不割.,

廉而不劌., 直而不肆., 光而不耀.

政(정사 정) 悶悶[우매한 모양 → 느슨하다. 悶(혼미할 민)] 淳淳[순박하고 돈후한 모양. 淳(순박할 순)] 察察[세밀하고 까다로움 → 빈틈이 없다. 察(까다로울 찰)] 缺缺[경박하고 간사한 모양. 缺(이지러질 결)] 禍(재앙 화) 福(복 복→복락) 所(바 소, ~할 바) 倚(인할 의, 원인하다. 비롯되다) 伏(숨을 복, 몸을 감추다) 孰(누구 숙) 極(다할 극 → 궁극) 復(다시 부) 奇(기이할 기) 妖(음사할 요, 요사하고 사악하다) 迷(길잃을 미, 길 잃고 헤매다) 固(참으로 고) 久(오랠 구) 方(변별할 방, 구분하다) 割(나눌 할) 廉(모날 렴, 강직하다) 劌(상처입힐 궤) 直(솔직할 직) 肆(방자할 사, 제멋대로 굴다) 耀(밝을 요)

정사(政)가 느슨하면(悶悶) 백성(民)이 순박하고 돈후해지고(淳淳),

정사(政)에 빈틈이 없으면(察察) 백성(民)이 간사하고 경박해진다(缺缺).

화로구나(禍兮)! 복(福)이 비롯되는(倚) 바(所)이다.

복이로구나(福兮)! 화(禍)가 감추어진(伏) 바(所)이다.

(그러면) 누가(孰) (복과 화의) 궁극(極)을 알겠는가(知)?

(그래서 세상에는 고정된) 올바름(正)이 없다(無).

(정사의) 올바름(正)은 다시(復) 기이한(奇) 게 되고(爲),

(군주의) 착함(善)은 다시(復) 요사한(妖) 게 된다(爲).

(그래서) 사람들(人)이 길을 잃고 헤매면서(迷) (보낸) 날(日)이
참으로(固) 오래되었다(久).

이런 까닭에(是以) 성인(聖人)은 구분을 해도(方~而) 나누지(割) 않고(不),

강직해도(廉~而) 남에게 상처럴 입히지(劌) 않고(不),

솔직해도(直~而) 제멋대로 굴지(肆) 않고(不),

빛나도(光~而) 밝지(燿) 않다(不).

정사가 느슨하면
백성이 순박하고 돈후해진다

—

이 장은 치도(治道)와 관련한 내용이다. 그리고 앞 장에 이어서 무위이치(無爲而治), 즉 하고자 함이 없는 다스림이 주제이다. 그래서 정사가 느슨하면(悶悶) 백성이 순박하고 돈후해진다(淳淳)고 말한다. 반면 정사에 빈틈이 없으면(察察) 백성은 간사하고 경박해진다(缺缺)고 말한다. 여기서 정사가 느슨하다는 건 하고자 함이 없는 무위(無爲)의 다스림이 이루어지는 걸 뜻한다. 반면 정사가 빈틈이 없다는 건 하고자 함이 있는 유위(有爲)의 다스림이 이루어지는 걸 뜻한다. 따라서 무위의 다스림이 이루어지면 백성은 원래의 질박한 모습을 유지한 채 군주의 생각을 순수하게 받아들인다. 반면 유위의 다스림이 이루어지면 백성은 원래의 질박한 모습을 잃고 군주의 생각에 색안경을 끼고 대한다.

여기까지는 분명히 치도(治道)에 대해서 말하는 내용이다. 그런데 이질적인 내용이 갑자기 등장한다. "화(禍)로구나! 복이 비롯되는 바다. 복(福)이로구나! 화가 감추어진 바다."라는 게 그것이다. 물론 이런 생각은 화가 복에서 비롯되고 복이 화에서 기인한다고 보기에 가능하다. 이렇게 생각하면 재앙이 닥쳐도 크게 슬퍼할 필요가 없다. 새로운 복락이 재앙에서 이미 시작되고 있기 때문이다. 마찬가지로 복락을 맞이해도 크게 기뻐해선 안 된다. 새로운 재앙이 복락에서 이미 시작되고 있기 때문이다. 이처럼 재앙과 복락은 고정적인 모습을 하지 않은 채 늘 반복적으로 그 모습을 바꾼다. 그렇다면 복락과 재앙이 갈라지는 지점이 분명히 있다. 그렇지만 그 지점이 어디인지는 누구도 알지 못한다.

그런데 재앙과 복락이 반복된다는 사실은 치도(治道)와 전혀 관련이 없어 보인다. 그래서인지 박세당은 '시비(是非)를 구분하는지'와 '선악(善惡)을 밝히는지' 여부를 여기에 삽입한다. 이는 매우 탁월한 발상이다. 왜냐하면 정사가 느슨한(悶悶) 지 여부는 시비를 구분하는지 여부와 직접적으로 연관되고, 정사에 빈틈이 없는지(察察) 여부는 선악을 밝히는지 여부와 직접적으로 연관되기 때문이다. 그래서 박세당은 "정사가 느슨하면 '시비를 구분하지 않아서' 백성이 순박하고 돈후해진다."라고 해석한다. 또 "정사에 빈틈이 없으면 '선악을 밝혀서' 백성이 도리어 간사하고 경박해진다."라고 해석한다. 이런 식으로 해석하면 치도(治道)와 반복되는 재앙과 복락의 내용이 자연스럽게 연결된다.

그런데 노자는 '시비를 구분하는 일'과 '선악을 밝히는 일'이 과연 옳은 건지 옳지 않은 건지 알 수 없다고 고백한다. '시비를 구분하는 일'과 '선악을 밝히는 일'도 재앙과 복락처럼 고정된 모습을 하지 않아서이다. 그래서 시비를 구분하는 일을 예전에는 노자가 재앙이라고 여겼는데 지금은 어느 새 복락으로 바뀌어져 있다고 말한다. 또 선악을 밝히는 일을 예전에는 노자가 복락이라고 여겼는데 지금은 어느 새 재앙으로 바뀌어져 있다고 말한다. 그러니 군주가 행하는 올바른 정사도 언젠가는 기이하게(爲奇) 바뀔 수 있다. 또 군주의 착한 정사도 언젠가는 요사스럽게(爲妖) 바뀔 수 있다. 그렇다면 올바름(正)은 올바르지 않음과, 착함(善)은 착하지 않음과 늘 반복적으로 교대하는 게 아니겠는가.

노자는 사람들이 이런 사실을 몰라서 길을 잃고 헤매며 보낸 날이 참으로 오래되었다고 말한다. 정사에서 정해진 올바름이 없는데도 사람들은 올바름이 있는 것으로 착각하고, 이 나라 저 나라를 오랫동안 헤매면서 돌아다녔기 때문이다. 그렇지만 성인만이 이런 사실을 잘 알기에 이 나라 저 나라를 헤매면서 다닌 적이 없다. 노자는 성인이 이 나라 저 나라를 헤매면서 다닐 필요가 없는 이유를 네 가지로 든다.

첫째, 성인은 사물을 구분해도 나누지 않아서(不割)이다. 그래서 성인은 이 나라 저 나라는 구분해도 이 나라는 좋고 저 나라는 나쁘다는 식으로 구분하는 법이 없다. 둘째, 성인은 강직해도 상대방에게 상처를 입히지 않아서(不劌)이다. 그래서 성인이 나라를 다스리는 경우 백성을 향해 어쩔 수 없이 강직함을 유지하지만 그렇다고 백성의 마음을 아프게 하는 일이 없다. 셋째, 성인은 솔직해도 제멋대로 행동하지 않아서(不肆)이다. 그래서 성인은 숨기지 않고 모든 것을 털어내는데도 이런 행동이 멋대로 이루어지지 않는다. 넷째, 성인은 빛나는데도 밝지 않아서(不耀)이다. 이는 성인이 그만큼 다른 사람에게 드러나지 않고 조용히 처신하기 때문이다.

59장

사람을 다스리고 하늘을 섬기는 데
(사람과 하늘을) 소중히 여기는 것만큼 중요한 게 없다.
오로지 (사람과 하늘을) 소중히 여기는 것을 일러
(도를) 일찍 익히는 거라고 한다.
(또 도를) 일찍 익히는 것을 일러 덕을 거듭 쌓는 거라고 한다.
덕을 거듭 쌓으면 감당하지 못할 게 없다.
감당하지 못할 게 없어야 (도의) 다함을 알지 못한다.
(또 도의) 다함을 알지 못해야 나라를 지닐 수 있다.
(그리고) 나라의 근본을 지녀야 오래 갈 수 있다.
이를 일러 근본이 깊고 뿌리가 튼튼하다고 말하므로
(이것이) 오래 살고 멀리 보는 도(長生久視之道)이다.

治人事天 莫若嗇.

夫唯嗇 是以早服.,

早服 謂之重積德., 重積德 則無不克.,

無不克 則莫知其極., 莫知其極 可以有國.

有國之母 可以長久.

是謂深根固柢., 長生久視之道.

事(섬길 사) 莫(없을 막) 若(보다 약) 嗇(아낄 색, 소중히 여기다) 早(일찍 조) 服(익숙할 복, 도를 익히다) 重(거듭 중) 積(쌓을 적) 克(능할 극, 감당하다) 極(다할 극) 母(근원 모, 근본) 長久[길고 오램. 長(길 장) 久(오랠 구))] 深(깊을 심) 固(굳을 고, 튼튼하다) 柢(뿌리 저)

사람(人)을 다스리고(治) 하늘(天)을 섬기는 데(事)

(사람과 하늘을) 소중히 여기는(嗇) 것만큼(若) 중요한 게 없다(莫)

오로지(唯) (사람과 하늘을) 소중히 여기는(嗇) 것,

이(是)를 일러 (도를) 일찍(早) 익히는(以~服) 거라고 한다.

(또 도를) 일찍(早) 익히는(服) 것을 일러(謂)

덕(德)을 거듭(重) 쌓는(積) 거라고 한다.

덕(德)을 거듭(重) 쌓으면(積~則) 감당하지(克) 못할(不) 게 없다(無).

감당하지(克) 못할(不) 게 없어야(無~則) 다함(極)을 알지(知) 못한다(莫).

(도의) 다함(極)을 알지(知) 못해야(莫) 나라(國)를 지닐(以~有) 수(可) 있다.

나라(國)의 근본(母)을 지녀야(有) 길고 오래갈(以~長久) 수(可) 있다.

이(是)를 일러(謂) 근본(根)이 깊고(深) 뿌리(柢)가 튼튼하다고(固) 말하므로

(이것이) 길게(長) 살고(生) 오래(久) 보는(視) 도(道)이다.

오래 살고 멀리 보는 도

ㅡ

　이 장은 치도(治道)에 대해서 언급한다. 노자는 사람을 다스리고 하늘을 섬기는 데 사람과 하늘을 소중히 여기는 것보다 더 중요한 게 없다고 말한다. 그래서인지 사람들도 하늘을 섬기는 데 매우 지극하다. 만약 하늘이 노해 홍수와 가뭄이 세상을 휩쓸고 지나가면 그야말로 엄청난 사태가 벌어진다. 그래서 사람들이 하늘을 섬기는 데 결코 소홀할 수 없다. 마찬가지로 군주도 하늘을 섬기듯이 받드는 것처럼 백성을 다스릴 필요가 있다. 그래서 백성을 부질없는 전쟁에 동원해서도 안 되고, 쓸데없는 일에 부역시켜서도 안 된다.

　이처럼 백성을 소중히 여기는 것을 일러 오래전부터 도(道)를 일찍 익히는 거라고 말해 왔다. 그러니 도의 핵심은 백성을 소중히 여기는 일이다. 그리고 백성을 소중히 여겨 도를 익히는 것에 대해서 오래 전부터 덕(德)을 쌓는 일이라고 말해 왔다. 그래서인지 덕치(德治)가 최고의 다스림이라고 말한다. 만약 군주가 덕을 거듭 쌓으면 감당하지 못할 게 세상 일에 있을 수 없다. 감당하지 못할 게 없는 상태에 이르렀는데도 군주는 자신이 지극한 도의 상태에 이르렀는지 미처 깨닫지 못한다. 그 결과 도를 이 정도쯤 행하면 백성이 흡족해 할 거라고 하는 착각과 자만심에서 벗어날 수 있다. 그러니 군주는 오로지 백성을 위해서 끊임없이 섬길 뿐이다.

　이런 식으로 정사에 임해야 비로소 나라를 지닐 수 있다. 즉 자신만의 영토를 소유할 수 있다. 물론 영토만으로는 충분하지 않다. 군주는 나라의 근본(國母)도 함께 지녀야 한다. 그렇다면 나라의 근본은 무엇일까?

앞서 나라를 지닌다는 게 영토라는 하드웨어라면 나라의 근본은 소프트웨어에 해당한다. 그렇다면 나라의 소프트웨어는 무엇일까? 아마도 도를 뒷받침하는 원리와 사상, 그리고 이에 기반한 법과 제도라고 본다. 하여간 이런 소프트웨어를 지녀야 나라가 오래 지속할 수 있다. 이를 일러 근본이 깊고 뿌리가 튼튼하다고 말하므로 이것이 곧 오래 살고 멀리 보는 도(長生久視之道), 즉 올바른 치도(治道)이다.

60장

큰 나라를 다스리는 건 작은 생선을 삶아서 (요리하는 것과) 같다.

천하를 도(道)로 다스리면 귀신도 영험함을 발휘하지 않는다.

(그런데) 귀신이 영험함을 발휘하지 않는 게 아니라

귀신이 사람을 다치지 않도록 (배려하는 일이다).

(또) 귀신이 사람을 다치지 않게 (배려할 뿐) 아니라

성인도 사람을 다치지 않게 (배려한다).

이 둘, 즉 귀신과 성인은 사람을 다치지 않게 (배려하므로)

덕이 귀신과 성인에게 모두 돌아간다.

治大國 若烹小鮮.

以道莅天下 其鬼不神.

非其鬼不神, 其神不傷人.

非其神不傷人, 聖人亦不傷人.

夫兩不相傷 故德交歸焉.

若(같을 약) 烹(삶을 팽) 小鮮[작은 생선. 鮮 (물고기 선)] 莅(감시할 리, 다스리다) 鬼(귀신 귀) 神(영험이있을 신 → 영험함) 傷(다칠 상) 兩(둘 량) 交(모두 교) 歸(돌아갈 귀)

큰 나라(大國)를 다스리는(治) 건

작은(小) 생선(鮮)을 삶아서(烹) (요리하는 것과) 같다(若).

천하(天下)를 도로(以~道) 다스리면(莅)

귀신(鬼)도 영험함(神)을 발휘하지 않는다(不).

(그런데) 귀신(鬼)이 영험함(神)을 발휘하지 않는(不) 게 아니라(非)

귀신(神)이 사람(人)을 다치지(傷) 않도록(不) (배려하는 것이다).

(또) 귀신(神)이 사람(人)을 다치지(傷) 않게(不) (배려할 뿐) 아니라(非)

성인도(聖人~亦) 사람(人)을 다치지(傷) 않게(不) (배려한다).

둘(兩)은 (사람을) 서로(相) 다치지(傷) 않게(不~故) (배려하므로)

덕(德)이 (귀신과 성인에게) 모두(交) 돌아간다(歸).

큰 나라를 다스리는 건
작은 생선을 삶아서 요리하는 것과 같다

—

　이 장도 앞장에 이어서 치도(治道)에 대해 다룬다. 그러면서 글을 성인의 훌륭함으로 마감하므로 인도(人道)도 함께 언급하는 셈이다. 여기서 말하는 치도의 요체는 백성에게 지나친 관심과 친절을 베풀기보다는 무위이치(無爲而治)의 원리에 따라 백성을 그냥 놔두는 게 바람직하다는 것이다. 노자는 이를 재미나게 설명하기 위해 정사를 펴는 일을 생선 삶는 일에 비유한다. 노자에 따르면 작은 생선일수록 삶거나 구울 때 한번 정도 뒤집고 그대로 놔두어야 한다. 그래야 생선이 부스러지지 않은 채 잘 구워진다. 혹시 생선을 빨리 굽겠다는 일념으로 이리저리 뒤척이면서 손이 많이 가면 생선이 잘 구워지지 않을뿐더러 그냥 부스러지고 만다.

　정사를 펴는 일도 생선을 굽는 일과 똑같다. 백성을 잘 다스리겠다고 정사가 번잡해지면 생선을 이리저리 뒤척이는 것과 똑같다. 생선을 이리저리 뒤척이면서 생선이 부스러지는 것처럼 정사를 번잡하게 펴면 백성이 불편함을 느낀다. 그러니 군주의 지나친 관심과 친절은 백성에게는 자칫 독이 될 수 있다. 이런 상황에서 군주가 무치(無治), 즉 아무런 정사를 펴지 않는 게 오히려 바람직하다. 특히 큰 나라일수록 군주가 이런 태도를 지니는 게 중요하다. 장자도 내편 「응제왕」에서 군주와 제왕을 비교한 바 있다. 그에 따르면 작은 나라를 다스리는 군주는 유위이치(有爲而治)에 머물러도 상관이 없지만 큰 나라를 다스리는 제왕은 반드시 무위이치(無爲而治)에 머물러야 한다.

천하를 무위이치(無爲而治)에 입각해서 다스리면 귀신조차 자신의 영험함을 발휘하지 않는다. 귀신이 이루고자 하는 바가 현명한 군주의 무위이치를 통해 이미 달성되었기 때문이다. 이런 상황에서 귀신이 베푸는 영험함은 오히려 사람을 다치게 할 수 있다. 이런 점을 감안해서 귀신은 스스로 알아서 자신의 영험함을 발휘하지 않는다. 이는 귀신이 사람을 배려하는 일이다. 마치 작은 생선을 구워서 요리할 때 요리한 생선이 부스러질까봐 우려한 탓에 생선을 뒤집지 않는 것과 마찬가지 행동이다.

　그런데 귀신만 사람이 다치는 것을 우려해 자신의 영험함을 발휘하지 않는 게 아니다. 성인도 귀신처럼 사람이 다치는 것을 우려해 자신의 영험함을 사용하지 않는다. 그래서 작은 생선을 이리저리 뒤척이면서 굽지 않듯이 성인도 다스림을 행하면 정사를 번잡하게 만들지 않는다. 이것이 무위이치(無爲而治)를 이루는 길이자 보통의 군주들이 행하는 다스림과 다른 점이다. 그래서 귀신과 성인은 사람이 다치지 않도록 노심초사하므로 자연스런 덕이 귀신과 성인 모두에게 돌아간다.

61장

큰 나라는 강의 하류와 같아서
천하의 만남 터이자 천하의 암컷이다.
암컷은 늘 고요하기에 수컷을 이겨도
그 고요함으로써 아래에 처한다.
그래서 큰 나라가 (이를 본받아) 작은 나라에 (자세를) 낮춰야
작은 나라를 취하고,
작은 나라도 큰 나라에 (자세를) 낮춰야
큰 나라에 의해 취해진다.
그러므로 (큰 나라는) 혹 아래로 숙임으로써 취하고,
(작은 나라는) 혹 아래에 있어야 취해진다.
큰 나라는 (작은 나라) 사람을 함께 보살피고 싶음에 불과하고,
작은 나라는 받아들여져 (큰나라) 사람을 섬기고 싶음에 불과하다.
큰 나라나 작은 나라나 각자 하고 싶은 바를 얻으므로
큰 나라가 마땅히 아래에 처해야 한다.

大國者下流 天下之交, 天下之牝.

牝常以靜勝牡, 以靜爲下.

故大國以下小國, 則取小國.,

小國以下大國, 則取大國.

故或下以取 或下而取.

大國不過欲兼畜人, 小國不過欲入事人.

夫兩者各得其所欲, 大者宜爲下.

交(만날 교 → 만남 터) 牝(암컷 빈) 常(늘 상) 靜(고요할 정) 勝(이길 승) 取(취할 취) 不過[불과. 지나지 않다] 兼(아우를 겸, 합치다) 畜(기를 휵, 보살피다) 入(받아들일 입) 事(섬길 사) 各(각각 각) 所欲[하고자 하는 바] 宜(마땅할 의)

큰 나라(大國者)는 (강의) 하류(下流)와 (같아서)

천하(天下)의 만남 터(交)이자 천하(天下)의 암컷(牝)이다.

암컷(牝)은 늘(常) 고요하기에(以~靜) 수컷(牡)을 이겨도(勝)

그럼으로써(以) 그 고요함(靜)으로 아래(下)에 처한다(爲).

고로 큰 나라가 작은 나라에 낮춰야(以~下則) 작은 나라를 취하고(取),

작은 나라(小國)도 큰 나라(大國)에 (자세를) 낮춰야(以~下則)

큰 나라(大國)에 의해 취해진다(取).

고로(故) (큰 나라는) 혹(或) 아래로 숙임으로써(下) 취하고(以~取),

(작은 나라는) 혹(或) 아래에 있어야(下~而) 취해진다(取).

큰 나라는 사람(人)을 함께(兼) 보살피고 싶음(欲~畜)에 불과하고(不過),

작은 나라는 받아들여져(入) 사람을 섬기고 싶음(欲~事)에 불과하다.

양자(兩者)는 각자(各) 하고 싶은(欲) 바(所)를 얻으므로(得)

큰 나라(大者)가 마땅히(宜) 아래에(下) 처해야(爲) 한다.

큰 나라는 강의 하류와 같아서
천하의 만남 터이자 천하의 암컷이다

—

이 장은 앞 장에 이어서 치도(治道)에 대해 언급한다. 그리고 큰 나라와 작은 나라가 각기 달리 취해야 할 처신과 관련한 내용까지 다룬다. 노자에 따르면 큰 나라는 강의 하류와 같아 천하의 만남 터이자 천하의 암컷에 해당한다. 강의 하류에선 수많은 강들의 물이 자연스레 만나므로 천하의 만남 터가 되는 건 당연하다. 그런데 큰 나라가 천하의 암컷이 되어야 하는 건 어째서인가? 노자는 큰 나라를 표현하는 데 천하와 만남 터 보다는 천하의 암컷에 비중을 더 두는 게 사실이다. 만남 터는 눈에 띄는 장소일 뿐이지만 암컷은 큰 나라가 해야 할 역할과 관련이 있어서이다.

남녀 간의 관계에서도 남자가 위에 있고 여자가 아래에 있는 게 일반적이다. 이는 여성이 남성에 비해 소극적이거나 피동적이어서 몸을 잘 움직이지 않아서라고 본다. 노자는 이를 두고 "암컷은 고요함으로 아래에 처한다."라고 말한다. 그렇지만 암컷은 결국 수컷을 삼켜버려 수컷의 힘을 소진시킨다. 노자는 이를 두고 "암컷은 늘 고요하기에 수컷을 이긴다."라고 말한다. 암컷의 고요함이 수컷의 움직임을 제어하고, 또 아래가 위를 제어하니까 승리는 늘 암컷에게 있다고 본 탓이다. 노자는 나라와 나라 간의 관계도 이와 같다고 본다. 그래서 큰 나라일지라도 암컷처럼 자세를 낮출 수 있으면 궁극적으로 승리자가 된다.

암컷에 대한 설명은 6장에서 이미 자세히 언급된 바 있다. 거기서 "골짜기의 신은 죽지 않으니 이를 일러 그윽한 암컷이다. 그리고 그윽한 암컷의 문을 일러 천지의 뿌리라고 한다."[102] 라고 말한 바 있다. 이처럼 암컷을 두고 죽지 않는 골짜기의 신(谷神)에 비유했고, 암컷의 문을 가리켜서 천지의 뿌리(天地根)에 비유했다. 이 장에선 암컷의 이런 엄청난 면보다는 소박한 면에 초점을 맞춘다. 그래서 암컷은 늘 고요함으로 수컷을 이기지만 그 고요함으로 아래에 처한다고 말한다. 암컷의 이런 소박한 면이 큰 나라의 역할과 긴밀히 연관된다.

큰 나라는 암컷의 소박한 태도를 본받아 작은 나라에 대해 거들먹거리지 말고 오히려 자세를 낮추어야 한다. 그래야 작은 나라를 취할 수 있다. 이것이 큰 나라가 무위이치(無爲而治)를 통해 작은 나라와 합병을 이루는 일이다. 마찬가지로 작은 나라도 암컷의 소박한 태도를 본받아 큰 나라를 자극하지 말고 자세를 한없이 낮추어야 한다. 그래야 작은 나라도 큰 나라에 의해 받아들여져 큰 나라의 좋은 다스림을 함께 공유할 수 있다. 이런 식으로 큰 나라는 무조건 아래에 숙임으로써 작은 나라를 취하고, 작은 나라는 무조건 아래에 있음으로써 큰 나라에 의해 받아들여져야 한다.

어째서 그러한가? 큰 나라가 자세를 낮추는 건 다른 목적이 있어서가 아니라 오로지 작은 나라 사람들을 함께 보살피고 싶어서이다. 또 작은 나라가 자세를 낮추는 것도 다른 목적이 있어서가 아니라 큰 나라에 의해 잘 받아들여져 큰 나라 사람들을 섬기고 싶어서이다. 이럼으로써 큰 나라든 작은 나라든 간에 각자 하고자 하는 바를 얻을 수 있다. 이 과정에서 큰 나라가 먼저 앞장서서 아래에 처하는 게 마땅하다. 그래야 작은 나라도 자연스럽게 큰 나라를 섬길 수 있다.

---

102) 谷神不死 是謂玄牝. 玄牝之門 是謂天地根. (『도덕경』 6장)

62장

도는 만물의 아랫목(奧)이다.

(그래서) 착한 사람에게는 보배이지만,

착하지 않은 사람에게도 (몸을) 보존하는 곳이다.

겉만 화려한 언어도 사고팔 수 있고,

떠받드는 행동도 남을 업신여기고 구박할 수 있다.

(그러니) 사람이 착하지 않다고 어찌 버릴 수 있겠는가.

그러므로 천자를 세우고 삼공을 두고,

비록 두 손으로 에워쌀 만큼 크고 아름다운 옥을

네 필의 말이 끄는 마차로 앞질러서 바친다 해도

앉아서 이 도에 나아가는 것만 못하다.

옛날에 이 도를 귀하게 여긴 까닭이 무엇인가.

(도를 귀하게 여기면 이를) 구해서 깨달을 수 있고,

(또) 허물이 있어도 면한다고 말하지 않는가.

그러므로 (도를) 천하에서 (가장) 귀하다고 여긴다.

道者 萬物之奧.

善人之寶., 不善人之所保.

美言可以市., 尊行可以加人.

人之不善 何棄之有.

故立天子置三公, 雖有拱璧以先駟馬, 不如坐進此道.

古之所以貴此道者, 何也.

不曰以求得., 有罪以免邪.

故爲天下貴.

奧(아랫목 오, 어른이 앉거나 제사 때 신주를 모시는 곳) 善(착할 선) 寶(보배 보) 保(보존할 보)
美言[겉만 화려한 말] 市(사고팔 시, 매매하다) 尊行[떠받드는 행동. 尊(떠받들 존)] 加
人[남을 업신여기고 구박함. 남을 못살게 굶. 加(업신여길 가)] 何(어찌 하) 棄(버릴 기)
立(설 립, 세우다) 置(둘 치) 雖(비록 수) 拱璧[두 손으로 에워쌀 만큼 큰 옥. 拱(두손으로
에워쌀 공)] 璧(서옥이름 벽, 아름다운 옥) 先(먼저 선, 앞서 → 앞지르다) 駟馬[네 필의 말.
駟(사마 사) 馬(말 마)] 坐(앉을 좌) 進(나아갈 진) 此(이 차) 古(옛 고) 所以[까닭] 貴(귀할
귀) 何(무엇 하) 求(구할 구) 得(깨달을 득) 罪(허물 죄) 免(면할 면)

도(道者)는 만물(萬物)의 아랫목(奧)이다.

(그래서) 착한 사람(善人)에게는 보배이지만(寶),

착하지(善) 않은(不) 사람(人)에게도 (몸을) 보존하는(保) 곳(所)이다.

겉만 화려한 언어(美言)도 사고팔(以~市) 수 있고(可),

떠받드는 행동(尊行)도 남(人)을 업신여기고 구박할(以~加) 수 있다(可).

사람(人)이 착하지(善) 않다고(不) 어찌(何) 버릴(棄) 수 있겠는가(有).

고로(故) 천자(天子)를 세우고(立) 삼공(三公)을 두고(置),

비록(雖) 두 손으로 에워쌀 만큼 크고 아름다운 옥(拱璧)을

네 필의 말이 끄는 마차(以~駟馬)로 앞질러서 바친다(先) 해도

앉아서(坐) 이(此) 도(道)에 나아가는(進) 것만 못하다(不如).

옛날(古)에 이(此) 도(道者)를 귀하게(貴) 여긴 까닭(所以)이 무엇인가(何).

(도를 귀하게 여기면 이를) 구해서(以~求得) 깨달을 수 있고,

(또) 허물(罪)이 있어도(有) 면한다고(以~免) 말하지(曰) 않는가(不).

그러므로(故) (도를) 천하(天下)에서 (가장) 귀하다고 여긴다(爲~貴).

도는 만물의 아랫목이다

—

이 장도 계속해서 천도(天道)와 관련한 내용을 다룬다. 노자에 따르면 천도는 만물의 아랫목이다(萬物之奧). 아랫목은 강의 하류와 같아서 모든 것들이 모여드는 천하의 만남 터이자 천하의 암컷이다. 그래서 이도는 만물을 주관하게 마련이다. 어떻게 만물을 주관하는가? 도는 착한 사람에게는 보배(寶)로서 역할을 수행하고, 착하지 않은 사람에게도 몸을 보존해 주는 역할을 수행한다. 이처럼 도는 착하거나 착하지 않거나 서로 구별하지 않고 만물에게 똑같이 유용함을 제공한다.

겉만 화려한 말(美言)은 착하다고 할 수 없다. 그렇더라도 화려한 말이 군주에게 채택되면 사고팔 수 있을 정도로 값이 크게 나간다. 반면 떠받드는 행동(尊行)도 남을 업신여기거나 구박할 수 있다. 이 때문에 만물이 착하지 않다고 무조건 버려선 안 된다. 화려한 말이 착하다고 할 수 없지만 이런 식으로 만물에게 유익함도 제공한다. 또 떠받드는 행동이 나쁘다고 할 수 없지만 이런 식으로 남에게 피해를 줄 수 있다. 그래서 군주는 백성을 착한 사람과 착하지 않은 사람으로 구분해서 나라를 다스리는 걸 경계해야 한다. 그런데도 공자는 인의예지(仁義禮智)를 배우거나 익힌 사람을 최고로 여기고서 이들만 상대하므로 노자로선 답답할 뿐이다.

천자(天子)를 세우고 삼공(三公)을 둔 뒤 이들에게 두 손으로 에워쌀 만큼 크고 아름다운 옥을, 그것도 네 필의 말이 끄는 마차로 앞질러서 바치는 사람이 있다. 이런 사람의 행동이 몹시 소중해 보이는 건 분명하다. 그렇다 해도 이런 행동이 천하의 만남 터이자 천하의 암컷인 도(道)

에, 그것도 도에 앉아서 나아가는 것만큼 바람직스럽지 못하다. 그만큼 도는 두 손으로 에워쌀 정도로 크고 아름다운 옥보다 비교할 수 없을 정도로 소중하다. 이것이 옛날 사람들이 도를 귀하게 여긴 까닭이다. 그 래서 도를 귀하게 여기면 언젠가는 구할 수 있기에 결국 도를 깨닫는다. 게다가 혹시 허물이 생겨도 이 도로 말미암아 허물을 면할 수 있다. 그 러므로 이 도가 천하에서 가장 귀하다.

도는 만물의 아랫목이다

63장

하고자 함이 없음(無爲)을 행하고, 일하지 않음(無事)을 일하고,

맛이 없음(無味)을 맛보고, 큰 것은 작을 때 하고,

많은 것은 적을 때 하면 원망조차 덕으로 갚는다.

(그래서) 어려운 일은 쉬울 때 도모하고, 큰일은 작을 때 시행한다.

천하의 어려운 일은 반드시 쉬운 일에서 비롯되고,

천하의 큰일은 반드시 작은 일에서 비롯된다.

이 때문에 성인은 무슨 일이든 끝내 크다고 여기지 않아

(오히려) 큰일을 이룰 수 있다.

가볍게 응낙하면 반드시 믿음이 적어지고,

쉬운 일이 많아지면 반드시 어려운 일이 많아진다.

이 때문에 성인은 오히려 어렵다고 여기기에

끝내 어떤 어려움도 만나지 않는다.

爲無爲, 事無事, 味無味.

大小多少, 報怨以德.

圖難於其易., 爲大於其細.

天下難事 必作於易.,

天下大事 必作於細.

是以聖人終不爲大., 故能成其大.

夫輕諾必寡信., 多易必多難.

是以聖人猶難之., 故終無難矣.

報(갚을 보) 怨(원망할 원) 圖(꾀할 도, 도모하다) 難(어려울 난) 於(전치사 어, ~에서) 易(쉬울 이) 細(작을 세) 事(일 사) 必(반드시 필) 作(비롯할 작, 비롯되다) 於(전치사 어, ~로부터) 終(마침내 종, 끝까지 무슨 일이 있어도) 成(이룰 성) 輕(가벼울 경) 諾(예 낙 → 응낙하다) 寡(적을 과) 信(믿을 신) 多(많을 다) 猶(오히려 유) 無難[어려움이 없음. 難(어려울 난)]

하고자 함이 없음(無爲)을 행하고(爲), 일하지 않음(無事)을 일하고(事),

맛이 없음(無味)을 맛보고(味), 큰(大) 것은 작을(小) 때 하고,

많은(多) 것은 적을(少) 때 하면 원망(怨)조차 덕으로(以~德) 갚는다(報).

(그래서) 어려운(難) 일은 쉬울 때(於~易) 도모하고(圖),

큰(大) 일은 작을 때(於~細) 시행한다(爲).

천하(天下)의 어려운(難) 일(事)은 필히(必) 쉬운 일에서(於~易) 비롯되고(作),

천하(天下)의 큰(大) 일(事)은 필히(必) 작은 일에서(於~細) 비롯된다(作).

이 때문에(是以) 성인(聖人)은 (무슨 일이든)

끝내(終) 크다(大) 여기지(爲) 않아(不~故)

(오히려) 큰(大) 일을 이룰 수(能~成) 있다.

가볍게(輕) 응낙하면(諾) 반드시(必) 믿음(信)이 적어지고(寡),

쉬운(易) 일이 많아지면(多) 반드시(必) 어려운(難) 일이 많아진다(多).

이 때문에(是以) 성인(聖人)은 오히려(猶) 어렵다고(難) (여겨)

그래서(故) 끝내(終) (어떤) 어려움(難)도 만나지 않는다(無).

천하의 어려운 일은
반드시 작은 일에서부터 비롯된다

—

　이 글은 성인의 훌륭한 점을 보여주므로 인도(人道)에 관한 내용이다. 물론 자세히 들여다보면 천도를 통해 인도(人道)를 설명하는 내용임을 알 수 있다. 노자는 여기서 성인의 훌륭한 점을 두 가지로 든다. 하나는 성인이 큰일을 이룰 수 있다는 점이고, 다른 하나는 성인이 무슨 일이든 어려움을 겪지 않는다는 점이다. 먼저 성인이 어째서 큰일을 이룰 수 있을까? 성인은 큰일이라도 끝내 크다고 여기지 않아 작은 일을 처리하듯 큰 일을 쉽게 풀 수 있다. 또 성인은 어째서 어려움을 겪지 않을까? 성인은 무슨 일이든 어렵다고 여기기에 오히려 일을 쉽게 풀 수 있다. 그런데 일을 가볍게 응낙하면 반드시 믿음이 적어지고, 쉬운 일이 많아지면 반드시 어려운 일이 많아진다. 따라서 무슨 일이든 어렵게 응낙해야 믿음이 커지고, 무슨 일이든 어렵다고 여겨야 일이 쉽게 풀린다.

　성인이 이런 태도를 보일 수 있는 건 어째서일까? 성인이 천도(天道)를 잘 받들어서이다. 그렇다면 성인이 받드는 천도란 무엇일까? 천하의 어려운 일은 반드시 쉬운 일에서 비롯되고, 천하의 큰일은 반드시 작은 일에서 비롯된다는 천도이다. 이 때문에 성인이 아무리 어려운 일을 만나도 어려운 일은 쉬운 데서 시작된다는 것을 알기에 당황하지 않고 오히려 일을 쉽게 처리한다. 마찬가지로 성인이 아무리 큰일을 만나도 큰일은 작은 데서 시작된다는 것을 알기에 작은 일을 처리하듯 큰일을 처리한다. 따라서 성인은 아무리 큰일이라도 어려움을 겪지 않고 쉽게 일을 처리한다.

성인의 이런 처신을 통해서 우리는 어떤 교훈을 얻을 수 있을까? 큰 것은 작을 때 하고, 많은 것은 적을 때 해야 한다는 교훈이다. 예를 들어 가르침도 커서 하는 것보다 어렸을 때 하는 게 효과적이다. 또 문제점이 생겨나면 적을 때 해야 호미 정도로 막을 수 있다. 반면 문제점이 커지면 가래를 동원해서도 해결되지 않을 때가 많다. 이런 교훈을 잘 실천하면 원망조차 덕으로 갚을 수 있다. 또 어려운 일은 쉬울 때 도모하고, 큰일은 작을 때 시행해야 한다. 그렇지만 무엇보다 중요한 건 일을 하는데 하고자 함이 없음(無爲)을 행하고, 일하지 않음(無事)으로 일하고, 맛이 없음(無味)으로 맛보는 일이다. 이것이 무위이위(無爲而爲), 즉 하고자함이 없어도 일을 이루는 방식이다.

천하의 어려운 일은

반드시 작은 일에서부터 비롯된다

64장

편안할 때 지키기 쉽고, 조짐이 나타나지 않을 때 도모하기 쉽다.

연할 때 깨뜨리기 쉽고, 미세할 때 흩뜨리기 쉽다.

(그래서) 아직 생겨나지 않을 때 처리하고,

아직 혼란스럽지 않을 때 다스려야 한다.

아름드리나무도 털끝 (같은 싹)에서 생겨나고,

구층의 누대도 (한줌의) 흙을 쌓는데서 비롯되고,

천리의 (먼) 길도 서 있는 곳에서부터 시작한다.

(따라서) 하고자 함이 있으면 (오히려) 실패하고,

붙잡고 있으면 (오히려) 잃는다.

이 때문에 성인은 하고자 함이 없기에 실패하지 않고,

붙들지 않기에 잃지 않는다.

백성이 일을 처리하는 경우 거지반 이루어내고도 늘 실패한다.

(그런데) 시작할 때처럼 끝을 신중히 하면 일을 실패하지 않는다.

이 때문에 성인은 욕망하지 않는 바를 욕망하고,

얻기 어려운 재화를 귀하게 여기지 않고,

배우지 않음을 배워서 많은 사람들이 지나치는 바,

즉 도의 상태로 돌아온다.

그럼으로써 만물의 천연 그대로의 상태를 돕는데도

(무언가를) 감히 하지 않는다.

其安易持., 其未兆易謀., 其脆易破., 其微易散.

爲之於未有., 治之於未亂.

合抱之木 生於毫末., 九層之臺 起於累土.,

千里之行 始於足下.

爲者敗之., 執者失之.

是以聖人 無爲故無敗 無執故無失.

民之從事 常於幾成而敗之.

愼終如始則無敗事.

是以聖人 欲不欲, 不貴難得之貨, 學不學., 復衆人之所過.

以輔萬物之自然而不敢爲.

安(편안할 안) 易(쉬울 이) 持(지킬 지) 未(아니할 미, 아직 ~하지 않다) 兆(조짐 조) 謀(꾀할 모, 도모하다) 脆(연할 취) 破(깨뜨릴 파) 微(작을 미, 미세하다) 散(흩뜨릴 산) 亂(어지러울 란) 合抱[두 팔로 둘러 안음. 굵고 큰 나무를 의미. 抱(안을 포)] 生(날 생) 毫末[털끝. 毫(가는털 호) 末(끝 말)] 臺(돈대 대, 누대) 起(비롯할 기) 累土[흙을 쌓아올림. 累(쌓을 누) 土(흙 토)] 行(갈 행) 始(처음 시) 足下[서 있는 곳. 足(발 족)] 敗(실패할 패) 執(붙잡을 집, 붙들다) 失(잃을 실) 從事[일을 처리함. 從(좇을 종)] 常(늘 상) 幾(거의 기, 거지반) 愼(삼갈 신 → 신중히 하다) 終(끝 종) 復(돌아올 복) 過(지나칠 과) 輔(도울 보) 自然[천연 그대로의 상태] 不敢[감히 하지 못함. 敢(감히 감)]

편안할(安) 때 지키기(持) 쉽고(易),

조짐(兆)이 나타나지 않을(未) 때 도모하기(謀) 쉽다(易).

연할(脆) 때 깨뜨리기(破) 쉽고(易), 미세할(微) 때 흩뜨리기(散) 쉽다(易).

(그래서) 아직 생겨나지(有) 않을 때(於~未) 처리하고(爲),

아직 혼란스럽지(亂) 않을 때(於~未) 다스려야(治) 한다.

아름드리(合抱) 나무(木)도 털끝 (같은 싹)에서(於~毫末) 생겨나고(生),

구층(九層)의 누대(臺)도 (한줌의) 흙을 쌓는 데서(於~累土) 비롯되고(起),

천리(千里)의 (먼) 길(行)도 서 있는 곳에서부터(於~足下) 시작한다(始).

(따라서) 하고자 함이 있으면(爲~者) (오히려) 실패하고(敗),

붙잡고 있으면(執~者) (오히려) 잃는다(失).

이 때문에 성인(聖人)은 하려 함(爲)이 없어(無~故) 실패하지(敗) 않고(無),

붙들지(執) 않기에(無~故) 잃지(失) 않는다(無).

백성(民)이 일(事)을 처리하면(從) 거지반(幾) 이루어내고도(於~成而)

늘(常) 실패한다(敗).

(그런데) 시작할(始) 때처럼(如) 끝(終)을 신중히 하면(愼~則)

일(事)을 실패하지(敗) 않는다(無).

이 때문에(是以) 성인(聖人)은 욕망하지 않는(不欲) 바를 욕망하고(欲),

얻기(得) 어려운(難) 재화(貨)를 귀하게(貴) 여기지 않고(不),

배우지 않음(不學)을 배워서(學) 많은 사람(衆人)이 지나치는(過) 바(所)

즉, 도의 상태로 돌아온다(復).

그럼으로써(以) 만물(萬物)의 천연(自然) (그대로의 상태를) 돕는데도(輔~而)

(무언가를) 감히(敢) 하지(爲) 않는다(不).

성인은 하고자 함이 없기에
실패하지 않는다

—

이 장은 앞장에 이어서 성인의 일처리와 관련한 내용을 다룬다. 성인의 일처리는 천도(天道)에 기초하므로 이 글은 천도(天道)에 입각해서 인도(人道)를 다루는 내용이라고 할 수 있다. 여기서 노자가 말하는 천도란 무엇일까? 편안할 때 지키기 쉽고, 조짐이 나타나지 않을 때 뭔가 도모하기 쉽다는 천도이다. 또 연할 때 깨뜨리기 쉽고, 미세할 때 흩뜨리기 쉽다는 천도이다. 너무나 당연한 이치이라 더 이상의 언급이 필요하지 않다. 그리고 이 내용은 앞장에서 언급한 "어려운 일은 쉬울 때 도모하고, 큰일은 작을 때 시행한다."라는 것과 그 맥락을 같이 한다.

그래서 아직 생겨나지 않을 때 처리하고, 아직 혼란스럽지 않을 때 다스려야 하는 게 바람직하다. 왜냐하면 커다란 아름드리나무라도 털끝 같은 싹에서 돋아나고, 엄청난 규모의 구층 누대도 한줌의 흙을 쌓는 데서 비롯되고, 천리의 먼 길도 서 있는 곳에서부터 시작하기 때문이다. 따라서 싹을 관리하는 게 아름드리나무를 관리하는 것보다 쉽고, 한줌의 흙을 취급하는 게 구층 누대를 취급하는 것보다 쉽고, 서 있는 곳을 바라보는 게 천리의 먼 바깥을 바라보는 것보다 쉽다.

물론 아름드리나무를 관리하거나 구층 누대를 취급하거나 아니면 천리 바깥을 바라보려면 하고자 함이 있어야(有爲) 가능하다. 반면 싹을 관리하거나 한줌의 흙을 취급하거나 아니면 서 있는 곳을 바라보려면 하고자 함이 없이도(無爲) 얼마든지 가능하다. 그런데 하고자 함이 있으면 오히려 실패하고, 붙들고 있으면 오히려 잃는다. 반면 하고자 함이 없으면 오히려 일을 성공적으로 이루어내고, 붙들지 않으면 오히려 잃지 않는다. 성인은 하고자 함이 없이 일을 처리하므로 실패하지 않고, 뭔가를 붙들지 않기에 잃는 법이 없다.

한편 백성은 일을 처리하는 데 거의 다 이루어내고도 막판에 가서 늘 일을 그르친다. 어째서 그러한가? 일의 마지막 단계라도 시작할 때처럼 신중히 처리해야 하는데 그렇지 못해서이다. 반면 성인은 일의 마지막 단계조차 일을 시작할 때처럼 신중히 처리하므로 실패하는 법이 없다. 이런 까닭에 성인은 욕망하지 않는(不欲) 바를 욕망하고, 구하기 힘든 재화(難得之貨)를 귀하게 여기지 않고, 배우지 않음(不學)을 배움으로써 많은 사람들이 지나치고 마는 도(道)의 상태로 돌아온다. 이처럼 도의 상태로 돌아옴으로써 만물이 천연 그대로 상태로 있게끔 돕는데도 무언가를 감히 하려고 하지 않는다.

성인은 하고자 함이 없기에
실패하지 않는다

65장

옛날에 도를 알맞게 행한 사람은 백성을 밝게 하지 않고,
백성을 어리석게 하려고 했다.
백성을 다스리기가 어려운 것은 (백성이) 지혜가 많아서이다.
그러므로 지혜로 나라를 다스리는 건 나라를 해치는 짓이고,
지혜로 나라를 다스리지 않는 건 나라의 복(福)이다.
이 두 가지를 아는 것도 (나라를 다스리는) 법식(稽式)이다.
(그리고) 이 법식을 늘 아는 것을 일러 현덕(玄德)이라고 한다.
현덕은 깊고도 멀다. (그리고) 사물과는 반대된다.
그런 뒤 자연의 큰 질서(大順), 즉 도에 이른다.

古之善爲道者 非以明民 將以愚之.

民之難治 以其智多.

故以智治國 國之賊., 不以智治國 國之福.

知此兩者亦稽式.

常知稽式, 是謂玄德.

玄德深矣遠矣. 與物反矣.

然後乃至大順.

善(잘 선, 알맞게) 明(밝을 명) 愚(어리석을 우) 難(어려울 난) 治(다스릴 치) 智(지혜 지) 賊(해칠 적 → 해독) 福(복 복) 稽式[법식. 변함없는 준칙. 稽(법식 계) 式(법 식)] 玄德[무위자연한 덕. 玄(심오할 현)] 深(깊을 심) 遠(멀 원) 反(상반될 반, 반대되다) 然後[그런 뒤. 後(뒤 후)] 乃(이에 내) 至(이를 지) 大順[자연의 큰 질서. 즉 도를 의미. 順(따를 순)]

옛날에(古) 도(道)를 알맞게(善) 행한(爲) 사람(者)은

백성(民)을 밝게 하지(以~明) 않고(非), 어리석게 하려(以~將愚)고 했다.

백성(民)을 다스리기(治) 어려운(難) 건 지혜(智)가 많아서이다(以~多).

고로 지혜로(以~智) 나라(國)를 다스리는(治) 건 나라(國)를 해치고(賊),

지혜로(以~智) 나라(國)를 다스리지(治) 않는(不) 건 나라(國)의 복(福)이다.

이(此) 두 가지(兩者)를 아는(知) 것도(亦) (나라를 다스리는) 법식(稽式)이다.

법식(稽式)을 늘(常) 아는(知) 것, 이(是)를 일러(謂) 현덕(玄德)이라고 한다.

현덕(玄德)은 깊고도(深) 멀다(遠). (그리고) 사물(物)과(與) 반대된다(反).

그런 뒤(然後) 이에(乃) 자연의 큰 질서(大順), 즉 도에 이른다(至).

지혜로 다스리는 것은
나라를 해치는 짓이다

—

이 장은 치도(治道)를 다루는데 이를 지혜(智)와 관련해서 설명한다. 구체적으로 치도를 행함에 있어 지혜를 경계해야함을 강조한다. 이런 이유로 옛날에 도를 알맞게 행한 사람은 백성을 밝게 하지 않고, 오히려 백성을 어리석게 했다. 사실 군주가 백성을 다스리기 어려운 건 백성에게 지혜가 많아서가 아닌가. 그래서 백성이 너무 똑똑하면 다스리기 힘들다. 이 때문인지 노자는 지혜로 나라를 다스리는 건 나라를 해치는 짓이라면서 이를 크게 비판한다. 반면 지혜로 나라를 다스리지 않는 건 나라의 복(福)이라면서 최고의 찬사를 보낸다.

노자는 이 두 가지 사실을 아는 것, 즉 지혜로 백성을 다스리는 건 나라를 해친다는 사실과 지혜로 백성을 다스리지 않는 건 나라의 복이라는 사실을 아는 걸 가리켜서 나라를 다스리는 계식(稽式), 즉 변함없는 준칙이라고 말한다. 이는 백성을 다스리는 데 지혜를 동원하는지 여부가 그만큼 중요하다는 말이다. 그리고 이런 변함없는 준칙을 늘 아는 것을 일러 노자는 현덕(玄德)이라고 말한다.

현덕은 10장과 51장에 각각 등장한 바 있다. 거기서 현덕은 곧 도를 의미했다. 즉 현덕은 도처럼 드러나지 않고 숨어서 덕을 베푸는 의미로 사용되었다. 그래서 10장에선 "만물을 낳고 기르는 데 있어 만물이 생겨나도 이를 소유하지 않고, 만물을 보살펴도 거기에 의지하지 않고, 만물을 자라나게 해도 이를 주관하지 않는다."[103]라는 것을 가리켜 현덕이라고 했다. 또 51장에선 도는 "만물을 낳아도 소유하지 않고, 만물을 가꾸어도 의지하지 않고, 만물을 키워도 주관하지 않는다."[104]라면서 이런 보이지 않는 도의 베풂을 가리켜 현덕이라고 했다.

여기서는 노자가 백성을 다스리는 데 있어 지혜의 문제점을 아는 지여부와 관련해서 현덕을 정의한다. 즉 지혜로 백성을 다스리는 건 나라를 해치는 짓인 반면 지혜로 백성을 다스리지 않는 건 나라의 복이라는 것을 변함없는 준칙이라 규정하고 이 준칙을 아는 것을 현덕이라고 정의한다. 그러니 지혜로 백성을 다스리는 건 현덕과는 거리가 멀다.

그런데 이 현덕은 깊고도 멀다. 그만큼 잘 드러나지 않는다. 그래서 사물의 성격과 마땅히 반대가 된다. 사물은 쉽게 드러나서이다. 그런데 현덕을 이루어야 대순(大順), 즉 자연의 큰 질서인 도에 이른다. 그렇다면 대순은 무엇이고, 현덕은 대순과 어떤 관련이 있을까? 이에 대해 장자는 「천지」에서 다음과 같이 설명한다.

이렇게 자연스런 덕성이 처음의 상태와 같아지면 만물은 이에 텅비고, 또 만물이 텅 비면 이에 커진다. 이런 큰 상태에 이르면 사람의 말도 무심해져 새소리와 합일하는데 새소리와 합일하면 천지와 합일한다. 이런 합일의 경지는 어리석고 무심해서 마치 어리석은 듯하고 또 어리석은 듯하다. 이를 현덕(玄德), 즉 깊고 그윽한 덕이라고 말하고, 이것이 대순(大順), 즉 자연의 큰 질서와 하나가 되는 길이다.[105]

---

103) 生之畜之., 生而不有, 爲而不恃, 長而不宰. (『도덕경』 10장)

104) 生而不有 爲而不恃 長而不宰. (『도덕경』 51장)

105) 性修反德, 德至同於初. 同乃虛, 虛乃大. 合喙鳴., 喙鳴合, 與天地爲合. 其合緡緡, 若愚若昏, 是謂玄德, 同乎大順. (『장자』 내편 「천지」)

이처럼 장자도 현덕에 대해 노자와 같은 태도를 지닌다. 즉 '어리석고 무심해 마치 어리석은 듯하고, 또 어리석은 듯해야' 현덕이라고 말할 수 있어서이다. 장자의 이런 태도는 노자가 지혜(智)를 배격해 나라를 다스려야 그것이 나라의 복이라고 한 내용과 일맥상통한다. 그러니 자연의 큰 질서인 대순(大順)의 상태에 이르려면 어리석어야 비로소 가능하다. 반대로 지혜가 밝으면 대순의 상태에 이르기 힘들다.

지혜로 다스리는 것은

나라를 해치는 짓이다

66장

강과 바다가 많은 골짜기의 왕(百谷王)이 될 수 있는 까닭은
(자신을) 잘 낮추어서이다.

그래서 (강과 바다는) 많은 골짜기의 왕이 될 수 있다.

이 때문에 백성 위에 있고 싶으면 반드시 말을 낮춰야 하고,

백성 앞에 있고 싶으면 반드시 자신을 뒤로 해야 한다.

이런 까닭에 성인이 위에 처해도 백성은 부담스러워 하지 않고,

(성인이) 앞에 처해도 백성은 꺼려하지 않는다.

이 때문에 천하가 (성인을) 즐거이 밀어주는데도

(백성은 이에 대해) 싫증을 내지 않아 (성인과) 다투지 않는다.

그러므로 천하도 성인과 다툴 수 없다.

江海所以能爲百谷王者 以其善下之.

故能爲百谷王.

是以欲上民 必以言下之., 欲先民 必以身後之.

是以聖人處上而民不重., 處前而民不害.

是以天下樂推而不厭,. 以其不爭.

故天下莫能與之爭.

江(강 강) 海(바다 해) 所以[까닭] 百谷[많은 골짜기. 谷(골 곡)] 善(잘 선) 下(낮출 하)
上(윗 상) 必(반드시 필) 先(앞 선) 後(뒤 후) 重(무거울 중 → 부담스러워하다) 害(꺼릴 해) 樂
(즐거울 락) 推(밀 추) 厭(싫어할 염, 싫증을 내다) 爭(다툴 쟁)

강(江)과 바다(海)가 많은 골짜기의 왕(百谷王)이 되는(能~爲) 바(所以)는
(자신을) 잘(善) 낮추어서(以~下)이다.

그래서(故) (강과 바다는) 많은 골짜기의 왕(百谷王)이 될 수(能~爲) 있다.

이 때문에(是以) 백성(民) 위에 있고 싶으면(欲~上)

반드시(必) 말(以~言)을 낮춰야(下) 하고,

백성(民) 앞에 있고 싶으면(欲~先)

반드시(必) 자신(身)을 뒤로 해야(以~後) 한다.

이런 까닭에(是以) 성인(聖人)이 위(上)에 처해도(處~而)

백성(民)은 부담스러워(重) 하지 않고(不),

(성인이) 앞(前)에 처해도(處~而) 백성(民)은 꺼려하지(害) 않는다(不).

이 때문에(是以) 천하(天下)가 (성인을) 즐거이(樂) 밀어주는데도(推~而)

(백성은) 싫증 내지(厭) 않아(不) 그럼으로(以) (성인과) 다투지(爭) 않다(不).

그러므로(故) 천하(天下)도 성인과(與) 다툴 수(能~爭) 없다(莫).

강과 바다가 수많은 골짜기의 왕이 되는 건
자신을 잘 낮추어서이다

—

이 장은 성인의 모습을 통해서 인도(人道)를 설명하는 내용이다. 앞에서도 성인의 모습에 대해 몇 차례 다룬 적이 있다. 58장에선 "성인은 구분을 해도 나누지 않고, 강직해도 남에게 상처를 입히지 않고, 솔직해도 제멋대로 굴지 않고, 빛나도 밝지 않다."[106]라고 말한다. 63장에선 "이 때문에 성인은 무슨 일이든 끝내 크다고 여기지 않아 오히려 큰일을 이룰 수 있다… 이 때문에 성인은 오히려 어렵다고 여기기에 끝내 어떤 어려움도 만나지 않는다."[107]라고 말한다. 64장에선 "이 때문에 성인은 하고자 함이 없기에 실패하지 않고, 붙들지 않기에 잃지 않는다."[108]라고 말한다.

이 장에선 성인을 겸손함과 관련지어 설명한다. 즉 성인이 백성보다 높은 곳에 처해도 백성이 성인을 부담스러워 하지 않고, 성인이 백성보다 앞에 처해도 백성이 성인을 꺼려하지 않는다. 이 때문에 천하가 성인을 즐거이 밀어준다. 그런데도 백성은 이에 대해 전혀 싫증을 내지 않으므로 성인과 다투는 법이 없다. 그래서 천하도 성인과 다투지 않는다.

어째서 성인은 천하와 다투지 않을까? 성인이 천도(天道)를 잘 받들어서이다. 그렇다면 성인이 받드는 천도란 무엇일까? 한마디로 겸손함

---

106) 是以聖人方而不割., 廉而不劌., 直而不肆., 光而不燿. (『도덕경』 58장)

107) 是以聖人終不爲大., 故能成其大… 是以聖人猶難之., 故終無難矣. (『도덕경』 63장)

108) 是以聖人 無爲故無敗 無執故無失. (『도덕경』 64장)

의 천도이다. 강과 바다가 수많은 골짜기의 왕이 되는 건 자신을 낮추어서이다. 강과 바다는 가장 낮은 곳에 위치하기에 높은 곳에 있는 물이 모두 모여들게 마련이다. 그래서 자세를 낮출수록 더 많은 것을 얻을 수 있다. 성인도 골짜기처럼 자신을 낮추므로 백성의 왕이 될 수 있다. 이런 까닭에 백성 위에 있으려면 반드시 겸손한 말을 써야 하고, 백성 앞에 있으려면 반드시 자신을 뒤로 해야 한다. 성인이 이런 것을 실천하는 사람이다.

67장

세상사람 모두가 나의 도를 두고 대단하지만

(그렇다고) 본받을 만한 것 같지 않다고 말한다.

오로지 대단하므로 본받을 만한 것 같지 않다.

만약 본받을 만한 거라면 오래전에 (내) 식견이 (이미) 좁았다.

(그런데) 내게는 세 가지 보배가 있어 (이를) 지녀서 보존한다.

첫째로 말하길 자애로움(慈)이요,

둘째로 말하길 절제(儉)요,

셋째로 말하길 (천하를 위해) 감히 나서지 않음(不敢爲)이다.

자애롭기에 용감할 수 있고,

절제하기에 넓힐 수 있고,

천하를 위해 감히 나아가지 않기에 만인의 지도자에 오른다.

(그런데) 이제부터 자애로움을 버리고 용감해지거나

검소함을 버리고 넓어지거나

뒤로 물러서는 것을 버리고 앞으로 나선다면 망할 뿐이다.

자애로움, 그것으로 싸우면 이기고, 그것으로 지키면 견고하다.

하늘이 (노자를) 구원하고 싶은 것은

(노자가) 자애로움으로 (천하를) 지키기 때문이다.

天下皆謂我道大, 似不肖.

夫唯大, 故似不肖.

若肖, 久矣其細也夫.

我有三寶 持而保之.

一曰慈, 二曰儉, 三曰不敢爲.

慈, 故能勇., 儉, 故能廣., 不敢爲天下先, 故能成器長.

今舍慈且勇, 舍儉且廣, 舍後且先, 死矣.

夫慈, 以戰則勝, 以守則固.

天將救之, 以慈衛之.

大(큰 대 → 대단하다) 似(같을 사) 肖(본받을 소) 久(오랠 구) 細(식견이좁을 세) 寶(보배 보)
持(가질 지) 保(보존할 보) 慈(사랑 자) 儉(절제할 검) 慈(사랑 자 → 자애로움) 勇(날랠 용, 용
감하다) 廣(넓힐 광) 先(나아갈 선) 器長[기관의 우두머리. 즉 만인의 지도자. 器(기관 기)
長(우두머리 장)] 舍=捨(버릴 사) 死(망할 사) 戰(싸울 전) 勝(이길 승) 守(지킬 수) 固(굳을
고, 견고하다) 救(구원할 구) 衛(지킬 위)

세상사람(天下) 모두(皆)가 나(我)의 도(道)를 두고 대단하지만(大)
(그렇다고) 본받을 만한 것 같지(似~肖) 않다고(不) 말한다(謂)
오로지(唯) 대단하므로(大~故) 본받을 만한 것 같지(似~肖) 않다(不).
만약(若) 본받을 만한(肖) 거라면 오래(久) 전에 (내) 식견이 좁았다(細).
내(我)게 세 가지 보배(三寶)가 있어(有) (이를) 지녀(持~而) 보존한다(保).
첫째로(一) 말하길(曰) 자애로움(慈)이요,
둘째로(二) 말하길(曰) 절제(儉)요,
셋째로(三) 말하길(曰) (천하를 위해) 감히 나서지 않음(不敢爲)이다.

자애롭기에(慈~故) 용감할 수(能~勇) 있고,

절제하기에(儉~故) 넓힐 수(能~廣) 있고,

천하(天下)를 위해 감히 나아가지(先) 않기에(不敢爲~故)

만인의 지도자(器長)에 오른다(成).

(그런데) 이제부터(今) 자애로움(慈)을 버리고(舍) 용감해지거나(勇)

검소함(儉)을 버리고(舍) 넓어지거나(廣)

뒤로(後) (물러서는 것을) 버리고(舍) 앞으로(先) (나선다면) 망할(死) 뿐이다.

자애로움(慈), 그것으로(以) 싸우면(戰~則) 이기고(勝),

그것으로(以) 지키면(守~則) 견고하다(固).

하늘(天)이 (노자를) 구원하고 싶은(將~救) 건,

(노자가) 자애로움(以慈)으로 (천하를) 지키기(衛) 때문이다.

자애로움(愛), 절제(儉),
감히 나서지 않음(不敢爲)

—

이 장은 노자가 자신의 도(道)에 대해서 스스로 평가하는 내용이다. 그리고 이 내용을 중심으로 특별히 인도(人道)에 대해 말한다. 노자는 자신의 도에 대한 천하의 평가를 먼저 소개한다. 노자의 도에 대한 천하의 평가는 한마디로 대단하지만 그렇다고 본받을 만하지 않다는 것이다. 즉 세상사람들이 노자의 도를 가리켜 대단하다고 평가하는 건 분명하다. 그렇지만 노자의 도를 본받기에는 뭔가 꺼림직하다는 입장이다. 이는 세상사람들이 유가의 도에 익숙한 탓인지 노자의 도가 다소 생소하게 느껴진 면도 있으리라 본다. 그래서인지 노자는 세상의 이런 평가를 오히려 거꾸로 해석해서 사람들이 자신의 도를 본받을 수 없는 건 자신의 도가 그만큼 대단하기 때문이라고 말한다. 그러면서 사람들이 본받을 만한 도라면 노자 자신의 식견이 이미 오래전에 좁았을 거라는 역설을 편다.

물론 노자는 식견이 좁은 사람이 아니다. 무엇보다 노자는 자신의 가슴에 세 가지 보배를 지니면서 보존한다. 그래서 더 더욱 식견이 좁은 사람이 아니다. 그런데 세 가지 보배란 무엇일까? 첫째가 자애로움(慈)이고, 둘째가 절제(儉)이고, 셋째가 천하를 위해 감히 나서지 않음(不敢)이다. 노자는 이런 자애로움을 지니기에 싸우면 용감할 수 있고, 이런 절제함을 지니기에 영토를 넓힐 수 있고, 천하를 위해 감히 나서지 않기에 만인의 지도자가 될 수 있다. 그러니 도를 닦는 사람으로서 자애로움과 절제와 감히 나서지 않음이 노자의 진정한 경쟁력이다.

그런데도 노자가 자애로움을 버리고 용감해지거나 검소함을 버리고 넓어지거나 뒤로 물러서는 것을 버리고 앞으로 나선다면 그것은 자신이 망하는 길로 나아가는 일이다. 따라서 세상사람들이 노자의 도를 가리켜 본받을 만한 것이 못된다고 혹평을 해도 노자는 자신의 도를 포기해선 안 된다. 그런데도 자신의 도를 포기한다면 노자는 그 순간부터 죽음을 향해 나아가는 길을 걷는다. 더구나 자애로움이란 그 자체가 경쟁력이다. 그래서 자애로움으로 싸우면 이길 수밖에 없고, 자애로움으로 지키면 견고할 수밖에 없다. 하늘이 노자를 장차 구원하려는 것도 노자가 자애로움으로 천하를 지키고 있어서이다.

자애로움(愛) · 절제(儉) · 감히 나서지 않음(不敢爲)

68장

군인의 됨됨이가 뛰어나면 무용을 드러내지 않고,

(군인이) 싸움을 잘 하면 분노하지 않고,

(군인이) 적을 잘 이기면 견주지 않고,

(군인이) 사람을 잘 쓰면 (자신을) 아래에 둔다.

이를 일러 다투지 않는 덕(不爭之德)이라고 하고,

이를 일러 사람을 쓰는 힘(用人之力)이라고 한다.

(또) 이를 일러 하늘과 짝이 된다고 하니

(이것이) 옛날 (도의) 극치이다.

善爲士者不武.,
善戰者不怒.,
善勝敵者不與.,
善用人者爲之下.
是謂不爭之德.,
是謂用人之力.
是謂配天, 古之極.

善(잘할 선, 뛰어나다) 爲士[군인의 됨됨이. 士(병사 사, 군인)] 武(무기 무 → 무용) 怒(성
낼 노 → 분노함) 敵(원수 적) 與(견줄 여, 비교하다) 用人[사람을 씀. 用(쓸 용)] 爭(다툴 쟁)
力(힘 력) 配天[덕이 커서 하늘과 짝이 됨. 配(배필 배)] 極.(정점 극 → 극치)

군인의 됨됨이(爲士)가 뛰어나면(善~者) 무용(武)을 (드러내지) 않고(不),
싸움(戰)을 잘 하면(善~者) 분노하지(怒) 않고(不),
적(敵)을 잘(善) 이기면(勝~者) 견주지(與) 않고(不),
사람(人)을 잘(善) 쓰면(用~者) (자신을) 아래에 둔다(爲~下).
이(是)를 일러(謂) 다투지(爭) 않는(不) 덕(德)이라고 하고,
이(是)를 일러(謂) 사람(人)을 쓰는(用) 힘(力)이라고 한다.
(또) 이(是)를 일러(謂) 하늘과 짝이 된다고(配天) 하니
(이것이) 옛날(古) (도의) 극치(極)이다.

군인의 다투지 않는 덕(不爭之德)

—

이 장은 군인의 다투지 않는 덕(不爭之德)에 대해서 말한다. 그러니 치도(治道)의 한 형태인 병술 내지 병법과 관련이 있다. 먼저 군인의 다투지 않는 덕은 무엇일까? 노자는 네 가지 경우를 들어 설명한다. 첫째 군인의 됨됨이가 뛰어나면 무용을 잘 드러내지 않고, 둘째 잘 싸우는 군인은 쉽게 분노하지 않고, 셋째 군인이 적과 맞서 잘 싸워서 이기면 전공을 남과 비교하지 않고, 넷째 군인이 사람을 잘 쓰면 자신을 그 사람 아래에 둔다. 노자가 말하는 군인의 이런 다투지 않는 덕은 병가(兵家)와 비교해서도 내용상에서 큰 차이가 없다. 노자도 병가를 대표하는 손자(孫子)처럼 무력을 사용하지 않는 게 바람직하지만 불가피하게 사용해야 할 경우 목표에 충실하게끔 현명하게 사용해야 한다는 입장이다.

노자가 말하는 군인의 다투지 않는 덕을 한번 손자병법과 관련해서 설명해보자. 먼저 군인의 됨됨이가 뛰어나면 어째서 무용을 잘 드러내지 않을까? 노자가 볼 때 기회 있을 때마다 무용을 드러내는 군인은 군인으로서 됨됨이를 제대로 갖추지 못한 사람에 속한다. 그러니 가능한 무용을 드러내지 않은 군인이라야 노자의 기준에서 볼 때 참다운 군인이다. 그래서 손자도 "죽기를 각오하고 싸우면 반드시 죽는다(必死可殺)."라고 경고한다. 이는 가능한 싸우지 않는 게 최선이지만 만약 싸워야 하는 경우라도 죽기를 각오할 정도로 싸워선 안 된다는 입장이다. 이는 '필사즉생(必死則生)', 즉 '죽기를 각오하고 싸워야 살 수 있다'는 공자의 입장과 정반대이다.

잘 싸우는 군인은 어째서 쉽게 분노하지 않을까? 쉽게 분노하면 군인으로서 통제력을 잃고, 또 통제력을 잃으면 죽음의 길로 쉽게 달려가기 때문이다. 이는 '분노하고 성급해하면 후회할 것이다(忿速可悔)'라는 손자의 주장과 그 맥락을 같이 한다. 또 훌륭한 군인이 적과 맞서 잘 싸워서 이겨도 어째서 전공을 남과 비교하지 말아야 할까? 전공을 남과 비교하면 자연히 적의 사상자가 불필요하게 늘어나서이다. 손자가 말하는 '싸우지 않고 적의 병사를 굴복시키는 것(不戰而屈人之兵)'이 최고의 병법이라는 말도 같은 맥락의 말이다. 또 훌륭한 군인은 어째서 자신이 기용한 사람 아래에 있어야 하는가? 이 역시 손자가 말한 '사람을 잘 쓰는 사람은 다른 사람에게 겸손하다(善用人者爲之下)'라는 내용과 맥락을 같이 한다.

노자는 이런 훌륭한 군인의 덕을 두고 '다투지 않는 덕(不爭之德)'이라고 말한다. 그 많은 덕 중에서 다투지 않는 덕을 언급한 건 제자백가 중에서 노자가 처음이라고 본다. 이는 노자가 다른 사람이 미처 생각하지 못한 차원에서 군사 문제에도 많은 관심을 쏟았다는 증거이다. 또 군인은 힘(力)이 있어야 하는데 이런 훌륭한 군인의 힘을 두고 '사람을 쓰는 힘(用人之力)'이라고 말한다. 그리고 훌륭한 군인의 다투지 않는 덕과 사람을 쓰는 힘은 하늘과 짝이 될 만한 것이므로 노자는 이를 두고 옛날 도의 극치라고 말한다. 그러니 다투지 않는 덕과 사람을 쓰는 힘은 순수한 옛날의 도에 가깝다고 말할 수 있다.

69장

용병술에 이런 말이 있다.

'나는 함부로 (싸움의) 주인이 되지 않아도 (싸움의) 손님은 된다.

(나는) 함부로 한 치를 나아가지 않아도 한 자는 물러난다.'

이를 일러 늘어섬이 없어도(無行) 나아가는 일,

팔이 없어도(無臂) 옷자락을 걷어 올리는 일,

무기가 없어도(無兵) 무기를 잡는 일,

적이 없어도(無敵) 적을 부수는 일이라고 한다.

적을 가볍게 여기는 것보다 더 큰 재앙이 없다.

적을 가볍게 여기면 자칫 내 몸을 잃을 수 있다.

그러므로 군사를 일으켜 서로 싸울 때

슬퍼하고 애절한 쪽이 이긴다.

用兵有言.

吾不敢爲主而爲客.,

不敢進寸而退尺.

是謂行無行, 攘無臂, 執無兵, 扔無敵.

禍莫大於輕敵. 輕敵幾喪吾寶.

故抗兵相加, 哀者勝矣.

主(주인 주) 客(손 객) 進(나아갈 진) 寸(마디 촌) 退(물러날 퇴) 尺(자 척) 行(나아갈 행) 無行[줄을 서지 않음. 즉 늘어섬이 없음. 行(늘어설 항)] 攘(걷을 양, 옷자락을 걷어 올리다) 臂(팔 비) 執(잡을 집) 兵(무기 병) 扔(부술 잉) 禍(재앙 화) 於(전치사 어, ~보다 더) 輕(가벼울 경) 幾(거의 기, 자칫) 喪(잃을 상) 寶(보배 보, 자신의 몸) 抗兵[군사를 일으킴. 抗(거역할 항)] 加(더할 가 → 싸우다) 哀(슬픔 애) 勝(이길 승)

용병술(用兵)에 이런 말(言)이 있다(有).
'나(吾)는 감히(敢) 주인(主)이 되지(爲) 않아도(不~而) 손님(客)은 된다.
감히(敢) 한 치(寸)를 나아가지(進) 않아도 한 자(尺)는 물러난다(退).'
이(是)를 일러(謂) 늘어섬(行)이 없어도(無) 나아가는(行) 일,
팔(臂)이 없어도(無) 옷자락을 걷어 올리는(攘) 일,
무기(兵)가 없어도(無) 무기를 잡는(執) 일,
적(敵)이 없어도(無) 적을 부수는(扔) 일이라고 한다.
적(敵)을 가볍게 여기는 것보다(於~輕) 더 큰(大) 재앙(禍)이 없다(莫).
적(敵)을 가볍게(輕) 여기면 자칫(幾) 내 몸(吾寶)을 잃을(喪) 수 있다.
그러므로(故) 군사(兵)를 일으켜(抗) 서로(相) 싸울(加) 때
슬퍼하고 애절한 쪽(哀者)이 이긴다(勝).

군사를 일으켜 서로 싸울 때
슬퍼하고 애절한 쪽이 이긴다

—

이 장은 앞장에 이어서 병법에 관한 내용을 다룬다. 즉 어떻게 해야 전투에서 이기는 것과 관련한 내용이다. 사람들은 싸움에서 이기려면 반드시 상대방보다 전력이 우세해야 한다고 믿는다. 이는 무력과 관련해 하드웨어 측면만 고려한 판단이다. 노자는 여기서 하드웨어 측면 못지않게 소프트웨어 측면을 강조한다. 그런데 소프트웨어 측면과 관련해 가장 중요한 게 군대의 사기이다. 군대의 사기가 높아야 싸움에서 이길 확률이 높다. 이 때문인지 군대에서도 군사훈련 못지않게 정훈교육을 강조한다. 그런데 노자의 사기는 정훈교육 차원에서 이루어지는 정도가 아니다. 그 보다 훨씬 심각한 소프트웨어인 비분강개한 마음과 관련한 사기이다.

노자에 따르면 용병술에 이런 말이 있다. '나는 함부로 싸움의 주인이 되지 않아도 싸움의 손님은 된다. 또 함부로 한 치도 나아가지 않아도 한 자는 물러난다.' 이는 앞장서서 적을 미리 침범하지 않고 적과의 관계에서 오로지 수세적 입장만 취한다는 말이다. 노자는 이를 일러 늘 어섬이 없는데도 나아가는 일, 팔이 없는데도 옷자락을 걷어 올리는 일, 무기가 없는데도 무기를 잡는 일, 적이 없는데도 적을 부수는 일에 비유한다.

먼저 늘어섬이 없는데도 나아가는 일이란 무엇일까? 그것은 상대방을 공격하기 위한 진세(陣勢)가 없는데도 상대방에게 진세가 있는 것처럼 보이도록 해 앞으로 나아가는 것처럼 꾸미는 전략이다. 또 팔이 없는

데도 옷자락을 걷어 올리는 일이란 무엇일까? 그것은 옷자락을 걷어 올리려면 팔이 있어야 하는데 팔이 없어도 상대방에게 있는 것처럼 보이도록 해 상대방이 함부로 공격할 수 없도록 하는 전략이다. 또 무기가 없는데도 무기를 잡는 일이란 무엇일까? 그것은 무기가 없어도 상대방에게 있는 것처럼 보이도록 해 상대방이 함부로 공격하지 못하도록 하는 전략이다. 또 적이 없는데도 적을 부수는 일도 상대방이 공격하지 못하도록 하는 전략이다.

　이런 해석이 크게 틀린 건 아니라고 보아지는데 이어지는 뒤 문장과의 연결이 왠지 매끄럽지 못하다. 이어지는 문장부터는 경적(輕敵), 즉 '적을 가볍게 여기지' 말라는 내용인데 이 내용은 바로 앞의 글, 즉 '잉무적(扔無敵)'과 큰 관련이 없어 보인다. 그래서인지 여러 해석가들도 내용상 앞뒤의 연결을 위해서 많이 고심한 듯하다. 중국의 문화실천가인 루우열(樓宇烈)도 그 중 한 사람이다. 그는 『왕필집교석(王弼集交釋)』에서 '잉무적(扔無敵)'을 '내무적(乃無敵)'으로 바꾸어 해석했다. 그러면 '적이 없어도(無敵) 적을 부수다(扔)'에서 '이에(乃) 적수가 없다(無敵)'라는 의미로 바뀐다. 이 경우 해당 글은 "나아가려고 해도 늘어섬이 없고, 팔을 올리려고 해도 팔이 없고, 병기를 잡으려 해도 병기가 없다. 이에 적수가 없다."라고 해석된다.[109] 그러면 앞뒤 문장의 연결이 훨씬 부드러워진다. 그렇다면 '扔'은 '乃'의 잘못된 표기라고 보아진다.

　한편 노자는 경적(輕敵), 즉 적을 가볍게 여기는 것보다 더 큰 재앙이 없다고 말한다. 적을 가볍게 여기는 경우 자칫 내 몸을 잃을 수 있어서이다. 참고로 중국 호남성(湖南省) 마왕퇴(馬王堆)에서 출토된 『백서노

---

109)　이 부분은 이중톈(易中天)의 『사람을 말하다』에서 220~1쪽을 참고했다.

자』 판본에선 '경적' 대신 '무적(無敵)'이란 표현이 등장한다. 무적이란 적이 없다는 의미도 있지만 적을 무시하거나 안중에 두지 않는다는 뜻도 있다. '무적'을 후자로 해석하면 '경적'과 의미상에서 큰 차이가 없다. 또 노자는 내 몸을 가리켜 신(身) 대신 보(寶)를 사용한다. 이는 내 몸이 보배일 정도로 소중하다는 걸 강조하기 위해서이다. 하여간 전력이 엇비슷한 군대가 맞붙으면 애절한 쪽, 즉 비분강개한 마음을 지닌 군대가 이기게 마련이다. 이 정도로 하드웨어 못지않게 소프트웨어, 그중에서도 비분강개한 마음이라는 소프트웨어가 무력을 구성하는 데 중요하다.

그런데 비분강개한 마음을 지닌 군대가 어째서 승리할까? 침략을 당하거나 피해를 입거나 해서 군인이 스스로 모욕을 당했다고 여기므로 싸우는 이유가 보다 분명해져서이다. 적군이 쳐들어와 국토를 유린하고 백성을 살상하고 재물까지 약탈하면 국토방위를 책임진 군인으로서 도저히 참을 수 없다. 이에 군인은 비분강개해져 죽기로써 싸운다. 이런 가슴 가득한 분노와 슬픔이 거대한 힘으로 작용하면 엄청난 무력을 형성한다. 이런 무력은 어느 누구도 막아낼 수 없다. 그래서 비분강개한 군대는 반드시 승리하게 마련이다. 여기서 애병필승(哀兵必勝)이란 고사성어가 나왔다.

군사를 일으켜 서로 싸울 때
슬퍼하고 애절한 쪽이 이긴다

70장

내 말은 알기도 매우 쉽고, 행하기도 매우 쉽다.

(그런데) 세상사람들이 알지도 못하고 행하지도 않는다.

나의 말에는 근본(宗)이 되는 뜻이 있고,

내가 하는 일에는 준거(君)가 있다.

(그런데도 세상사람들은 이에 대해) 오로지 알지 못한다.

이 때문에 (세상사람들은) 나를 알아주지 않는다.

나를 알아주는 사람이 드문지라 그런즉 나는 귀하다.

이 때문에 성인이 누더기를 걸쳐도 (성인은) 옥을 품는다.

吾言甚易知, 甚易行.

天下莫能知, 莫能行.

言有宗, 事有君.

夫唯無知, 是以不我知.

知我者希, 則我者貴.,

是以聖人被褐懷玉.

———

甚(매우 심) 易(쉬울 이) 知(알 지) 行(행할 행) 莫(없을 막) 能(능할 능) 言有宗[말에 근본이 되는 뜻이 있음. 言(말씀 언) 宗(근본 종)] 事有君[자기가 하는 일에는 준거가 있음. 事(일 사) 君(주인 군 → 준거)] 希(드물 희) 貴(귀할 귀) 被褐[누더기를 입음. 被(입을 피) 褐(거친옷 갈)] 懷(품을 회) 玉(옥 옥)

———

내(吾) 말(言)은 알기(知) 매우(甚) 쉽고(易), 행하기(行) 매우(甚) 쉽다(易).

세상사람들(天下)이 알지(能~知) 못하고(莫) 행하지도(能~行) 않는다(莫).

(나의) 말(言)에는 근본(宗)이 되는 뜻이 있고(有),

(내가) 하는 일(事)에는 준거(君)가 있다(有).

(그런데도 세상사람들은 이에 대해) 오로지(唯) 알지(知) 못한다(無).

이 때문에(是以) (세상사람들은) 나(我)를 알아주지(知) 않는다(不).

나(我)를 알아주는(知) 사람(者)이 드문지라(希~則) 나(我)는 귀하다(貴).

이 때문에(是以) 성인(聖人)이 누더기(褐)를 걸쳐도(被)

(성인은) 옥(玉)을 품는다(懷).

성인은 누더기를 걸쳐도 옥을 품는다

—

이 장은 노자의 독백에 해당하는 내용이다. 노자의 이런 독백은 67장에서도 등장한 바 있다. 노자는 67장에서 "세상사람 모두가 나의 도를 두고 대단하지만 그렇다고 본받을 만한 것 같지 않다고 말한다. 오로지 대단하기에 본받을 만한 것 같지 않다. 만약 본받을 만한 거라면 오래전에 내 식견이 이미 좁았다."[110]라는 식으로 스스로 자조적인 태도를 보인다. 그러면서 노자는 자신에게 자애로움(愛), 절제(儉), 감히 나서지 않음(不敢爲)이란 세 가지 보배가 있어 이를 가슴에 지녀 잘 보존한다고 말한다.

노자는 여기서도 이런 자조적인 모습을 또다시 드러낸다. 노자가 볼 때 자신의 도는 알기도 매우 쉽고 행하기도 매우 쉽다. 그런데도 세상사람들은 노자의 말을 알지도 못하고 실행하지도 않는다. 게다가 노자가 말하는 도의 내용이 어느 날 갑자기 불쑥 튀어나온 게 아니라 옛날부터 전해 내려온 것들에 기초해 있다. 그래서 노자의 말에는 근본(宗)이 있어 세상사람들이 쉽게 이해할 수 있다. 또 노자의 말에는 준거(君)가 있어 세상사람들은 이 준거에 따라 노자의 도를 쉽게 실행에 옮길 수 있다.

그런데도 세상사람들은 노자의 이런 도를 알지 못한다. 이 때문에 세상사람들이 노자를 제대로 평가하지 못한다. 노자를 제대로 평가하는

---

110) 天下皆謂我道大, 似不肖. 夫唯大, 故似不肖. 若肖, 久矣其細也夫. (『도덕경』 67장)

사람이 세상에 이처럼 드문지라 노자는 오히려 스스로를 귀하다고 여긴다. 성인도 노자와 마찬가지로 세상사람들이 그를 제대로 평가하지 못한다. 그런데 성인은 겉으로는 누더기를 걸쳤어도 안으로는 옥을 품은 사람이다. 성인처럼 옥을 품고 있는 노자를 세상사람들이 제대로 평가하지 못하는 건 혹시 노자가 누더기를 걸치고 있어서가 아닐까. 그래서 겉모양만 보고 사람을 평가하는 세상사람들에게 제대로 평가 받지 못하는 게 노자에게는 차라리 잘된 일일는지 모른다.

71장

알아도 모르는 척 하는 것은 최상이요,

모르는데 아는 척 하는 것은 병이다.

오로지 (아는 척 하는) 병을 병으로 여기면

이 때문에 (아는 척 하는) 병이 생겨나지 않는다.

성인에게 (아는 척 하는) 병이 없는 것은

(아는 척 하는) 병을 병으로 여겨서인데

이 때문에 (성인에게는 아는 척 하는) 병이 없다.

知不知, 上., 不知知, 病.

夫唯病病, 是以不病.

聖人不病 以其病病., 是以不病.

─────

病(병 병)

─────

알아도(知) 모르는(不知) 척 하는 것은 최상(上)이요,

모르는데(不知) 아는(知) 척 하는 것은 병(病)이다.

오로지(唯) (아는 척 하는) 병(病)을 병으로 여기면(病)

이 때문에(是以) (아는 척 하는) 병이 생겨나지(病) 않는다(不).

성인(聖人)에게 (아는 척 하는) 병(病)이 없는(不) 것은

(아는 척 하는) 병을(以~病) 병으로 여겨서인데(病)

이 때문에(是以) (성인에게는 아는 척 하는) 병(病)이 없다(不).

알아도 모르는 척 하는 게 최상이요,
모르는데 아는 척 하는 게 병이다

—

알아도 모르는 척 하는 게 최상이라는 내용이다. 그러니 인도(人道)에 관한 설명이다. 그런데 세상사람들은 그렇지 않다. 조금이라도 알면 다른 사람들에게 자신을 드러내 보이지 못해서 안달이다. 심지어 어떤 사람은 정작 알지도 못하는데 아는 척 하려고 든다. 이럴 경우 병이 난다고 노자는 단언한다. 그 병은 일종의 아는 척 하는 병이다.

한편 누군가가 아는 척 하는 병을 병으로 여기면 그에게 아는 척 하는 병이 생겨나지 않는다. 아는 척 하는 것을 바람직하지 않다고 여기므로 아는 척 하려고 들지 않아서이다. 그러니 아는 척 하는 병도 생겨날 리 만무하다. 성인이 바로 이런 사람에 속한다. 성인은 아는 척 하는 것을 병으로 믿는지라 절대로 아는 척 하지 않는다. 이런 까닭에 성인에게도 아는 척 하는 병이 생겨나지 않는다.

그런데 노자의 이 말은 혹시 공자가 새겨들어야 할 말이 아닐까? 공자는 자신이 아는 바를 군주들에게 알리기 위해 10년 가까이 전국을 돌아다니며 배회한 적이 있다. 이런 상황에서 노자가 아는 척 하는 것을 병에 비유한 건 무척이나 흥미롭다.

알아도 모르는 척 하는 게 최상이요,
모르는데 아는 척 하는 게 병이다

72장

백성이 외경스런 덕을 두려워하지 않아야
(백성은) 외경스런 큰 덕에 이른다.
(또한 덕이) 머무는 곳을 얕보지 않고,
덕이 자라나는 바를 꺼려하지 않아야 한다.
(덕이 머물거나 자라나는 바를) 오로지 꺼려하지 않아야
(덕이 충만한 것을) 싫어하지 않는다.
이 때문에 (덕이 충만한) 성인은
스스로를 알아도 스스로를 나타내지 않고,
스스로를 소중히 해도 스스로를 귀히 여기지 않는다.
그러므로 (성인은) 저것을 버리고 이것을 취한다.

民不畏威, 則大威至.

無狎其所居., 無厭其所生.

夫唯不厭, 是以不厭.

是以聖人自知不自見., 自愛不自貴.

故去彼取此.

民(백성 민) 畏(두려워할 외) 威(위엄 위, 외경할만한 덕) 至(이를 지) 狎(얕볼 압) 居(머무를 거)
厭(싫어할 염 → 꺼려하다) 生(자랄 생) 見(나타낼 현) 自(스스로 자) 愛(사랑할 애, 소중히 여기
다) 貴(귀할 귀) 去(버릴 거) 彼(저 피) 取(거두어들일 취) 此(이 차)

백성(民)이 외경스런(威) 덕을 두려워하지(畏) 않아야(不~則)

(백성은) 외경스런(威) 큰(大) (덕에) 이른다(至).

(또한 덕이) 머무는(居) 곳(所)을 얕보지(狎) 않고(無),

(덕이) 자라나는(生) 바(所)를 꺼려하지(厭) 않아야(無) 한다.

(덕이 머물거나 자라나는 바를) 오로지(唯) 꺼려하지(厭) 않아야(不)

(덕이 충만한 것을) 싫어하지(厭) 않는다(不).

이 때문에(是以) (덕이 충만한) 성인(聖人)은

스스로(自)를 알아도(知) 스스로(自)를 나타내지(見) 않고(不),

스스로(自)를 소중히(愛) 해도 스스로(自)를 귀히(貴) 여기지 않는다(不).

고로(故) (성인은) 저것(彼)을 버리고(去) 이것(此)을 취한다(取).

외경스런 덕을 두려워하지 않아야
외경스런 큰 덕에 이른다

—

백성이 큰 덕에 이르려면 무엇보다 외경스런 덕을 두려워하지 않아야 한다. 덕이 외경스럽다고 이를 두려워하면 큰 덕에 이를 수 없다. 반면 덕이 외경스러워도 늘 가까이하면 큰 덕에 이를 수 있다. 또한 마음에 덕이 머무는 사람을 얕잡아보아선 안 된다. 이는 덕을 쌓은 사람을 우습게 보지 말라는 의미이다. 또 자신에게 덕이 자라고 있으면 그것도 꺼려하지 말아야 한다. 덕이 충만한 것만 굳이 받아들일 필요는 없다. 그러니 현재 덕이 자신에게 자라고 있으면 양손을 활짝 펴서라도 환영해야 한다. 따라서 자신이든 남이든 간에 덕이 자라는 걸 꺼려하지 않아야 덕이 충만한 것을 싫어하지 않는다.

그런데 성인은 덕이 충만한 사람이다. 이 때문에 '스스로를 알지만(自知)' 다른 사람에게 '스스로를 나타내지 않는다(不自見)'. 즉 성인이 스스로를 잘 알아도 스스로를 다른 사람에게 드러내지 않는다. 이 내용은 앞 장에서 말한 '아는 척 하는 병'의 내용과도 연결된다. 또 성인은 '스스로를 소중히 해도(自愛)' '스스로를 귀하다고 여기지 않는다(不自貴)'. 즉 성인은 자신을 소중한 존재로 파악하지만 그렇다고 자신을 귀한 존재라고 여기지 않는다. 그만큼 성인의 태도는 겸손하다. 그런데 노자는 성인의 이런 겸손한 태도를 혹시 공자에게 전하고 싶었던 게 아닐까?

노자는 결론적으로 성인은 '저것을 버리고 이것을 취한다(故去彼取此)'라고 말한다. 여기서 저것과 이것이 지시하는 의미는 무엇일까? '故去彼取此'라는 표현은 앞에서도 몇 차례 등장한 바 있다. 등장할 때마다 저것은 감관 및 심관활동으로, 이것은 생명활동으로 해석한 바 있다. 여기서도 이런 식으로 해석하는 게 타당하다. 물론 저것을 '스스로를 나타냄(自見)'과 '스스로를 귀하게 여김(自貴)'으로, 또 이것을 '스스로를 아는 것(自知)'과 '스스로를 소중히 여김(自愛)'으로 볼 수 있다. 그렇더라도 스스로를 나타내는 것과 스스로를 귀하게 여기는 것은 감관 및 심관작용의 결과로 이루어지고, 스스로를 아는 것과 스스로를 소중히 여기는 것은 생명작용과 관련이 있다. 이런 점을 감안하면 저것을 감관 및 심관작용으로, 이것을 생명작용으로 해석한다고 해도 큰 무리는 없을 듯싶다.

73장

과감함(敢)에 용감하면(勇) 죽고, 과감하지 않음에 용감하면 산다.

이 두 가지, 즉 과감함과 과감하지 않음은

혹 이로울 수 있고, 혹 해로울 수 있다.

(이 둘은) 하늘이 싫어하는 바인데 누가 그 까닭을 알까?

이 때문에 성인은 오히려 과감함이나 과감하지 않음을

(모두) 어렵게 여긴다.

하늘의 도는 다투지 않는데도 적당히 이기고,

말하지 않는데도 적당히 응답하고,

부르지 않는데도 스스로 오고,

느슨한데도 적당히 도모한다.

(또) 하늘의 그물은 넓고 커서 촘촘하지 않은데도 놓치는 법이 없다.

勇於敢則殺., 勇於不敢則活.

此兩者或利或害.

天之所惡 孰知其故. 是以聖人猶難之.

天之道 不爭而善勝., 不言而善應., 不召而自來.,

繟然而善謀.

天網恢恢 疏而不失.

勇(과감할 용) 敢(용감할 감) 殺(죽일 살) 活(살릴 활) 惡(꺼릴 오, 싫어하다) 故(연고 고, 까닭)
爭(다툴 쟁) 善(잘 선, 적당하게) 應(응답할 응) 召(부를 소) 自來[스스로 오다. 自(스스로
자)] 繟然[느슨한 모양. 繟(느릴 천)] 謀(꾀할 모 → 도모하다) 網(그물 망) 恢恢[넓고 큰
모양. 恢(넓을 회)] 疏(성길 소, 촘촘하지 아니하다) 失(놓칠 실)

과감함에(於~敢) 용감하면(勇~則) 죽고(殺),

과감하지(敢) 않음에(於~不) 용감하면(勇~則) 산다(活).

이(此) 두 가지(兩者), 즉 과감함과 과감하지 않음은

혹(或) 이로울(利) 수 있고, 혹(或) 해로울(害) 수 있다.

하늘(天)이 싫어하는(惡) 바(所)인데 누가(孰) 그 까닭(故)을 알까(知)?

이 때문에(是以) 성인(聖人)은 오히려(猶) (이 둘을 모두) 어렵게(難) 여긴다.

하늘의 도(天道)는 다투지(爭) 않는데도(不~而) 적당히(善) 이기고(勝),

말하지(言) 않는데도(不~而) 적당히(善) 응답하고(應),

부르지(召) 않는데도(不~而) 스스로(自) 오고(來),

느슨한데도(繟然~而) 적당히(善) 도모한다(謀).

(또) 하늘(天)의 그물(網)은 넓고 커서(恢恢) 촘촘하지 않는데도(疏~而)

놓치는(失) (법이) 없다(不).

과감함에 용감하면 죽고,
과감하지 않음에 용감하면 산다

—

이 장은 진정한 과감함(敢)이 무엇인지에 대해서 다룬다. 이 내용을 이해하기 위해선 용감(勇敢)에서 '용'과 '감'의 의미를 정확히 파악할 필요가 있다. '감(敢)'은 무모할 정도로 나아가는 행동이라면 '용(勇)'은 무모한 행동이 아니다. 따라서 용감은 무모한 쪽보다는 무모하지 않는 쪽에 더 큰 비중을 둔다. 그것은 '용'이 앞에 있고 '감'이 뒤에 있어서이다. 그래서 감용(敢勇)이라고 하면 무모하지 않는 쪽보다는 무모한 쪽에 더 큰 비중을 둔다. 이 때문에 용감함은 '감불(敢不)'이라는 말이 있다. 감불, 즉 감히 하지 않음이야말로 가장 큰 용기이다. 이런 '감불'을 가장 큰 용기로 보는 게 노자의 병법 내지 병도(兵道)이다.

그래서 과감함에 용감한 사람은 죽을 수 있고, 과감하지 않음에 용감한 사람은 살 수 있다. 즉 용감한 사람 중에 감히 하고자 함을 선택하는 사람은 죽을 확률이 높지만 감히 하고자 함을 선택하지 않은 사람은 살 확률이 높다. 그런데 이 두 가지는 우리에게 혹 이로울 수 있고 혹 해로울 수 있다. 왜냐하면 감히 해야 할 때 하지 않거나 감히 하지 말아야 할 때 할 경우 우리에게 해로움을 주기 때문이다. 반대로 감히 해야 할 때 하거나 감히 하지 말아야 할 때 하지 않을 경우 우리에게 이로움을 주기 때문이다. 이처럼 감히 하는 게 좋은지 아니면 감히 하지 않는 게 좋은지의 여부는 그때그때 상황에 따라 달라진다. 세상사가 특히 그러하다.

그런데 하늘은 감히 하거나 감히 하지 않거나 관계없이 이 두 가지를 모두 싫어한다. 어째서 과감함을 싫어할까? 하늘이 싫어하는 바이기에 우리는 그 까닭을 알 수 없다. 그래서 성인도 과감함에 대해 어렵게 여긴다. 그런데 하늘의 도는 과감함과 아무런 상관이 없이 이루어진다. 그래서 하늘의 도는 과감하다고 이루어지고, 과감하지 않다고 이루어지지 않는 게 아니다. 오히려 하늘의 도는 다투지 않는데도 적당히 이긴다. 이것이 진정한 과감함이다.

  이런 탓인지 하늘의 도는 과감함과 관계없이 모든 것을 저절로 이룬다. 그래서 말하지 않는데도 적당히 응답하고, 부르지 않는데도 스스로 오고, 느슨한데도 적당히 도모한다. 게다가 하늘의 그물까지 넓고 커서 촘촘하지 않은데도 무언가 놓치는 법이 없다. 그만큼 하늘의 도는 모든 걸 자연스럽게 이룬다.

74장

백성이 죽음을 두려워하지 않는데

(성인이 백성을) 죽인다고 어찌 두려워하겠는가!

만약 백성이 죽음을 늘 두려워한다면

나는 거짓을 일삼는 백성을 잡아다 죽일 것이다.

(그러면) 누가 감히 (거짓을 행하겠는가).

늘 죽이는 일을 담당하는 자가 (사람을) 죽인다.

죽이는 일을 담당하는 자를 대신해 (사람을) 죽이는 걸 일러

큰 목수를 대신해 나무를 깎는다고 한다.

큰 목수를 대신해 나무를 깎으면 손을 다치지 않는 경우가 드물다.

民不畏死, 奈何以死懼之.

若使民常畏死, 而爲奇者吾得執而殺之., 孰敢.

常有司殺者殺.

夫代司殺者殺., 是謂代大匠斲.

夫代大匠斲者 希有不傷其手矣.

畏(두려워할 외) 死(죽을 사) 奈何[어찌. 奈(어찌 나) 何(어찌 하)] 懼(두려워할 구) 若(만일 약) 奇(거짓 기) 執(잡을 집) 孰(누구 숙) 敢(감히 감) 常(늘 상) 司(맡을 사) 代(대신할 대) 匠(장인 장) 斲(깎을 착) 希(드물 희) 傷(다실 상) 手(손 수)

백성(民)이 죽음(死)을 두려워하지(畏) 않는데(不)

(성인이 백성을) 죽인다고(以~死) 어찌(奈何) 두려워(懼) 하겠는가!

만약(若) 백성이(使~民) 죽음(死)을 늘(常) 두려워한다면(畏~而)

나(吾)는 거짓(奇)을 일삼는(爲) 백성(者)을 잡아다가(得~執而) 죽인다(殺).

(그러면) 누가(孰) 감히(敢) (거짓을 행하겠는가).

늘(常) 죽이는(殺) 일을 담당하는(司) 자(者)가 (사람을) 죽인다(殺).

죽이는(殺) 일을 담당하는(司) 자(者)를 대신해(代) (사람을) 죽이는(殺) 걸

일러(謂) 큰 목수(大匠)를 대신해(代) 나무를 깎는다고(斲) 한다.

큰 목수(大匠)를 대신해(代) 나무를 깎으면(斲~者)

손(手)을 다치지(傷) 않는(不) 경우가 드물다(希).

사형을 관장하는 자를 대신해 사람을 죽이면
큰 목수를 대신해 나무를 자르는 격이다

—

이 장은 언뜻 보아 무슨 내용인지 잘 이해가 되지 않는다. 백성이 죽음을 두려워한다는 점을 말하려는 건지 아니면 백성이 죽음을 두려워하지 않는다는 점을 말하려는 건지 헷갈려서이다. 또 형벌로 사람을 죽이는 일을 노자가 직접 관장해야 한다는 건지 아니면 노자를 대신해 다른 사람이 죽이는 일을 관장해야 한다는 건지 좀체 이해되지 않아서이다. 이런 해석상의 혼란은 이 글의 첫 문장, 즉 "백성이 죽음을 두려워하지 않는데 백성을 죽인다고 어찌 두려워할 수 있겠는가!"라는 내용 때문에 생겨난다고 본다. 그런데 이 문장은 이어지는 내용을 위한 일종의 전제이다. 그래서 이 문장을 거꾸로 해석하면, 즉 '백성이 죽음을 두려워하므로 백성을 죽임으로써 두렵게 할 수 있다.'라고 바꾸면 해석상 혼란에서부터 크게 벗어날 수 있다.

어째서 그러한가? 이 글은 일단 치도(治道)를 다룬다. 그리고 죽음이라는 형벌은 치도를 집행하는 데 매우 효과적이라는 입장이다. 그런데 이 내용은 왠지 노자답지 못하다. 죽음이라는 형벌이 아무리 효과적인 치도의 수단일지라도 노자가 볼 때 이런 일을 성인이 직접 관장해선 안 된다. 이런 일은 당연히 담당하는 사람에게 맡겨야 한다. 따라서 이 글의 전제에 해당하는 첫 문장은 '백성이 죽음을 두려워하기에'가 되어야 마땅하다. 지금처럼 '백성이 죽음을 두려워하지 않는데'로 시작하면 해석상 혼란만 가중시킨다. 이런 점을 감안해 이 글 전체의 내용이 무엇인지 한 번 살펴보자.

만약 백성이 죽음을 두려워하지 않으면 백성을 교화하는 데 죽음이라는 형벌은 더 이상 효력을 발휘하지 못한다. 그렇지만 죽음이라는 형벌이 막상 눈앞에서 벌어지면 백성의 마음은 크게 동요해서 죽음을 두려워하게 마련이다. 그래서 노자가 거짓을 일삼는 사람들을 잡아다가 죽음이라는 형벌을 직접 관장하면 어느 누구도 거짓을 행할 수 없다. 죽음이란 형벌이 그만큼 두렵기 때문이다. 그 결과 치도(治道)가 목표하는 바를 쉽게 이룰 수 있다.

그렇더라도 노자와 같은 성인은 죽음이라는 형벌을 직접 관장해선 안 된다. 성인이 칼에 피를 묻혀선 안 되기 때문이다. 그래서 이런 일은 마땅히 죽음이라는 형벌을 관장하는 사람에게 맡겨야 한다. 만약 죽음이라는 형벌을 관장하는 사람을 대신해서 성인이 직접 백성을 죽인다면 이는 큰 목수를 대신해서 성인이 나무를 자르는 격이다. 그런데 성인이 큰 목수를 대신해서 나무를 자르는 경우 그의 손이 다치지 않는 경우가 드물다. 따라서 죽음이라는 형벌이 치도에 아무리 효과적이어도 성인이 그 형벌을 직접 관장해선 안 된다.

75장

백성이 굶주리는 것은 위에서 세금을 많이 거두어서이다.

이 때문에 (백성이) 굶주린다.

백성이 (나라의) 다스림을 어려워하는 건

위에서 하고자 함이 있어서이다.

이 때문에 (나라를) 다스리는 일이 어렵다.

백성이 죽는 것을 가볍게 여기는 건

위에서 (자신들) 삶의 넉넉함을 바래서이다.

이 때문에 백성의 죽음이 가볍다.

오로지 삶을 하고자 함이 없이 하는 것,

이것이 삶을 높고 귀하게 하는 것보다 낫다.

民之饑, 以其上食稅之多., 是以饑.

民之難治, 以其上之有爲., 是以難治.

民之輕死, 以其上求生之厚., 是以輕死.

夫唯無以生爲者, 是賢於貴生.

饑(주릴 기, 굶주리다) 食(받을 식) 稅(구실 세, 세금) 多(많을 다) 難(어려울 난) 治(다스릴 치)
輕(가벼울 경) 死(죽을 사) 求(구할 구, 바라다) 生(살 생) 厚(두터울 후 → 넉넉함) 賢(나을 현)
於(전치사 어, 보다 더) 貴(귀할 귀, 높고 귀하게 하다)

백성(民)이 굶주리는(饑) 것은
위에서(以~上) 세금(稅)을 많이(多) 거두어서이다(食).
이 때문에(是以) (백성이) 굶주린다(饑).
백성(民)이 다스림(治)을 어려워하는(難) 것은
위에서(以~上) 하고자 함(爲)이 있어서이다(有).
이 때문에(是以) (나라를) 다스리는(治) 일이 어렵다(難).
백성(民)이 죽음(死)을 가볍게(輕) 여기는 것은
위에서(以~上) 삶(生)의 넉넉함(厚)을 바래서이다(求).
이 때문에(是以) 백성의 죽음(死)이 가볍다(輕).
오로지(唯) 삶을(以~生) 하고자 함이 없이(無~爲) 하는 것(者),
이것(是)이 삶(生)을 높고 귀하게 하는 것보다(於~貴) 낫다(賢).

무위(無爲)를 따르는 군주의 삶이
높고 귀한 군주의 삶보다 지혜롭다

이 장은 치도(治道)에 대해서 다룬다. 그리고 이 치도는 유위이치(有爲而治)보다 무위이치(無爲而治)가 낫다는 데 초점이 맞추어져 있다. 이를 위해 노자는 유위에 입각한 군주의 다스림에 대한 문제점을 크게 세 가지로 지적하면서 글을 시작한다.

먼저 백성이 굶주리는 건 군주가 세금을 많이 걷어서이다. 물론 세금을 많이 걷는 일 자체가 나쁜 건 아니다. 세금을 많이 거두어 가난한 사람들에게 나누어주면 좋은 일이다. 그렇지만 군주가 자신의 삶을 높고 귀하게 하거나 아니면 무력을 키우기 위해서 사용한다면 나쁜 일이다. 그래서 세금을 많이 걷는 건 좋을 수도 있고 나쁠 수도 있다. 그렇지만 좋은 일이든 나쁜 일이든 간에 세금을 많이 걷으려면 유위(有爲)가 작동하게 마련이다. 한편 백성이 정해진 세금을 자발적으로 내면 아무런 문제가 따르지 않는다. 이것이 무위(無爲)에 따른 세금 납부 방식이다. 반면 유위에 따라 세금을 걷으면 무리하기 쉽고, 이런 무리함은 백성을 굶주리게 하는 것으로 귀결될 수 있다.

또 백성이 군주의 다스림에 대해 어려워하면 이는 군주가 유위, 즉 하고자 함이 있어서 나라를 다스리기 때문이다. 그렇다면 군주의 다스림이 어렵다는 건 무얼 의미할까? 이는 법령이 많고 형벌이 많다는 것을 의미한다. 그래서 백성은 이런 법령과 형벌을 매우 거추장스러워 한다. 그 결과 백성이 군주의 다스림을 불편해 한다. 이것이 유위가 지닌 한계이다. 그뿐만이 아니다. 백성이 죽는 것을 가벼이 여기면 이 또한 군주가 유위, 즉 하고자 함이 있어서 나라를 다스려서이다. 그렇다면 이것은 어떤 종류의 유위의 다스림일까? 군주가 영토를 넓혀 자신의 삶이 넉넉해지기를 바라는 유위의 다스림이다. 이럴 경우 군주는 백성의 죽음을 가볍게 여긴다. 그 결과 노동력도 크게 줄어들어 국가의 생산력도 떨어질 수밖에 없다.

따라서 무위(無爲), 즉 하고자 함이 없이 나라를 다스리는 게 군주로서 현명한 처신이다. 이런 처신이 군주가 자신의 삶을 높고 귀하게 하는 일보다 훨씬 더 중요하다. 한편 군주가 자신의 삶을 높고 귀하게 하려면 반드시 유위, 즉 하고자 함이 동원되어야 한다. 구체적으로 세금을 많이 걷거나 법령이 많거나 형벌이 무겁거나 아니면 영토를 넓혀 군주 자신의 삶이 넉넉해져야 한다. 물론 이것들은 오로지 군주의 삶만 높고 귀하게 할 뿐이다.

76장

사람이 살아서는 부드럽고 약하지만
죽어서는 굳세고 강하다.
만물의 초목도 살아서는 유연하지만
죽어서는 시든다.
그러므로 굳세고 강한 것은 죽음의 무리이고,
부드럽고 약한 것은 살아 있는 무리이다.
이 때문에 군대가 강하면 이기지 못하고,
나무도 강하면 부러진다.
강하고 큰 것은 아래에 머물고,
부드럽고 약한 것은 위에 머문다.

人之生也柔弱 其死也堅强.

萬物草木之生也柔脆 其死也枯槁.

故堅强者死之徒 柔弱者生之徒.

是以兵强則不勝 木强則折.[111]

强大處下 柔弱處上.

柔弱[부드럽고 약함. 즉 연약함. 柔(부드러울 유) 弱(약할 약)] 堅强[굳세고 강함. 堅(굳
셀 견) 强(굳셀 강)] 柔脆[부드럽고 약함. 脆(연할 취, 무르다)] 枯槁[수분 부족으로 시
듦. 枯(시들 고) 槁(마를 고)] 徒(무리 도) 兵(군사 병, 군대) 折(꺾일 절 → 부러지다)

사람(人)이 살아선(生) 부드럽고 약하지만(柔弱)

죽어선(死) 굳세고 강하다(堅强).

만물(萬物) 초목(草木)도 살아선(生) 유연하지만(柔脆)

죽어선(死) 시든다(枯槁).

고로(故) 굳세고 강한(堅强) 것(者)은 죽음(死)의 무리(徒)이고,

부드럽고 약한(柔弱) 것(者)은 살아 있는(生) 무리(徒)이다.

이 때문에(是以) 군대(兵)가 강하면(强~則) 이기지(勝) 못하고(不),

나무(木)도 강하면(强~則) 부러진다(折).

강하고(强) 큰(大) 건 아래에(下) 머물고(處)

부드럽고 약한(柔弱) 건 위에(上) 머문다(處).

---

111) 왕필본(王弼本)에는 '兵', 즉 '병화를 당한다'거나 '무기로 만들어진다'로 되어 있고, 林
希逸의 『道德眞經口義』에는 '共', 즉 '함께 한다'로 되어 있다. '兵'으로 보면 의미가
통하지 않는 건 아니지만 자연스럽지 못하고, '共'으로 해석하면 의미가 잘 연결되지
않는다. 아마도 기록상의 오류라고 본다. 이런 점을 감안해 필자는 해석상 자연스런 연
결을 위해서 '折'로 바꾸었다.

사람이 살아선 부드럽고 약하지만
죽어선 굳세고 강하다

—

이 장은 천도(天道)를 통해 치도(治道), 그 중에서도 병법과 관련한 치도에 대해서 말한다. 여기서 말하는 치도의 요체는 강하고 큰 것보다 부드럽고 약한 게 낫다는 것이다. 그런데 노자가 말하는 이 내용은 우리의 상식과 반대이다. 우리의 상식은 삶은 강하고 죽음은 여리다는 것이다. 그래서 살아 있을 때는 자신의 의지를 강하게 다듬어야 하지만 죽음에 가까이 갈수록 강한 의지를 꺾어 여리게 만들어야 한다. 우리들의 이런 상식 때문인지 살아서는 부드럽고 약하지만 죽어서는 굳세고 강하다는 노자의 주장을 쉽게 받아들일 수 없다. 그렇지만 노자의 이런 주장은 노자사상을 대표하는 내용이자 유가 및 다른 사상과 비교해서도 그 차이를 뚜렷이 드러내 보이는 내용이다.

노자는 어째서 그런지를 사람의 모습에서 나타나는 천도(天道)를 동원해 밝힌다. 그 천도가 사람이 살아서는 부드럽고 약하지만 죽어서는 굳세고 강하다는 것이다. 이런 천도에 따르면 어떤 생명체든 숨을 쉴 때는 유연하지만 숨을 멈추면 뻣뻣하게 굳어진다. 그래서 사람이 살아선 부드럽고 약하다. 이런 경향은 어린아이일수록 더욱 그러하다. 그래서 갓 태어난 아이는 부드럽고 약하기 짝이 없다. 반면 사람이 죽으면 몸이 뻣뻣해진다. 이를 두고 죽으면 굳고 강하다고 말한다. 이런 점을 감안하면 삶을 부드러움으로 파악하고, 죽음을 강한 것으로 파악하는 노자의 관점에 고개가 절로 끄덕여진다.

만물초목도 사람과 마찬가지여서 살아선 유연하지만 죽어선 시든다.

그래서 시간이 흐를수록 딱딱해지게 마련이다. 참고로 초목 중에서도 들판에 있는 흐늘흐늘한 풀은 어떤 거센 바람이 불어와도 잘 뽑히지 않지만 강건하게 생긴 큰 나무는 종종 뽑혀서 추한 모습을 드러낸다. 사람은 물론이고 만물초목도 이러하기에 굳세고 강한 것은 죽음의 무리이고, 부드럽고 약한 것은 살아 있는 무리이다. 그래서 건강한 죽음의 도(道)보다 유약한 생명의 도를 따르는 게 올바른 삶의 태도이다. 마찬가지로 나무도 강하면 부러지듯이 강한 군대도 전쟁에서 패할 수 있다.

77장

하늘의 도는 마치 활을 당기는 것과 같다.

높으면 위에서 아래를 누르고, 낮으면 들어서 올린다.

(또) 넘치면 덜고, 부족하면 보탠다.

하늘의 도는 넘치면 덜어서 부족한 것을 보탠다.

사람의 도는 그렇지 않아 부족한 것을 덜어서 넘치는 것을 받든다.

누가 넘치는 것으로 천하를 받들 수 있는가!

오로지 도를 지닌 사람만이 (받들 수 있다).

이 때문에 성인은 (뭔가를) 하고도 (거기에) 믿고 의지하지 않으며,

공을 이루고도 (거기에) 머물지 않는다.

(이처럼) 자신의 어짊(賢)을 나타내고 싶어 하지 않는다.

天之道 其猶張弓與.

高者抑之, 下者擧之., 有餘者損之, 不足者補之.

天之道 損有餘而補不足.

人之道則不然., 損不足以奉有餘.

孰能有餘以奉天下. 唯有道者.

是以聖人爲而不恃., 功成而不處. 其不欲見賢.

猶(마치 유) 張弓[활을 당김. 張(활당길 장) 弓(활 궁)] 與(감탄사 여) 抑(누를 억, 위에서 아래로 누르다) 擧(들 거, 들어 올리다) 餘(남을 여 → 넘치다) 損(덜 손) 補(보탤 보) 不然[그렇지 않음] 奉(받들 봉) 恃(믿을 시, 믿고 의지하다) 處(살 처, 머물다) 見(나타낼 현) 賢(어질 현)

하늘의 도(天道)는 마치 활을 당기는(張弓) 것과(與) 같다(猶).

높으면(高~者) (위에서 아래를) 누르고(抑), 낮으면(下~者) 들어서 올린다(擧).

(또) 넘치면(餘~者) 덜고(損), 부족하면((不足~者) 보탠다(補).

하늘의 도(天道)는 넘치면(餘) 덜어서(損~而) 부족한(不足) 것을 보탠다(補).

사람의 도는(人道~則) 그렇지(然) 않아(不)

부족한(不足) 것을 덜음으로써(損~以) 넘치는(餘) 것을 받든다(奉).

누가(孰) 넘치는((餘) 것으로 천하를(以~天下) 받들 수(能~奉) 있는가!

오로지(唯) 도를 지닌 사람(道者)만이 (받들 수 있다).

이 때문에(是以) 성인(聖人)은 (뭔가를) 하고도(爲~而)

(거기에) 믿고 의지하지(恃) 않으며(不),

공(功)을 이루고도(成~而) (거기에) 머물지(處) 않는다(不).

(이처럼 자신의) 어짊(賢)을 나타내고(見) 싶어 하지 않는다(不~欲).

하늘이 행하는 도는
마치 활을 당기는 것과 같다

—

이 장은 천도(天道)를 통해서 성인의 인도(人道)에 대해 말한다. 노자에 따르면 하늘이 행하는 도(天之道)는 마치 활시위를 당기는 것과 같다. 활시위가 과녁보다 높으면 활을 위에서 아래를 누르고, 활시위가 과녁보다 낮으면 활을 들어서 올려야 하기 때문이다. 그리고 활시위가 탱탱해서 넘치면 활을 풀어서 덜고, 활시위가 느슨해서 부족하면 활을 당겨서 보태야 하기 때문이다. 하늘이 행하는 도도 이와 같아서 넘치면 덜어냄으로써 부족한 것에 보탠다. 물론 하늘이 행하는 도는 부족한 일이 있을 수 없기에 이런 경우란 결코 생겨나지 않는다.

그런데 사람이 행하는 도(人之道)는 그렇지 않다. 부족한데도 오히려 빼내어 이를 남는 것에 보태어서 오히려 받든다. 단적인 예로 군주의 재산이 넘쳐나는데도 가난한 백성의 재산으로 군주의 재산을 늘리는 게 바로 그것이다. 이것은 백성의 고혈을 빼는 일이다. 그렇다면 누가 자신의 남는 것으로 천하를 받들 수 있는가? 오로지 도를 지닌 사람만이 할 수 있다. 어째서 그러한가? 도를 지닌 사람은 천도를 받드는 사람으로서 천도를 통해 인도를 구현하기 때문이다. 그 천도가 활시위가 과녁보다 높으면 활을 위에서 아래를 누르고, 활시위가 과녁보다 낮으면 활을 들어서 올리는 식의 도이다.

따라서 성인은 뭔가를 하고도 거기에 믿고 의지하지 않고, 공을 이루고도 거기에 머물지 않는다. 이런 표현은 2장에 처음 등장한 뒤 『도덕경』에 이미 여러 차례 등장한 바 있다. 이처럼 뭔가를 하고도 거기에 믿고 의지하지 않고, 공을 이루고도 거기에 머물지 않을 수 있는 건 성인이 자신의 어진(賢) 점을 다른 사람에게 나타내려고 하지 않아서이다. 이 점 역시 공자의 생각과 다르다. 공자에 따르면 성인이 어질면 반드시 어질지 못한 사람을 교화시켜야 한다. 그러면 교화하는 과정에서 성인의 어짊이 드러난다. 그 결과 바라든 바라지 않든 간에 성인은 어짊을 믿고 의지해야 하고, 또 성인이 교화의 공을 이루면 반드시 거기에 머물게 된다. 그러니 노자는 공자의 이런 태도에 대해 못마땅해 할 수밖에 없다.

78장

천하에 물보다 더 부드럽고 약한 게 없다.

그런데 굳세고 강한 걸 공격하는데 (누구도 물을) 이길 수 없다.

그러니 (물이 행하는 이런 이치를) 가볍게 여겨선 안 된다.

약한 게 강한 것을 이기고, 부드러운 게 굳센 것을 이긴다.

천하가 (이를) 모르지 않는데 (천하에) 행할 수 있는 사람이 아무도 없다.

이 때문에 성인이 (자신을) 이르기를

(자신은) 나라의 수치를 받아들이므로 (천하가) 사직의 주인이라 말하고,

나라의 상서롭지 못한 일을 떠맡으므로 (천하가) 천하의 왕이라 말한다.

(그러니) 정도에 맞는 말(正言)은 마치 반대되는 것 같다.

天下莫柔弱於水.

而攻堅强者莫之能勝., 以其無以易之.

弱之勝强 柔之勝剛.

天下莫不知 莫能行.

是以聖人云:

受國之垢是謂社稷主., 受國不祥是謂天下王.

正言若反.

柔弱[부드럽고 약함. 즉 연약함. 柔(부드러울 유) 弱(약할 약)] 於(전치사 어, ~보다 더) 攻
(칠 공) 堅强[굳세고 강함. 堅(굳셀 견) 强(굳셀 강)] 勝(이길 승) 易(가벼이볼 이) 云(이를
운) 受(받을 수) 垢(수치 구) 主(주인 주) 祥(상서로울 상) 正言[정도에 맞는 말] 若(같을
약) 反(상반될 반, 서로 반대되다)

천하(天下)에 물보다(於~水) 더 부드럽고 약한(柔弱) 게 없다(莫).

그런데(而) 굳세고 강한 것(堅强)을 공격하는데(攻~者)

(누구도 물을) 이길 수(能~勝) 없다(莫).

그러니(以) (물이 행하는 이런 이치를) 가볍게(以~易) 여겨선 안 된다(無).

약한(弱) 게 강한(强) 걸 이기고(勝) 부드러운(柔) 게 굳센(剛) 걸 이긴다(勝).

천하(天下)가 모르지(不知) 않는데(莫) 행할 수(能~行) 있는 자가 없다(莫).

이 때문에(是以) 성인(聖人)이 (자신을) 이르기를(云)

나라의 수치(垢)를 받아들이므로(受) 사직(社稷)의 주인(主)이라 말하고,

나라(國)의 상서롭지(祥) 못한(不) 일을 떠맡으므로(受)

이(是)를 일러(謂) 천하의 왕(天下王)이라 말한다.

(그러니) 정도에 맞는 말(正言)은 마치 반대되는(反) 것 같다(若).

굳세고 강한 것을 공격하는 데
물보다 나은 게 없다

—

이 장은 천도(天道)를 통해 치도(治道)를 밝히는 내용이다. 그렇다면 여기서 말하는 천도란 무엇인가? "약한 (弱) 것이 강한(强) 것을 이기고, 부드러운(柔) 것이 굳센(剛) 것을 이긴다."이다. 노자는 이런 천도를 물의 성질을 통해서 밝힌다. 노자에 따르면 물은 세상에서 가장 약하지만 굳세고 강한 것을 공격하는 데 물 만한 게 없다. 예를 들어 단단하고 강한 돌을 움직이거나 무너뜨리는 것도 흐르는 물이다. 그래서 43장에서 "천하에 지극히 부드러운 것(물)이 천하에 지극히 단단한 것(돌)을 헤쳐 나간다."[112]라고 말하지 않는가?

노자는 물이 행하는 이런 이치를 결코 가볍게 보아선 안 된다고 말한다. 이런 이치를 가볍게 보지 않아야 "약한 것이 강한 것을 이기고, 부드러운 것이 굳센 것을 이긴다."라는 천도를 이해할 수 있다. 같은 맥락에서 76장에서도 "굳세고 강한 것은 죽음의 무리이고, 부드럽고 약한 것은 살아 있는 무리이다."[113]라고 말한 바 있다. 물론 세상사람들이 이런 천도를 모르지 않는데 이를 행하는 사람이 천하에 아무도 없어서 노자는 이를 안타까워한다.

그런데 성인은 다르다. 성인은 나라의 부끄러움(國垢)을 받아들이므

---

112) 天下之至柔, 馳騁天下之至堅. (도덕경 43장)

113) 堅强者死之徒 柔弱者生之徒. (도덕경 76장)

로 사람들은 성인을 사직의 주인(社稷主)이라고 말하고, 또 성인은 나라의 상서롭지 못한(國不祥) 일을 떠맡으므로 사람들은 성인을 천하의 왕(天下王)이라고 말한다. 그러니 성인처럼 나라의 굴욕을 떠맡은 사람만이 사직을 지키는 주인이라고 말할 수 있고, 또 나라의 상서롭지 못한 일을 떠맡은 사람만이 천하를 다스리는 왕이라고 말할 수 있다.

이 대목에서 병자호란 당시 청나라와의 화친이 불가피하다며 스스로 어려운 길을 택했던 대표적인 주화론자(主和論者) 최명길(崔鳴吉)이 떠오른다. 최명길은 나라의 굴욕을 어쩔 수 없이 받아들인 뒤 상서롭지 못한 일을 자발적으로 떠맡았다. 이는 명분에서도 밀리는 인기 없는 선택임에 분명하다. 그런데 이런 처신은 대표적인 척화론자(斥和論者) 김상헌(金尙憲)의 처신과 비교된다. 김상헌은 굴욕을 도저히 받아들일 수 없어 상서롭지 못한 일을 끝내 맡지 않았다. 그런데 아이러니하게도 김상헌의 직계 후손들은 머지않은 장래에 안동김씨 세도정치의 주역으로 등장해 조선이 망하는 데 적지 아니 기여했다. 이런 점을 감안하면 김상헌의 주전론은 후손들에 의해 퇴색하고 말았다. 그렇다면 이들을 진정한 사직의 주인이라고 말할 수 있을까?

이런 점에 비추어 볼 때 최명길의 처신이 정언약반(正言若反)에 해당한다면 김상헌의 처신은 정언약반과 반대되는 처신에 해당한다. '正言若反'은 '바른 말은 마치 그것과 반대되는 말과 같다'라는 의미이다. 그런데 '正言若反'이 어째서 이 글의 마지막을 장식할까? 예를 들어 사직의 진정한 주인이 되려면 전쟁에서 이겨 공을 세우기보다는 전쟁에서 지는 경우 이를 잘 수습해야 해서이다. 사람들은 전쟁에서 공을 세우는 사람을 사직의 주인이라고 여기기가 쉽다. 그런데 노자는 그 반대이다. 그래서 노자는 천하의 참된 왕이 되려면 세상의 인심을 얻을 수 있는 좋은 일만 골라서 하기 보다는 사람들이 기피하는 싫은 일을 찾아서 행동하는 사람이 되어야 한다고 말한다.

　따라서 바른 말(正言)은 마치 그것과 반대되는 의미를 지닌다. 그러니 '바른 말'이란 전쟁에서 이겨 공을 세우는 게 아니라 전쟁에서 지는 경우 이를 잘 수습하는 일이다. 또 세상의 인심을 얻을 수 있는 좋은 일만 골라서 처리하는 게 아니라 사람들이 기피하는 싫은 일을 찾아서 처리하는 것이다. 그리고 '若反'에 있어 '반대되는(反) 의미'는 전쟁에서 진 뒤 이를 잘 수습하는 게 사직의 손님이 아니라 오히려 사직의 주인이 되는 걸 뜻한다. 또 사람들이 기피하는 일을 찾아서 처리하는 게 천하의 신하가 되는 게 아니라 오히려 천하의 왕이 되는 걸 뜻한다. 이런 사실은 약한 것이 강한 것을 이기고 부드러운 것이 굳센 것을 이기는 것에서 충분히 증명이 된다.

굳세고 강한 것을 공격하는 데

물보다 나은 것이 없다

79장

큰 원한을 풀어주어도 반드시 남는 원한이 있으니
(이를 두고) 어찌 잘했다고 할 수 있는가.
이 때문에 성인은 왼쪽 부절을 잡고 있어도
사람을 독촉해서 (돈을) 받아내지 않는다.
(군주가) 덕이 있으면 증서만 관리하지만
덕이 없으면 세금을 관리한다.
하늘의 도는 (누구를 특별히) 편애하지 않고
늘 착한 사람과 함께 한다.

和大怨, 必有餘怨., 安可以爲善.
是以聖人執左契, 而不責於人.
有德司契, 無德司徹.
天道無親, 常與善人.

和(화해할 화 → 풀다) 怨(원한 원) 餘(남을 여) 安(어찌 안) 善(잘 선) 執(잡을 집) 左(왼 좌)
契(부절 계) 責(받아낼 책) 司契[증서를 관리함. 司(맡을 사)] 徹(주대의조세제도 철, 정전법
에서의 1/10의 조세제도) 無親[편애하지 않음. 두루 친함. 親(친할 친)] 常(늘 상)

큰 원한(大怨)을 풀어주어도(和) 반드시(必) 남는(餘) 원한(怨)이 있어(有)
(이를 두고) 어찌(安) 잘했다고(以~善) 할 수(可~爲) 있는가.
이 때문에(是以) 성인(聖人)은 왼쪽(左) 부절(契)을 잡아도(執~而)
사람을(於~人) 독촉해서(責) (돈을) 받아내지 않는다(不).
(군주가) 덕(德)이 있으면(有) 증서만 관리하지만(司契)
덕(德)이 없으면(無) 세금(徹)을 관리한다(司).
하늘의 도(天道)는 (누구를 특별히) 편애하지(親) 않고(無)
늘(常) 착한(善) 사람(人)과 함께(與) 한다.

덕이 있으면 증서를 관리하고
덕이 없으면 세금을 관리한다

―

이 장의 주제도 언뜻 보아 잘 드러나지 않는다. 이 점은 천도(天道)를 통해서 치도(治道)를 밝히는 게 아니라 거꾸로 치도를 통해서 천도를 밝히기 때문이다. 지금까지는 천도에 기초해 인도나 치도가 무엇인지를 주로 다루어왔다. 이 장은 거꾸로 치도에 기초해 천도가 무엇인지를 밝힌다.

여기서 말하는 치도란 무엇인가? 군주가 백성의 큰 원한을 풀어주어도 백성에게 반드시 원한이 남는다는 것과 관련이 있다. 군주가 백성에게 큰마음을 써서 뭔가를 베풀어도 백성은 자신의 바람대로 군주에게 뭔가를 요구하지 못한다. 그래서 군주에 대한 원한이 자칫 백성에게 생겨날 수 있다. 백성은 군주에 비해 너무나 초라하고 하찮은 존재이기 때문이다. 성인은 이런 점을 잘 알기에 왼쪽 부절을 제시하면서까지 상대방을 독촉해 가며 돈을 받아내지 않는다. 부절이란 좌우 두 쪽으로 쪼개어 쌍방이 각기 하나씩 가졌다가 필요한 때에 맞추어서 당사자임을 확인하는 신표이다. 그리고 왼쪽 부절은 오른쪽에 비해 더욱 확실한 신표에 해당한다.

이럴 정도로 왼쪽 부절은 확실한 신표인데도 성인은 상대방을 닦달하면서 돈을 받아내지 않는다. 닦달하면서 돈을 받아내는 경우 상대방으로부터 원한을 살 수 있어서이다. 그래서 덕을 갖춘 군주는 증서만 관리할 뿐 돈을 걷는 일에 직접 간여하지 않는다. 반면 덕을 갖추지 못한 군주는 돈을 걷는 일에 직접 간여한다. 그래서 세금징수 업무를 직접 관리한다. 그러니 돈이 부족할 경우 세금을 더 걷는 일에 간여하는 걸 전혀 이상하게 여기지 않는다. 반면 천도(天道), 즉 하늘의 도는 누구를 특별히 편애하지 않는다. 그래서 누구로부터 원한을 사는 일이 없다. 단지 착한 사람과 늘 함께 할 뿐이다. 이에 하늘의 도를 받드는 사람은 확실한 신표인 왼쪽 부절을 갖고 있어도 백성을 닦달해 가면서 세금을 직접 걷지 않는다. 여기서 왼쪽 부절은 명령이나 나라의 법쯤에 해당한다. 그러니 하늘의 도를 받드는 사람은 유위이치(有爲而治)를 행하지 않고 무위이치(無爲而治)를 행하는 사람이다.

나라를 작게 하고, 백성의 수를 적게 하라.

(그러면) 보통사람보다 열배 백배 뛰어난 기량을 지닌

도구가 있어도 (백성은 이를) 사용하지 않는다.

(또) 백성이 죽음을 중히 여기므로 멀리까지 이사 가는 일이 없다.

(그러니) 비록 배나 수레가 있어도 (이걸) 타고 갈만한 일이 없고,

비록 갑옷을 입은 군인이 있어도 진을 치기 위해

(이들을) 늘어놓을 일이 없다.

(또) 사람들은 새끼를 매듭지어 (이를 문자로) 다시 사용한다.

(따라서) 음식은 달고, 의복은 아름답고, 사는 집은 편안하고,

풍속은 즐거워진다.

(또) 이웃나라가 서로 바라보이고, 닭과 개 소리가 서로 들려도

백성은 늙어 죽을 때까지 서로 왕래하지 않는다.

小國寡民.

使有什佰之器而不用.

使民重死而不遠徙.

雖有舟輿 無所乘之., 雖有甲兵 無所陳之.

使人復結繩而用之.

甘其食, 美其服, 安其居, 樂其俗.

隣國相望, 鷄犬之聲相聞, 民至老死不相往來.

寡(적을 과) 什佰之器[보통사람보다 열배, 백배 뛰어난 기량. 什(열사람 십) 佰(일백 백)] 重(중히여길 중) 遠徙[멀리 이사 감. 遠(멀 원) 徙(옮길 사, 이사함)] 舟(배 주) 輿(수레 여) 乘(탈 승) 甲兵[갑옷을 입은 군사. 甲(갑병 갑)] 陳(늘어놓을 진) 復(다시 부) 結繩[새끼를 매듭지음. 結(맺을 결) 繩(줄 승)] 用(쓸 용) 甘(달 감) 服(옷 복) 安(편안할 안) 居(살 거) 樂(즐거울 락) 俗(풍속 속) 隣(이웃 린) 望(바라볼 망) 鷄(닭 계) 犬(개 견)

나라(國)를 작게 하고(小) 백성(民)의 수를 적게 하라(寡).

(그러면) 보통 사람보다 열배 백배 뛰어난 기량을 지닌 도구(什佰之器)가

있어도(有~而) (백성은 이를) 사용하지(用) 않는다(不).

(또) 백성이(使民) 죽음(死)을 중히(重~而) 여기므로

멀리까지 이사 가는(遠徙) 일이 없다(不).

(그러니) 비록(雖) 배(舟)나 수레(輿)가 있어도(有)

(이걸) 타고(乘) 갈만한 일(所)이 없고(無),

비록(雖) 갑옷을 입은 군인(甲兵)이 있어도(有)

진을 치기 위해 (이들을) 늘어놓을(陳) 일(所)이 없다(無).

사람은(使人) 새끼를 매듭지어(結繩~而) (이를 문자로) 다시(復) 사용한다(用).

(따라서) 음식(食)은 달고(甘), 의복(服)은 아름답고(美),

사는 집(居)은 편안하고(安), 풍속(俗)은 즐거워진다(樂).

(또) 이웃나라(隣國)가 서로(相) 바라보이고(望),

닭(鷄)과 개(犬) 소리(聲)가 서로(相) 들려도(聞)

백성은 늙어(老) 죽을(死) 때까지(至) 서로(相) 왕래하지(往來) 않는다(不).

나라를 작게 하고 백성의 수를 적게 하라

—

이 장에선 노자의 치도(治道)에 대해 다룬다. 노자에게 치도의 핵심은 '소국과민(小國寡民)', 즉 '나라를 작게 하고 백성의 수를 적게 하는' 일이다. 이는 춘추전국시대 다른 제자백가들이 강조한 부국강병(富國强兵)과 반대되는 내용이다. 부국강병은 궁극적으로 대국다민(大國多民), 즉 '나라를 크게 하고 백성의 수를 많게 하는' 것을 목표로 한다. 한편 유가는 부국강병을 따로 강조하지 않았지만 유가의 바람대로 어짊의 정치가 천하에 잘 펼쳐지면 부국강병은 자연스럽게 이루어진다. 이에 반해 소국과민은 노자 특유의 치도관(治道觀)으로 도가의 정치사상을 대표한다. 따라서 '대국다민'이 유위이치(有爲而治)가 지향하는 바라면 '소국과민'은 무위이치(無爲而治)가 지향하는 바라고 할 수 있다.

노자의 바람대로 소국과민의 목표가 이루어지고 난 뒤 이어서 따라오는 바람직한 현상을 노자는 네 가지로 구분해서 설명한다. 첫째, 보통 사람보다 열 배 백 배 뛰어난 기량을 지닌 도구(什佰之器)가 있어도 백성은 이를 사용하지 않는다. 어째서 그런지를 노자는 57장에서 언급한바 있다. 거기서 "백성에게 편리한 기구가 많아지면 나라가 더욱 혼란스러워지고, 사람들의 묘한 솜씨가 많아지면 기이한 재주가 더욱 기승을 부린다."[114]라고 말한다. 장자도 외편 「천지」에서 편리한 기구를 사용하려는 마음을 기심(機心), 즉 '기계를 사용하려는 마음'으로 설명한다. 기계란 생산활동을 위해 필요한 도구인데 이런 도구는 우리들에게 이미

---

114) 民多利器 國家滋昏., 人多伎巧 奇物滋起. (『도덕경』 57장)

주어졌다. 팔과 다리가 그것이다. 그런데도 일의 효율성을 핑계로 틈만 나면 도구를 사용하려 하는데 그럴수록 사람에게서 순수한 마음이 사라진다.

이처럼 사람에게서 순수한 마음이 사라지면 어딘가 이동할 때도 기계를 사용하려는 마음이 절로 생겨난다. 물론 짧은 거리라면 걸어서 움직이겠지만 먼 거리라면 배나 마차와 같은 기계를 사용하려고 든다. 그런데 배나 마차도 노자가 말하는 일종의 도구이다. 만약 이런 도구를 타고서 가면 걸을 때에 비해 먼 곳까지 편히 갈 수 있고, 또 빠른 시간 안에 도착할 수 있다. 그런데 나라가 작으면 배나 수레가 있어도 그걸 타고 다닐 기회가 거의 없다. 나라가 작아도 그 안에서 모든 게 잘 해결되기 때문이다. 그래서 배나 수레를 군이 필요로 하지 않는다. 이것이 작은 나라에 사는 백성의 소박하면서도 참 된 편리함이다.

둘째, 백성이 죽음을 무겁게 여기므로 멀리까지 이사 가는 일이 없다. 이 내용은 언뜻 이해되지 않는다. 죽음을 무겁게 여기는 것과 멀리까지 이사 가는 일이 내용상으로 연결이 잘 되지 않아서이다. 그런데 전쟁에 이겨서 영토가 늘어나는 경우를 한번 생각해보자. 그러면 멀리 떨어진 국경을 지키기 위해 일부 백성은 새로 편입된 영토로 옮아가야 한다. 한편 백성이 자신들의 죽음을 심각히 여기면 백성에게서 싸우려는 의지가 희박해진다. 싸움이 벌어지면 어쩔 수 없이 많은 사람들이 죽어가기 때문이다. 그래서 군주는 하고 싶어도 백성이 싫어하므로 전쟁을 통해 영토를 확장할 수 없다. 그 결과 새로 편입되는 영토가 더 이상 생겨나지 않아 백성이 먼 곳까지 이사 가는 사태가 벌어지지 않는다.

또 갑옷을 입은 군인, 즉 무장을 제대로 갖춘 군인이 있어도 이들이 진을 치기 위해서 일렬로 늘어서는 일이 없다. 무장을 갖춘 군인이 일렬로 늘어서지 않는다는 건 곧 전쟁 연습을 하지 않는다는 걸 뜻한다. 그래서 영토 확장이 이루어지는 일도 생겨나지 않는다. 그 결과 작은 나라의 형태를 계속 유지할 수 있다. 그럼으로써 백성은 전쟁의 공포로부터 벗어나 편안한 삶을 누릴 수 있다. 이것이 작은 나라에 사는 백성의 소박하지만 참 된 안락함이다.

셋째, 새끼를 매듭지어 이를 문자로 사용해도 백성은 자신들의 생각을 표현하는 데 어떤 불편함을 느끼지 않는다. 투박한 모양의 결승문자로도 자신의 생각을 얼마든지 상대방에게 전달할 수 있어서이다. 그래서 복잡한 의미를 전달하는 소위 세련된 문자를 군이 필요로 하지 않는다. 이는 사람들의 생각이 순박한 탓에 표현하려는 바도 저절로 간단하고 간결해져서이다. 마찬가지로 조그마한 외부의 자극에도 희로애락의 감정을 곧잘 드러낸다. 또 웬만한 음식도 맛있다고 느끼고, 거친 의복도 아름답다고 여기고, 누추한 집도 편안하다고 느끼고, 질박한 풍속에도 사람들이 즐거워할 줄 안다. 이것이 작은 나라에 사는 백성의 소박하지만 참 된 즐거움이다.

넷째, 이웃나라가 서로 바라보이고, 닭과 개 소리가 서로 들려도 백성은 늙어 죽을 때까지 서로 왕래하지 않는다. 이웃나라가 서로 바라보이고, 닭과 개 소리가 서로 들리는 것은 나라가 그만큼 작아서이다. 노자가 그리는 작은 나라란 이 정도로 작다. 그러니 씨족국가가 아니면 부족국가쯤에 해당하지 않을까 생각한다. 그렇다면 하(夏)나라와 상(商)나라, 심지어 공자가 이상적으로 삼았던 주(周)의 봉건국가도 노자가 볼 때 너무나 크다. 노자는 이렇게 작은 나라를 이상국가로 삼는데 이런 작은 나라에서조차 백성은 늙어 죽을 때까지 서로 왕래하지 않는다. 백성이 필요한 물건을 시장에서가 아니라 자급자족으로 모두 해결하기 때문이다. 이것이 작은 나라에 사는 백성의 소박하지만 참 된 행복이다.

81장

미더운 말(信言)은 아름답지 않고,

아름다운 말(美言)은 미덥지 않다.

(그래서) 착한 사람(善者)은 말을 잘하지 않고,

말을 잘하는 사람(辯者)은 착하지 않다.

(또) 아는 사람(知者)은 해박하지 않고,

해박한 사람(博者)은 알지 못한다.

(그래서) 성인은 (아는 것을) 쌓아두지 않는다.

(그런데) 이미 (아는 것을) 남에게 (베푸는데도)

자기가 아는 것이 더욱 늘어나고,

(또 이미 아는 것을) 남에게 주는데도

자기가 아는 것이 더욱 많아진다.

하늘의 도는 이로울 뿐 해치지 않는다.

(그래서) 성인의 도도 위할 뿐 다투지 않는다.

信言不美, 美言不信.

善者不辯, 辯者不善., 知者不博, 博者不知.

聖人不積.

旣以爲人, 己愈有., 旣以與人, 己愈多.

天之道 利而不害.,

成人之道 爲而不爭.

信(믿을 신) 善(착할 선) 辯(말잘할 변) 博(넓을 박, 견문이 넓다 → 해박하다) 積(쌓을 적) 旣(이미 기) 己(자기 기) 愈(더욱 유) 有(있을 유 → 늘어나다) 與(줄 여) 多(많을 다) 利(이로울 리) 害(해칠 해) 爭(다툴 쟁)

미더운 말(信言)은 아름답지(美) 않고(不),

아름다운 말(美言)은 미덥지(信) 않다(不).

(그래서) 착한 사람(善者)은 말을 잘하지(辯) 않고(不),

말을 잘하는 사람(辯者)은 착하지(善) 않다(不).

아는 사람(知者)은 해박하지(博) 않고(不),

해박한 사람(博者)은 알지(知) 못한다(不).

(그래서) 성인(聖人)은 (아는 것을) 쌓아두지(積) 않는다(不).

(그런데) 이미(旣) (아는 것을) 남(人)에게 베푸는데도(以~爲)

자기(己)가 (아는 것이) 더욱(愈) 늘어나고(有),

이미(旣) (아는 것을) 남(人)에게 주는데도(以~與)

자기(己)가 (아는 것이) 더욱(愈) 많아진다(多).

하늘의 도(天道)는 이로울 뿐(利~而) 해치지(害) 않는다(不).

(그래서) 성인(成人)의 도(道)도 위할 뿐(爲~而) 다투지(爭) 않는다(不).

미더운 말(信言)은 아름답지 않고,
아름다운 말(美言)은 미덥지 않다

—

마침내 『도덕경』 마지막 장에 이르렀다. 마지막 장도 첫 장과 마찬가지로 언어문제로 시작한다. 첫 장이 '道可道非常道', 즉 '도를 도라고 하면 늘 그런 도가 아니다.'라고 시작했는데 마지막 장도 '信言不美 美言不信', 즉 '미더운 말은 아름답지 않고, 아름다운 말은 미덥지 않다.'라고 시작한다. 우연의 일치라고 말할 수 있겠지만 커뮤니케이션 연구자 입장에서 그냥 지나치기에 뭔가 아쉬움이 많다. 언어문제가 오늘날 서양 철학에서 가장 큰 관심사라는 점도 있지만 소통과 관련해 볼 때 언어가 차지하는 비중이 너무나 커서이다. 특히 마지막 장 결론이 "성인의 도는 위할(爲) 뿐 다투지 않는다(不爭)."에서 볼 수 있듯이 노자는 81장을 '미더운 말은 아름답지 않고, 아름다운 말은 미덥지 않다.'라는 언어문제로 시작해 다투지 않음, 즉 소통의 문제로 끝을 맺는다.

성인의 도는 어째서 위할 뿐 다투지 않을까? 이는 성인의 도가 하늘의 도(天道)를 본받고 있어서이다. 노자에 따르면 하늘의 도는 만물에게 이로울(利) 뿐 만물을 해치는(害) 법이 없다. 한 번 물을 예로 들어보자. 상선약수(上善若水)로 대표되는 8장은 이 점을 잘 말해준다. 8장에서 "물은 만물을 충분히 이롭게 하면서도 만물과 다투지 않는다."[115]라고 하면서 물이 도에 가깝다고 말한다. 그런데 '물이 만물을 충분히 이롭게 하는' 건 81장에서 '하늘의 도'에 해당한다. 그리고 '물이 만물과 다투지

---

115) 水善利萬物而不爭. (『도덕경』 8장)

않는' 건 81장에서 '성인의 도'에 해당한다. 물은 흐르다가 돌을 만나면 부딪치지만 그렇더라도 자신의 흐름을 알아서 바꾸기에 돌과 다투는 법이 없다. 성인도 물처럼 만물과 다투지 않는다.

물론 성인이라고 소통에 쉽게 이르는 건 아니다. 성인도 나름 노력을 해야만 소통이 가능하다. 그렇다면 어떤 노력을 해야 할까? 이는 성인이 평소 아는 것을 쌓아두지 않는 것과 관련이 있다. 그래서 성인은 무언가를 알면 그뿐이지 이를 쌓아두지 않는다. 이는 지적 허영과 지적 자만에 빠지는 것을 경계하는 탓도 있지만 도(道)의 깨달음에서 보면 많은 앎보다는 하나의 진실된 앎이면 충분하다고 보아서이다. 그런 탓인지 성인은 자신이 아는 바를 남에게 베풀어도 성인에게서 아는 게 줄어들거나 작아지지 않는다. 성인의 이런 자세로 말미암아 성인은 다른 사람과의 관계에서 소통에 쉽게 이를 수 있다. 그렇더라도 성인이 어째서 소통에 쉽게 이를 수 있는지에 대해선 여전히 잘 이해되지 않는다.

이를 이해하려면 설명이 좀 더 필요하다. 노자가 말하는 앎은 우리가 일반적으로 아는 앎과 다르다. 노자에 따르면 정말로 아는 사람은 해박하지(博) 않다. 반면 해박한 사람은 오히려 알지 못한다. 게다가 착한 사람(善者)은 말을 잘하지 않는 반면 말을 잘하는 사람(辯者)은 착하지 않다. 이는 착한 사람은 말을 교묘하게 꾸미지 않는 반면 말을 교묘하게 꾸미는 사람은 착하지 않아서이다. 그런데 앎이 말을 통해서 이루어진다는 점을 감안하면 말을 잘 한다고 그가 정말로 아는 게 아니다. 또 말을 잘하지 않는다고 그가 정말로 모르는 게 아니다. 어쩌면 믿을만한 말(信言)은 아름답지 않을 수 있고, 아름다운 말(美言)은 믿지 못할 수 있다. 따라서 노자가 말하는 앎이란 아름다운 말을 사용하지 않을 때 비로소 가능하다. 반면 아름다운 말을 사용하면 제대로 아는 앎이 되지 못한다.

아름다운 말(美言)은 일종의 과잉기표이다

어쩌면 아름다운 말이란 일종의 과잉기표이다. 과잉기표란 과장된 표현을 위해서 동원된 말이다. 이는 의미를 아름답게 꾸미는 인공감미료 역할을 수행한다. 사람들은 음식 맛을 내기 위해서 종종 감미료를 사용한다. 고추장, 된장, 참기름이 그것이다. 이런 천연감미료는 우리들의 건강을 크게 해치지 않는다. 그래서 이를 언어에 비유하면 건강한 은유에 해당한다고 말할 수 있다. 반면 인공감미료는 그렇지 않다. 천연감미료와 비교할 수 없을 정도로 맛을 억지로 낸다. 그 결과 원래의 음식 맛을 잃게 할 수 있다. 마찬가지로 언어를 인공감미료로 덧씌우면 우리 마음에 상처가 날 수 있다. 주로 자극적인 언어가 이런 역할을 수행한다. 따라서 노자가 말하는 아름다운 말이란 인공감미료처럼 의미를 과장되게 만드는 화려한 언어에 해당한다.

그런데 남을 속이려는 사람은 화려한 언어로서 상대방을 현혹시킨다. 그래서 이들은 소박하고 담백한 말보다 세련되고 유혹적인 말을 즐겨 사용하고, 또 이심전심(以心傳心)의 방법으로 상대방 이해를 구하기보다 치밀하고 교묘한 논리로서 상대방을 설득시키려 한다. 따라서 상대방을 설득하면 할수록 사용하는 말이 더욱 세련되게 포장되거나 유혹적으로 꾸며진다. 이를 위해선 말에 인공감미료를 듬뿍 뿌려야 한다. 그렇지만 화려한 말을 쓰면 쓸수록 말이 오히려 미덥지 않을 뿐더러 편파적이고 위험한 커뮤니케이션 수단으로 전락하기 쉽다.

그래서 장자는 "도는 작은 이룸에 덮여 가리어지고, 말은 화려한 언변에 덮여 가리어진다."[116)라고 말한다. 그렇다면 누가 화려한 말을 즐겨 사용하는가? 장자에 따르면 춘추전국시대의 유가와 묵가이다. 당시 유가는 차등 있는 사랑인 인애(仁愛)를, 묵가는 차등 없는 사랑인 겸애(兼

愛)를 각각 주장했다. 차등이 있는지 없는지의 입장에서 보면 인애와 겸애는 서로 다르겠지만 사랑(愛)을 지지한다는 점에선 매한가지이다. 그런데도 유가와 묵가는 자신들의 도만 참된 도라고 주장하기 위해서 인애와 겸애를 화려한 언어로 포장해 끝없이 논쟁을 벌였다. 이는 오로지 유가에서 옳다고 한 걸 묵가에선 그르다고 하고, 유가에서 그르다고 한 걸 묵가에선 옳다고 주장하기 위해서이다. 그 결과 유가와 묵가 사이에 논쟁이 치열하게 벌어졌는데 장자는 이를 두고 도가 작은 이룸(小成)에 의해 가려지는 사태라고 말한다. 이런 사태가 초래된 건 오로지 화려한 언변(榮華)을 사용한 탓이다.

말은 풍파와 같고, 행위는 득실을 따른다

그래서 장자는 언어를 풍파에 비유한다. 이에 장자는 "말은 풍파(風波)와 같고, 행위는 득실(實喪)을 따른다."[117]라고 말한다. 장자가 말을 풍파에 비유한 건 말이 담고 있는 의미가 고정되거나 안정되지 못해서이다. 그래서 상황이 조금이라도 변하면 말의 의미는 언제든지 또 얼마든지 바뀔 수 있다. 예를 들어 같은 말인데도 오늘은 이런 의미로 사용했다가 내일은 다른 의미로 사용할 수 있다. 그래서 장자는 "풍파는 쉽게 변화하고, 득실은 위험에 빠지기 쉬워 사람들이 화내는 것은 교활한 말과 편파적인 논리 때문이다."[118]라고 말한다. 화려한 언어일수록 이런 경향이 강하다. 그런데도 사람들은 이런 식의 언어를 즐겨 사용하기에 언어가 화를 내거나 다투는 수단으로 변질되기 쉽다.

---

116) 道隱於小成., 言隱於榮華. (『장자』 내편 「제물론」)
117) 言者風波也., 行者實喪也. (『장자』 내편 「인간세」)
118) 風波易以動., 實喪易以危. 故忿設無由 巧言偏辭. (『장자』 내편 「인간세」)

어째서 사람들은 소박하고 담백한 언어보다 화려한 언어를 사용하기를 좋아할까? 무엇보다 의미를 전달하는 말(기표, signifier)과 그 말에 내재하는 의미(기의, signified) 간에 고정된 불변의 상수가 있다고 믿기 때문이다. 그래서 생각, 느낌, 감정과 같은 추상적인 의미도 상대방에게 정확하고 명료하게 전달할 수 있다고 믿고 이를 위해서 가능한 정교한 언어를 동원하려 한다. 그렇지만 아무리 정교한 언어를 동원해도 말과 의미 사이의 간격은 영원히 좁혀질 수 없고 늘 열려 있는 상태로 있다. 그러니 그 열려 있는 부분은 우리의 상상력으로 채워야 한다.

그래서 노자는 『도덕경』을 "도를 도라고 하면 늘 그런 도가 아니고(道可道非常道), 이름을 이름이라고 하면, 즉 적합한 이름이라도 늘 그런 이름이 아니다(名可名非常名)."라고 시작한다. 이는 '기의≒기표'의 관계는 성립할 수 있어도 '기의=기표'는 성립할 수 없다는 말이다. 여기서 '기의=기표'는 말과 의미 사이에 완전한 일치가 이루어진 상태라면 '기의≒기표'는 거지반 일치하지만 완전하게 일치하지 않은 상태를 뜻한다. 이는 매우 사소한 차이인 것 같아도 오늘날 서양 언어철학의 핵심 사안일 만큼 매우 중요하다. 그럴 정도로 이 문제가 결코 간단한 사안이 아니다. 그러니 '道可道非常道' 및 '名可名非常名'을 통해서 볼 때 노자가 얼마나 앞선 생각을 했는지 지금에서야 우리는 비로소 깨닫는다.

장자와 함께 하는 **노자 도덕경**

초판 1쇄 발행 2021년 4월 23일
초판 2쇄 발행 2022년 1월 14일

지은이 김정탁
펴낸이 신동렬
책임편집 신철호
외주디자인 아베끄
편 집 현상철·구남희
마케팅 박정수·김지현

펴낸곳 성균관대학교 출판부
등록 1975년 5월 21일 제1975-9호
주소 03063 서울특별시 종로구 성균관로 25-2
대표전화 02)760-1253~4
팩시밀리 02)762-7452
홈페이지 press.skku.edu

© 2021, 김정탁

ISBN   979-11-5550-470-3 93150